JN437210

WTO체제하의

국제통상론

여택동 | 전정기 | 장동식 공저

도서출판 두남

불법복사는 지적재산을 훔치는 범죄행위입니다

저작권법 제97조의 5(권리의 침해죄)에 따라 위반자는 5년 이하의 징역 또는 5천만 원 이하의 벌금에 처하거나 이를 병과할 수 있습니다.

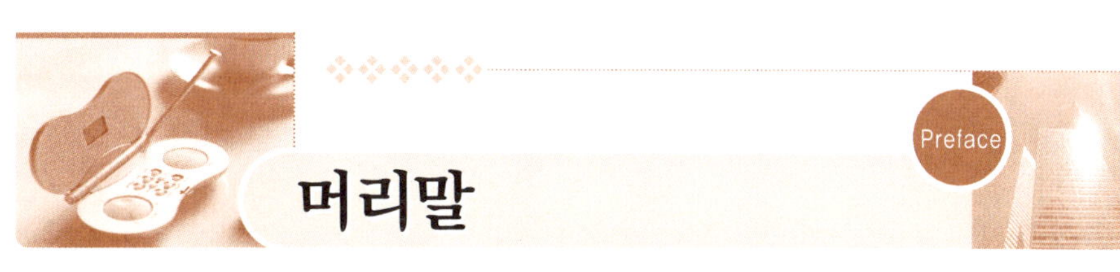

머리말

세계무역기구(WTO)의 창설로 인하여 전후 세계경제를 지배해 오던 GATT 체제가 종식되고 새로운 다자간무역체제인 WTO체제가 출범하였다. WTO는 기존의 관세 및 무역에 관한 일반협정(GATT)을 흡수・통합하여 세계무역질서의 자유화와 우루과이라운드(UR) 협정결과에 대한 이행을 감시하는 국제경제기구이다. 1995년에 출범한 WTO는 2001년과 2012년 중국과 러시아가 가입함으로써 동서 및 남북 진영 모두를 포괄하는 진정한 의미의 국제통상기구로 거듭나게 되었다.

하지만 그럼에도 불구하고 국제사회에서 국제통상에 대한 개념과 범위에 대한 명확한 합의가 이루어진 것은 아니다. 비록 미 통상법이나 또는 WTO에서 국제통상에 대한 개념규정이 이루어지고 있으나 여전히 불명확한 것도 사실이다.

국제통상에 대한 이러한 개념논쟁은 어찌보면 당연한 것이라고 볼 수 있다. 현재 국제통상의 영역은 기존의 상품무역 분야에서 서비스나 지적재산권, 무역관련 투자, 정부조달 등의 분야는 물론 환경, 노동, 경쟁정책 등과 같은 분야조차도 중요하게 취급되고 있다. 즉, 국제통상의 영역이 명확하게 확정되지 않고 변화되고 있기 때문에 국제통상의 개념과 영역이 확정될 수 없고, 이에 따라 이와 관련된 국제간 합의나 상관습 또한 합의되기가 쉽지 않았던 것이다.

이러한 상황 속에서 국제통상의 대표적 기구인 WTO의 출범은 국제통상환경에 대해 여러 가지 긍정적 기여를 했다.

첫째, WTO체제의 출범은 국제경제사회에서 자유무역의 증진과 함께 국제통상의 예측가능성을 제고시켰다.

둘째, WTO 체제의 출범은 분쟁해결절차의 확립을 통해 국가간 통상분쟁에 대한 국제경제법정으로서 기능을 확립시켰다.

셋째, WTO체제의 출범은 상당히 빠른 속도로 변화되고 있는 국제통상의 환경과 개념논쟁 속에서 국가간 통상협상의 장을 제공함으로써 현재의 국제통상환경이 회원국간의 다자간 합의에 의한 체제가 될 수 있도록 하는 역할을 하고 있다.

하지만 WTO가 주도하는 오늘날의 국제통상환경도 여러 가지 문제점들이 존재한다. 자유무역체제를 더욱 확대하고 공고히 하기 위한 제9차 다자간무역협상의 일환으로 시작된 도하개발아젠더(Doha Development Agenda : DDA)가 회원국들 간의 의견 차이와 갈등심화로 인해 교착상태에 빠졌다. 10년이 넘는 협상기간이 이미 경과되었지만 협상타결은 여전히 쉽지 않은 상황이다. 이에 따라 자유무역을 대표하는 다자간 무역체제가 성립되어 있는 상황에도 불구하고, 이러한 다자간 무역체제를 대체하는 경향을 가진 지역주의가 급속히 확대되고 있는 상황이다. 또한 WTO를 중심으로 하는 다자간 무역체제 그 자체를 구성하는 관련규정이나 관할 범위에 대한 문제도 여전히 존재하고 있는 상황이다.

본서에서는 변화되고 있는 국제통상환경과 국제통상에 대한 여러 가지 개념논쟁을 반영하고 국제통상 문제에 대한 접근을 WTO를 중심으로 해석하려고 시도하려고 하였다. 제1장에서는 국제통상에 대한 이해를 돕기 위해 개념논쟁을 중심으로 분석하였고, 제2장과 3장에서는 현재 국제통상환경을 규율하고 있는 WTO의 출범과정과 조직, 역할에 대해 살펴보았다.

제4장에서는 국제통상환경 중 상품분야의 무역을 규율하는 상품거래 관련협정에 대해 살펴보고, 제5장에서는 상품무역의 과정 중에 나타날 수 있는 국내산업의 피해를 구제하기 위한 산업피해구제제도에 대해 살펴보았다. 제6장에서는 상품무역 이외의 분야인 서비스무역과 지적재산권, 무역관련투자, 정부조달분야 등을 중점적으로 살펴보았다.

제7장에서는 현존하는 다자간무역체제로 대변되는 WTO체제를 자유무역체제로 대변할 수 있도록 하는 대표적 시스템으로 WTO분쟁해결제도에 대해 분석하였다. 그리고 마지막으로 제8장에서는 국제통상의 향후 과제로서

지역주의, 무역과 환경, 무역과 투자, 무역과 경쟁정책, 무역과 노동 등에 대해 분석하였다.

본서의 구조와 내용은 본 공저자들이 1998년과 2003년에 출판했던 율곡출판사의 『WTO와 국제통상』, 『국제통상과 WTO』의 부분을 상당히 반영하고 있다. 하지만 이번 출판에서는 기존의 저서 출판 후 약 10년이 넘는 기간 변화된 국제통상의 환경 및 주요 내용의 변화를 반영하였다. 또한 서명과 서술의 논리구조도 이미 정착단계에 있는 WTO체제와 국제통상환경의 변화를 반영하여 새롭게 구성하였다.

인간은 누구나 완벽한 것을 추구하나 보통 무엇 하나도 완벽한 것을 만들기는 쉽지 않다. 집필을 끝내고 본서를 출간하려는 시점에서 돌아보니 여전히 불만스럽고 미흡한 마음이 든다. 많은 시간과 노력을 기울여 본서에 대한 원고를 작성했지만 우리를 둘러싼 환경들은 그대로 있어주지 않는다. 몇 번의 수정과정을 통하여 원고를 완성도를 높이려고 하였지만, 빠르게 변화되는 국제통상환경의 변화를 모두 반영하는 것은 불가능하다.

따라서 불만스럽고 부족한 부분에 대한 수정과 반영은 다음으로 미루고, 다음 개정 작업을 빠른 시간 내에 다시 시작한다는 자기 변명을 제시하며 본서에 대한 이번 원고 집필을 이제 마무리 하려고 한다. 이러한 과정에서 발생하는 본서의 잘못된 내용이나 구성과 이로 인해 발생하는 모든 비판은 본서 공저자 모두의 책임이라고 생각한다.

마지막으로 본서의 출판을 기꺼이 도와준 도서출판 두남의 관계자에게 감사드리며, 본서의 출판과정에서 원고의 활자화와 교정에 직접적인 도움을 준 순천대학교 대학원 무역학과의 박사과정에 있는 김종철 선생과 고병희 무역학과 조교에게 감사의 말을 전한다.

2014년 2월

저자 일동

차 례

Chapter 1 국제통상의 이해

Chapter 2 WTO의 출범과 DDA

Chapter 3 WTO의 조직과 역할

Chapter 4 상품거래 관련협정

Chapter 5 산업피해구제제도 관련 협정

Chapter 6 상품외 거래 관련협정

Chapter 7 분쟁해결제도

Chapter 8 국제통상의 신의제

Chapter 1

국제통상의 이해

1.1 국제통상의 개념

1.2 국제통상과 국제화 · 세계화

1.3 국제통상의 성격

1.4 국제통상과 WTO

국제통상의 이해

Chapter 01

1.1 국제통상의 개념

1. 국제통상과 국제무역

WTO의 출범으로 세계화와 개방화라는 용어와 함께 국제통상이라는 용어의 사용이 급속히 늘어났다. 하지만 국제통상이라는 개념은 아직까지 그 개념상 공통된 합의나 공감대를 도출해내지 못하고 있는 상황이다. 미 통상법 301조에서는 국제통상의 정의를 “① 특정물품의 국제무역과 ② 이와 관련된 서비스와 정보의 이전, ③ 해외투자로서의 재화 및 서비스 교역과 관련되는 것”으로 정의하고 있다. 그리고 WTO에서는 국제통상의 범위를 기존의 국제통상의 범위에 덧붙여 지적재산권과 서비스(금융, 보험, 건설 등) 무역, 무역관련 투자까지 포함하고 있다. 최근 진행되고 있는 WTO 도하개발아젠다(Doha Development Agenda : DDA)에서는 국제통상의 범위에 ‘환경 · 기술 · 노동 · 경제정책’까지를 포함시키고 있다.

지금까지 국제통상에 대한 합의된 개념이나 공감대는 도출되지 못하고 있다. 그리고 국제통상이라는 개념과 국제무역이라는 개념이 혼용되어 사용되고 있는 것도 사실이다. 사전상 의미를 중심으로 ‘국제무역’ 또는 ‘무역’의 의미를 찾아보면 교역과 같은 의미로 ‘각자의 물품을 교환함’, ‘국제간 재물의 교환’, ‘국제간 상품의 수출입거래’, ‘국제간 상업거래’ 등으로 해석 된다.

그리고 '국제통상' 또는 '통상'의 의미는 '다른 나라와 교통하여 서로 상업행위를 행함', 외국과의 거래', '외국과의 무역'등으로 사용된다.

이렇게 볼 때 '국제무역'과 '국제통상'상의 근본적인 개념 차이는 거의 존재하지 않는다고 볼 수 있다. 국제통상과 국제무역에 대한 영문표기 역시 구분이 명확하지 않은 것으로 나타났다. 보편적으로 '무역'은 'trade'로, '통상'은 'commerce'로 사용하고 있으나, 실제적인 사용에 있어서도 역시 혼용되어 사용되고 있다. '무역'과 '통상'이라는 용어의 혼용은, 'trade friction'이라는 용어가 무역마찰이나 통상마찰로 사용되고, 'trade delegation'이라는 용어가 무역사절단 또는 통상사절단으로 사용되며, 'trade agreement'라는 용어가 무역협정이나 통상협정이라는 용어로 사용하고 있는 것을 보아도 알 수 있다. 이밖에도 국제통상을 규율하는 국제기구를 표현하는 WTO(World Trade Organization)는 세계통상기구가 아닌 세계무역기구로 번역하고 있어, '통상'과 '무역'의 영문상 의미 표현에서도 크게 차이를 보이고 있지 않은 것으로 보인다.

2. 국제통상의 개념에 관한 제논의

'통상'과 '무역'에 대한 용어의 혼용에도 불구하고, 현재와 같은 WTO 체제 아래 급변하고 있는 국제통상환경과 확산되고 있는 국제통상의 신분야를 이해하기 위해서는 국제통상의 개념에 대한 정립이 우선적으로 필요하다. 국제통상에 관한 개념정리를 국제무역과의 차이를 밝히려는 논의를 중심으로 접근해 보면 크게 세 가지 입장으로 정리할 수 있다.

첫째, 국제통상을 국제무역과 구분하여 개념짓자는 주장이다. 이는 국제무역은 국가와 국가 간에 이루어지는 재화의 이동, 즉 유형재의 무역 또는 유형무역(visible trade)만을 지칭하는 개념인데 비하여 국제통상은 이러한 유형무역 뿐 아니라 서비스, 지적재산권 등 무형재의 무역, 즉 무형무역(invisible trade)과 생산요소의 이동이나 국제투자까지 포함하는 넓은 개념으로 정리하는 것이다.

또한 국제통상과 국제무역의 차이는 거래대상의 차이라기보다는 운영주체라는 측면에서 근본적인 차이가 있다는 주장도 있다. 이는 국제무역과 국제통상은 모두 국가 간 경제교류활동으로 인식되지만 '무역'의 행위주체는 개인, 기업 등 개별주체인 반면 '통상'의 주체는 국가나 국제기구 등으로 파악하는 것이 옳다고 보는 견해이다. 결국 국제무역의 영역이 개인 및 사기업적 경제 · 경영활동이라면 국제통상이라는 개념은 공적 · 공공 이익적 · 국가적 측면의 경제활동과 관련된다는 주장이다.

둘째, 국제통상과 국제무역을 분리할 수 없다고 주장하는 학자들도 있다. 이는 국제통상이란 국제무역을 광의의 개념으로 파악한 것에 불과하기 때문에 국제통상과 국제무역을 구분하는 것이 무의미하다는 주장이다. 상품위주의 무역을 국제무역이라고 하고, 상품위주의 국제교역 뿐만 아니라 무형의 지적재산권과, 서비스무역, 국제투자, 그리고 여기에 수반되는 국제간의 노동 및 자본의 이동 등을 포함한 무역을 국제통상이라고 하는 견해는 과거에도 존재했다. 이는 국제무역을 협의의 무역과 광의의 무역으로 구분짓는 것과 유사한 개념이다. 즉, 협의의 무역을 칭하는 유형재의 무역(visible trade)을 국제무역이라 명칭했고, 광의의 무역을 칭하는 무형재의 무역(invisible trade)을 국제통상이라 명칭했을 뿐이라는 주장이다.

셋째, 이러한 양 견해와는 달리 국제통상과 국제무역을 구분하는 것 자체가 무의미하다는 주장도 존재한다. 실제로 통상정책과 무역정책을 분리하여 사용하는 나라는 주요통상국 중에서 일본 이외에는 없다. 이러한 견해는 현대 국제무역이 이제는 단순히 상품교역의 자유화만을 의미하지 않는 상황에서 이러한 구분 논의 자체가 무의미하고 실익도 없다는 생각을 기반하고 있는 것이다.

3. 국제통상의 개념

이상의 논의들과는 관계없이 현대사회에서 사용되는 국제통상이라는 용어는 기존의 국제무역이라는 범위에 덧붙여 국가간의 경제교류와 협력의 전 분야를 포함하고 있다. 따라서 이러한 현실의 인식하에서 본서의 논의를 진행하기 위해서는 국제통상의 개념을 우선적으로 정립시킬 필요가 있다.

국제통상 개념의 정립을 위해 국제무역의 개념과 비교해 보면 양자 간의 사전적인 개념차이는 없다는 것을 알 수 있었다. 본서에서는 국제통상과 국제무역에 관한 여러 가지 제 논의를 통해서 본 국제통상과 국제무역이라는 용어는 사전적 차이가 아닌 어감(semantic nuance)적 부분에서 조금씩 차이가 존재하고 있음을 알 수 있었다.

따라서 본서에서는 기존의 국제무역이라는 용어가 가지는 어휘적 한계를 국제통상이라는 용어를 통하여 극복할 수 있다면 국제통상을 국제무역이라는 개념보다 광의의 개념으로 파악하는 것이 바람직하다고 본다. 국제통상이라는 개념을 '국가와 국가 간에 이루어지는 모든 국제경제거래'를 의미하며 특히 재화의 국제적 교역을 지칭하는 유형무역 외에 무형무역(지적소유권 및 서비스 등의 교역)과 국제투자까지를 포함하는 개념으로 정의한다. 그리고 국제통상의 개념을 운영주체보다 거래대상 측면에서 국제무역보다 광의의 개념으로 정의하는 것이 바람직하다고 본다. 그 이유는 거래대상의 측면에서 개념의 확장은 현실적 어휘의 사용례와 더 잘 합치될 뿐 아니라 국제교역의 현실적 발전내용과 방향을 더 잘 포괄하고 있기 때문이다.[1)]

4. 개념화의 의의

WTO체제 출범이전 세계무역을 규율했던 GATT체제는 주로 재화의 국제간 거래를 규율하는 차원에서 그 임무를 수행했기 때문에 기존의 무역 이론이나 실무를 통해서도 충분히 현실세계에서 발생하는 문제를 다룰 수가 있었다. 그러나 상품교역 이외 부문의 국가 간 거래가 증가하면서 기존의 국제무역 개념은 현실에 올바르게 부합하지 못하는 부분이 발생하게 되었다. 특히 경제교류와 협력의 대상이 전체 국가와 전체 경제분야로 확대되면서 기존의 국제경제이론이나 또는 무역이론, 실무관련 지식들은 현재 나타나고 있는 변화를 적절하게 반영하지 못했다.

국제통상의 등장은 현대 국제경제사회의 이러한 변화를 반영하고 있다. 따

1) 노택환, "무역학 · 국제통상학의 학문적 범위와 특성 및 교육체계에 대한 고찰". 2003년 춘계 학술발표대회 발표논문집, 한국무역학회, 2003.5.30, pp.665-678.

라서 국제통상은 결국 시대와 상황의 변화에 따른 필요성에 의하여 새로이 대두되고 정립된 개념이라 볼 수 있는 것이다. 학문적 측면에서 볼 때 체계화된 논리를 바탕으로 현실을 바라볼 수 있어야 만이 현실적 문제에 대한 본질을 파악할 수 있고, 이에 대한 분석도 가능해 지는 것이다.

국제통상의 개념이 국제사회에서 가장 이슈화되는 단어로 등장했다는 것은 이미 현대사회가 기존의 상품무역만으로는 설명이 불가능한 시대가 되었다는 것을 의미한다. 또한 국제통상이라는 용어의 등장은 오늘날의 국제사회가 과거와 같이 강대국 위주로 운영되거나 또는 일방적인 강요와 굴종만을 요구하던 시대와 체제는 아니라는 것을 보여주는 것이다. 따라서 국제통상의 개념 속에는 개방화 · 세계화 · 다자화 · 양자화 등의 개념이 모두 포함되어 있다고 볼 수 있는 것이다.

1.2 국제통상과 국제화 · 세계화, 지역화

1. 국제화와 세계화

국제통상의 개념을 정치경제학적 측면에서 해석해보면 국제통상이란 서로 다른 국가 간의 경제거래를 의미하는 것으로 국민경제 상호간의 경제관계와 관련되는 모든 활동으로 정의할 수 있다. 결국 국제통상학이란 일국의 국민경제가 기본단위로 존재하며, 이를 전제로 한 세계경제와 세계시장의 구성, 국민경제의 세계화 과정에서 발생하는 문제 등을 연구하고 이에 대한 해결을 시도하는 학문이라고 볼 수 있다. 이렇게 볼 때 국제통상을 다루기 위해서는 국민경제의 국제화나 세계화에 대한 충분한 이해가 필요하다고 볼 수 있다.

국제통상은 국제적 상호의존의 심화를 통하여 일국의 국민경제가 세계경제로 편입해 가는 과정에서 발생하는 모든 경제활동을 의미한다고 볼 수 있다. 이러한 현상을 설명하거나 또는 표현하는 용어로 국제화와 세계화란 용어가 존재한다. 이하에서는 세계 각국 경제 간의 상호의존성이 심화되어 가는 과정이라고 볼 수 있는 국제화와 세계화의 개념에 대하여 살펴보기로 한다.

국제화란 영토성, 주권, 내정불간섭과 같은 기본원리에 기초한 국민국가의 존재 및 이들 사이의 관계를 기초로 하여 국가 간의 발전과 국제협력이 증진되어 가는 과정을 지칭한다. 다른 측면에서 볼 때 국제화는 국민국가의 약화 혹은 해체를 통하여 하나의 국제적인 제도에 의하여 조직되고 운영되는 세계를 설정하는 것으로 볼 수 있다.[2)]

하지만 세계화는 기존의 민족국가 개념을 초월하여 전 인류 및 전 지구적 차원에서 경쟁과 협력을 통하여 통합이 증대되어 가는 과정을 의미한다. 결국 "세계화란 확대 지향적인 시장체제의 작동과 이로 인한 자원 및 인력의 이동이 발생하고, 다시 이로 인해 근대국가의 속성인 영토성과 주권이 도전받고 그 의미가 희석되는 현상"[3)]이라는 의미이다.

하지만 국제화와 세계화 현상, 모두에서는 주권국가가 중요한 행위자로 존재하기 때문에 현실 속에서 그 개념의 차이가 분명히 하기란 쉽지 않다. 따라서 현실 속에서 국제화와 세계화 간의 개념 구분은 쉽지 않고, 세계화에 대한 많은 논의도 혼돈상태에 머물러 있는 것이다.

한편 세계화와 국제화의 개념은 동 개념이 분석적인 개념으로 사용되는가 아니면 정책적인 개념으로 사용되는가에 따라서도 발생하고 있다. 이는 국가의 정책 목표로서 제시되는 국제화와 세계화도 조금 다른 의미를 지니고 있다는 측면을 보여주고 있는 것이다. 즉 보편적인 현상으로서의 국제화 · 세계화는 하나의 국가와는 별개로 진행되는 분석적인 차원에서의 개념이고, 논의이다. 하지만 국제화와 세계화 현상에 대처하는 일국의 대응방식이라는 차원에서는 논의되는 국제화 · 세계화는 정책의 목표로서 사용되고 있는 개념이다.

---

2) 유석진, "세계화 · 국제화와 정치", 『국제화에 대한 사회과학적 이해』 (백완기 편), 박영사, 1995, pp.137-138.

3) 운영관, "세계화 : 민족주의의 새로운 지평을 위하여", 『계간사상』, (1994 : 겨울)

국가의 정책목표라는 차원에서 국제화와 세계화는 다음과 같은 차이를 지닌다. 국제화는 국제협정이나 조약 그리고 선진국의 법·제도·의식·관행에 개별 국가의 법·제도·의식·관행을 맞추어 나간다는 소극적인 차원에서의 의미이다. 그러나 세계화는 이러한 소극적인 대응에서 탈피하여 적극적이고 선도적으로 자국의 법·제도·의식·관행을 정비하여 국제사회의 변화에 대한 적응력을 배양한다는 의미이다.

이런 측면에서 볼 때 세계화는 국제화보다는 큰 개념으로 파악할 수 있다. 하지만 주의할 것은 이러한 국제화와 세계화는 상호 보완적인 관계에 있다는 점이다. 반드시 세계화가 국제화를 포함하는 큰 개념으로 존재하는 것은 아니며, 때로는 세계화와 국제화가 서로 공유하지 않는 부분이 남아 있을 수도 있는 것이다

2. 세계화와 지역주의(지역화)

국제통상이 심화되는 국제사회에서는 최근 세계화(globalization)와 지역화(regionalization)와 같은 상반되는 두 가지 경향이 동시에 나타난다. 실제로 WTO 출범이후 지역경제통합체나 자유무역지대와 같은 지역주의의 조짐들은 WTO 출범 이전에 비해 폭발적으로 증가하였다는 것을 알 수 있다. 구체적으로 현재까지 WTO에 통고된 287건의 지역주의 사례 중 WTO 출범 후에 나타난 사례는 전체의 85%인 244건이다.

결국 이러한 지역주의 사례의 확산은 세계화의 확대와 심화로 대표되는 국제통상이 심화된 세계와 지역주의가 불가분의 관계에 있다는 것을 보여주는 증거이다. 사실 오늘날과 같이 국제통상이 심화되는 사회에서 세계화는 세계경제의 통합을 조장하는 구심력으로 작용하고, 지역화는 세계경제의 통합의 확산을 조장하는 원심력으로 작용한다. 오늘날과 같은 현대사회에서 이러한 세계화와 지역화의 상호작용이 국제통상의 심화를 발생시키고 있는 것이다.

민족국가에 대한 확고한 기반을 가지고 대외시장의 확대를 지향하던 자본주의 국가 중심의 국제경제체제는 최근 글로벌 생산체제를 통하여 세계경제

체제로 심화되면서 경제교류의 세계화 추세가 더욱 주목받고 있다. 하지만 세계화 추세의 확산과는 반대로 세계경제에서 지역주의화 경향은 더욱 심화·확산되고 있다.

기존의 유럽공동체는 유럽연합(EU)으로 명실상부한 최고의 지역경제통합체가 발전하고 있으며, WTO체제의 비호 하에 각종 지역무역협정의 체결이 더욱 확산되고 있다. WTO체제에서 지역주의가 인정되고 확산되는 이유는 지역화나 지역주의의 확산이 경제의 글로벌화나 세계화의 중간단계가 될 수 있다고 보기 때문이다.

오늘날과 같은 국제경제문제의 복잡성, 국제사회의 참여 국가 수의 증가, 국가 간 경제적 격차 심화, 패권국가의 국제적 위상 약화 등과 같은 현상이 발생하고 있는 상황에서 세계화의 진전은 이제 어느 정도 한계에 도달할 수 밖에 없다.

하지만 지역화나 지역주의 과정을 통과한 관련국 간의 문제나 일국의 국내 경제문제는 기존의 문제보다 훨씬 단순해지고 명료해진다는 특징이 있다. 또한 의사표출의 단위 또한 줄어들고, 지역화 과정에서 만들어진 지리적 또는 문화적인 유사성 등으로 인해 세계적 차원에서 진행되는 다자간 무역협상에 비해 상대적으로 타결이 쉽다는 특징도 존재한다. 이러한 이유 때문에 자유무역과 투자에 기초한 지역차원에서의 경제통합추세를 미니-다자주의(mini-lateralism) 또는 미니-세계화라고 칭하기도 한다.

하지만 지역화가 세계화를 위한 중간단계가 되기 위해서는 역외국에 대한 악(惡) 차별이 만들어져서는 안 된다. 국제사회에서 지역주의가 역외국에 대한 차별을 막는 역할을 담당하는 WTO이다. WTO에서는 새롭게 체결되는 지역무역협정이 역외국들과의 무역에 대해 기존의 상황에서 보다는 제한적이어서는 안 된다고 규정하고 있다.[4)]

세계화란 경쟁기업의 수는 증가하고 있는 상황에서 이들 기업의 경쟁우위에 필요한 각종 비용은 증대하고 있는데 비해, 그 결과로써 만들어진 상품의 판매주기는 매우 짧아짐으로써 국내시장만을 통해서는 각종 비용의 급증을

---

4) WTO GATT 제24조 제3항

뒷받침 할 수는 없기 때문에 생겨났다. 비록 세계화가 자본주의의 심화현상이고, 끊임없는 자본의 축적과정으로 자본주의 시장경제체제의 전세계적인 확대양상을 극적으로 설명하는 '과대 포장한 말장난'이라는 비판도 존재하고 있지만[5] 실질적인 측면에서 보면 세계화의 확산은 다국적 기업과 같은 기업이나 관련 산업의 발전과 확산과정에서 기인하고 있다는 것은 부정할 수 없는 사실이다.

세계화의 이러한 측면을 고려하더라도 지역화나 지역주의는 여러 가지 복잡 다양한 국제경제문제의 돌출로 인해 고착상태에 빠져 있는 세계화를 확산시킬 수 있는 또 다른 동력이라고 볼 수 있다. 이런 차원에서 볼 때 국제통상이 심화되는 세계에서는 지역화나 지역주의 또한 심화되고 확대될 가능성이 대단히 높다고 볼 수 있는 것이다.

1.3 국제통상의 성격

국제통상이란 결국 한 국민경제가 세계경제로 변해 가는 과정과 관련되는 모든 경제활동을 의미한다고 볼 수 있다. 그렇다면 이러한 국제통상의 개념 속에 어떠한 구조적 특징과 추세, 의미가 숨어 있는지 살펴보자.

1. 국민경제의 상호의존 심화

국제통상의 개념 속에는 국민경제의 세계적 상호의존 심화라는 의미가 포함되어 있다. 국제통상이라는 용어 속에는 일국의 경제관계 범위가 점차 세계로 확산되며, 세계적 경제관계의 정도 또한 심화되고 있다는 것을 포함하

5) 허스트(Hirst)와 톰슨(Thompson)은 이러한 세계화의 문제점을 <문제의 글로벌리제이션>으로 표현했다.

고 있다. 이로 인해 국가의 영토적 경계선이 점차 무의미하게 되어 일국의 경제관계가 국제 또는 세계관계로 확산된다는 것을 보여준다. 따라서 국제통상이 심화되는 사회에서는 일국의 국민경제적 활동을 내부와 외부, 국내와 국외의 영역으로 구분하는 것이 점차 무의미하게 될 것이다.

일반적으로 국제통상은 국제거래의 네트워크가 단일공간 위에서 이루어지는 것을 의미한다. 결국 국제통상의 심화라는 현상 속에는 전 세계가 상호의존의 관계로 들어서고 있으며, 세계는 이러한 상호의존적 유대관계의 강화와 확산으로 인하여 점차 단일 경제체제로 변화되고 있다는 것을 보여주고 있는 것이다. 물론 국제통상이 심화된 세계에서 상호의존의 심화는 범위(stretching)와 심도(deeping) 측면에서 상호연관의 심화를 의미한다.

2. 시 · 공간의 응축과 동시 공존

국제통상의 개념 속에서 시간과 공간의 응축(time-space compression)과 동시 공존이라는 개념이 포함되어 있다. 이는 결국 국제통상의 정도 변화는 세계적 차원에서 시간적 · 공간적 개념이 응축되는 것을 의미하고, 그리고 이러한 현상이 동시간 대에 이루어짐을 내포하고 있다. 따라서 국제통상이 고도로 발달되는 사회에서는 정보화와 네트워크가 국제통상의 가장 중요한 경쟁력 원천이 되는 것이다.

정보화의 발전은 기업의 해외 영업활동이 가지는 여러 가지 제약을 해소해 주며, 기업의 세계화에 대한 새로운 지평을 열게 한다. 정보화의 심화에 따라서 네트워크 조직의 발달은 정보의 부재로 인해 기업이 해외경영활동에서 부담해 왔던 각종 시행착오의 비용을 상당부분 절감시키며, 전 세계적으로 분산되어 있던 경제단위 간의 의사소통을 손쉽게 만들어 기업들이 보다 저렴한 비용으로 해외 영업활동에서 경쟁우위를 획득할 수 있게 한다.

국제통상과 국민경제의 상호의존성이 심화되는 시기에서는 독립적으로 존재하는 개별 경제주체들의 경쟁력이 전체 경쟁력을 좌우하던 시대와 달리 다른 주체와의 협력 네트워크가 해당 기업이나 조직, 국가의 경쟁력을 좌우하게 된다. 국제통상이 심화되는 세계에서 개별 단위들 간의 협력네트워크의 성장과 확대는 관련 주체들 간의 정보공유화를 통한 상호연계의 효율성이 극대화되면서 나타난다. 결국 정보화와 네트워크 조직의 발전은 국제통상, 특기 기업의 글로벌화에 대한 새로운 지평을 열어 준다.

3. 다원주의

국제통상의 개념 속에는 다원주의의 의미가 포함되어 있다. 다원주의란 사회가 여러 독립적인 이익집단이나 결사체로 이루어져 있기 때문에 권력엘리트에 의하여 지배되기 보다는 그 집단내의 경쟁·갈등·협력 등을 통하여 민주주의적으로 운영되어야 한다는 것을 표현하는 용어이다.

국제통상의 의미 속에 다원주의가 포함되어 있다는 것은 국제통상이나 국제무역을 통하여 문화의 전지구적 동질화, 정치영역의 전지구적 통합화로 등식화되는 것이 아니라 국제경제관계의 확대와 심화를 통하여 세계가 하나의 단일한 사회적 공간 위에서 복잡한 형태로 재구성됨을 의미하는 것이다. 이러한 이유 때문에 오늘날의 세계는 상호의존이 세계적인 차원에서 진행되면서도 다른 한편으로는 지정학적인 인접을 근간으로 하는 가장 민족적이고 지방적인 특수성이 존재하는 지역 연합체도 생겨나고 있는 것이다.

결국 국제통상이 강화되면 될수록 기존의 전통적인 쌍무주의 방식의 문제해결방식에서 벗어나 지역주의나 다자주의 방식과 같은 다양한 방식에 의한 국제 문제의 해결이 시도되게 된다. 그리고 국제통상이 가지는 다원주의적인 특성 때문에 국제통상이 심화되는 사회에서는 국제통상의 심화과정 중에 발생하는 일국의 국내제도 및 관행의 국가간 차이(system differences)를 조화시키는 것 또한 주요 목표가 된다.

4. 세계경쟁

국제통상이라는 개념 속에는 외부효과형 세계경쟁이라는 의미가 포함되어 있다. 국제통상의 개념 속에는 국내 또는 지역시장이 세계시장으로 통합되면서 경쟁도 자연적으로 세계적 성격을 띠게 된다는 의미를 포함하고 있다. 경쟁이 세계로 확대 된다는 것은 한 시장에서의 경쟁성과가 다른 시장에서의 경쟁성과에 영향을 미치게 됨을 의미하는 것으로 세계 각지에서 발생하는 국지적인 경쟁이 결국 모든 경쟁의 결과로 직결될 수 있다는 것을 의미하는 것이다.

외부효과형 세계경쟁이라는 용어속에는 경쟁의 상호연관성이 대단히 높다는 의미를 내포하고 있다. 이는 어느 한 시장에서 열위에 빠진 기업은 그 외의 다른 시장에서는 물론 궁극적으로 세계시장에서의 지위도 위협받게 된다는 것을 의미한다. 이러한 이유 때문에 기업들은 자신의 주력시장에서 우위를 확보함으로써 다른 지역에서도의 경쟁에서도 외부효과를 획득하려고 노력하는 것이다.

결국 국제통상이 가지고 있는 외부효과형 세계경쟁이라는 특성 때문에 세계 경쟁의 패턴도 특화경쟁에서 전면경쟁으로, 정태적 경쟁에서 동태적 경쟁으로, 고정입지경쟁에서 입지선정경쟁으로, 기업 간 경쟁에서 네트워크 간 경쟁으로 변화되는 것이다.

5. 행위주체의 다양화

국제통상이라는 개념 속에는 행위주체의 다양화라는 의미를 내포하고 있다. 다시 말하면, 국제통상이 심화되는 사회에서는 국민경제 간 상호의존성을 확산 및 심화시키는 다양한 행위자가 등장하고, 이러한 행위자들의 개별 행위가 모두 경쟁의 결과에 영향을 미치는 것으로 설정된다. 따라서 국제통상이 심화되는 사회에서는 개별 경제주체 모두가 주요 행위주체가 된다는 의미이다.

국제통상이 심화되는 사회에서는 국제 상거래의 전통적 의사결정 및 행위주체였던 국가나 기업 외에도 국제기구나 민간기구, 다양한 형태의 비정부기구(Non-Government Organization : NGO)와 사회운동 세력 등과 같은 주체 등이 등장하게 된다. 이는 결국 행위주체의 다양화를 통하여 국제통상이 국가나 민족적 경계를 초월하여 의사결정이나 자원배분을 결정하는 조직으로 그 활동범위가 변화되어 가고 있다는 것을 의미하는 것이다.

전 지구적 상호의존의 심화로 특징지을 수 있는 국제통상질서 속에서 국제통상의 효율적인 운용을 위해서는 국민경제간 상호작용을 규율하고 국가 간의 협력을 강화하기 위한 국제기구의 중요성이 특히 강조된다. 이는 국가 간 상호의존성의 강화과정에서 나타나고 있는 다양하고 복잡한 문제는 특정 국가 간 쌍무협상을 통해 해결할 수 있는 수준을 넘어 다자적이거나 또는 전 세계적 현상되는 경우가 많기 때문이다. 국제사회에서 초국적 기구 및 제도의 등장은 국제사회에서 다자적 성격의 국제통상기구나 규범이 얼마나 중요한지를 보여주고 있는 좋은 증거라고 볼 수 있다.

1.4 국제통상과 WTO

1995년 1월 1일 출범한 세계무역기구(WTO)는 국민경제의 세계경제로의 편입과 통합에 중요한 역할을 하고 있다. 국제사회에서 협의의 개념으로 이해되고 사용되던 국제무역이라는 개념을 국제통상이라는 포괄적 개념으로 도입할 수밖에 없게 만들었던 결정적인 역할을 하였던 것도 바로 이 WTO의 등장에 기인한 것이다.

WTO의 출범으로 인하여 국제통상은 주로 재화의 국제거래 만을 총칭하던 개념에서 서비스와 무역관련 지적재산권(TRIPs) 및 분쟁해결절차까지 포괄하는 개념으로서 확대될 수가 있었던 것이다. 그리고 WTO를 출범시키는 과정에서 보여주었던 세계 각국의 다자주의적 협상 노력은 국제통상의 규율방식이 쌍무주의에서 다자주의로 전환되고 있음을 보여주었고, 이러한 과정에서 이러한 부문에 대한 학문적 연구의 필요성을 불러 일으켰던 것이다.

결과적으로 WTO의 성공적 출범과 운영은 국제통상의 범위를 재화와 서비스의 국제거래, 무역관련 지적재산권, 분쟁해결절차의 분야로까지 관할 영역을 확대시키게 했으며, 이러한 과정에서 발생하는 다자간 협상 노력과 새로운 통상규범의 제정하려는 노력까지도 포함되게 만들었다.

WTO를 출범시키기 위한 노력과 그 과정은 WTO의 핵심이라고 할 수 있는 WTO 협정으로 나타났다. 이러한 과정을 통해 만들어진 WTO 협정은 국민경제의 세계화와 관련된 경제활동과정에서 발생할 수 있는 여러 가지 통상문제들을 규율할 수 있는 국제간 기본규범으로 적용하게 되었다.

따라서 WTO와 관련 제 협정들을 이해하는 것이 국제통상이 심화되는 사회의 기본원칙과 운용원리를 이해하는 기본시각을 제공하게 되고, 이를 통해 향후 발생할 수 있는 국제통상 현안들을 논리적으로 분석할 수 있게 하는 능력을 배양하게 할 것이다.

Chapter 2

WTO의 출범과 DDA

WTO의 출범과 DDA

Chapter 02

2.1 세계무역기구(WTO)

세계무역기구(WTO)는 국제통상에 관한 규범을 다루는 유일한 국제기구이다. WTO의 핵심은 국제무역에 참가하고 있는 대부분의 국가에 의해서 합의되고 조인된 다자간 무역협정이었다는 부분이다. WTO 협정은 국제간 상거래를 위한 법률적 기본원칙을 제공하며, 합의된 규범에 따라 국제무역을 규율할 수 있는 국제간의 계약이라고 볼 수 있다.

그러나 WTO 협정이 비록 회원국 정부에 의해서 합의되고 조인되었다고 할지라도, 실질적인 목적으로는 회원국의 상품 및 서비스를 생산하는 기업이나 또는 수출 및 수입업자를 지원하는 데 있다고 볼 수 있다.

세계무역기구(WTO)

위 치 : 스위스 제네바
설 립 : 1995년 1월 1일
회 원 국 : 159개국(2013년 3월 기준), 옵저버 25개국*
예 산 : 197백만 스위스 프랑
사 무 처 : 약 640명

사무총장 : Supachai Panitchpakdi(태국)

기 능 :

- WTO 무역협상의 장
- 무역협상의 장
- 통상분쟁 해결의 장
- 국별 무역정책 검토 및 감시
- 개도국에 대한 기술적인 원조와 훈련
- 다른 국제기구들과의 협력

* 옵저버 국가는 옵저버로 된 후 5년 이내에 WTO 가입협상을 개시해야 함. (교황청은 제외)

1. 3대 주요목표

WTO의 목표는 크게 3가지로 정리해 볼 수 있다 첫째, WTO는 보다 자유로운 무역(freer trade)과 예측 가능한 무역을 목표로 한다. 구체적으로 WTO의 가장 주요한 목표는 결국 경제적 왜곡현상이 발생하지 않는 한도 내에서 가능한 한 회원국의 무역자유화를 증진시키는 것이다. 실제로 WTO가 많은 통상문제 속에서도 여러 가지 종류의 무역장벽들을 제거해 나가고 있다는 사실은 WTO 체제가 보다 자유로운 무역을 목표로 하고 있다는 것을 간접적으로 보여주는 증거이다.

이밖에도 WTO는 무역규범의 제정과 이에 근거한 운영을 통하여 WTO 체제의 예측가능성과 투명성을 제고시켜 개인·기업·정부에게 국제통상규범에 대한 이해와 함께 무역정책의 급속한 변화가 없을 것이라는 신뢰를 강화시킴으로써 자유무역을 확산시키려고 한다.

둘째, WTO는 국제간·국가 간 통상협상의 장을 제공하는 역할을 수행한다. WTO 협정들은 전 세계적인 차원에서 진행된 오랜 토론과 논쟁을 거쳐 만들어진 것이기 때문에, 그 의미와 영향력 면에서 기존의 GATT 체제에 비해 훨씬 강화되었다고 볼 수 있다. 결국 WTO는 새로운 통상환경하에서 주요 통상현안에 대한 국제간, 다자간 또는 양자 간 통상협상의 장을 제공함으로써 보다 자유로운 무역환경을 만들고 이와 관련된 국제통상환경을 규율하는 기구라고 볼 수 있다.

셋째, WTO는 통상분쟁의 해결에 관한 규칙 및 절차를 분명히 함으로써 국제간 분쟁의 해결방안을 제공한다고 볼 수 있다. WTO 체제에서는 국가간의 이익이 상충되는 국제통상환경속에서 회원국들 간의 합의된 내용을 바탕으로 통상분쟁을 해결하는 것이다. 실제로 통상분쟁에서 국가 간의 이익차이를 조화시켜 주는 가장 좋은 방법으로는 국제간에 합의된 기본원칙에 근거로 중립적 절차와 규범을 통하여 문제를 해결하는 것이다. 이러한 차원에서 볼 때 WTO 분쟁해결절차는 국가 간 통상분쟁을 해결하기 위해 국제간에 만들어진 가장 현실적이고 중립적인 절차라고 볼 수 있는 것이다.

2. 기원 : GATT에서의 출발

WTO는 비록 1995년 1월 1일부터 출범되었지만 그 기원은 1947년도에 만들어진 GATT라고 볼 수 있다. 실제로 1948년에 발효된 관세 및 무역에 관한 일반협정(General Agreement of Tariffs and Trade : GATT)은 지금의 WTO 체제에 대한 기초적인 틀(framework)과 원칙 그리고 규범을 제공하고 있다고 볼 수 있다. 1947년 비공식 국제기구의 성격을 가지고 몇 년간의 논의를 거쳐 출발된 GATT는 출범 후 몇 차례의 다자간 통상협상을 거치면서 현재의 WTO로 발전된 것이라고 볼 수 있다.

WTO체제는 결국 GATT체제 내에서 만들어진 1986년부터 1994년까지 지속되었던 우루과이라운드(Uruguay Round) 협상이라는 다자간 무역협상을 통하여 만들어 졌다고 볼 수 있다. 하지만 기존의 GATT가 상품에 관한 무역을 다루었는데 비하여, WTO 협정과 기타 부속 협정들은 GATT에 포함되지 않았던 농업, 섬유 및 의류, 서비스 무역과 무역관련 지적재산권 등을 포괄하여 다루고 있다는 점에서 차이가 있다.

다자간무역체제

다자간무역체제는 WTO에 의하여 운영된다. 주요 무역국을 포함한 대부분의 국가가 WTO 회원국이나 세계 모든 통상국가들이 WTO 회원국인 것은 아니다. 따라서 WTO에서 사용되고 있는 "다자간" 이라는 용어는 "범지구적" 또는 "전 세계적"이라는 용어를 대신하여 사용되고 있다고 볼 수 있다. 따라서 WTO의 업무에 있어서 "다자간"의 의미는 지역적이거나 또는 소규모 국가들이 취한 행위와는 대조적이 되는 것이다. 국제통상에서 "다자간"의 의미는 국제관계학에서 다자간 안보협정이 지역적으로 국한될 수 있는 것과는 다르다고 볼 수 있다.

2.2 WTO의 기본원칙

WTO 협정은 다양한 분야를 포괄하는 법률적 문건이기 때문에 그 내용이 방대하고 복잡하다. WTO 협정에서는 농업, 섬유 및 의류, 무역관련 투자조치, 통신사업, 정부조달, 기술표준, 위생 및 검역조치, 지적재산권, 서비스 등의 분야와 함께 여러 가지 통상분야 들을 함께 다루고 있다.

WTO 체제에서 만들어진 많은 통상규범들에서는 다음과 같은 몇 가지 기본원칙들이 적용되어지고 있다. 그리고 이러한 몇 가지 기본원칙들은 WTO 체제 전체에 적용되는 기본원칙이라고 볼 수 있다.

WTO의 기본원칙

- **무차별주의** : 특정국가는 자국의 무역상대국에 대해 차별을 해서는 안 된다(모두 동등하게 "최혜국" 또는 "최혜국대우"의 지위가 부여되어야 한다). 그리고 국산과 외국산 상품 · 서비스 사이의 국적에 따른 차별을 하여서 안 된다(즉, "내국민대우"가 부여되어야 한다).
- **자유무역** : 통상협상을 통하여 무역장벽들을 제거하거나 또는 완화함으로서 종전보다 보다 더 자유로운 무역을 지향한다.
- **투명성 및 예측가능성의 강화** : 회원국은 외국의 기업 · 투자가 · 정부에 대해 관세 및 비관세 장벽, 기타 무역관련 조치들을 임의적으로 강화할 수 없으며 더 많은 품목에서 관세양허와 시장개방 약속을 하여야 한다(법률에 근거한 규제)
- **공정경쟁의 증진** : 시장점유율을 확보하기 위하여 비용 이하로 수출하는 불공정 관행(수출보조금이나 덤핑)을 제거한다.
- **최빈개도국에게 대한 특별대우** : 최빈개도국에게 새로운 무역환경에 적응하도록 더 긴 유예기간과 융통성 및 특혜를 부여한다.

1. 무차별주의

1) 최혜국대우

WTO 협정 하에서 회원국들은 무역상대국에 따른 차별대우를 해서는 안 된다. 최혜국 대우(Most-Favoured Nation Treatment : MFN)란 일국이 한 회원국의 제품에 대해 편의(advantage), 호의(favour), 특전(privilege), 면제(immunity) 등과 같은 특별한 혜택을 부여하면(예를 들어, 어느 한 회원국의 어느 한 상품에만 관세율을 인하해 주면), 다른 모든 회원국에게도 똑같은 혜택을 주어야 한다는 원칙이다.

최혜국 대우의 원칙은 GATT 제1조로서 국제무역에서는 가장 중요하게 취급되는 원칙이다. 최혜국대우의 원칙은 GATT 제1조 외에도 서비스 무역에 관한 일반협정(GATS) 제2조, 무역관련 지적재산권에 관한 협정(TRIPS) 제4조에서도 우선적으로 적용됨으로서 WTO의 주요 협정인 GATT, GATS, TRIPs를 모두 포괄하는 기본원칙이라고 볼 수 있다.

'최혜(most-favoured)'의 의미

최혜(most-favoured)란 용어 속에는 모순적인 부분이 존재한다. 즉, 최혜(most-favoured)란 용어 속에는 한 회원국에 대한 일종의 특별대우를 제공하는 것과 같은 의미를 포함하고 있는 것처럼 보이나, 실제로는 모든 회원국들에 대해 최혜국 대우를 받는 교역상대국과 동등한 대우를 해야 한다는 것을 포함하고 있다.

이는 결국 일국이 다른 한 회원국에게 주는 혜택을 증가시키면, 똑같은 최고 대우를 다른 모든 회원국들에게도 제공함으로써 회원국 모두가 '最惠(most-favoured)'의 상태가 되어야 한다는 의미이다.

최혜국 대우의 고전적 의미 속에는 동등한 대우만을 내포하고 있다고는 볼 수 없었다. 최혜국대우조약이 많이 체결되던 19세기 때에는 일부 국가만이 특혜를 누렸기 때문에, 최혜의 의미 속에는 특정국가로부터 '최혜(most-favoured)의 무역상대국'에 속한다는 배타적 클럽(club)에 속한다는 의미가 내포되어 있었다.

하지만 대부분의 국가들이 WTO 회원국으로 되어 있는 오늘날에는 최혜의 의미는 더 이상 배타적 클럽을 의미하는 것이 아니다. 결국 WTO 체제에서 최혜국대우의 원칙은 각 회원국들이 다른 모든 다른 회원국들을 동등하게 대우한다는 것을 보장하는 원칙이라고 볼 수 있다.

하지만 이러한 최혜국대우에 대한 예외도 인정되고 있다. 예를 들어 특정 국가들에 대해서는 특혜(preference)를 인정하지만 역외지역에 대해서는 최혜국대우를 부여하지 않는 자유무역협정을 유지시킬 수 있도록 하였다. 또한 불공정 무역을 하고 있다고 간주되는 국가로부터의 수입에 대해서도 무역장벽을 강화할 수 있게 함으로써 최혜국대우의 차별적 적용을 가능하게 하였다. 이 밖에도 WTO 체제에서는 경제통합 조치에 대한 예외 및 개도국에 대한 특별조치에 대한 예외를 인정하고 있고, 서비스 무역에 대해서도 제한된 환경이나 조건하에서의 차별대우를 허용하기도 하였다.

그러나 이러한 모든 예외 규정들은 WTO 협정하의 엄격한 조건이나 규범하에서만 허용된다. 결국 최혜국대우(MFN)란 일국이 무역장벽을 감축하거나 또는 철폐하는 경우 상대국의 국민소득이나 국력 등에 상관없이 모든 회원국들에게 동등한 혜택을 제공해야 한다는 것이다.

한편 WTO 체제에서 가장 대표적인 GATT협정에서 최혜국대우는 수출입에 대하여 또는 수출입과 관련하여 부과되거나 또는 수입입대금의 국제간 이체에 부과되는 ① 관세나 기타 과징금, ② 동 관세 및 과징금의 징수방법, ③ 수출입과 관련되는 모든 규칙 및 절차, ④ 내국세 및 기타의 국내규칙(GATT 제3조 2항, 4항에 기재된 모든 사항), ⑤ 상품에 대하여 적용된다.

2) 내국민대우

내국민대우(National Treatment)란 외국산 상품이 일국의 국내시장에 진출한 후에는 국내 상품과 동등하게 대우받아야 된다는 원칙이다. 이는 관세를 이미 납부한 수입품에 대해서는 일국은 내국세(internal taxation)나 국내규제(internal regulation)와 관련하여 국내제품과 비교하여 불리하지 않는 대우(동등한 대우)를 부여하여야 함을 의미한다.

구체적으로 내국민대우란 어느 한 회원국의 상품으로 다른 회원국의 영역 내로 수입된 상품에 대해서는 동종의 내국상품에 직·간접적으로 부과되는 내국세나 또는 기타의 모든 과징금을 초과하는 내국세 및 기타의 내국과징금을 직·간접적으로 부과해서는 안 된다는 것을 의미한다. 여기서 내국세란 판매세나 사치세, 거래세, 이용세 등 해당 상품과 관련된 세금으로 소득세 등 직접세에 관한 세금은 적용되지 않는다.

"내국민대우"(다른 국가의 자연인이나 법인을 자국의 국민과 동등하게 대우하는 것)의 원칙도 그 내용과 형식은 조금씩 다르게 나타나고 있지만 주요 WTO 협정에서 모두 찾아볼 수 있는 원칙이다.(GAAT 제3조, GATS 제17조, 그리고 TRIPS 제3조) 이러한 내국민 대우조치는 수입품에 대하여 차별적인 내국세나 정부 규제와 같은 국내규제가 부과된다면 이는 관세와 버금가는 보호주의적 수단이 될 수 있다는 점을 감안한 것이다.

내국민대우는 일단 특정국의 국내시장에 진입한 모든 외국상품과 서비스 지적 재산권에 대해서 적용되는 것이 원칙이다. 이렇게 볼 때 내국민대우는 수입품에 대한 세금부과도 수입국내에서 생산된 국산품과 동등한 세금을 부과하는 것과 같다. 하지만 수입품에 대한 관세부과는 내국민대우원칙에 위배되는 것은 아니라고 보는 것이 일반적이다.

일반적으로 내국민대우에 대한 명확한 해석을 위해서는 우선 어떠한 상품이 동종상품(like product)인지 또는 직접 경쟁적이거나 또는 대체가능한 상품(competitive and substitutable products)인지를 결정해야 한다. 그리고 이러한 동종상품이나 또는 직접 경쟁적이거나 대체가능상품인지를 결정하기 위한 상품비교(product comparison)를 해야 한다. 또한 내국민대우를 명확히 하기 위해서는 수입상품에 대한 과세가 동종 국내상품에 대한 과세를 초과하고 있는 또는 어떠한 내국세가 직접 경쟁적이거나 대체가능한 상품의 국내생산을 보호하는지의 여부를 결정하기 위한 재정비교(fiscal comparison)를 행해야 한다.

2. 자유무역

WTO의 최우선 목표는 보다 자유로운 무역환경을 조성하는 것이다. 보다 자유로운 무역환경을 조성하기 위한 방법으로 무역장벽을 완화하거나 철폐하는 것이 가장 확실한 방법이다. 국제사회에서 주로 사용되고 있는 무역장벽으로서는 수입관세(customs duty, tariff), 수입할당(import quota), 수입금지(import ban) 등과 같은 수단들이 있다. 그리고 관료주의적 규제조치(red tape)와 환율정책 등과 같은 수단들도 무역을 제한하는 조치로서 많이 활용된다.

1948년 GATT 출범 이후 지금까지 총 9차례에 걸친 다자간 무역협상이 진행되어 왔거나 또는 진행되고 있다. 초기의 다자간 무역협상에서는 주로 수입품에 관한 관세인하에 초점이 맞추어져 있었다. 이러한 노력의 결과 1980년대 중・후반에는 공산품에 대한 선진국의 관세율이 약 6.3% 수준까지 하락되기도 했다. 하지만 1980년대 이후의 다자간 협상은 관세장벽 뿐만 아니라 상품에 대한 비관세 장벽과 서비스・지적재산권 같은 새로운 분야에서의 자유무역 증진으로 그 논의 범위가 확대되었다.

자유무역의 확대와 시장개방은 대부분의 국가에게 더 많은 무역이익을 가져다주겠지만 단기적인 측면에서 볼 때 그렇지 않은 국가들도 존재한다. 어떠한 측면에서 볼 때 개발도상국(이하 개도국이라 표기)에 대한 시장개방은 개도국의 국내 경제상황과 체질을 고려하는 유예(조정)기간이 필요한 경우도 존재한다.

WTO 협정에서는 시장개방에 대한 회원국의 "점진적인 자유화"를 통한 시장개방을 허용하고 있다. 개도국에 대해서는 무역자유화에 대한 의무이행을 위해 다른 선진국보다 더 많은 유예기간을 주고 있는 것이다.

3. 예측가능성 및 안정성 제고

WTO의 또 다른 목표로는 국제무역의 예측가능성과 안정성을 제고하는 것이다. WTO 체제에서 무역의 예측가능성 증진은 무역장벽의 제거 약속으로 나타난다. 실제로 무역장벽의 제거나 완화약속은 관련 기업들에게 미래의 비즈니스 기회에 대한 예측가능성을 높여 주어 WTO 체제의 안정성을 제고시킨다. 따라서 예측가능성의 제고는 무역장벽의 완화 약속만큼이나 중요한 것이다.

무역의 안정성과 예측가능성의 제고는 투자를 촉진시키고 이를 통해 고용의 확대와 소비자의 다양한 선택을 가능케 하며, 가격인하와 같은 경쟁요소의 강화를 가져온다. 결국 WTO와 같은 다자간 무역체제의 구축은 기업의 경영환경을 안정시키고 예측 가능하게 만들려는 정부 간 노력의 일환이라고 볼 수 있다.

WTO에서 회원국들이 상품과 서비스시장을 개방하기로 한 약속은 법적 구속력을 가진다. 상품부문에서의 약속은 최고관세율을 규정한 관세양허에 관한 약속의 형태로 나타난다. 한편 어떤 경우 일국의 수입관세율은 양허관세율(bound tariff rates)보다 낮게 설정되기도 한다. 개도국의 경우 이러한 경우가 빈번히 발생하지만 선진국은 실제로 부과되는 세율과 양허관세율이 같아지는 경향으로 나타난다. 이러한 관세양허에 대해서는 변경이 가능하나 양허관세의 변화에 따른 무역 손실을 보상하기 위한 관련당사국과의 협상을 거친 후에야 만 가능하다.

UR 다자간 무역협상의 주요 성과중 하나는 약속의 구체적 형태인 관세양허의 대상과 거래량을 증가시켰다는 것이다. WTO 체제에서는 농업부문에서 예외없는 관세화가 실현됨으로써 생산품의 100%가 관세양허의 약속에 포함되었다. 결국 이러한 모든 변화는 WTO 체제가 약속을 통해 국제무역 종사자와 투자자들을 위한 시장의 안전성과 예측가능성이 제고 되었다는 것을 의미한다.

WTO 체제에서는 국제무역에 대한 예측가능성과 안정성을 제고시키기 위해서 수입량을 제한하는 수입쿼터와 여러 가지 비관세 장벽의 사용을 억제하고자 노력하고 있다. 수입쿼터는 관료주의적 규제조치(red tape)의 남용과 함께 불공정성을 초래할 수 있는 여러 가지 문제점을 안고 있다.

국제무역의 예측가능성과 안정성을 제고하기 위한 또 다른 방법으로는 각국의 무역규범들을 가능한 투명하고(transparent) 명료하게 만드는 것이다. WTO 협정의 많은 부분에서는 회원국 정부가 자국의 정책이나 무역 관행을 스스로 공개하거나 또는 이를 WTO에 통지(notify)할 것을 요구하고 있다. 무역정책검토제도(trade policy review mechanism)를 통한 회원국의 무역정책에 대한 정기적인 검토는 국내적으로나 다자적인 수준에서 투명성(transparency)을 제고시키는 하나의 중요한 수단이 되고 있다.

4. 공정경쟁의 증진

WTO는 종종 '자유무역(free trade)'을 대표하는 국제기구로 묘사되기도 하는데, 이는 전적으로 옳다고 말할 수 없다. WTO체제는 제한된 상황하에서는 관세뿐 아니라 다른 형태의 보호조치에 대한 사용을 허용하고 있다. 이는 결국 WTO 체제가 개방적이고 공정하며, 왜곡되지 않는 국제경쟁을 조성하는데 목표를 둔 법체제라는 것을 보여주는 것이다.

사실 최혜국대우의 원칙이나 내국민대우의 원칙과 같은 무차별 원칙들은 공정경쟁(fair competition)을 확보하기 위해 반드시 필요한 원칙이라고 볼 수 있다. 그리고 반덤핑관세와 세이프가드 조치, 상계관세에 관한 규정들도 마찬가지라고 볼 수 있다. 결국 이러한 규정들은 모두 공정무역을 위한 규정이라고 볼 수 있다.

국제무역에서 발생하는 많은 문제들은 매우 복잡하고 다양한 형태로 나타난다. 공정무역을 위한 규범 속에는 무엇이 공정하고, 무엇이 불공정한지를 분명히 규정하여야 하며, 불공정으로 인해 초래된 손실을 보상하기 위한 보복적인 조치의 발동에 대해서도 분명히 규정하여야 한다.

이 밖에도 농업・지적재산권・서비스 무역에 관한 WTO 협정들도 공정경쟁의 촉진을 지원하고 있다. 정부조달협정[1]에서는 정부기관(중앙 및 지방정부기관과 기타 정부관련 조직 포함)에 의한 공적인 구매(public procurement)에 대해 공정경쟁 원칙을 적용하고 있다.

5. (최빈)개도국에 대한 특별대우

WTO가 경제개발을 목표로 한다는 것은 경제학자와 무역전문가들 사이에서 이미 폭넓게 인정받고 있는 내용이다. 이를 위해서는 WTO 협정이행을 위한 어느 정도의 융통성과 유예기간이 (최빈)개도국에게 필요하다는 것도 인정되고 있는 것도 사실이다. 그리고 개도국에 대한 특별 대우 및 지원, 무

1) WTO의 일부 회원국들에 의해서만 조인되었기 때문에 '복수국가간 협정(plurilateral agreement)'이라 부름.

역양허를 인정하는 기존의 GATT 규정들도 WTO 체제에서는 그대로 인정하고 있다.

WTO 회원국 3/4 이상의 국가들이 개도국이나 또는 시장경제로의 전환하고 있는 체제전환국(countries in transition)이다. 7년 반에 걸친 UR 협상기간동안 개도국 중 60개가 넘는 국가들이 자율적인 무역자유화를 약속하고 실행하였다. 우루과이라운드 협상기간 동안 개도국과 체제전환국들은 이전의 다른 어떤 다자간 협상에서보다도 활동적이었고 이에 따라 그 영향력도 컸다고 볼 수 있다.

UR 기간 동안의 무역자유화에 대한 개도국들의 노력은 그동안 다자간 무역체제가 선진국 중심이고 선진국을 위해 존재한다는 생각을 근본적으로 변화시켰다. 개도국도 특정 GATT 규정과 협정의무의 이행에 대하여 일방적으로 면제받고자 했던 예전의 인식을 변화시켰다. 실제로 우루과이라운드 협상이 타결될 무렵 개도국들은 선진국들이 요구하는 거의 대부분의 의무들을 이행할 준비가 되어 있었다.

WTO 협정에서는 (최빈)개도국들이 까다롭고 익숙하지 않은 WTO 규정에 대하여 적응할 수 있는 상당기간의 유예기간을 부여하였다. UR협상 말기에 각료회의에서 채택된 결정은 WTO 협정을 이행하는데 대한 (최빈)개도국들의 움직임에 더 많은 융통성을 부여하였다. 물론 WTO도 선진국들이 (최빈)개도국의 수출상품에 대해 기존의 체제에서보다 더 많은 시장접근을 보장하도록 하며, 보다 많은 기술적 원조를 제공 받을 수 있도록 지원하고 있다.

2.3 WTO 창설을 위한 노력 : 하바나에서 마라케시까지

WTO 출범은 제2차 세계대전 이후의 국제무역사에서 나타났던 가장 큰 변혁으로 기록된다. WTO는 1948년에 실패했던 국제무역기구(International Trade

Organization : ITO)의 창설과정에서 어렵게 출범한 GATT에 의해 많은 영향을 받았다.

GATT는 총 8차례의 다자간 무역협상을 통해 국제무역을 더욱 자유롭게 함으로써 다자간 무역체제를 더욱 공고히 하였다는 부분에서 의미를 가진다. 그러나 1980년대 이후 GATT 체제의 약점이 점차 노정됨에 따라 GATT체제에 대한 재정비 필요성이 대두되기 시작했다. GATT체제에 대한 재정비의 필요성이 결국 우루과이라운드(UR)라는 무역협상을 잉태했으며, 이러한 협상의 결과 중의 하나가 WTO 창설로 이어진 것이다.

1. GATT

1948년에서 1994년까지 관세와 무역에 관한 일반협정(General Agreement on Tariffs and Trade : GATT)은 국제무역을 위한 통상규범으로 전후의 국제상거래를 규율하는 역할을 수행해 왔다. GATT는 WTO 출범 이전까지 국제무역을 위한 통상규범이자 국제기구의 역할을 해왔다. 하지만 GATT는 외형적으로 볼 때 잘 조직된 국제기구처럼 보이나 실제로는 잠정협정과 이를 보조하는 조직에 불과하였다.

GATT는 국제경제협력을 관장하는 제3의 기관을 설립하여 세계은행(World Bank)[2]과 국제통화기금(International Monetary Fund : IMF)으로 구성된 "브레튼우즈(Bretton Woods)체제"의 국제기구에 합류시키자는 구상에서 출범되었다. 제2차 세계대전 이후 50개 이상의 국가들에 의해 구상된 국제경제기구의 설립구상은 국제연합(United nations : UN)의 특별기구로써 국제무역기구(ITO)를 만드는 것이었다.

ITO헌장의 초안 내용을 살펴보면 매우 야심 찬 것으로 당시 국제무역규범의 틀을 훨씬 뛰어넘는 수준이라고 볼 수 있다. 세부적인 내용도 관세인하와 긴급수입제한조치, 고용과 상품에 관한 협정, 상거래관행 규칙, 국제투자 및 서비스에 관한 규범 등을 포함하고 있었다.

---

2) 예전에는 국제부흥개발은행(International Bank for Reconstruction and Development : IBRD)이라고 명명되었다.

ITO 헌장이 채택되기 전인 1946년에는 당시 50개의 협상참가국 중 23개국은 관세인하와 양허에 대한 협상개시를 결정하였다. 당시의 세계 각국들이 제2차 세계대전의 종전과 더불어 무역자유화의 조기 확산과 1930년대 초반부터 세계 각국에 남아 있었던 전시 보호주의적 조치와 관행이 폐지되기를 원했기 때문이다.

1947년 제네바에서 개최된 제1차 다자간 무역협상에서는 세계무역의 약 1/5의 규모에 해당하는 약 100억 달러 규모의 무역에 영향을 미치는 4만 5천 여개 품목에 대한 관세양허에 대해 합의를 도출하였다 협상에 참가한 23개국들은 이러한 합의가 ITO 설립을 위한 헌장 초안의 일부로 받아들이는 것에 대해 합의하였다.

협상에 참가한 많은 국가들은 당시 합의된 관세양허의 가치를 보호하기 위하여 ITO 헌장 초안이 신속하게 처리되어야 한다고 믿고 있었다 이렇게 해서 만들어진 통상규범과 관세양허에 관한 종합적인 일괄타협안이 "관세와 무역에 관한 일반 협정(GATT)"이었던 것이다. GATT는 ITO 헌장이 아직 교섭 중에 있던 1948년부터 이미 효력을 발휘하게 되었다. 그리고 당시 협상에 참여했던 23개의 국가들이 GATT 설립회원국(공식적으로는 "체약국단(contracting parties)이 되었던 것이다.

GATT의 협상과정과 출범

1947년 10월 스위스 제네바에서는 ITO 설립을 위한 협상과정에서 다자간관세인하협상이 합의되었다. 이에 따라 당시의 협상국들 사이에서는 이러한 합의의 결과인 GATT를 ITO의 출범 이후에 발효시키자는 의견과 함께 이와는 별도로 관세인하협정을 독립적으로 하여 우선 발효시키자는 의견이 엇갈려 나왔다.

논의과정에서 협상참가국들은 관세인하협상의 결과로 도출된 '관세 및 무역에 관한 일반협정(GATT)'을 먼저 발효시키기로 합의를 하였다. 당시의 합의내용인 GATT는 당시 합의된 관세양허를 보호하고, ITO 헌장 초안의 처리를 위하여 만들어진 통상규범과 관세양허에 관한 종합적인 일괄타협안이었다.(이러한 이유 때문에 GATT에서는 당시 협상에 참여했던 23개국이 GATT설립회원국이 되었던 것이다.)

하지만 GATT에 대한 당시 각국의 입장은 서로 달랐다. 미국의 경우 이러한 GATT 체결도 의회의 비준동의가 필요한 상태였는데, 당시 GATT내에 포함된 비관세장벽분야에 대한 규정이 문제가 되었다. 당시 미국의회는 GATT에 대해 부정적인 시각을 갖고 있었기 때문이다. 그리고 영국과 프랑스, 독일, 캐나다, 호주 등 주요 국가들도 자국의 이해관계가 심각하게 걸려있는 조항들이 GATT내에는 포함되었기 때문에 당시에 합의된 GATT를 그대로 수용하기가 상당히 부담스러웠다.

하지만 미국과 주요국들은 이러한 문제를 두 가지 방법을 통해 극적으로 해결하였다. 첫째는 GATT를 잠정협정안(Protocol of Provisional Application)으로 채택키로 함으로써 GATT를 수용하는데 있어서 의회의 비준동의가 필요 없게 만들었다. 이러한 이유 때문에 GATT 회원국들은 회원국들이라고 하지 않고 체약국이라 불리게 된 것이다. 그리고 GATT의 제2부에서는 조부조항(Grandfathering Clause : 조부조항이란 특정한 기존의 법이나 정부조치를 협정적용으로부터 예외로 할 수 있는 조항)을 적용시켜 기존의 무역관련 법안들을 예외로 인정해 영국을 포함한 각국들의 불만을 해소해 주었던 것이다. 예를 들어 미국이 상계관세를 부과하는 경우 산업피해에 대한 검사를 하지 않아도 되었던 것은 동제도가 GATT협정 이전에 이미 존재하고 있었기 때문에 조부조항을 통한 예외규정을 적용받을 수 있었기 때문이다.

하지만 조부조항의 장점은 기존의 법규나 제도가 새로 개정되는 경우 이에 대한 예외인정이 소멸됨으로써 동 조항의 남용에 대비하였다. 따라서 GATT협정의 합의 당시에 조부조항을 근거로 하여 예외로 인정되었던 많은 법규와 제도들이 시간이 지나면서 그 수가 많이 줄어들게 되었던 것이다.

GATT 협정은 이렇게 잠정협정안의 형태로 출범하였기 때문에 많은 국가들의 비준압력에서 벗어날 수 있었고, 이로 인하여 국제기구로도 간주되지 않는 것이다. 실제로 GATT는 발표 초기에는 정식 사무국도 없었으나 나중에 국제무역기구 설립을 위해 구성된 임시위원회가 GATT사무국의 역할을 담당하게 되었다. 그 후 GATT는 계속해서 정식 국제기구로 변신을 시도했으나 체약국들 간의 합의 실패로 인하여 번번히 실패하게 되었다. 하지만 우루과이라운드의 성공적인 결과로 인하여 GATT는 1995년 세계무역기구(WTO)의 이름으로 확대·개편되면서 정식 국제기구가 되었다.

1948년 3월 쿠바 하바나(Havana)에서 개최된 무역 및 고용에 관한 UN회의에서 ITO 설립헌장이 마침내 합의되었다. 하지만 ITO 설립헌장에 대한 개별 국가 내의 비준과정에서 의회의 반대에 부딪힌 일부 국가는 하바나 헌장에 대한 의회비준에 실패했다.

특히 ITO의 설립을 주도하던 가장 핵심 국가인 미국 의회의 반대는 당시까지 이루어진 ITO의 모든 설립 노력을 무효화시켜 버렸다. 1950년 미국정부가 ITO 설립을 위한 하바나 헌장에 대한 의회비준을 더 이상 요청하지 않을 것이라고 발표하면서 ITO의 설립헌장은 국제사회에서 사라지게 되었던 것이다.

ITO 설립협정 비준의 실패 이유

당시 미 의회는 무역관련 법안의 제정을 통해 미국 통상정책의 권한을 통제해 온 미 의회의 권한이 ITO에 의해 제한을 받을 수 있기 때문에 ITO협정의 비준을 반대하였다. 그러한 상황에서 ITO 협정 내에 포함된 경쟁정책과 국제투자정책, 긴급수입제한 조치 등에 대한 미국산업계의 불만이 폭발하면서 미국에서의 ITO 비준은 실패하였다. ITO 설립협정에 대한 불만은 미국만의 것은 아니었다. 영국의 경우 영국령 국가에 대한 우대조치의 허용을 주장하였고, 그 외의 기타 유럽 국가들은 ITO협정 내에 긴급수입제한조치의 허용과 강화를 주장하였기 때문에 기존의 ITO에 대해 불만을 가지고 있었다. 이러한 상황에서 많은 개도국들은 ITO 협정 내에 존재하는 경제개발과 관련된 조항에 대해 개도국에 대한 예외조항의 허용을 주장하면서 불만을 가졌다. ITO협정의 비준은 미국의 비준포기선언 이후에 다른 많은 국가들의 불만이 표출되면서 결국은 실패하게 되었다.

ITO 설립을 위한 세계 제국들의 노력이 허사로 끝난 후 국제사회에서는 국제통상에 대한 최소한의 규율을 유지할 수 있도록 하는 국제기구의 필요성을 절실히 필요하게 되었다. 이러한 과정에서 대두된 것이 ITO 설립을 위한 노력과정에서 국제통상에 대한 잠정 규범으로 만들어진 GATT였다. 이러한 이유 때문에 GATT는 잠정협정에 불과했지만, 1948년부터 WTO가 출범한 1995년까지 국제무역을 관장하는 유일한 다자간 규범으로 존재할 수 있었던 것이다.

[GATT의 무역협상들]

연도	장소/이름	관련 주제	국가수
1947	Geneva	관 세	23
1949	Annecy	관 세	13
1951	Torquay	관 세	38
1956	Geneva	관 세	26
1960~1961	Geneva (딜런 라운드)	관 세	26
1964~1967	Geneva (케네디 라운드)	관세 및 덤핑방지	62
1973~1979	Geneva (도쿄 라운드)	관세 및 비관세장벽, framework 협정	102
1986~1994	Geneva (우루과이 라운드)	관세, 반덤핑, 통상규범, 서비스, 지적재산권, 분쟁해결, 섬유, 농업, WTO의 창설	123

1948년에 만들어진 GATT 협정은 거의 반세기 동안 유지되었다. GATT협정의 제정 이후, 회원국들의 자발적인 참여를 통한 '복수국가간 협정'이 추가로 만들어 졌고 관세인하를 위한 GATT의 노력이 지속되었다. GATT의 관세인하 노력은 대부분 '무역협상(trade round)'으로 알려진 일련의 다자간 무

역협상을 통해 이루어졌다. 이러한 차원에서 보면 국제무역에 있어서 무역자유화를 향한 가장 큰 발전은 GATT의 후원으로 진행된 다자간 무역협상을 통해 만들어졌다고 볼 수 있다.

GATT체제에서의 초기 무역협상은 대부분 관세인하에 초점이 맞추어져 있었다. 주목할 만한 다자간 무역협상으로 1960년대 중반에 진행된 케네디라운드(kenenedy Round : 1963-1967)에서는 미국, 일본 등 주요 선진국의 공산품 관세가 약 35% 정도 인하되었으며, '반덤핑협정'이 새롭게 제정되었다. 70년대 개최된 동경라운드에서는 비관세장벽의 해결과 무역체제의 개선을 위한 노력이 시도되었다.

그 후 1986년부터 94년까지 7년 반 동안 열린 제8차 다자간 무역협상인 우루과이라운드(Uruguay Round : UR) 협상은 가장 광범위한 분야에서 국제통상 문제를 다룬 회의였다. UR 협상의 성공적 수행으로 인하여 현재의 WTO가 만들어졌고, 이와 관련된 새로운 다자간 무역협정들이 만들어지게 된 것이다.

2. 동경라운드

케네디 라운드로 인한 국제사회의 불만이 팽배해졌다. 개도국의 경우 케네디라운드의 협상기간동안 소외당함으로써 개도국에 대한 특별대우를 강하게 주장하고 있었다. 미국의회는 농산물 보조금 감축, 비관세 장벽 축소, 관세인하 등의 부분이 대단히 미흡한 반면, 반덤핑 협정과 미국의 공급자 가격(American Selling Price : ASP) 제도에 대한 불사용을 전제로 한 미 행정부의 통상협상과 합의는 월권행위로 간주하여 의회의 비준과정에서 일부조항에 대한 무효화를 선언하면서 케네디라운드에 대한 성과는 크게 훼손되었다. 이러한 과정에서 국제사회에서는 국제규범인 GATT를 준수하지 않는 추세가 만연하게 되었던 것이다.

국제사회에서는 관세인하에 대항하기 위한 비관세장벽의 발동이 빈번해졌으며, 농산물에 대한 보조금 지급도 강화되었다. 이 밖에도 섬유와 의류수입에 대한 수량규제가 빈번해 졌으며, 국제수지악화를 근거로 한 긴급수입제한

조치의 발동이 증가하였다.

동경라운드는 이러한 상황을 개선하기 위하여 만들어진 통상협상이다. 1973년부터 1979년까지 진행된 동경라운드(Tokyo Round)에서는 102개 관련국이 협상에 참여함으로 해서 그동안 추진되었던 다자간 협상 중 최대 규모의 무역협상이 되었다.

관세인하 노력은 계속되어 세계의 주요 9대 시장권에서 평균 1/3의 관세인하를 합의했고, 공산품의 평균관세도 4.7%까지 인하되었다. 동경라운드에서의 합의한 관세인하방식은 관세가 낮은 분야보다 높은 분야에서 관세를 더 많이 인하시키는 조화방식(Hormonization)이 적용되었다.

관세 이외의 분야에 대한 동경라운드의 논의는 다소 복합적인 결과를 초래 하였다. 동경라운드는 농산물 교역에 대한 공론화에 실패하였고, 긴급수입제한조치(Safeguard)에 대한 새로운 협정 제정에 대해서도 실패하였다. 그럼에도 불구하고 동경라운드의 성과로는 비관세장벽에 관한 규범을 제정하였고 기존의 GATT 규범을 보다 명확히 하는 부분에서 어느 정도 성공하였다. 물론 기존의 GATT에서는 다루지 못한 새로운 의제를 다루었다는 부분에서도 큰 의미를 가진다.

그러나 동경라운드에서 합의된 상당부분의 규정들 중에서는 GATT 체제 내에서 상대적으로 수가 적은 선진국들에 의해서만 수용된 규범들도 많이 존재한다. GATT 회원국 전체가 아닌 일부 선진국들에 의해 받아들여진 동경라운드의 협약은 비공식적으로 ‘협정’이 아닌 ‘규약(Code)’이라는 명칭으로 불린다.

동경라운드에서 합의된 공식적 협약이지만 협정으로 명칭된 것이 아닌 코드(Code)라는 형태로 비공식적인 합의가 도출되게 된 이유에는 미국의 역할과 입장이 작용하고 있다. 사실 케네디 라운드 이후 미국에서는 수입증가에 따른 국내 정치적 압력이 증가되고 있는 상황에서 당시 미국의 수출이 외국의 불공정 무역제한조치로 인해 불이익을 받고 있다는 인식이 팽배해 있었다. 미국은 국제사회의 책임 있는 여러 국가들이 미국의 무역 및 국제수지적자를 감소시키기 위한 책임분담을 하지 않고 있다고 판단하고 있었다.

이에 따라 닉슨(Nixon) 대통령은 민간자문위원회의 성격을 가진 ‘무역 및 투자정책위원회'를 구성(1970)하여 미국의 경제와 무역에 대한 국제무역환경의 개선방안을 보고하도록 하였다. '무역 및 투자정책위원회'에서는 미국경제에 대한 진단을 바탕으로 미국으로의 수입증가와 미국상품의 수출부진에 대한 원인을 다자간무역규범의 문제로 결론을 내리게 되었다.

미국정부는 당시의 미국경제에 대한 부진을 다자간 무역체제를 통해 해결해야 한다고 보았다. 하지만 미국정부는 광범위한 다자간 무역협상보다는 문제가 있다고 판단되는 분야를 중심으로 관련분야에 대한 보강이 필요하다고 보았다. 당시 다자간 무역체제에 대한 미국의 이러한 견해는 동경라운드에서 비관세장벽(NTBs)에 관한 코드(Code) 형태로 나타나게 된다.

동경라운드 '규약(Code)'

- 제16조 · 16조 · 23조의 해석
- 무역에 관한 기술장벽 : 표준코드(standard code)라고도 칭함.
- 수입허가절차
- 정부 조달
- 관세평가 : GATT 제7조의 해석
- 반덤핑 : GATT 제6조의 해석, Kennedy Round code
- 우육협정
- 국제낙농협정
- 민간항공기협정

하지만 동경라운드에서 합의된 규약들은 비록 다자적인 차원에서 합의된 것은 아니었지만 하나의 새로운 시작이라 할 수 있었다. 동경라운드에서 논의되었던 일부 코드(code)들은 UR과정에서 일부 수정되어 WTO의 다자간 협정으로 발전하였다.

하지만 정부조달, 낙농, 우육제품, 민간 항공기산업의 4가지 분야는 WTO

체제하에서도 여전히 '복수국가간(plurilateral)'의 협의 사항으로 남겨졌다. 하지만 우육(쇠고기)과 낙농 제품에 대한 복수국가 간 협정의 경우 1997년에 기점으로 종료가 되었다. 하지만 동경라운드는 비관세장벽의 완화라는 부분에서 무역자유화의 확대를 위해 노력하였다는 부분에서 커다란 의미를 가진다.

하지만 동경라운드에서 코드형식의 일부 협정은 체약국 중 일부 국가만이 서명하고 준수함으로써 코드의 법적 지위에 관한 문제를 발생시키며 다자간 무역체제의 위상에 대해 근본적인 타격을 초래하였다. 코드에 대한 미참여 개도국들은 코드형식의 협정에 대한 미참여로 인한 불이익을 받지 않을까 하여 불안감을 가질 수밖에 없었다. 개도국의 입장에서 볼 땐 코드형식의 협정도 GATT체제하에서 관리되고 있기 때문에 보복에 대한 불안감을 가질 수밖에 없었던 것이다. 이러한 이유 때문에 개도국들은 코드형식의 협정에 대한 대우를 분명히 함으로써 GATT체제에 대한 투명성 보장과 개도국의 권리 보호를 주장할 수밖에 없었던 것이다.

GATT도 개도국의 주장을 받아들여, 동경라운드의 결과로서 만들어진 일부 분야의 합의를 결의(Decision)의 형식을 통해 코드라는 형태로 GATT체제로 편입시켰다. 즉, 동경라운드에서 합의된 코드를 GATT원칙과 규범에 맞게 형식화시키되 기존의 권리와 혜택이 이러한 코드로 인해 침범받지 않음을 분명히 하였다. 또한 코드에 대한 모든 미참여 국가에 대해서는 옵저버의 자격을 부여함으로써 옵저버 국가들도 코드와 관련해 정기적인 보고를 받을 수 있도록 하였다.

동경라운드는 코드의 제정을 통해 다자간 체제의 위상과 결속에 상처를 입히며 한 체제 내에서 이중적인 권리와 의무라는 모순을 발생시켰다. 하지만 그럼에도 불구하고 표준과 수입허가, 관세평가에 관한 코드의 제정은 무역제도에 대한 개선에 커다란 공헌을 한 것도 사실이다. 그리고 정부조달관련 코드가 처음으로 채택됨으로써 큰 의의를 가진다.[3)]

하지만 동경라운드에서는 보조금과 상계관세, 반덤핑제도 등의 부분에서는

3) 하지만 당시의 정부조달 코드에는 소수국가만이 참여하고 대상기관에 대한 명확한 기준도 없어 여러 가지 문제점이 존재하였다.

실질적인 내용을 담지 못함으로써 오히려 보호주의 수단으로 더 많이 활용될 수 있는 계기를 제공했다는 한계도 남겼다. 긴급수입제한조치나 농업문제는 여전히 미해결 과제로 남겨 졌다.

하지만 동경라운드가 남긴 가장 큰 교훈은 아무리 중요한 의제라 하더라도 회원국 모두가 참여하는 합의의 도출과 이와 관련된 협정을 도출하여야 한다는 것이다. 동경라운드 코드를 통해 배운 교훈은 결국 우루과이라운드 협상의 협상방식으로 일괄타결(Package deal)방식을 도입하는 계기가 되었다.

일괄타결방식(package deal)에 의존하는 다자간 무역협상

우루과이라운드가 7년 반을 시간이 필요하였던 것처럼 다자간 무역협상은 장기간의 회담 기간을 필요로 한다, 그럼에도 불구하고 다자간 무역협상은 많은 장점을 가지고 있다. 다자간 무역협상은 하나의 안건에 대하여 협상하는 것보다 더 많은 이득을 얻을 수 있는 일괄타결방식(package approach)에 의해 진행되었다.

일괄협상은 광범위한 분야에서 개별 참가국들에게 무역이익을 추구와 이익의 보장을 할 수 있게 하기 때문에 더 많은 무역이익을 발생시킨다.

일괄협상에서는 다른 문제들을 교환할 수 있기 때문에 협상타결에 좀 더 쉽게 도달할 수 있게 한다. 왜냐하면 일괄타결방식(package deal) 어딘가에 모든 회원국들이 공감할 수 있는 절충점이 존재하기 때문이다. 사실 일괄타결방식은 경제적 측면뿐만 아니라 정치적 측면에서도 의미를 가지고 있다. 협상하는 모든 분야에 대해 미국은 정치적 경제적인 이해관계를 가지고 있기 때문에 국내 정치 여건상 이끌어 내기가 어려운 특정 분야의 양허를 일괄협상에 의하면 보다 쉽게 이끌어 낼 수 있기 때문이다. 결과적으로 세계무역에서 정치적으로 민감한 부분은 개혁은 범세계적인 일괄협상에 의하면 보다 쉽게 이끌어낼 수 있는 것이다. 이는 우루과이 라운드 협상에서 농업 무역 개혁을 보면 쉽게 알 수 있다.

개도국과 다른 약소국들은 주요 교역당사국들과의 쌍무적 관계에서 보다 다자간 무역체제 내에서 보다 나은 영향력을 행사할 수 있다.

하지만 단일분야 협상과는 달리 여러 분야에서 동시에 진행되는 협상에서는 효율성에 관한 논쟁을 유발시킬 수 있기 때문에 다자간 무역협상에서 사용되는 일괄타결방식의 논의는 강점인 동시에 약점이 될 수 있다. 이에 대한 논의는 아직까지도 확실한 결론을 얻지 못하고 있다.

한때 우루과이라운드는 논의 대상이 너무 방대하여 회원국 전체가 모두 사항에 대해 의견일치에 도달하는 것이 불가능한 것처럼 보였다. 그 후 우루과이라운드는 성공적으로 종료되었지만, 협상 타결 후 2년간 이루어진 해상운송 · 기본통신 · 금융서비스에서 같은 단일분야 협상은 다자간무역 협상이 과연 성공적인 통상협상 타결은 위한 유일한 대안인가 하는 부분에 대해서는 의문이 제기되게 되었다.

그리고 1997년에 이루어진 기본통신과 정보기술 분야에서의 협상타결은 과연 단일 부문을 중심으로 진행되는 협상과 포괄적인 다자간 라운드 협상방식 중 어느 방법이 더 효율인가에 대한 해답을 더욱 어렵게 만들게 하고 있다. 결국 이렇게 볼 때 무역협상의 성공적 타결은 시기와 상황에 따라 적합한 협상형태를 어떻게 달려있는 듯하다.

3. 동경라운드 이후의 GATT

GATT는 제한적인 활동 분야를 가진 잠정협정이었다. GATT가 사실 47년 이상의 기간 동안 비교적 성공적으로 세계무역을 규율해 왔으며 자유무역의 증진에 지여하였다는 사실은 의심할 여지가 없다. GATT 다자간 협상을 통해 실시된 지속적인 관세의 인하는 1950년대와 1960년대 기간의 세계 무역이 약 8% 정도의 연평균 성장을 기록하는데 기여하였다.

기존의 GATT 체제는 자유무역 확대를 통하여 무역의 증가가 생산의 증가를 능가하게 만들었던 것이다, 우루과이라운드 협상기간동안 나타난 새로운 회원국의 가입과 협정에 대한 준수약속은 다자간 무역체제가 경제발전을 위한 장치이고 경제 및 무역 개혁을 위한 기반이 되었음을 단적으로 보여주는 증거이다.

GATT체제 내에서 추진된 동경라운드 협상도 그 당시의 많은 새로운 통상문제를 해결하기 위한 하나의 시도였다. 하지만 그 합의 결과는 당시의 국제경제가 갖고 있던 문제를 해결하기는 미흡한 것이었다. 결국 국제경제사회에서는 동경라운드로 인해 복잡하고 풀기 어려운 많은 문제점들이 노출되었다.

하지만 70년대와 80년대 초 동안의 지속된 경기침체상황 속에서 GATT 다자간 무역협상들이 만들어낸 성공적인 관세인하 노력들은 외국과의 격심한 경쟁에 직면한 많은 국가들로 하여금 자국의 산업을 보호하기 위한 또 다른 무역제한조치를 고안하도록 만들었다.

높은 실업률과 계속된 공장 폐쇄를 경험했던 서유럽과 북미지역의 국가들은 경쟁국과의 쌍무적 시장분할협정(bilateral market-sharing arrangements)을 추구하게 되었고, 농산물 분야에서 자국의 이익을 보호하기 위한 보조금의 지급방안들이 경쟁적으로 도입되었다. 이러한 두 가지 변화는 GATT의 능력과 역할에 대한 세계제국들의 신뢰에 대해 상당한 타격을 입혔다.

1980년대 이후의 GATT는 GATT가 출범하던 때와는 다른 국제무역의 현실을 직면하게 되었다. 1980년대의 국제무역은 40년 전과 비교해서 훨씬 더 복잡해졌고 경제발전에 미치는 영향 또한 더욱 증대되었다. 경제의 범세계화가 확대되고 GATT 규범에 포함되지 않았던 서비스 무역의 비중이 또한 증가되었으며, 국제투자의 비중도 계속 증가하였다.

결국 GATT 체제는 경제・무역의 시대적 변화를 반영하는데 많은 한계를 노출하였다. 예를 들면, 농산물 부문에서 다자간 체제의 약점이 그대로 노출되면서 농산물분야에 대한 GATT의 자유화 노력이 거의 성공을 거두지 못하게 했다. 그리고 섬유와 의류 부문에서는 GATT의 일반규범(normal disciplines)에 대한 예외로써 다자간섬유협정(Multi-Fibre Agreement:MFA)이 만들어졌다. 그리고 GATT의 조직구조와 분쟁해결절차 측면에서도 여러 가지 문제점들이 노출되었다.

결국 GATT체제가 가지는 여러 가지 문제점들이 GATT 회원국들에게 다자간 체제의 강화와 확장을 위한 새로운 노력이 필요하다는 인식을 확산시켰다. 이에 따라 GATT 회원국들은 이러한 상황의 개선을 위한 새로운 다자간협상인 UR협상을 시작하였고, 그 결과로써 마라케시 선언(Marrakesh Declaration) 및 WTO가 창설되게 된 것이다.

2.4 우루과이라운드

1. 협상의 시작

우루과이라운드(UR) 협상은 예정 협상기간의 두 배인 7년 반 정도의 협상기간을 소모한 후에야 타결되었다. 협상참가국의 수도 점차 증가하여 협상 타결시점에는 125 개국들이 참가하게 되었다. UR 협상에서는 칫솔에서부터 유람선에 이르기까지의 모든 제품에서 부터 금융, 전기 및 통신관련 서비스 등과 같은 서비스분야까지 포괄하고 있었다. 또한 UR 협상에서는 야생 쌀의 유전자에서부터 AIDS 치료법 등에 이르기까지의 지적재산권 등도 포함함으로써 국제통상과 관련 되는 거의 모든 분야를 다루게 되었다.

UR 협상의 논의 범위와 참가국 측면에서 살펴볼 때에도 UR은 그때까지 진행된 적이 있던 다자간 무역협상 중 가장 큰 규모의 협상이었다. UR 협상은 농업부문에서의 참여국간 심각한 의견차이 때문에 협상결렬의 위기에 직면하기도 하였다. 하지만 우루과이라운드는 이러한 문제를 충분히 극복하면서 제2차 세계대전 이후 국제무역체제상 가장 큰 변화를 도출하기에 이르렀다.

협상기간 중 일부 불안한 과정을 거쳤음에도 불구하고 우루과이라운드는 협상초기에 몇 가지 중요한 성과를 만들어 내었다. 첫째, 협상이 시작된 지 2년 만에 참가국들은 개도국에 의해 주로 수출되던 열대상품(tropical products)에 대한 수입관세의 일괄삭감에 동의하였다. 둘째, 우루과이라운드는 기존에 존재하던 GATT의 분쟁해결기구에 몇 가지 권한을 부여함으로써 분쟁해결기구의 문제해결능력을 강화시켰다. 셋째, 우루과이라운드는 회원국들에게 무역 정책을 검토하는 정기보고서 제출하게 함으로써, 전 세계적 차원에서의 무역 제도를 더욱 투명하고 예측 가능하게 만드는데 일익을 담당하였다.

우루과이라운드 주요 일정

1986년 9월 푼다 델 에스테 : 우루과이라운드 다자간 무역협상의 출범
1988년 12월 몬트리올 : 각료급의 중단검토
1989년 4월 제네바 : 중간검토 완료
1990년 12월 브뤼셀 : '타결을 위한' 각료회담 결렬
1991년 12월 제네바 : 최종협정문(Final Act) 초안 완성
1992년 11월 워싱턴 : 미국과 EC의 농업부문에 관한 "블레어 하우스 협정(Blair House accord)" 체결
1993년 7월 도쿄 : G7회담에서 주요 4국(Quad;미국, EU, 일본, 캐나다)이 시장접근부분에서 돌파구를 열었음.
1993년 12월 제네바 : 대부분 협상 종결(약간의 시장 접근 회담 잔류)
1994년 4월 마라케시 : 협정 조인
1995년 1월 제네바 : WOT 창설, 협정효력 발동

2. 최종 타결

UR의 필요성은 1982년 11월 제네바에서 열린 GATT 각료회의에서 제기되었다. 당시 제네바에서 개최된 각료회의에서는 새로운 다자간 협상을 위한 논의를 시작하려고 하였지만 농업문제에 대한 국가 간의 심각한 견해 차이로 인해 논의가 중단되었다.

UR의 기원은 실패한 것처럼 보이는 이 제네바 각료회의에서 시작되었다고 볼 수 있다. 비록 협상이 중단되었지만 당시 회담에 참여했던 회원국의

각료들은 기본 작업계획(Work Programme)에 대한 합의는 도출하였다. 이러한 기본 작업계획이 UR의 출범의 계기가 되었던 것이다. 하지만 이러한 기본작업계획이 합의되었다고는 하지만 새로운 무역협상의 시작을 위한 관련국간 합의에 도달하기 까지는 총 4년 이상의 시간이 소요되었다. 1986년 9월 우루과이의 푼다 델 에스텔에서 기존의 GATT 회원국들은 새로운 다자간 무역협상의 출범에 합의하였다.

우루과이라운드(UR) 협상에서는 일반 상품 뿐 아니라 서비스 및 지적재산권분야와 같은 새로운 분야의 국제통상 영역에 대해 논의를 시작하였고, 국제경제사회에서 가장 민감한 분야로 인정되던 농업과 섬유부문에 관한 무역자유화에 대한 논의도 시작하기로 했다. 물론 이러한 주요 의제 외에도 기존에 존재하던 거의 모든 분야에 대한 GATT 규범들에 대한 재검토도 이루어지게 되었다.

1988년 12월 GATT 회원국 각료들은 UR의 중간평가를 위해 캐나다 몬트리올(Montreal)에서 다시 만났다. 이 회담의 목적은 남은 2년의 기간 동안 UR에서 논의되어야 하는 의제를 분명히 하려는 것이었지만 동 회담은 회원국들 간의 의견 차이로 인해서 교착상태에 빠졌다.

하지만 몬트리올 각료회의에서는 여러 가지 어려움에도 불구하고 몇 가지 분야에서 일괄 타결에 대해 도움이 되는 몇 가지 기여를 하였다. UR의 초기 성과라고 볼 수 있는 합리적 분쟁해결제도(dispute settlement system)에 대한 합의와 개도국에 대한 지원방안으로 열대상품의 시장 접근을 위한 일부 품목에서 관세양허, 회원국의 무역정책과 관행에 대한 포괄적이고 조직적이며 정기적인 검토를 할 수 있는 무역정책검토제도(trade policy review mechanism)의 채택 등에 대한 합의가 그것이다.

그 후 1989년 4월 GATT 회원국들은 몬트리올 회담의 결과로서 만들진 교착 상태를 해결하기 위하여 제네바에서 다시 회담을 가지게 되었다. 이러한 지속적인 협상노력들은 협상에 참여한 모든 국가가 국제무역의 자유화를 위하여 끊임없이 노력하고 있다는 것을 보여주는 증거이다.

원래 우루과이라운드 협상은 1990년 12월 브뤼셀에서의 각료회담을 통해 종료될 예정이었다. 하지만 브뤼셀회담은 농산물 무역에 대한 합의 도출에 실패함으로써 UR은 다시 연장된다. 이때부터 UR협상은 농산물 무역에 관한 견해차이로 말미암아 가장 혹독한 갈등의 시기로 접어든다.

UR에 대한 비관적 전망에도 불구하고 여러 가지 민감한 부문에서의 기술적 작업과 관련 정치적 노력이 지속되면서 최종 협정문 도출을 위한 초안은 만들어졌다. 최종안(Final Act)의 초안은 당시의 GATT 사무총장이었던 둔켈(Arthur Dunkel)에 의해 제안되었다. 1991년 12월 최종안을 위한 초안은 제네바의 협상 테이블 위에 상정되었다. 동 초안은 하나의 예외를 제외하고 푼타 델 에스테에서 요구한 모든 협상의제를 만족시켰다. 하나의 예외는 수입관세의 인하와 서비스 시장 개방을 위한 참가국들의 양허목록을 포함시키지 않는 것이었다.

우루과이 라운드 15개 의제

• 관세	• 비관세 장벽	• 천연자원 상품	• 섬유와 의류
• 농업	• 열대상품	• GATT 조항	• 동경라운드 규약
• 반덤핑	• 보조금	• 지적재산권	• 투자조치
• 분쟁해결	• GATT시스템	• 서비스	

그 후 2년 정도의 협상기간 동안 UR 협상은 성공과 실패의 가능성을 보여주면서 협상타결 시한은 여러 번에 걸쳐 연장되었다. 서비스 · 시장접근 · 반덤핑 규범 · 새로운 무역기구의 창설 등과 같은 새로운 쟁점들이 기존의 주요 쟁점인 농업부문과 합세하면서 협상타결을 더욱 어렵게 만들었다.

일부 분야에서의 논의과정에서 미국과 유럽연합(European Union : EU)간의 견해 차이는 성공적인 협상타결을 반해하는 최대의 걸림돌이 되었다. 하지만 미국과 EU는 1992년 12월 '블레어 하우스 회담(Blair house accoord)'로 알려진 비공식적인 협상을 통해 농업부문에서 견해 차이를 대부분 해결하였다. 그 후 1993년 7월 'Quad'(주요 4국-미국, EU, 일본, 캐나다)는 관세 및 관세문제(시장접근)에 관한 협상에서 중요한 진전을 도출했다.

1993년 12월 15일, UR협상에서 논의되었던 모든 현안과 관련 문제들이 마침내 타결되었고, 상품과 서비스에 대한 시장 접근에 관한 협상도 타결되었다.[4] 1994년 4월 15일, 모로코의 마라케시(Marrakesh)에서 체결된 개최된 각료회담을 통하여 우루과이라운드 협상은 125개 참가국 각료들의 합의에 의해 공식적으로 타결되었음이 선언되었다.

UR 협상에서 나타났던 지루할 정도의 협상지연과 갈등과정도 다른 측면에서 보면 국제무역의 발전에 이바지 했다고 볼 수 있다. 협상지연과 여러 가지 원인의 갈등 과정을 거치면서 서비스 분야와 지적재산권 분야와 같은 신분야가 기존의 국제통상의 규율분야로 포함되었고, WTO의 설립에 관한 부분 또한 UR 출범당시에는 제기되지 않았던 성과였던 것이다.

사실 다자간 무역협상이 장기화되면서 협상관련 업무는 점점 방대해졌고, 세계 각국의 협상 대표단의 피로는 누적되어 갔다. 모든 분야의 통상현안에서 합의를 도출하여야 하는 일괄타결방식의 협상에서 완전합의를 도출하기란 매우 어려운 것이다. 이러한 이유 때문에 당시의 협상과정에서는 UR과 같은 대규모의 통상협상의 타결은 불가능할 것이라는 견해가 팽배하기도 하였다.

마침내 UR 협상은 타결되었고, 새로운 협상을 위한 일정표가 협정문 속에 포함되었다. 협상의 과정에서 뉴(New) 라운드의 개최를 요구하는 국가들이 생겨나게 되었다. 뉴 라운드에 대한 요구는 복잡한 문제였지만 마라케시 협정문에서는 이러한 개최 요구를 받아들여 회원국들은 2000년대 초에 광범위한 주제에 대한 새로운 협상재개를 합의하였다.

3. GATT와 UR 최종의정서

GATT의 다자간 무역협상 중 하나였던 UR의 타결로 인하여 WTO가 창설되었다. UR의 타결과 더불어 그 협상을 종결짓는 공식문서인 의정서(Protocol)

4) 물론 일부 최종적인 수정은 몇 주 후에 있을 시정접근에 관한 회담에서 완료되기로 되어 있었다.

가 만들어졌다. 이것이 'UR 다자간 무역협상 결과를 구현하는 최종의정서(Final Act Embodying the Results of the Uruguay Round of Multilateral Trade Negotiations)'로 명명된 UR 최종의정서이다. 그리고 이 최종의정서 제3절을 근거로 WTO가 공식 출범하게 되었다. 1948년 1월 1일 발효된 GATT 의정서의 공식 명칭은 'GATT 잠정적용의정서(Protocol of Provisional Application of the General Agreement on Tariffs and Trade)'이다. WTO와 GATT의 이러한 명칭차이가 곧 WTO와 GATT 체제의 차이가 되는 것이다.

다자간 무역협상의 최종 의정서에는 협상참가국이 협상의 종결을 공식적으로 확인하는 날과 장소가 반드시 명기되어야 한다. GATT의 경우 이 날을 1947년 10월 30일로 합의하였고, WTO는 1994년 4월 15일로 합의하였다. GATT의 출범은 제네바에서 합의되었고, WTO는 모로코 마라케시에서 합의되었다.

GATT의 발효일은 1948년 1월 1일로 명기되어 있는데, 이를 위해 세계 각국들은 1947년 11월 15일까지 서명을 하였다. 하지만 WTO는 1995년 1월 1일 발효되지만 동 의정서에 대한 회원국의 서명과 수락시한을 WTO 출범 이후 2년 내로 규정되었다.[5)]

WTO체제에서 최종의정서에 대한 수락시한이 WTO 발효일 이후가 된 이유는 UR 협상의 참여국들이 WTO 가입을 지체하는 경우에도 기존 GATT를 통해 무역질서를 규율할 수 있고, 많은 국가들로 하여금 복잡하고 민감한 국내법 절차를 무사히 마친 후 WTO 회원국이 될 수 있는 길을 열어 주기 위해서 이다.

한편 GATT와 WTO의 또 다른 차이점으로 GATT에서는 협정의 발효를 위해서는 1947년 11월 15일까지 미국 등 8개국 정부의 서명을 받은 경우 1948년 1월 1일 이후부터 (a) GATT 제1부 및 제3부의 적용, (b) 현존 국내법규에 저촉되지 않는 범위 내에서 GATT의 제2부의 최대한 적용"과 같은 조건을 잠정적으로 적용할 것에 합의하였다. 하지만 WTO에서는 이러한 조건을 전혀 달지 않고 부속협정 전체를 그대로 발효시켰다.

---

5) WTO협정 제14조 제1항

의정서 정본에서 사용된 언어로는 GATT는 영어와 프랑스어가 사용되었으나, WTO에서는 스페인어를 사용하는 남미국가의 참여가 확대됨으로써 영어, 프랑스어, 스페인어가 사용되었다. 이러한 사실은 향후 일본이나 중국 등의 국가가 WTO 내에서 위상이 강화된다고 가정하는 경우 일본어나 중국어 등도 공식 언어로 사용될 가능성이 있다는 것을 보여준다.

국제무역질서의 변천

세계무역기구(WTO)는 어떻게 생겨났을까요? 1995년 1월에 갑자기 생기지는 않았겠죠. 그래요. 이미 1947년에 세계 각국의 무역 문제를 해결하기 위해 미국·영국 등 23개 나라가 참여하는 '관세와 무역에 관한 일반협정(GATT, General Agreement on Tariffs and Trade)'이 만들어졌지요.

이전까지만 해도 통일된 무역 기준이 없었거든요. 그때엔 아시아·아프리카·남미의 많은 나라들이 영국·프랑스·일본 등 큰 나라의 식민지가 돼 있었어요. 그 상황에서는 큰 나라사이에 경제·정치적 이익이 충돌할 경우 서로에게 이익이 되도록 조정할 방법은 없게 되지요. 나라 사이의 관계가 좋지 않을 땐 '관세→보복 관세'의 고리를 끊을 수가 없었고 결국 무력까지 사용하게 되는 것이죠. 1914~1918년과 1938~1945년 전 세계를 폐허로 만든 1·2차 세계대전이 대표적인 예입니다.

전쟁 후 무역 질서도 매우 혼란스러워 통일된 무역 기준이 필요했지요. 세계 여러 나라는 GATT를 만들어 이를 풀어나갈 수 있는 실마리를 찾은 거죠. 하지만 GATT는 나라 간의 약속인 '협정'일 뿐이었어요. 법률을 만들어놓고 양심에 따라 지키도록 해놓은 것과 마찬가지죠. 그러니 많은 나라들이 자신들에게 손해가 되면 "못 지키겠다"고 약속을 깨는 경우가 많아졌지요.

GATT회원국들은 일곱 번의 무역협상(라운드, 'round of talks'의 준말로 '일련의 교섭'이란 뜻이죠)을 통해 관세 등을 조정하다가 1993년 12월, 8번째 협상인 우루과이 라운드(Uruguay Round : UR 우루과이에서 협상이 시작돼 이렇게 부르고 있음)에서 세계무역기구(World Trade Organization :

WTO)를 만들기로 합의한 거죠(처음엔 이 협상이 우루과이가 아닌 한국에서 열릴 예정이었습니다. 하지만 주최국이 무역 자유화에 적극적이지 않으면 안 된다는 불안감 때문에 우리나라가 사양한 것이죠. 우리나라에서 열렸다면 이 협상 이름은 '코리아 라운드'나 '서울 라운드'가 됐겠죠?).

WTO는 GATT에서 다루었던 관세 중심의 무역 협정과 함께 세계 무역에서 일어나고 있는 모든 문제를 다루는 국제무역기구지요. GATT와는 달리 협정을 위반한 나라에 불이익을 줄 수 있는 권한도 갖게 됐어요.

중앙일보 경제 · 산업부 편저, 『틴틴경제』, 중앙 M&B,2003, pp.69-70.

2.5 GATT와 WTO의 비교

GATT와 WTO에 대해 비교해 보자. 사실 WTO는 GATT를 포괄하는 보다 넓은 차원의 무역협정이면서 국제기구라고 볼 수 있다. WTO는 상품무역 분야에서 뿐만 아니라 서비스 무역과 지적재산권, 분재해결절차 등과 같은 분야의 국제통상과 관련된 거의 모든 분야를 규율하는 국제무역기구라고 볼 수 있다.

1. 두 개의 GATT

기존의 GATT는 앞에서 살펴본 바와 같이 비록 잠정적 성격이지만 국제무역에 관한 규칙과 합의를 문서로 기록해 놓은 국제협정의 성격을 지니며, 이러한 협정의 이행을 지원하는 국제기구라는 두 가지 특성을 가지고 있다. 따라서 GATT는 법에 비교되어 질 수 있으며, 국제기구는 하나의 조직 내에 입법부와 사법부가 합쳐져 있는 것과 같은 형태를 하고 있다.

국제무역기구(ITO)를 창설하려는 국제사회의 노력은 실패하였지만 잠정적인 형태로 국제무역에 관한 새로운 규범으로 GATT가 출범되었다. GATT의 출범 이후 GATT 회원국들은 무역협정과 관련된 문제를 지속적으로 토론해 왔고, 새로운 무역협상을 위하여 모임을 계속해 왔다. 물론 이러한 각종 회담과 다자간 무역협상은 행정적 지원을 필요로 했고, 이를 위해 GATT 사무국이 필요했던 것이다. 이것이 GATT가 거의 반세기 가까이 임시기구로서 국제사회에 존재할 수밖에 없던 이유이다.

국제기구로서 GATT는 이제 더 이상 존재하지 않는다. 세계무역기구(WTO)는 기존의 GATT를 대체하고 있다. GATT 협정이 존재하고 있지만 더 이상 국제무역을 통제하는 유일한 규범도 아니다. GATT는 국제통상의 현실 세계를 반영하여 WTO 체제내의 한 분야인 상품분야를 담당하게 되었다.

제2차 세계대전 이후 세계에서는 상품무역이 국제 상거래를 지배하고 있었다. 하지만 현재는 상품무역 뿐만 아니라 운송·여행·은행·보험·통신·컨설팅 등과 같은 서비스 무역도 그 중요성이 증가되고 있다. 또한 발명과 디자인 등과 같은 "지적재산권"을 구체화한 상품이나 서비스 같은 아이디어 무역도 더욱 중요해 졌다.

WTO 협정 내에는 과거와 같은 관세 및 상품무역에 관한 일반협정(GATT) 뿐만 아니라 서비스무역에 관한 일반협정(General Agreement on Trade in Services : GATS)과 무역관련 지적재산권 협정(Agreement on Trade-related Aspect of Intellectual Property Rights : TRIPs) 등도 포괄하고 있다. 이렇게 볼 때 WTO는 GATT의 단순한 연장선이 아니라 그 이상의 차원을 지니고 있다고 볼 수 있는 것이다.

2. GATT와 WTO의 차이

GATT는 국제기구로서 더 이상 존재하고 있지 않지만 GATT는 여전히 존재한다. 이전의 GATT는 '1947 GATT'로 불리어지고 새로 개정된 GATT는 '1994 GATT'로 불리어진다. WTO는 이러한 1947 GATT를 발전적으로 수용하면서 WTO의 한분야로 흡수하였다. 이러한 차원에서 볼 때 WTO의 성격은 GATT를 통해 어느 정도 파악할 수 있는 것이다.

WTO내의 GATT에 적용되는 주요 원칙들은 대부분 서비스무역 협정(GATS)과 무역관련 지적재산권(TRIPs) 협정에서도 그대로 적용된다. 따라서 GATT에서 적용되던 무차별 대우와 투명성, 예측가능성 등의 주요 원칙도 다른 GATS, TRIPS 등에서도 그대로 적용되는 것이다.

GATT와 WTO의 차이점을 살펴보면 첫째, WTO는 기존의 1947 GATT와는 달리 입법권과 사법권, 행정권을 모두 갖춘 국제기구이다. 1947 GATT는 사법권이 존재하지 않기 때문에 협정준수에 대한 강제성이 없었다. 하지만 WTO는 법인격을 갖추고 있고, 문제를 해결할 수 있는 법적 강제력, 협정의 이행을 추진할 수 있는 기구도 모두 갖추고 있는 국제기구라고 볼 수 있다.

둘째, 기존의 1947 GATT는 국내법 우선주의를 채택하고 있는데 비하여, WTO는 국제법 우선주의를 채택하고 있다. 1947 GATT에서는 『잠정적용 의정서』 제1절 (b)항[6]을 통하여 각 국으로 하여금 GATT의 중요 원칙중 하나인 제2부에 규정된 내국민대우(제3조)나 수량제한금지 원칙(제11조) 등을 준수하지 않고서도 GATT에 합류할 수 있는 길을 열어주었던 것이다. 이로 인해 외국상품을 차별하거나 또는 외국상품의 수입을 금지할 수 있는 규정을 갖고 있는 국가가 기존의 GATT 회원국인 경우 GATT 제2부의 규정보다 국내법이 더 우선적으로 적용할 수 있었던 것이다.

하지만 WTO에서는 이러한 GATT 잠정적용의정서의 적용을 제외하였다. 즉 WTO 협정에서는 1947 GATT 잠정적용의정서를 적용하는 것이 아니라 이러한 WTO가 발효되기 이전에 개정된 GATT인 1994 GATT를 적용하도록 바뀌었다. 이는 WTO의 혜택을 누리려는 회원국들은 자국의 국내법을 WTO규정에 맞게 개정 또는 신설하여야만 한다는 것을 의미한다. 결국 이러한 차이들이 기존의 GATT와 WTO의 가장 큰 차이라고 할 수 있을 것이다. 그 밖의 차이를 살펴보면 다음과 같은 몇 가지 세부적인 차이가 있다.

---

6) 체약국은 각국의 헌법상의 절차에 따라 하바나 헌장을 수락할 때까지 동 헌장의 제1장부터 6장까지와 제9장의 일반 원칙을 행정상 권한의 최대한도까지 준수할 것을 약속한다(1947 GATT 제29조).

2.6 도하개발아젠다(DDA)

1. 배경

도하개발아젠다(Doha Development Agende: DDA)는 2002년 초부터 시작된 WTO의 새로운 다자간 무역협상으로 제9차 다자간 무역협상을 의미한다. WTO 회원국들은 UR 협상 타결 시 농산물과 서비스 분야의 시장개방에 대한 내용이 미흡하다고 판단하였다. 따라서 이러한 부분에 대한 추가적인 자유화 협상의 필요성을 인식하였다. 그리고 DDA는 UR 협상의 결과를 이행하는 과정에서 발생하는 많은 문제점들을 수정하고, 세계화의 진전에 따른 여러 가지 무역환경의 변화를 반영하기 위하여 시작된 다자간 무역협상인 것이다.

WTO 출범 이후 WTO 회원국들은 1998년 5월 제네바에서 개최된 제2차 각료회의에서 폭넓은 분야에서의 무역자유화를 위한 새로운 다자간 무역협상의 준비에 합의하였다. 그 후 3년 반 동안의 논의를 거쳐 2001년 11월 카타르의 도하(DOHA)에서 개최된 WTO의 제4차 각료회의에서는 새로운 다자간 무역협상인 DDA의 출범을 선언하는 각료선언문을 채택하는데 성공했던 것이다.

DDA협상에서는 UR에서 채택되었던 일괄타결방식(single undertaking: package deal)이 적용되며, 2005년 1월 1일까지 모든 협의가 완료되도록 합의 하였다. 이는 DDA가 과거 7년 이상 소요되었던 UR 협상의 전철을 밟지 않고 가급적 빠른 시일 내에 협상을 종결시켜야 한다는 회원국들의 인식을 반영한 것이다. 하지만 DDA의 협상의제와 회원국들 간의 이해관계를 고려할 때 3년의 협상기간이 너무 짧은 것이 아니냐는 비판적인 견해도 있었다.

2. DDA의 협상과정과 협상분야

도하개발아젠다(DDA:Doha Development Agenda)의 협상과정과 협상분야에 관한 주요 내용을 정리하면 다음과 같다.[7)]

1) 협상과정

도하개발아젠다(DDA) 협상에 '개발'이라는 명칭을 사용한 것은 기존의 다자간 무역협상들과 달리 개도국의 개발에 중점을 두어야 한다는 개도국들의 입장을 반영했기 때문이다. 협상 출범 당시의 계획은 DDA 협상을 2005년까지 일괄타결방식으로 종료한다는 것이었다. 그러나 농산물에 대한 수입국과 수출국의 대립, 공산품 시장개방에 대한 선진국과 개도국간의 대립 등으로 인하여 협상은 타결되고 있지 않다.

합의된 DDA의 협상그룹은 크게 세 그룹으로 구분된다. DDA 협상그룹은 크게 (1) 농산물, 농산물을 제외한 나머지 상품(공산품 및 임수산물), 서비스 시장의 개방과, (2) 반덤핑, 보조금, 지역협정, 분쟁해결에 대한 기존 WTO 협정의 개선, (3) 관세행정의 개선 등을 추구하는 무역원활화, 환경, 개발 그리고 지적재산권 등으로 나누어졌다. 이에 따라 DDA에 협상은 2002년부터 농산물, 비농산물(NAMA: Non-Agricultural Market Access), 서비스, 규범(반덤핑, 보조금, 지역협정), 환경, 지적재산권, 분쟁해결, 무역원활화, 개발분야에 대한 세부적인 협상그룹이 설치되어 본격적인 협상이 진행되었다.

농산물과 비농산물에 대한 부분에서는 관세와 보조금의 감축정도와 같은 시장개방의 정도를 정하는 자유화 세부원칙(modalities)에 합의하고 이에 따라 각국이 구체적인 품목과 보조금 프로그램별 감축수준을 제시하는 이행계획서(C/S: Country Schedule)를 제출하여 이에 최종적인 합의를 도출하는 방식을 기초로 협상을 진행하고 있다.

---

7) 이하의 세부적인 내용은 외교통상부 도하개발아젠더의 공식사이트(http://www.wtodda.net/index.php)의 내용을 요약·정리하여 사용한 것입니다(2013년 2월 22일 기준).

DDA 협상과정에서 협상 세부원칙에 대한 협상이 협상의 대강을 결정하는 만큼, 이에 대한 합의도출이 계속 미루어지면서 협상의 미래를 어둡게 했다. 그 후 2003년 캔쿤에서 개최된 제5차 WTO 각료회의가 별 다른 성과 없이 끝나면서 DDA협상은 교착상태에 빠지게 되었다.

하지만 2004년 8월 자유화세부원칙의 윤곽을 결정하는 기본골격합의(Framework Agreement)가 타결되면서 DDA협상은 본격화되기 시작하였다. 당시 합의에서는 소위 '싱가폴 이슈'라고 불리던 투자, 경쟁정책, 정부조달투명성, 무역원활화 등과 같은 4개의 이슈에 대한 개도국들의 반발을 수용하여 무역원활화를 제외한 나머지 이슈에 대해서는 논의를 중단하기로 결정했다. 그리고 무역원활화에 대한 이슈는 DDA의 정식 협상의제로 다루기로 합의하였다.

2005년 12월 홍콩에서 제6차 WTO 각료회의가 개최되어 다시 한 번 진전을 위한 노력이 시도되었지만, 자유화 세부원칙 타결에는 이르지 못하였다. 2007년부터 DDA 협상은 농업, NAMA 및 규범 의장들이 각각 자유화 세부원칙의 초안을 제출하고 이를 개정하면서 조금씩 진전을 이루어 나가기 시작했다. 그 후 2008년 7월 개최된 소규모 각료회의에서는 농산물 및 NAMA 관세감축 수준과 농업보조금 감축수준을 포함한 잠정타협안에 의견이 수렴되는 듯한 모습을 보여 타결이 기대되기도 하였다. 하지만 개도국의 농산물 수입 급증시 긴급수입관세를 부과하는 부분과 같은 몇몇 쟁점에 대한 이견을 해소하지 못하면서 합의도출에 실패하였다. 2009년 12월 제네바에서 개최된 제7차 WTO 각료회의에서는 2010년 DDA 협상타결을 목표로 1/4분기중 DDA 협상 현황을 점검키로 합의 하였다. 이에 따라 2010년 3월 개최된 협상점검회의에서는 WTO 사무총장이 제시한 향후 협상 프로세스에 합의하고 현재까지도 다각적인 방법으로 협상을 진행하고 있지만 의미있는 합의안을 도출해 내고 있지 못하다.

2) 협상분야

① 농산물 분야

농업분야에 대한 협상은 도하각료회의가 시작되기 이전인 2000년부터 시작되었다고 볼 수 있다. 농산물에 대한 협상은 농산물 무역의 자유화를 지속적으로 추구하기로 한 UR 협상의 결과에 따라 추진된 것이다. 그 후 2001년 도하각료선언문이 채택됨에 따라 농산물에 대한 협상은 DDA 협상의 일환으로 편입되었다.

2002년부터 본격적으로 진행된 협상은 농업위원회 특별회의[8)]에서 이루어졌다. 2002년 12월 당시 농업위원회 특별회의 의장이던 하빈슨(Harbinson)은 세부원칙에 대한 합의도출을 위해 그간의 논의를 바탕으로 전체 협상 내용을 보고하는 형태의 문서(Overview Paper)를 회원국들에게 배포하였다. 또한, 당초 세부원칙에 대한 합의시한이었던 2003년 3월말까지의 논의를 진전시키기 위해 2003년 2월과 3월에 관련 세부원칙의 초안과 수정안을 배포하였지만 합의 도출에는 실패하였다.

세부원칙에 대한 합의도출 노력은 2003년 9월 멕시코 칸쿤에서 개최된 제5차 WTO 각료회의에서도 계속되었다. 그러나 동 회는 관세와 보조금에 대한 감축수준은 고사하고 감축방식에 대해서조차 합의를 보지 못한 상태에서 종료되었다. 그 후 2004년 초까지 농산물분야에 대한 협상그룹회의는 중단되었다.

2004년 초 새로운 의장단이 구성된 이후 농산물에 대한 협상이 본격화되었다. 협상과정에서 세부원칙에 대한 합의가 불가능할 것으로 예상한 오시마(Oshima) 일반이사회 의장은 그로서(Groser) 농업위원회 특별회의 의장과 함께 세부원칙 합의를 위한 밑그림을 합의하는 방안을 우선적으로 추진하였다. 이러한 노력은 2004년 8월 1일 기본골격합의 (Framework Agreement)라는 형태로 결실을 맺게 된다.

기본골격합의는 관세와 보조금의 감축을 위한 대강의 방식만을 규정한 것

8) 2000년부터 농업위원회의 특별회기 형태로 협상이 계속 진행되어 온 것을 그대로 유지한 것이나 종종 농업협상그룹회의로 칭하기도 함.

이라서, 구체적인 감축공식과 감축수준을 정하는 작업은 계속 진행되었다. 그러나 2005년 12월 홍콩에서 개최된 제6차 WTO 각료회의에서도 세부원칙에 대한 합의를 도출하지는 못했다. 물론, 홍콩각료회의에서는 수출보조금의 철폐시한에 잠정적인 합의를 도출한 성과도 있었다. 그 후 라미(Lamy) WTO 사무총장은 2006년 6월말 제네바에서 소규모 각료회의를 개최하여 다시 세부원칙에 대한 합의 도출을 시도하였으나, 결국 협상중단 선언만 낳게 되는 결과를 도출하였다.

2007년 초 WTO는 다시 협상그룹회의를 재개하였다. 팔코너(Falconer) 협상그룹 의장은 각종 비공식 회의를 운용하면서 세부원칙의 합의를 위한 기술적 진전이 느리게나마 이루어졌다. 이러한 진전을 바탕으로 팔코너 의장은 2007년 7월 세부원칙 초안을 배포하였으며, 2008년 2월, 5월, 7월 3차례에 거쳐 수정안을 작성하여 배포하였다.

2008년 7월말 라미 사무총장이 전격 소집한 소규모 각료회의에서는 세부원칙 합의 도출을 위해 집중적인 협상이 이루어졌으나, 농산물 개도국 특별긴급관세(SSM) 등 쟁점 이슈에 대한 인도와 미국 등 일부 국가 간 이견 대립을 극복치 못함으로써 최종 합의 도출에는 실패했다. 하지만 동 회의에서는 그간 쟁점이 되어온 상당수 이슈에 대한 잠정 타협안을 도출하는 등 향후 협상의 진전을 위한 기초를 마련하는 성과도 있었다.

각료회의 실패 이후 조속한 협상 재개 필요성에 대한 각국의 공감대가 형성됨에 따라 2008년 10월부터 잔여 쟁점이슈에 대한 협상이 팔코너 전임 의장의 주도하에 진행되었다. 그 후 2008년 12월에는 제4차 의장 수정안을 도출하였으나, 2008년 12월 각료회의 개최가 무산되면서 세부원칙 합의에 실패하였다.

2009년 5월 David Walk 뉴질랜드 대사가 신임 농업의장으로 선임되었다. 2009년 9월 이후 의장 주재 소규모 회의를 통해 세부원칙(modalities)의 잔여 쟁점에 대한 논의를 진행하는 한편, 양허표 축조(template/data) 등 기술적 논의를 병행 추진하였다. 남은 잔여쟁점으로는 선진국과 개도국간의 개도국 긴급수입관세(SSM), 면화 등의 부분에서 이견이 상존하는 것은 사실이나 기술적 논의의 경우 일부 진전이 있는 상황이다.

DDA 농업협상은 수입국과 수출국간 입장 차이가 있을 뿐만 아니라, 기본골격합의와 이후 각종 의장문서를 통한 개도국에 대한 특혜대우의 확대를 계기로 선진국과 개도국의 입장차이가 커졌다. 이로 인해 협상관련 그룹이 수입선진국 그룹, 수출선진국 그룹, 수출개도국 및 수입개도국 그룹으로 크게 나누어졌다. 회원국도 자국의 상황에 따라 실제의 협상 이슈별로 개별 입장을 취하기 때문에 이러한 대강의 분류와는 다른 입장을 취하기도 한다.

EC, 일본, 스위스, 노르웨이 등 수입선진국 그룹은 점진적인 자유화를 원하기 때문에 자국의 일부 민감한 농산물들을 보호하기 위해 일반적인 관세감축공식과 다른 방식을 적용하기를 희망하고 있다. 이 밖에도 호주 및 뉴질랜드 등 수출선진국들은 대폭적인 관세감축과 보조금 감축을 주장하고 있다. 그리고 미국은 자신들의 보조금 프로그램을 유지하기를 희망하면서도 관세감축에 있어서는 공세적인 입장을 취하고 있다.

개도국은 선진국의 보조금 지급을 대폭 감축할 것을 요구하면서 개도국에게는 상당 수준의 특혜가 필요하다는 입장을 공통으로 가지고 있다. 그러나 개도국 가운데서도 브라질, 아르헨티나, 태국과 같은 수출개도국들은 선진국이나 개도국 모두에게 상당한 수준의 시장개방이 필요하다는 입장이다. 하지만 우리나라와 인도, 중국 등의 수입개도국들은 자국 농민 보호를 위해서 중요한 품목에 대해서는 특별히 예외적인 대우가 필요하다고 주장하고 있다.

한편, 자국의 입장을 효과적으로 협상에 반영하기 위해 EC나 미국과 같은 큰 국가들을 제외한 다른 국가들은 연대그룹을 형성한다. G-10은 수입국 그룹으로서, 수입선진국은 물론 우리나라, 대만, 이스라엘과 같은 수입개도국도 같이 참여하고 있다. 수출국 그룹인 케언즈(Cairns) 그룹은 내부적으로 선진국과 개도국간 입장차가 발생하고 개도국중에도 일부 품목에 대한 민감성을 중요시하는 국가들이 생겨 상당수 이슈에서 입장을 같이 하기 힘들어진 면은 있으나, 기본적으로 수출국의 이익을 대변하고 있다. 한편, G-20이라는 개도국 그룹은 선진국의 보조금 감축과 시장개방을 강력히 주장하고 있다. G-33이라는 개도국 그룹은 개도국의 특별한 품목에 대해서 관세감축의 예외를 주장하고 있다. 우리나라는 G-10과 G-33 그룹에 참여하고 있다.

② 비농산물(NAMA)

DDA 협상이 2001년에 출범한 이래 비농산물시장접근에 대한 협상에서는 협상에 대한 세부원칙의 기본 골격을 도출하고, 주요 사항별 논의를 통해 합의점을 모색하는 과정을 거쳐 왔다. 그러나 2003년 9월 캔쿤 제5차 각료회의의 실패로 인해 협상이 일시 좌초되었으나, 2004년 7월 협상의 기본골격 합의(Framework Agreement)가 도출되면서 후속협상 추진의 계기를 마련했다. 기본골격 합의에는 관세율이 높을수록 감축 폭이 커지는 관세감축공식 및 관세감축공식 적용 시 개도국에게 어떤 형태의 대우를 부여할 것인지, 분야별 자유화 협상 및 비관세장벽 해소 등에 대한 기본 내용이 수록되어 있다.

2005년 12월 홍콩각료회의에서는 선진국과 개도국에 각각의 계수를 부여하는 관세감축공식(스위스 공식[9])을 바탕으로 모든 비농산물 품목에 대한 일괄감축방식을 채택하게 되어 협상의 바탕을 마련하게 되었다. 2006년 6월 제네바에서 개최된 소규모 각료회의에서는 회원국 간 농업분야의 시장접근 및 국내보조 문제에 대한 이견을 좁히지 못하면서, NAMA 이슈에 대해서도 심도 있는 논의를 진행하지도 못하면서 DDA 협상이 일시 중단되는 상황이 발생하였다. 협상은 2007년 다보스 회의를 계기로 다시 재개되어, 2007년 7월 NAMA 협상그룹 의장이 협상 세부원칙 초안을 제시한 이래 1차, 3차, 3차 수정안이 각각 2008년 2월, 5월, 7월에 제시되었다.

2008년 7월 협상 세부원칙 3차 수정안 회람 이후 개최된 소규모 각료회의에서는 협상 세부원칙 합의를 위해 30여 개국 통상장관들이 참석하는 회의가 진행되었다. 이러한 논의 결과를 바탕으로 라미(P. Lamy) WTO 사무총장이 비농산물시장접근 협상 세부원칙의 타협안을 제출하였으며 이에 대해 많은 회원국들이 의견을 개진하였다.

그러나 소규모 각료회의가 결렬되면서 비농산물시장접근 분야의 세부원칙에 대해서는 비록 공감대는 형성되었으나 실질적인 결실은 맺지 못하였다. 이후 비농산물시장접근협상그룹의 스펜슨(D. Stephenson) 의장은 7월 소규

9) 일정한 계수가 관세 상한의 역할을 하면서 관세가 높을수록 감축률이 커지는 공식이다.

모각료회의 결과를 포함한 협상 진전 상황을 기술한 의장 보고서를 2008년 8월 회람시키고 협상그룹 의장직에서 물러났다.

하지만 2008년 7월 소규모 각료회의에서 만들어진 성과를 보전하고 발전시키기 위해서 DDA 협상은 조속히 재개되어야 한다는 WTO 회원국들의 공감대가 형성되었다. 이러한 상황을 반영하여 라미 WTO 사무총장은 2008년 9월 협상의 재개를 공식 선언하였다. 사무총장의 공식 메시지와 함께 비농산물시장접근협상분야는 2008년 10월초 와세차(L. Wasecha) 스위스 대사가 신임 의장으로 선출되면서 재개되기 시작했다.

2008년 12월 개최 예정이었던 DDA 소규모 각료회의에 대비하여 비농산물시장접근 협상 세부원칙 4차 수정안이 회람되었으나 당시의 각료회의는 결국 불발되었다. 2009년에는 주로 비관세장벽 이슈별 제안서 관련 논의와 함께 특정이슈별로 비농산물시장접근협상그룹 의장 또는 주도국 주재로 개최되는 소규모 협의가 진행되었다.

회원국들의 이슈에 대한 기존 입장을 되풀이 하면서 2009년의 협상은 큰 진전을 거두지 못하였다. 하지만 당시의 협상에서는 DDA 협상 타결 시 제출되는 시장개방 양허안 작성과 관련하여 WTO 사무국 주최 워크샵 및 각종 설명회가 개최되어, DDA 협상 타결에 대비한 실무적인 기반을 마련하였다는 부분에서 큰 의미를 내포하고 있었다.

2010년에 개최된 비농산물시장접근협상은 비관세장벽 제안서 관련 논의를 위주로 진행되었다. 비농산물시장접근분야의 협상의장은 7차 WTO 정례각료회의(2009.11.30-12.2, 제네바)에서 WTO 회원국 각료들이 제시한 2010년 1/4분기 내 DDA 협상점검(stocktaking)에 대비하여 2008년 12월 이후 협상의 진정 상황, 미결 이슈에 대한 의장의 견해를 정리한 보고서를 2010년 3월 회람하였다.

비농산물 시장접근분야 협상의 이슈는 크게 (1)관세장벽 해소, (2)개도국에 대한 신축성 부여 문제, (3)비관세장벽 해소로 구분된다. 관세장벽 해소 문제는 관세감축 공식을 적용했을 경우 감축되는 관세 수준과 특정 분야의 관세를 완전히 철폐하는 분야별 자유화 논의로 세분화 할 수 있다. 관세감축 공식에 의한 관세감축 수준에 대해서는 선진국과 개도국의 입장차를 좁히는 것이 협상의 관건이다. 이와 같은 입장 차이는 산업기술이 발달한 선진국들은 자국의 수출시장 확대를 위해 개도국 비농산물시장에 대한 대폭적인 개방을 요구하는 반면, 개도국들은 선진국과는 다른 경제여건과 자국의 유치산업 장려를 위해 가능한 한 소폭의 시장개방을 주장하고 있는 데서 비롯된다.

한편, 분야별 자유화 협상은 관세감축공식에 의한 감축이 이루어진 후 특정 분야에 대해 추가적인 시장개방을 위한 노력으로 회원국들의 자발적 참여를 원칙으로 한다. 그리고 분야별 자유화의 참가국간 무관세화의 효력은 다른 모든 회원국에 적용된다.

개도국 신축성 이슈는 관세감축공식을 적용하는 개도국의 경우 선진국에 비해 덜 감축하는 방안과 관세감축공식 적용시 일정 부분에 대한 예외를 인정해주는 방안에 대해 선진국과 개도국간의 의견 교환이 이루어지고 있다. 이외에도, 역외공동관세를 적용하는 관세동맹 및 추가신축성을 요구하는 개도국들에 대해서는 협상전반의 균형을 저해하지 않는 수준에서 별도의 신축성이 필요하다는 측면에서 논의를 전개하고 있다.

비관세장벽의 해소 문제는 현재까지 발굴된 비관세장벽에 대한 효과적인 제거 방안과 향후 나타날 수 있는 비관세장벽에 대한 효과적인 해결을 추진하는 방안으로 분류할 수 있다. 일반적으로 비관세장벽과 관련된 논의는 WTO 사무국이 회원국의 제안서를 바탕으로 협상 문안의 기초가 될 수 있는 자료를 수집하고, 이러한 과정에서 의장 주도의 복수국간 협의를 개최하여 회원국 간의 의견 교환의 기회를 제공한다.

③ 서비스

1970년대 이후 급증하는 서비스 교역에 대한 국제규범의 제정 필요성에 대한 인식이 높아지게 되었으며, 서비스는 농산물과 함께 우루과이 라운드 협상을 통해 처음으로 시장개방 협상으로 포함되게 되었다. 서비스무역에 관한 일반협정(GATS: General Agreement on Trade in Services) 제정은 우루과이 라운드 협상의 가장 중요한 성과의 하나로 꼽힌다.

서비스협상은 DDA 협상과 관계없이 이미 GATS에 의거하여 주기적으로 협상을 하도록 규정되어 있는 이른바 '기설의제(built-in agenda)'로 불린다.

따라서 DDA 출범 이전에 이미 WTO 차원에서의 협상이 진행되고 있었고, DDA 출범에 따라 DDA 협상의 일부로 편입된 것이다. 하지만 서비스분야에 대한 사실상의 본격적인 협상은 2001년 DDA 발족과 함께 개시되었다고 볼 수 있다.

서비스 협상은 전체 12개 분야 155개 세부 업종을 대상으로 진행되는데 두 가지 면에서 농업과 비농산물 등 타 협상 분야와 차이를 가지고 있다. 첫째, 자국이 원하는 분야만을 자발적으로 선택하여 개방할 수 있도록 신축적으로 추진하는 이른바 포지티브 방식(positive system)을 취하고 있다는 점이다. 둘째, 모든 상품에 대한 관세인하율을 다자적으로 정하는 공식(formula) 접근방식을 취하는 상품 분야와 달리, 서비스 협상은 각국이 스스로 개방할 서비스 업종과 폭에 대해 시장개방계획안(양허안)을 제출하고, 여러 교역 상대국에 대해 같은 수준의 시장개방을 요구하는 과정을 반복하는 양자협상(request/offer approach) 방식을 채택하고 있다.

이러한 원칙하에 각 회원국은 2002년 7월 시장개방요청서(request)를 무역상대국들에게 제출하고, 2003년과 2005년 상반기에 각각 자국의 1차 시장개방계획안(offer)과 2차 시장개방계획안(revised offer)을 제출하면서 양자협상이 진행되어 왔다. 이에 따라 제출시한에 맞추어 지금까지 74개국의 양허안(EC 27개국을 포함하여 98개국의 양허안)이 제출되었다. 2005년 홍콩각료회의에서는 기존의 양자 차원의 R/O(request/offer) 방식을 보완하기 위해 복수국간 R/O(plurilateral request/offer) 협상 방식이 도입되었다. 이는 각 서비스 분야에 관심이 높은 복수국간 협상으로, 분야별로 타 회원국들의 시장개방을 요청하는 입장의 국가들과 이들로부터 시장개방 요청을 받는 국가들간의 협상을 의미한다.

2008년 7월 소규모 각료회의시 농업, NAMA 모델리티 타결 실패로 DDA 서비스 협상도 국내규제, 서비스 규범 등 기술적 이슈에 대한 논의만 진행되었다. 그리고 2009년 9월부터는 뉴델리 비공식 각료회의 협의를 개최했고, 2009년 11월에는 서비스 클러스터회의를 시작하면서 서비스 시장접근 협상이 재개되었고, 현재에는 각국의 개방안에 대한 협상이 진행되고 있다.

서비스분야에서 협상 진전을 위해 우선 필요한 것은 3차 시장개방계획안

(2차 수정안) 제출시한을 설정하고, 본격적인 시장개방(양허) 협상을 전개하는 것이다. 그러나 각 회원국이 이미 2차례에 걸쳐 자국의 시장개방계획안을 제출한 상황에서 의미 있는 3차 시장개방계획안을 내놓기 위해서는 농업과 비농산물에서의 돌파구 마련이 필요한 상황이다. 이는 농업과 비농산물 협상에서 돌파구가 마련되지 않고 있는 상황에서 무리하게 수정안을 제출하도록 할 경우 각국의 수정안 제출이 부진하거나 제출된다고 하더라도 낮은 수준의 개방안이 제출될 우려가 있기 때문이다.

현재 우리나라는 미국, EC, 일본, 호주 등 총 36개국에 대해 시장개방요청서를 제출하였고, 25개국으로부터 양허요청서를 접수하였다. 우리나라는 주요 교역 상대국 및 우리 기업의 진출 가능성이 큰 개도국들에 대해 우리의 개방정도가 높고 비교적 경쟁력이 있다고 판단되는 건설, 유통, 금융, 통신, 해운 분야에 대한 시장개방요청서를 제출하였다. 타 회원국들은 우리나라가 개방하지 않고 있거나 개방수준이 비교적 낮은 보건·의료, 교육, 우편 서비스 등에 대해 추가적인 시장개방을 요청하였으며, 특히 개도국들을 중심으로 서비스 인력이동 분야의 제한 완화 및 추가 개방을 요청하였다.

타 회원국들의 관심사항을 고려하여, 우리나라는 일정에 맞추어 제1, 2차 시장개방계획안을 제출한 바 있다. 우리나라는 1차 계획안에는 법률, 부동산 중개, 국제 배달 등 20여개 업종에 대한 새로운 개방안을 제시하였고, 2차 계획안에서는 회계사, 건축사 등 일부 전문 기술직 계약서비스 공급자(Contractual Service Supplier)의 인력 이동 자유화 계획안을 제시하였다.

농업, 비농산물 협상에서 돌파구가 찾아져 DDA 협상이 급진전되고, 서비스 협상에서도 제3차 시장개방계획안 제출시한이 설정될 경우에 대비하여 우리나라는 제3차 시장개방계획안 작성을 미리부터 철저히 준비하고 있다. 관계 부처간 협의를 통해 우리나라가 이미 FTA 차원에서 개방을 추진하고 있는 분야 및 국내법상 실제 개방되어 있는 분야 등을 중심으로 이를 다자적으로 개방 약속을 할지에 대해 심도 있게 검토하고 있다. 다자적으로 개방 약속을 하는 것은 WTO 전체 회원국에 대한 약속이고, 향후 이 약속을 철회하기 매우 어려운 만큼 매우 신중한 고려가 필요하다.

아울러 우리나라는 우리에게 상업적으로 의미가 큰 서비스 분야에 대해

타 회원국의 시장개방 요구를 강화해 나갈 계획이다. 우리나라는 그 동안 해운, 건설, 통신, 금융, 유통 등 소위 5대 인프라서비스(infrastructure service)에 대한 타 회원국의 시장개방을 지속적으로 요구해 왔다. 현 단계에서 우리와 FTA를 체결하고 있지 않으면서, 상업적 이해관계가 높은 국가들에 우선순위를 두어 우리 관심분야에 대한 시장개방 요구를 앞으로 계속 강화해 나갈 계획이다.

④ 기존 무역규범의 개정

DDA 규범협상은 2001년 11월 도하각료회의에서 현행 반덤핑협정, 보조금협정 및 지역협정의 기본원칙과 개념을 유지하면서 관련 규정을 명료화하고 개선하도록 하는 협상지침을 합의함에 따라 상기 세 분야별로 협상이 시작되었다. 이 중 반덤핑 분야는 가장 활발하게 논의가 이루어지고 있는 분야로 개정항목을 발굴하여 항목별로 구체적 개정문안을 논의하고 있다. 보조금 분야는 협상주도그룹이 없어 협상이 부진한 상태이나, 2003년 수산보조금은 일반보조금과 다른 별도 규율체계가 필요하다는 점에 합의가 이루어진 후 보조금 협상의 일환으로 수산보조금의 규율문제가 활발히 논의되고 있다.

규범협상그룹의장은 2007년 11월 그간 진행된 협상 경과를 종합 고려하여 반덤핑협정 개정안, 보조금협정 개정안, 수산보조금에 대한 규정(보조금협정의 부속서로 첨부)을 제출하였다. 이후에는 동 의장 문서를 중심으로 협상이 진행되어 왔고, 2008년 5월에는 그간의 협상 동향만을 기술・정리한 의장 작업문서가 제출되었다.

반덤핑 분야에서는 반덤핑 조치의 남용을 방지하기 위해 협정의 실질적 개정을 통해 규정을 강화해야 한다는 입장(반덤핑 프렌즈)과 현행 협정의 기본 틀 유지를 선호하며 절차적 문제 이외에 협정의 실질적 개정에는 소극적인 입장(미국)이 대립 중이다. 2007년 11월 의장문서 제출 이후 특히 쟁점이 되고 있는 사안은 제로잉(zeroing)[10]에 관한 문제로 의장문서가 제로잉에 관한 관행을 허용하는 내용을 담고 있기 때문에 반덤핑 프랜즈 국가들이 크게

10) 반덤핑 마진 계산시 (-)의 마진을 '0'으로 계산하여 결과적으로 평균마진율을 높이게 되는 방식

반발 하고 있는 것이다.

일반보조금 분야는 회원국간 첨예한 대립이 없고 협상주도그룹도 없어 논의가 침체된 상황이며, 주로 보조금의 정의, 특정성, 심각한 손상 등 현행 협정 상 불명확한 부분에 초점을 맞춰 이를 명확하게 하는 협상이 진행되어 왔다. 수산보조금 분야에서는 규율방식과 관련하여 수산보조금을 원칙적으로 금지하자는 포괄적 금지방식(미국, 뉴질랜드, 호주, 칠레 등 주장)과 개별 보조금이 자원에 미치는 영향을 검토하여 금지하자는 개별적 금지방식(우리나라, 일본, 대만 등 주장)간 대립이 지속되었으나 2007월 11월 제출된 의장문서는 후자를 채택하였다. 이후에는 수산보조금 금지 범위에 대한 논의를 중심으로 협상이 진행되고 있는바, 주요 수산국들은 의장 개정안 초안의 금지범위가 적절한 수준이라며 긍정적인 입장인 반면, 우리, 일본, 대만은 금지보조금의 범위가 지나치게 넓다고 주장하고 있다.

지역협정 분야는 구체적인 기준(실체적 요건)보다는 투명성 증진(절차적 요건) 방안에 치중하여 협상이 진행되어 왔으며, 2006년 12월 지역협정 투명성 잠정규정이 일반이사회에서 채택되어 발효 중 이다. 현재 우리나라의 경우 반덤핑 분야에서 반덤핑 프렌즈, 수산보조금 분야에서 일본, 대만 등 우리나라와 이해관계가 비슷한 국가들과 공조하여 우리 입장이 최대한 관철되도록 노력하고 있다.

⑤ 그 밖의 협상분야

DDA 협상은 최근에 대두된 새로운 통상이슈에 대한 무역규범의 제정도 시도하고 있다. 무역과 환경도 그중 하나의 분야이다. DDA에서는 국제환경협약과 자유무역을 추구하는 WTO 규범의 충돌가능성에 대해 주목하고 있으며, 이에 대한 개선을 시도하고 있는 상황이다. 그 예로 현재 일부국가들이 추구하고 있는 유전자변형물질(GMO) 농산물에 대한 수입규제가 WTO 규범상 정당화 될 수 있는지에 대한 근거가 불투명하므로 이를 법적으로 확실히 해두려고 시도하고 있다. 또한 환경보호운동이 WTO 규범과 과연 일치하는지에 대해서도 논의하고 있다.[11)]

그리고 현재의 DDA 협상에서는 경제활동의 세계화로 인해 발생하는 외국인 투자제도, 경쟁정책, 정부조달제도의 투명성, 그리고 통관절차에 관한 새로운 규범을 수립하는 문제에 대해서도 논의하고 있다. 이 분야에 대해서는 각각 외국인 투자 자유화의 확대, 경쟁정책의 국제적 기준 수립, 통관절차의 간소화, 그리고 정부조달절차의 투명성 확보가 핵심내용이다. 이러한 분야에 대해서 선진국들은 WTO 관련규정을 시급히 제정해야 한다는 입장이지만 다수의 개도국들은 관련된 국내제도가 갖추어지지 않은 상황에서 WTO 규정이 완성되면, 국내 경제정책의 수행에 제약이 가해질 것을 우려하여 소극적인 협상태도를 보이고 있다.

⑥ '발리 패키지' 협상 타결

2013년 12월 3일~12월 7일간 인도네시아 발리에서 개최된「제9차 WTO 각료회의」에서 '발리 패키지'(DDA 협상의제 중 조기수확 대상 3개 부문) 협상이 최종 타결되었다. 인도네시아 발리에서 개최된 제9차 WTO 각료회의에서는 159개 WTO 회원국 대표단 및 옵저버 국가, NGO 등 3,200여명 참석하였다. 이번의 협상 타결은 2001년에 출범한 DDA가 출범 이후 뚜렷한 성과를 내지 못하던 상황에서 WTO가 12년 만에 거둔 수확이자 1995년 WTO 출범 이후 최초로 도출된 다자간 무역협상 타결 성과이다.

그동안 DDA협상에서는 협상 전반을 일괄 타결하는 것이 쉽지 않다는 인식하에 합의가 가능한 분야에 대해 우선 협상을 진전시키는 조기수확(early harvest) 방식이 논의되었다. 제9차 각료회의에서는 조기수확의 대상으로 ① 무역원활화, ② 농업 일부, ③ 개발/최빈개도국 이슈 등 3개 부문에 걸쳐 10개의 최종 합의문을 도출하였다. 사실 이번 각료회의에서는 농업문제에 관해 미국과 인도 등 주요국간 대립으로 합의가 어려울 것이라는 관측이 있었으나, WTO의 위기를 방지해야 한다는 차원에서 극적으로 합의가 도출되었다.

3개 부문에서의 합의내용을 간략하게 정리하면 다음과 같다.

---

11) 환경과 소비자보호에 대한 여론의 압력이 높은 유럽 국가들은 환경보호를 위한 무역규제조치를 WTO 규범상 합법적인 것으로 보아야 한다고 주장하고 있지만, 미국과 같은 GMO 농산물 수출국과 많은 개도국들은 환경보호가 보호무역조치의 구실로 남용될 가능성을 경계하고 있다.

첫째, 무역원활화 분야에서는 통관절차 간소화, 무역규정 공표, 세관 협력 등을 내용으로 하는 새로운 WTO 무역원활화 협정이 작성되었다. 한국은 싱글윈도우(단일서류접수창구), 위험관리, 평균 반출시간 측정 및 공표 등 핵심적인 무역원활화 조항을 제안하여 협정문에 반영하였다.

둘째, 농업분야에서는 DDA 농업협상 의제 중 저율할당관세(TRQ) 관리 개선, 개도국 식량안보 목적의 공공비축 운영과 관련한 보조 한도 초과시 일시적 분쟁 자제, 수출경쟁 관련 정치적 메세지 채택, 일반서비스, 면화 등의 분야에서 합의가 이루어졌다. 하지만 관세 및 보조금 추가감축 등 핵심 이슈는 금번 조기수확 대상에서 제외되었다.[12)]

구체적으로 저율할당관세(TRQ) 관리 개선의제는 2012년 9월 브라질 등 개도국이 제안한 의제이다. 브라질 등은 UR협상이 타결될 때 저율할당관세(TRQ)의 물량만이 정해졌고 이행은 수입국 재량에 맡겨짐에 따라 수입국별로 이행률의 차이가 크게 발생하고 있다며 이에 대한 개선을 요구해 왔다. 이에 따라 각료회의에서는 3년 연속 소진율이 65% 미만 시는 현행의 TRQ 관리 방식을 선착순 또는 비조건적 방식으로 변경하되 개도국은 의무조항에서 제외하는 방식으로 합의했다. 한국의 경우 이번 합의로 인해 TRQ 정보공표 등 투명성 제고방안에 대해 보완이 필요하지만 대부분의 규정은 문제가 없는 것으로 나타나고 있다. 우리나라의 경우 개도국에 속해 있어 3년 연속 소진율 65% 미만이 되더라도 TRQ 관리방식에 대한 변경의무가 없기 때문에 동 합의에 따른 영향은 제한적이라고 농식품부는 전했다.

수출경쟁과 관련하여 각료회의에서는 정치적 선언방식을 채택했다. 이에 따라 WTO 농업협정에 의거하여 통보의무가 발생하고 있는 수출보조 외에 사무국이 수출신용, 수출국영무역, 식량원조와 관련해 회원국들에게 질문할 양식이 공동으로 마련된다. 우리나라의 경우 UR타결에 따른 수출보조 감축의무가 없고 수출신용 등도 활용치 않고 있어 이번 선언에 따른 영향은 없을 것으로 예상된다.

---

12) 농업 분야의 경우 TRQ 관리 개선 관련하여 개도국으로서의 입장을 반영함으로써 우리 농업에 미치는 영향을 최소화하였고, 식량안보 목적의 공공비축, 수출경쟁 등은 우리나라와 큰 이해가 없음

그리고 이번 각료회의에서는 그동안 WTO 농업협정 부속서 2(허용보조)의 일반서비스 항목에서 홍수통제, 가뭄관리, 토양보존 등의 관련 항목들이 추가됨으로써 그동안 예시 목록에 불과했던 일반서비스 항목이 명확히 규정되었다는 의의가 존재한다.

이밖에 아프리카 면화 생산국의 요구에 따라 면화와 관련된 각료 결정이 이루어 졌다. 면화관련 각료결정의 내용으로는 ① 농업위원회에서 면화관련 무역이슈를 년 2회 논의하기로 합의했고, ② 사무총장의 주관 하에 LDC 면화 분야강화를 위한 협의메카니즘을 추진하기로 하였고, ③ 각료회의의 개최 시 사무총장이 면화개발 및 교역관련 동향을 정기적으로 보고하도록 합의하였다(보고의무화).

셋째, 개발도상국/최빈개도국 관련이슈로는 對개도국 우대/특혜 강화 방안이 논의되었다. 논의 과정을 통해 발리 각료회의에서는 개발 · 최빈개도국 이슈로 구체적인 권리나 의무를 부여하기 보다는 개도국 지원을 위한 회원국들의 노력을 촉구하는 내용으로 합의되었다.

제9차 발리 각료회의에서 발리 패키지가 타결됨으로써 향후의 DDA 협상은 이번의 조기수확 성과를 기초로 잔여 협상의제 타결을 위한 작업계획을 마련하여 협상을 재개할 수 있는 계기가 마련되었다. 동 협상타결로 인해 WTO 정보기술협정(ITA) 확대 협상 등 복수국간 협상의 진전에도 긍정적 영향을 미칠 것으로 기대하고 있다. 발리 각료회의 이후의 작업으로는 먼저 무역협상위원회(TNC)가 잔여 DDA 이슈에 관한 작업계획을 향후 12개월 이내에 수립하도록 지시한 것과 발리 패키지에 포함된 성과 중 법적 구속력이 없는 분야(수출경쟁, 개발/최빈개도국)에 대해 우선적으로 작업이 진행된다.

발리 패키지 타결로 인해 무역원활화 협정이 발효할 경우 비관세장벽의 일종인 통관절차 개선을 통해 상품의 보다 자유로운 이동과 교역 확대에 기여하고, 통관 관련 애로 해소로 우리 기업의 수출입 여건도 개선할 것으로 기대되고 있다. 무역원활화 협정문은 법적 검토를 거쳐 2015년 7월 31일까지 수락을 위해 개방되며, WTO 회원국 2/3가 수락 시 무역원활화 협정이 수락회원국에 대해 발효된다.

Chapter 3

WTO의 조직과 역할

WTO의 조직과 역할

Chapter 03

3.1 기능과 지위

1. WTO의 기능

WTO는 WTO 협정 및 관련 다자간 무역협정[1]의 이행·관리 및 운영을 촉진하고 목적을 증진하며[2], 복수국가간의 무역협정의 이행·관리 및 운영을 위한 틀을 제공하는 것을 목적으로 설립되었다. WTO는 통상현안과 다자간 무역관계에 관한 회원국들 간의 각 종 협상을 위한 장을 제공하며, 각료회의의 결정에 따른 협상과 동 협상의 결과의 이행을 위한 틀을 제공하는 기능도 갖고 있다.

이외에도 WTO는 분쟁해결규칙 및 절차에 관한 양해(Understanding on rules and procedures governing the settlement of disputes)를 시행하며 무역정책검토제도(Trade policy review mechanism)를 시행한다. 그리고 범세계적인 경제정책의 협력과 일관성을 제고하기 위하여 국제통화기금(International

---

1) 이는 부속서 1, 2 및 3에 포함된 협정 및 관련 법적 문서를 가리키며, 모든 WTO 회원국에 대하여 구속력을 갖는다.
2) 이는 부속서 4에 포함된 협정 및 관련 법적문서를 가리키며, 이를 수락한 회원국에 대해서만 이 협정의 일부를 구성하여 이를 수락한 회원국에 대해서 구속력을 갖는다. 복수국가 간 무역협정은 이를 수락하지 아니한 회원국에게 의무를 지우거나 권리를 부여하지 아니한다.

Monetary Fund: IMF)과 세계은행(World Bank) 및 UN(United Nations) 산하기구들과 협력하고 있다.

2. WTO의 지위

WTO는 이전의 GATT와는 달리 법인격을 가지고 있다. 따라서 각 회원국들은 WTO가 자신의 기능을 수행하는 필요한 법적 능력을 부여하여야만 한다. 각 회원국들은 WTO와 WTO의 임직원(Officials) 및 회원국들의 대표 등에 대하여 자신의 역할을 수행하는데 필요한 각종 특권과 면제를 부여하게끔 되어 있다. WTO의 특권과 면제는 1947년 11월 21일 국제연합 총회에서 승인된 "전문기구의 특권과 면제에 관한 협약"에 규정된 특권과 면제에 관한 규정과 유사한 수준이다.[3] 그리고 WTO는 법인격을 갖고 있기 때문에 관련국 정부와 자체적인 본부협정을 체결할 수도 있다.[4] 이러한 이유 때문에 WTO 사무국 소재지국인 스위스나 본부협정을 체결할 수 있었던 것이다.

한편 WTO 설립협정과 다자간 무역협정의 규정이 상충되는 경우에는 상충하는 범위 내에서 WTO 설립협정의 규정이 우선 한다[5]. 그리고 WTO설립에 관해서는 그 어떤 규정에 대해서도 시행을 유보할 수 없으며, 다자간 무역협정의 유보를 결정할 경우에도 동 협정에 명시된 범위 내에서만 할 수 있다.

---

3) WTO 설립협정 제8조 1항 내지 4항. 따라서 WTO는 자신이 수행하는 기능과 관련하여 국제법상 권리와 의무의 주체가 된다. 그리고 WTO는 국제연합, 즉 UN의 전문기구가 아니다. 만일 WTO가 UN의 전문기구가 되면 WTO의 예산은 UN 총회가 심의·승인하게 된다.

4) WTO 설립협정 제8조 5항.

5) WTO 설립협정 제16조 3항 및 5항. 그리고 각 회원국들은 자국의 법률, 규정 및 행정절차가 부속 협정에 규정된 자국의 의무에 합치할 것을 보장하여야 한다.

3.2 WTO의 조직과 의사결정 방식

1. WTO의 조직

1) 최고 의사결정기관 : 각료회의

① 각료회의

WTO는 전체회원국들에 의한 전체 회원국들을 위한 전체 회원국들의 기구라고 할 수 있다. WTO 회원국들은 여러 가지 이사회와 각종 관련 위원회를 통하여 의사결정에 참여한다. 하지만 WTO내의 최고 의사결정기관은 이러한 여러 가지 이사회가 아니라 2년마다 한 번씩 개최되는 각료회의(Ministerial Conference)이다.

각료회의는 비상설기구에 해당되지만 WTO협정 하의 모든 중요한 문제를 결정할 권한을 가진다.6) 각료회의는 WTO의 기능을 수행하는데 필요한 모든 조치를 취할 수 있으며, 회원국이 요청하는 경우 WTO의 의사결정 요건에 따라 다자간 무역협정 및 부속협정과 관련된 모든 사항에 대한 의사결정을 내릴 수 있다. 2년마다 개최되는 각료회의에서는 회원국 대표의 협의를 통해 주요 사항을 결정하여 공식 문서(각료선언문)를 채택하고 차기회의 장소를 결정한다.

한편 각료회의는 무역개발위원회(Committee on Trade and Development), 국제수지제한위원회(Committee on Balance-of-Payments Restrictions) 및 예산・재정・행정위원회(Committee on Budget, Finance and Administration)를 설치한다. 무역개발위원회는 최빈개도국을 위한 다자간 무역협정의 특별조항을 정기적으로 검토하고 이에 대한 적절한 조치를 취하고 이를 이사회에 보고한다.7)

6) WTO 설립협정 제4조 1항.
7) WTO 설립협정 제4조 7항.

② 역대 각료회의

제1차 각료회의는 1996년 12월에 싱가포르에서 열렸다. 이 회의에서는 WTO 출범 후 이루어졌던 WTO 협정의 이행상황이 점검되었다. 그리고 진행중에 있는 여러 가지 협상에 대한 성공적인 타결과 추가적인 무역자유화의 확대를 위한 지원방안이 모색되었다. 또한 당시의 신통상의제(New Issues)에 대한 WTO 차원의 입장과 신의제에 대한 조사·연구를 위한 실무작업단의 구성과 운용이 결정되었다. 이 밖에도 200개 이상의 정보기술관련 상품에 대한 관세를 2000년까지 철폐하기로 한 '정보기술협정(Information Technology Agreement: ITA)'도 합의되었다.

1998년 5월 제네바에서는 제2차 WTO 각료회의가 132개 회원국 대표가 참석한 가운데 개최되었다. 이 회의에서는 WTO 기설의제에 관한 논의의 진전 상황과 제1차 각료위의의 결정에 의해 설치된 신의제 관련 실무작업단의 운용현황을 점검하였다. 동 회의에서는 신 라운드(New Round)를 2000년에 출범시키는 문제에 대하여 논의를 하였으며, 미국이 제안한 전자상거래에 대한 별도의 각료선언도 채택하였다.

1999년 12월 미국 시애틀(Seattle)에서 열린 제3차 WTO 각료회의에서는 밀레니움라운드(Millenium Round)를 출범시키려는 시도가 회원국 및 관련 비정부기구(NGO)의 반대로 실패하였다. 하지만 무역자유화를 한 회원국간의 노력은 여전히 계속되었다. 2001년 11월 카타르의 도하(Doha)에서 개최된 제4차 WTO 각료회의에서는 농업을 포함한 전분야에서 무역자유화를 진전시키기 위한 도하개발아젠다(Doha Development Agenda :DDA)의 출범에 합의하였다.

그 후 2003년 9월 멕시코 캔쿤(Cancun)에서는 DDA의 진행상황을 점검하기 위한 제5차 WTO각료회의가 개최되었다. 동 각료회의는 DDA협상(2002-2004) 진행의 중간평가의 성격을 띤다. 동 협상에서는 싱가포르 이슈(Singapore Issue)에 관한 협상개시를 위한 세부원칙(modalities)의 수립과 농업분야 및 비농산물 분야에 대한 세부원칙 및 이에 대한 기본골격(framework)을 수립하기로 되어 있었다.

여기서 싱가포르 이슈란 1996년 싱가포르에서 개최된 WTO 각료회의에서 논의를 시작한 ① 무역과 해외투자, ② 무역과 경쟁정책, ③ 정부조달의 투명성, ④ 무역원활화 등 4가지 신통상이슈를 의미한다. 하지만 이러한 싱가포르 이슈란 공식적인 DDA협상의제가 아니라 사전논의단계였기 때문에 당시 멕시코 칸쿤 각료회의에서 회원국이 합의를 한다면 바로 DDA 협상의제로 채택되어 협상에 돌입할 수 있었다.

하지만 농업 및 비농산물, 싱가폴 이슈 등과 관련된 협상은 선진국과 개도국간의 대립으로 인하여 합의도출에는 실패하였다. 합의도출 실패의 원인은 선진국은 개도국에 대하여 시장개방 및 싱가폴 이슈의 채택을 강력하게 요구했지만 농업보조 감축 등과 같은 선진국의 제도개혁에는 소극적인 태도를 보였고, 개도국은 개도국대로 WTO에서 경제원조에 가까운 특별대우를 받기 위해 선진국이 수용할 수 없는 무리한 요구(면화 보조금 철폐 등)와 같은 요구를 했기 때문이다.

제6차 WTO 각료회의는 2005년 12월 13일 홍콩에서 개최되었다. 본래 제6차 회담은 2006년 말에 협상종료 되어야 하는 DDA의 타결을 위해 농업, 비농산물 분야 협상의 세부원칙의 수립을 목표로 개최되었다. 하지만 현실적인 협상타결이 어렵다는 것을 고려하여 농업, 비농산물, 서비스, 개발 등과 같은 주요 협상분야에 대한 점검과 향후 협상을 위한 정치적 지침을 제공하는 회의로 목표가 변경되었다.

제6차 WTO 각료회의를 통해 도출된 합의는 크게 5가지이다. 동 회의에서는 ① 농산물 수출보조금의 철폐시한을 2013년으로 합의하였고, ② 면화 수출보조금의 철폐시한을 2006년으로 합의하였다. ③ 농업과 비농산물 협상 세부원칙중 일부요소에 대한 합의가 이루어졌다. 농업부문에서는 국내보조 감축 구간수(3개)와 관세감축 구간수(4개)에 대해 합의하였고, 개도국에 대한 특별품목의 선정 등에 합의하였다. 비농산물 분야에서는 스위스 관세감축공식을 채택하기로 하였다. ④ 최빈개도국 상품에 대하여 2008년까지 선진국(동참을 선언한 개도국 포함)으로 하여금 무관세 및 무쿼터 시장접근기회를 제공할 것을 합의하였다.[8] ⑤ 서비스 협상의 주요 목표를 설정하고 기존의 양자 양허협상에 추가하여 복수(집단) 양허협상방식의 도입에 대해 합의하였다.

하지만 이러한 합의에도 불구하고 제6차 WTO 각료회의에서는 농업 및 비농산물 등 핵심 협상분야에서 구체적인 협상지침을 확정하지 못했다. 결과적으로 동회의에서는 대부분 실질적인 논의가 2006년 이후로 연기됨으로 해서 실질적인 내용에 대한 합의를 도출하지 못했다는 한계도 존재한다.

한편 2007년에는 WTO 회원국들이 DDA협상에 집중함에 따라 정기 각료회의가 개최되지 못했다. 그러한 차원에서 보면 제7차 각료회의는 2009년 11월 30일부터 12월 2일까지 스위스 제네바에서 개최되었다고 볼 수 있다. 제7차 각료회의에서는 2010년까지 DDA협상을 타결시켜야 함을 확인하였다. 이를 위해 2010년 1/4분기에 DDA협상 점검(stock-taking)을 위한 통상장관회의를 개최할 것을 합의하였고, 고위급회담에서는 2010년 1/4분기 통상장관회의 때까지의 협상로드맵을 마련하였다. 제7차 각료회의에서는 TRIPs 비위반제소의 유예[9] 및 전자상거래(전자적 전송)에 대한 관세 유예[10]를 제8차 WTO 각료회의까지 연장하는 데 합의하였다. 그리고 제8차 WTO 각료회의를 2011년 말에 개최하기로 결정하였다.

제8차 각료회의는 2011년 12월 15일부터 17일까지 스위스 제네바에서 개최되었다. 동 회의에서는 세계적 경제 위기의 지속, DDA 협상의 교착, 지역무역협정의 확산 등 대내외적 도전 속에 WTO로 대표되는 다자통상체제에 대한 회원국들의 신뢰를 재확인했다는 점에서 의의를 가진다.

동 회의에서는 당시 확대되고 있던 보호무역주의에 대한 강력한 대응과 무역자유화 기조의 유지를 위한 공감대가 형성되었다. 또한 동 협상에서는 DDA 협상을 포기하지 말고 합의 가능한 분야를 중심으로 우선적으로 합의를 시도하는 새로운 진전방안을 모색해야 한다는 주장도 제기되었다.

제8차 각료회의에서는 러시아를 비롯한 몬테네그로, 사모아, 바누아투 등 4개국에 대한 신규 가입을 승인함으로써 WTO가 157개 회원국과 전 세계

---

8) 하지만 동 의무를 당장 이행하기 어려운 선진국은 2008년까지 우선 최소한 97%에 해당하는 품목에 대해 시장접근을 제공하고 여타품목은 점진적으로 확대하기로 하였다.

9) 홍콩각료회의시 합의한 TRIPS 비위반제소 모라토리움 연장

10) 홍콩각료회의 기설정의제로 차기 각료회의까지 전자적 전송에 대한 무관세 유지 및 Work Program 운영 등이 설정되었다.

교역의 99%를 차지하는 국제통상기구로 발돋움하게 되었다는 점에서 의의를 가진다. 그리고 WTO 지적재산권 협정(TRIPS) 비위반제소 유예 연장 및 전자상거래에 대한 과세 유예 연장, 최빈개도국(LDC) 신축성 부여 방안(가입부담 완화, 서비스 특혜의 근거 마련, TRIPS 적용 유예 연장) 등에 대한 각료 결정을 채택하는 등과 같은 결실을 거두었다. 또한 1997년부터 진행된 WTO 정부조달협정(GPA)의 개정 및 양허개선 협상이 최종 타결됨으로써, 42개 회원국 간 정부조달 시장의 상호개방 폭을 확대하게 되었다는 부분도 큰 성과라고 볼 수 있다.

■ 역대 각료회의 ■

제1차 WTO 각료회의(96. 12. 9-13, 싱가폴)
제2차 WTO 각료회의(98. 5. 18-20, 제네바)
제3차 WTO 각료회의(99. 11. 30-12. 3, 시애틀)
제4차 WTO 각료회의(2001. 11. 9-11. 3, 도하) : 뉴라운드 협상 출범
제5차 WTO 각료회의(2003. 9. 10-14, 멕시코 칸쿤)
제6차 WTO 각료회의(2005. 12. 13-18, 홍콩)
제7차 WTO 각료회의(2009. 11. 30-12. 2, 제네바)
제8차 WTO 각료회의(2011. 12. 15-17 제네바)
제9차 WTO 각료회의(2013. 12. 3-6 발리)

2) 일반이사회

WTO의 업무 중 각료회의가 열리지 않는 기간 동안에 발생하는 일상 업무는 다음의 세 개 기구에 의해 처리된다.

- 일반이사회(The General Council)
- 분쟁해결기구(The Dispute Settlement Body)

• 무역정책검토기구(The Trade Policy Review Body)

이상 세 개 기구는 사실상 모두 같은 기구라고 볼 수 있다. 비록 세 기구가 서로 다른 위임사항에 따른 고유의 업무를 가지고 있지만 WTO 설립협정에서는 이상의 세 기구를 모두 일반이사회로 명명하고 있다. 상기의 세 기구는 같은 회원국들로 구성되지만 위임사안에 따른 고유업무가 구분된다는 것을 의미하는 것이다.

일반이사회는 각료회가 개최되지 않는 비회기중에 각료회의의 기능을 수행하는 기구로 자체 의사규칙을 제정할 수 있다.[11] 일반이사회는 분쟁해결절차의 이행을 위한 분쟁해결기구(DSB)의 역할을 수행하기 위하여 적절히 개최된다. DSB는 자체적인 의장을 둘 수도 있으며, 동 임무이행에 필요하다고 판단하는 의사규칙을 제정할 수 있다. 일반이사회는 무역정책검토제도에 규정된 무역정책검토기구의 임무를 수행한다. 무역정책검토기구도 자체적인 의장을 둘 수 있으며, 임무이행을 위하여 필요하다고 인정되는 경우 의사규칙을 제정할 수 있다.[12]

이 세 가지 기구들은 모든 위임사항에 대한 합의 및 검토 내용을 정기 각료회의에 보고하여야 한다. 결국 일반이사회는 WTO의 모든 문제들을 각료회의를 대신하여 의사결정을 내리며, 회원국사이에 분쟁이 발생할 경우 이러한 분쟁을 해결하기 위한 절차를 진행하고, 이를 감독하는 분쟁해결기구로서 역할을 행하며, 따라서 일반이사회는 회원국들의 무역정책을 분석하기 위한 무역정책검토기구로서의 역할도 한다.

3) 무역 분야별 이사회

일반이사회는 다음과 같은 세 가지 분야별 이사회를 둔다. 무역의 각 분야를 다루고 있는 세 개의 이사회는 관련 내용과 사안을 일반이사회에 보고해야 한다. 이들 이사회에 대한 가입은 모든 회원국에게 개방되며, 이들 이사회

11) WTO 설립협정 제4조 3항 일반이사회의 DSB 업무권한.
12) WTO 설립협정 제4조 3항 일반이사회의 무역정책검토기구 업무권한.

는 필요할 때 마다 개최된다.[13)]

- 상품무역이사회(Council for Trade in Goods)
- 서비스무역이사회(Council for Trade in services)
- 무역관련 지적재산권 이사회((Council for TRIPs)

명칭이 의미하는 것처럼 이 세 가지 분야별 이사회는 각 무역 분야와 관련된 WTO협정의 운영을 책임진다. 세 이사회 모두는 전체 WTO 회원국들로 구성되어 있다. 그리고 이 세 개의 이사회는 그 산하에 여러 부속기구(subsidiary bodies)를 둘 수 있다.

세 가지 분야별 이사회를 제외하고도 여섯 개의 기구들이 일반이사회에 보고를 한다. 이 기구들의 업무 분야는 위의 세 이사회보다 훨씬 적기 때문에 이들을 위원회(committee)라 한다.[14)] 하지만, 이러한 위원회도 모든 WTO 회원국들로 구성된다. 각종 위원회는 무역과 개발, 무역과 환경, 국제수지, 최빈개도국 관련업무, 지역무역협정, 예산 및 재정, 행정관리 분야를 규율한다.

이밖에도 6개 위원회와 별도로 1996년 12월 싱가포르 각료회담에서는 투자와 경쟁정책, 정부조달에서의 투명성, 그리고 무역원활화를 통한 무역촉진 등의 문제를 연구할 새로운 실무작업단(working group)이 존재한다.

13) WTO 설립협정 제4조 5항.

14) 이들은 무역개발위원회, 국제수지제한위원회, 예산・재정・관리위원회, 무역・환경위원회(Committee on trade and environment), 지역무역협정위원회(Committee on regional trade agreement), 최빈개도국에 관한 소위원회(Sub-committee on least-developed countries) 등 6개 위원회를 가리킨다.

〈그림 3-1〉 WTO의 조직 구성

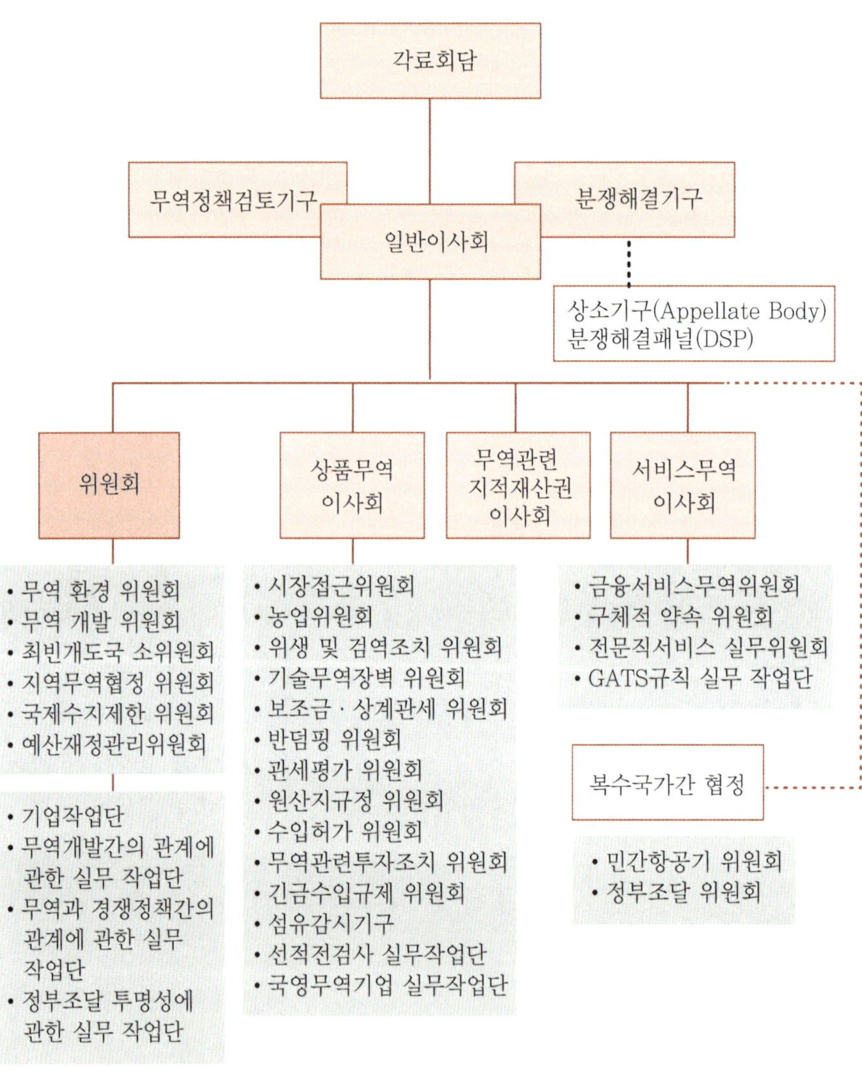

일반이사회 (실선)	일반이사회(또는 부속기구에 보고, 일반이사회는 무역정책검토기구, 그리고 분쟁해결기구로서도 모임을 가진다.
분쟁해결기구 (점선)	분쟁해결기구에 보고
(붉은 점선)	WTO 전체 회원국들은 가입하지 않은 복수국가간 위원회는 동 협정의 활동을 일반이사회에 보고함. 복수국가간 협정을 다루는 두 개의 부속기구들은 그들의 활동을 정기적으로 일반이사회에 통보함.

4) 산하 위원회

일반이사회는 '상품무역이사회', '서비스무역이사회', '무역관련 지적재산권 이사회'를 산하기구로 두고 있다. 이들 이사회는 각 이사회의 승인에 따라 독자적인 의사규칙을 제정할 수 있다. 먼저, '상품무역이사회(Council for trade in Goods)'는 상품무역에 관한 협정의 운영을 감독한다. 그리고 상품무역이사회는 산하에 모든 회원국들로 구성된 농업, 시장접근, 보조금, 반덤핑조치 등과 같은 특별한 주제들을 다루는 여러 가지 위원회를 두고 있다. 상품무역이사회는 해당 전문분야에 정통한 1명의 의장과 10여명의 위원으로 구성된다. 상품무역 이사회에서는 각 회원국 정부의 통보(현행 그리고 새로운 정책 또는 조치에 관해 각 회원국 정부의 WTO에 대한 통보)를 다루는 그룹과 국영무역에 관한 실무작업단, 섬유감시기구등도 소속되어 있으며, 관련 문제나 결정 등을 이사회에 보고하도록 되어 있다.

서비스무역이사회(Council for Trade in Services)는 서비스무역에 관한 일반협정의 운영을 감독한다. 서비스무역이사회의 부속기구로는 약간의 변화가 있다. 기본통신협상(basic telecommunications negotiations)이 끝난 1997년 2월에는 서비스협상을 위한 새로운 라운드가 시작되는 2000년 이전까지 적어도 서비스분야에서 새로운 협상은 끝난 것처럼 보였다. 하지만 1997년 후반 금융서비스협상그룹(financial service negotiating group)이 결성되었다. 서비스무역 이사회는 이밖에도 전문직 서비스(professional service) 및 GATS 규칙과 관련된 실무위원회와 구체적 약속(specific commitment) 위원회 등을 설치하였다.

분쟁해결기구(Dispute Settlement Body)는 2개의 부속기구를 갖고 있다. 구체적으로 통상분쟁의 판정을 위한 전문가 그룹인 분쟁해결패널(Dispute Settlement Panel)과 통상분쟁의 상소를 다루는 상소기구(Appellate Body)로 구성된다.

상품무역 이사회산하의 위원회

- 시장접근위원회(Committee on Market Access)
- 농업위원회(Committee on Agriculture)
- 위생 및 검역조치 위원회
  (Committee on Sanitary and Phytosanitary Measures)
- 섬유감시기구(Textiles Monitering Body)
- 기술무역장벽 위원회(Committee on Technical Barriers to Trade)
- 보조금과 상계관세 위원회
  (Committee on Subsidies and Countervailing Duties)
- 반덤핑 위원회(Committee on Anti-Dumping)
- 관세평가 위원회(Committee on Customs Valuation)
- 원산지규정 위원회(Committee on Rules of Origin)
- 수입허가 위원회(Committee on Import Licensing)
- 무역관리 투자조치 위원회(Committee on Investment Measures)
- 긴급수입제한조치 위원회(Committee on Safeguards)
- 통보 실무그룹(Working Group on Notifications)
- 국영무역 실무작업단(Working Party on State Trading)
- 선적전검사 실무작업단 (Working Party on Preshipment Inspection)

2. WTO의 의사결정 방식

1) 의사결정방식

WTO는 회원국 정부에 의해 운영된다.[15] 모든 중요 결정들은 2년마다 열리는 각료회의(Ministerial Conference)에서 결정된다. 각료회의가 없는 비회

15) WTO 설립협정 제4조 1항 및 2항.

기중에는 각료회의의 기능을 대신하여 제네바에서 정기적으로 개최되는 일반 이사회(General Council)가 중요 안건에 대한 처리를 합의에 의해 결정한다.

WTO에서의 의사결정은 전체 회원국의 총의(Consensus)에 의해 결정된다. 비록 WTO에서 합의를 존중하고 있으나, 합의가 이루어지지 않는 경우에는 표결에 의하여 신속히 분쟁해결절차를 진행하고 종결할 수도 있다. 물론 표결에 의한 의사결정은 일반 의사결정에도 적용된다. 이러한 WTO의 의사결정체계는 WTO가 세계은행(World Bank)이나 국제통화기금(International Monetary Fund: IMF)과 같은 국제기구들과 다른 의사결정 구조를 가진다는 것을 단편적으로 보여주고 있는 것이다.

과거의 GATT에서는 '만장일치주의'와 함께 분쟁 당사국간의 원만한 협의를 통하여 문제를 해결하려는 '상호협력주의' 원칙이 관행적으로 존중되었다. 하지만 이러한 '상호협력주의'의 관행은 상대적으로 무역규모가 크고 협상력이 강한 미국이나 EU와 같은 선진국들에게 보다 유리한 측면이 존재했다. 그러나 WTO에서는 합의제, 즉 다수결원칙이 존중됨으로 해서 개도국들의 지위가 더욱 향상되었다고 볼 수 있다.

WTO에서 모든 의사결정에 대한 권한이 이사회(Board of Directors)에 위임되어 있는 것은 아니다. WTO 내의 행정조직은 정기적인 무역정책검토(Trade Policy Review)에 대한 견해를 제시하는 것 외에 개별국가 간의 무역정책에 대하여 어떠한 영향도 미치지 못한다. WTO 내의 복수국가간 협정에 의해 규정된 기구는 WTO의 제도적 틀 안에서 운영되며 일반이사회에 그 활동상황을 정기적으로 통보해야만 한다.[16)]

WTO가 일국의 무역정책에 대한 규제조치를 실행할 때에는 WTO 협정에 의거하여 실시하여야만 한다. WTO 체제는 다자간 합의에 근거한 WTO 협정에 대한 회원국들의 자발적인 이행과 준수에 의하여 유지된다. 비록 WTO 협정의 실제 집행과정에서 무역규제와 관련된 제제가 부과되어 질 수 있으나 WTO체제 내에서의 무역규제는 WTO에 의하여 부과되는 것이 아니라 모든 회원국들 간의 합의와 결정에 의해 부과되는 것이다. WTO는 이러한 측면에

16) WTO 설립협정 제4조 8항.

서 신용대출(credit) 등을 통제함으로 일국에 대한 직접 제한을 가할 수 있는 IMF와 세계은행 등과 같은 국제기구들과 차이점이 존재한다고 볼 수 있다.

투표에 의한 의사결정(Voting)도 가능하다

WTO는 투표에 의해서가 아니라 전체 회원국의 의견일치(Consensus)에 의해서 결정을 내리는 GATT의 전통을 계승하고 있다. 이러한 의사결정 방식은 비록 회원국들이 다자간무역체제의 전체 이익을 위해 의사결정을 할 수 밖에 없다 할지라도 개별 회원국의 이해관계도 적절히 고려해야 함을 보여주고 있는 것이다.

전체 회원국들의 의견일치가 불가능할 경우 WTO 협정에서는 투표를 통한 의사결정을 인정하고 있다. 투표는 "일국, 일표(one country, one vote)"를 원칙으로 다수결에 따른다.

WTO 협정에서는 투표를 통한 의사결정이 이루어질 수 있는 4가지 특별한 상황을 명시하고 있다

- 다자간 무역협정에 대한 해석은 WTO 회원국의 3/4의 다수결에 의해 채택될 수 있다.
- 각료회의는 다자간 협정을 통해 특정 국가에게 부과된 의무(심지어 3/4의 다수결에 의하여 부과된 의무일 지라도)를 면제해 줄 수 있다.
- 다자간 무역협정의 특정 조항을 수정하기 위한 결정은 동 조항의 중요도에 따라 전체 회원국의 찬성이나 또는 2/3의 다수결에 의해서 채택될 수 있다. 그러나 이러한 과정을 통해 수정된 조항들은 그 조항에 대해 찬성하는 회원국에 대해서만 효력을 가진다.
- 새 회원국의 가입승인을 위한 결정은 각료회의에서나 또는 비회기 기간에는 일반이사회(General Council)에서 2/3의 다수결에 의해 결정된다.

WTO의 의사결정체계는 합의제를 원칙으로 하고 있다. 사실 159개(2013년 3월 기준) 회원국들이 모두 동의하는 결정을 만들기란 쉬운 일이 아니다.

때로는 합의도출이 불가능한 경우도 있을 것이다. 하지만 합의나 의견일치와 같은 방식으로 채택된 결정은 모든 WTO 회원국들에게 기꺼이 받아들여 질 수 있기 때문에 커다란 장점으로 작용한다.

WTO에서는 협의 과정의 어려움에도 불구하고 주목할 만한 합의들이 실제로 이루어진다. WTO에서는 보다 소규모의 의사결정기구의 설립에 대한 제안들이[17] 주기적으로 제기되고 있다. 하지만 중요한 것은 WTO는 전체 회원국의 합의제로 의사결정이 이루어지고 운영되는 기구라는 것이다.

의사결정 방법에 대한 대안적 견해

"120개 이상의 회원국을 가진 국제기구 WTO는 '전체 위원회'에 의해 운영되어질 수 없기 때문에, WTO는 느리고 번거로운 정책결정과 운영으로부터 고통 받게 될 것이다. 간단히 말하자면 집단운영체제는 효율적인 운영 또는 중요한 정책 논의에는 적합하지 않다.

IMF와 세계은행은 국제기구내의 모든 실무자들을 통제하기 위하여, 주요 선진국들이 상임이사로 참여하며, 출자금에 따른 가중투표제(weighted voting)에 의하여 의사결정이 이루어지는 집행이사회(executive board)를 두고 있다. WTO는 효율적인 관리를 위해 이와 유사한 조직이 필요할 것이다. 그러나 회원국들 중 약소국들이 정치적인 이유로 이를 강력하게 반대하고 있다.

Jeffrey J. Schott
Institute for International Economics,
Washington, D.C.

17) 예를 들면 각 지역권이나 또는 국가 그룹들을 대표하는 이사회(Board of Directors)에 대한 설립제안 등

2) 대표단의 활동과 의견 조율

WTO내에서 의사결정을 위한 중요한 실마리는 WTO 내의 공식기구나 회담을 통해서는 거의 풀리지 않는다. 특히 고위급회담인 일반이사회에서는 합의 도출을 위한 의사결정의 돌파구가 쉽사리 열리지는 않는다. 그러므로 WTO 내에서는(심지어 외부에서도) 투표없는 합의를 이끌어 내는 비공식적인 회담이 중요한 역할을 할 수 밖에 없다.

WTO 내의 공식적인 조직과 모임에서 벗어나 WTO를 살펴보면 WTO 주변에는 전체 회원국 대표단의 대표(Head of Delegation : HOD)들이 속해있는 비공식적인 모임이 많이 있음을 알 수 있다. 그리고 이러한 비공식 소모임들의 주된 목적은 특정 문제에 대해 관심 국가별로 해당 문제에 대한 합의점을 도출하는 것이다. 우루과이라운드가 진행되는 동안 40여개국 이상의 국가들이 참여하여 특정 문제를 논의하는 그린룸 회의(Green Room Meeting)이라는 제도가 확립되었다. 그리고 그린룸 회담과 관련된 관행은 WTO체제 내에서 더욱 정착되었다.

그린룸(Green Room) 회의

세계무역기구(WTO) 각료회의에서 합의가 도출되기 어려운 현안을 다룰 경우 WTO 회원국들 중에서 주요국들만이 모여서 비공식적 회의를 가진다. 이를 WTO 그린룸(Green Room) 회의라고 한다. '그린룸(Green Room)'이란 스위스 제네바에 있는 WTO사무국 3층 사무총장실 바로 옆에 있는 소회의실 카페트가 초록색이어서 붙여진 이름이다. 그린룸 회담이란 국가 간 합의가 어려운 현안을 다룰 경우 막후 협상 시 수시로 그 방을 이용한 데서 유래됐다.

그린룸 회의에서는 일반적으로 주요국의 대표격인 협상 수석대표 등을 1명씩 불러 정치적인 판단을 요하는 의제를 놓고 토론 및 결정을 하는 형태가 많다. 그린룸 회의에서 결정된 사안은 그 후 전체 회의를 통해 최종 결정되는 형식을 취하고, 대부분 주요국들은 그림룸에서 합의에 이른 내용인 만큼 그 결정을 거스르기 힘든 '대세'로 인정하는 경우가 많다. 1999년 시애틀 각료회의에서도 첨예한 의견대립으로 실질적인 진전이 어려워지자 그린룸 회의을 통한 교착상태의 돌파가 마지막 기대를 모았지만, 농업 수출보조금 문제 등에 걸려 성과를 내지 못한바 있다. 하지만 그린룸 회의는 찬반그룹별 주요 20여 개국이 참여하는 회의이기 때문에 의사결정과정에 배제된 국가들의 불만을 사기도 한다.

UR에서는 2~4개의 소그룹 모임을 통하여 합의 도출을 시도하였지만, 오히려 이러한 소모임이 해당문제의 교착상태를 심화시키는 경우도 있었다. 그러나 분명한 것은 이러한 소모임 역시 해당문제의 해결을 위한 노력과정에서 발생한 비공식적인 협상장의 장이라는 사실이다.

동일한 대표가 여러 회의에 매번 참석하는가?

공식적으로 모든 이사회와 위원회는 WTO 전체 회원국들로 구성되어진다. 하지만, 이는 동 기구들이 모두 동일하거나 또는 그 차이가 순전히 관료주의적이라는 것을 의미하는 것은 아니다. 사실 여러 이사회와 위원회에 참석하는 사람들은 다르다. 왜냐하면 회담마다 서로 다른 급의 대표와 다른 분야의 전문가가 참석하기 때문이다.

제네바에서 있는 각국 대표단의 대표들(통상 대사들)은 보통 일반이사회에서 그들 국가를 대표한다. 위원회 중 일부는 고도로 전문화 되어 있기 때문에, 각 회원국 정부는 이러한 회의에 전문 관료들을 파견하기도 하는 것이다.

심지어 상품무역 이사회, 서비스무역 이사회 그리고 무역관련 지적재산권 이사회에서조차 각국 대표단들은 각기 다른 회의를 담당하기 위해 다른 관리들을 임명하고 있다.

개별국가들의 시장접근에 관한 협상에서는 개별 국가들 간의 많은 비공식 협상을 통하여 일괄타결의 기초를 만들어 낼 수 있었다. 예를 들면, 전통적인 관세 협상과 서비스 분야의 기본통신협상, 정보기술상품협상 등은 모두 비공식 협상의 지원을 통해 합의가 도출된 협상이다.

WTO에서는 WTO의 공식조직으로는 나타나지 않는 다양한 형태의 비공식 모임들이 특정분야의 협상타결에 중요한 역할을 한다. 따라서 그린룸 회담 등으로 대표되는 WTO에서 비공식적인 협의는 공식적인 결정을 내리는 데에도 반드시 필요한 부분이라고 볼 수 있다.

공식회담이 중요하지 않은 것은 결코 아니다. 비공식 협의에서는 각국의 입장과 의견을 개진하고 교환하며 궁극적인 의사결정을 도출하기 위한 사전 토론이 진행된다. 회원국 간의 전체적인 합의를 도출하는 것은 다양한 이해관계를 가진 회원국들 사이에서 적절한 균형과 조화를 찾아내는 과정이다. 그러나 이러한 조화와 균형이 단숨에 이루어지는 것은 아니다. 일부 국가간의 의견조율이나 교착상태 해결을 위한 비공식적 모임은 전체회담의 돌파구 역할을 한다. 비공식회담은 이러한 이유 때문에 전체 회원국들에게도 받아들여지는 것이다.

3.3 회원국의 자격과 연대

1. WTO 회원국의 자격

1) 회원국의 자격

모든 회원국들은 UR의 결과로서 WTO 체제에 참여하게 되었다. WTO 회원국의 자격은 권리이자 의무이다. WTO 회원국들은 회원국의 권리를 누리는 동시에 회원국으로서의 의무를 다하여야 한다. WTO 회원국들은 다른 회원국이 그들에게 주는 특혜나 WTO 협정이 제공하는 보호혜택을 향유할 수 있다. 그러나 WTO 회원국들은 자국이 향유하는 권리의 대가로서 자국의 시장개방과 WTO협정의 준수를 약속하여야만 한다.

WTO 회원국의 자격과 의무는 회원자격(또는 가입)에 대한 협상의 결과이다. 대부분의 WTO 가입협상은 기존의 GATT 규정을 근거로 진행되었다. 1995년 1월 1일 WTO체제가 출범한 이후 기존의 GATT 회원국들은 자동적으로 WTO의 창설회원국이 되었다. 1994년 4월 마라케시에서 UR 협정에 서명했던 국가와 1994년 4월 이후에 GATT에 가입했던 국가들도 WTO 설립 전에 이러한 가입이 완료되었다면 자동적으로 WTO의 창설회원국(Original Membership)이 된다.

WTO 회원국은 WTO 설립협정을 수락하고 자국의 양허 및 약속표가 1994년 GATT에 부속되며 서비스무역에 관한 일반협정(GATS)에 자국의 구체적 약속표가 부속된 국가나, WTO 설립협정 발효일 당시 1947년 GATT 체약당사국인 경우 WTO의 창설회원국으로 인정된다. 하지만 WTO 창설회원국 중에서 UN이 최빈개도국으로 인정한 국가는 자국의 개별적인 경제개발, 무역 및 금융의 발전단계나 행정·제도적 능력에 합치하는 범위 내에서 약속 및 양허를 행할 수 있다.[18)]

현재 새로운 국가들이 WTO에 가입을 시도하고 있으며, 가입하고 있다. 2013년 3월까지 WTO는 총 159개 회원국을 가지고 있으며, 현재 회원국 가입자격을 협상하고 있고 WTO의 옵서버(observer)의 지위를 누리고 있는 가입신청국은 26개국이다. 이들 옵서버 국가들은 옵서버가 된 후 5년 내에 WTO가입협상을 시작해야 되는 국가들이다.[19)]

2) 가입절차

완전한 자치권을 보유하고 독자적인 무역정책을 실행하고 있는 국가나 또

18) WTO 설립협정 제11조 2항.
19) 자세한 내용은 '부록 2 : WTO 회원국과 옵서버 국가'를 참조.

는 관세영역은 WTO와 합의한 조건에 따라 WTO에 가입할 수 있다. WTO의 가입은 WTO 설립협정과 동 협정에 부속된 다자간 무역협정에 따라 실시된다.[20] WTO 가입을 위한 가입신청은 다음과 같은 4단계를 거쳐 처리된다.

• 1단계 : 신청국의 무역 및 경제정책에 관한 보고서 제출

WTO에 가입을 신청한 국가의 정부는 WTO 협정과 관련된 자국의 무역 및 경제정책에 대한 상세보고서를 WTO에 제출해야 한다. WTO에 제출된 보고서는 해당 국가의 신청서를 처리하는 실무작업단(working party on accession)에 의해 조사되어질 각서(memorandum)의 형태로 만들어진다. 특정국의 WTO 가입을 위한 실무작업단 구성에는 모든 회원국들이 참여 할 수 있다.

• 2단계 : 신청국이 제공할 양허와 약속에 관한 기존 회원국들과의 양자협상

WTO가입을 위한 가입신청국가와 기존회원국 간의 양자협상은 WTO 실무작업단이 가입원칙과 정책에 대한 충분한 조사를 마친 후 시작된다. WTO 회원국으로 가입하려는 국가에 대해서 기존의 WTO 회원국들은 저마다 다른 경제적 이해관계를 가지고 있기 때문에 WTO 가입협상은 가입 신청국과 회원국간의 양자협상의 형태로 진행된다. 가입을 위한 양자협상에서는 관세율과 구체적 시장접근 약속(specific market access commitment), 그리고 상품과 서비스무역 분야에서의 여러 가지 정책들이 논의 된다.

WTO 가입협상 과정에서 합의된 가입신청국과 개별 회원국 사이의 양허나 또는 각종 약속은 비록 양자간의 합의이지만 WTO의 기본원칙인 무차별원칙(non-discrimination rule)에 따라 WTO 모든 회원국들에게 동등하게 적용되어야만 한다. WTO 가입협상은 가입신청국의 경제규모와 잠재 시장규모에 따라 매우 복잡하게 전개될 수 도 있다. 예를 들어, 중국과 러시아 등과 같은 일부 국가의 WTO 가입협상은 거의 다자간 무역협상의 전체 라운드만큼이나 대규모로 장기간에 걸쳐 이루어지기도 한다.

---

20) WTO 설립협정 제12조 1항.

• 3단계 : 가입조건에 관한 문서 작성

실무작업단이 신청국의 무역제도를 심사하고 가입신청국과 회원국간의 양자간 시장접근 협상이 완료되면, WTO 가입을 위한 실무작업단은 협상결과와 무역제도 검토를 바탕으로 해당국의 WTO 가입을 위한 최종 가입조건(terms of accession)을 결정한다. 특정국의 WTO 가입을 위한 최종 조건들은 WTO 가입보고서와 회원국 가입조약(가입의정서'Protocol of Accession')의 초안, 그리고 예비회원국의 시장개방 약속 일정표(Schedule of Commitment)에 명기된다.

• 4단계 : 가입여부에 대한 결정

특정국의 WTO 가입을 위한 최종 결정은 보고서, 가입의정서 그리고 구체적 약속 일정표 등으로 구성되는 최종 타협안이 WTO의 일반이사회나 또는 각료회의에 제출되어 통과됨으로써 결정된다. WTO 회원국 2/3의 이상의 다수가 찬성한 후 WTO 가입신청국이 가입의정서에 서명함으로써 WTO 회원국이 된다.[21] 그리고 WTO 가입신청국은 WTO의 가입자격을 획득하기 전에 해당국의 의회 또는 입법부의 비준을 받아야만 한다.

WTO 회원국은 WTO 설립협정을 탈퇴함으로써 WTO 회원국으로서 부담해야 하는 의무에서 벗어날 수 있다. WTO 탈퇴는 WTO 설립협정 및 관련 다자간 무역협정의 탈퇴를 의미하는 것으로 특정국의 WTO에 대한 서면 탈퇴통보서가 WTO 사무총장에게 접수된 날로부터 6개월이 경과한 날로부터 발효된다.[22]

3) 각국 대표부

WTO의 일반적 업무는 회원국 정부에 의해 파견된 대표들에 의해 처리된

21) WTO 설립협정 제12조 2항. 가입은 각료회의가 결정한다. 각료회의는 WTO 회원국 3분의 2의 다수결에 의하여 가입조건에 관한 합의를 승인한다.
22) WTO 설립협정 제15조 1항. 복수국가 간 무역협정으로부터의 탈퇴는 동 협정의 규정에 따른다.

다. WTO의 기본업무는 산업과 무역과 관련된 일반적이고 일상적인 활동을 규율하는 것이다. 실제로 WTO 회원국들의 무역정책 수립과 무역협상에 대한 준비는 기업과 관련 산업단체, 농민, 소비자, 그리고 여러 이해집단들의 의견을 충분히 수용함으로써 이루어진다.

회원국들은 대부분 제네바에 상주대표부를 두고 있으며, 때로는 WTO 담당 특별대사를 두기도 한다. 대표부의 실무 관리들은 WTO 사무국에서 열리는 많은 이사회와 위원회, 실무작업단, 협상그룹 등의 회의에 참석한다. 일부의 복잡한 문제에 대해서 일부 회원국들은 해당국 정부의 입장을 전문적으로 개진하기 위하여 전문가들을 직접 파견하기도 한다.

WTO의 관할 범위가 점차 확대되고 복잡해짐에 따라 관련 분야나 협의 내용 또한 더욱 전문화되고 있다. 이에 따라 많은 최빈개발도상국들은 WTO 업무에 정통한 관리들을 임명하는 부분에서 많은 어려움을 경험하고 있다. WTO는 이러한 문제를 해결하기 위하여 최빈개도국에 대한 국제통상과 관련된 기술적 문제 해결을 위한 다양한 지원을 행한다. WTO가 진정한 세계무역기구로서 성공적인 역할을 수행하기 위해서는 이러한 문제들을 우선적으로 해결해야 한다.

2. 회원국들 간의 연대

WTO내에서 많은 회원국들은 연대그룹의 형성을 통하여 자국의 협상력을 강화시키고 있다. 특정부문에 대한 무역협상의 경우에서는 연대그룹 내에 단일 대변인 또는 협상팀을 구성하여 협상력을 강화하기도 한다. 회원국들 간의 연대는 전 세계적으로 일어나고 있는 관세동맹(Customs Union)과 자유무역지대(Free Trade Area), 공동시장(Common Market)과 같은 경제통합과 지역주의 확산에 따른 자연스러운 결과라고도 할 수 있다.

사실 회원국들 간의 연대는 강력한 무역상대국과의 협상에서 자국의 협상력을 증가시키기 위한 방안이라고 볼 수 있다. 실제로 일부 국가가 그룹을 형성하여 공동의 입장을 채택할 때가 그렇지 않은 경우보다도 합의가 더 쉽게 도출되기도 한다. 다른 회원국들 간의 연대는 해당국들 간의 공동입장을 고수하고 견고히 하기 위해 만들어지기 보다는 협상의 교착상태를 해결하고 타협안 만들어내기 위해 특별히 구성되기도 한다. 하지만 WTO 협정 내에 회원국 간의 연대에 대한 엄격하거나 또는 신속한 대응을 규정하고 있는 조항은 아직 존재하고 있지 않다.

연대란 여럿이 함께 무슨 일을 하거나 함께 책임을 진다라는 의미이다. 이렇게 볼 때 WTO 회원국들 간의 연대란 특정 목적을 달성하기 위해 복수의 회원국들이 함께 행동하고 함께 행동한다는 의미이다. WTO내에서는 많은 국가들이 복잡한 통상문제의 해결을 위해 공식・비공식적인 모임과 회담을 진행한다. 이러한 과정에서 많은 국가들이 자국의 이익을 달성하기 위해 공식 또는 비공식적인 연대를 행한다.

연내의 중요성은 한 국가나 기업, 개인이 연내를 통하여 사회나 너 큰 조직이나 사회, 국가의 한 구성원으로 행동하게 함으로써 그 존재의 의미를 확대시킨다는 것에 있다. WTO 국가 간의 연대는 일국을 국제사회의 동반자로써 역할하게 함과 동시에 체제와 동맹의 강제를 통해 국제간 경쟁에서 국제적 차원에서 일국의 이익을 방어해 내고 국가의 삶과 능력을 증대시킬 것이다. 이러한 과정을 통해 개발도상국이나 또는 최빈개도국들은 선진국을 중심으로 일부 소수 국가에 집중된 막대한 부의 재분배를 이룩할 수 있는 것이다.

WTO내에서 국제적 연대가 중요하게 취급되는 이유는 연대를 통하여 의식적으로 감추어져 있던 국민국가의 정책목표에 대한 국제간 또는 전지구적인 차별성을 강화시킴으로써 일국의 존재감을 강화시킬 수 있기 때문이다. 최빈개도국은 이러한 국제적 연대 과정을 통하여 국제사회의 일원으로 정착할 수 있는 것이다.

WTO내에서 가장 크고 가장 포괄적인 협상력을 가진 연대그룹은 유럽공동체(European Communities: EC)로 알려진 유럽연합(European Union: EU)과 그 28개 회원국들이다. 유럽연합은 대외적으로는 공동의 무역정책과 관세를 부과하는 경제통합체이다. EU 회원국들은 브뤼셀과 제네바에서 그들의 입장을 미리 조정한다. WTO내의 협상이나 회담에서 유럽연합의 집행위원회(Commission)는 EU를 대표하여 모든 활동과 의사결정을 행한다. 유럽연합도 EU의 개별 회원국들과 마찬가지로 독자적은 권리를 행사하는 하나의 WTO 회원국이 된 것이다.

지금까지 WTO 회원국들에 의해 이루어진 경제통합체를 살펴보면, 유럽연합(EU)보다 소규모 경제통합의 형태로 말레이시아, 싱가포르, 필리핀, 태국, 브루나이, 인도네시아를 회원국으로 하는 동남아시아 국가연합(Association of South East Nations: ASEAN)이 존재한다. 비록 경제 통합의 정도는 유럽연합만큼 강하지는 않지만 ASEAN 역시 회원국들 간의 무역에 관한 공동 관심사를 논의하며, 특정문제에 대해서는 그들의 입장을 잘 조정하여 한 목소리를 내고 있다. ASEAN의 대표국은 각 회원국들이 돌아가며 맡고 있으나 특정문제에 대해서는 대표국을 따로 지정하기도 한다.

한편 WTO의 소모임 중 가장 작은 소모임 중 하나이지만 가장 영향력이 큰 모임으로는 '쿼드'(Quad 또는 Quadrilaterals)라고 하는 주요 4개국 모임이 있다. 쿼드의 참가국은 미국, 캐나다, 일본 및 유럽연합(EU)로 구성되는데, 이 모임은 주로 일부 협상에서 무역대국들의 대화 돌파구 역할을 한다.

그밖에도 경우에 따라 특정부분에서만 일치된 의견을 발표하는 그룹으로 라틴아메리카 경제시스템(Latin American Economic System:SELA), 아프리카·카리브연안·태평양 그룹(African, Caribbean and Pacific group: ACP)이 있다. 이 밖에도 어떤 그룹들은 지역경제통합 추진과정에서 그 구성원들이 WTO 문제들에 대해 아직 동일한 입장을 유지할 정도까지는 도달하지는 못했지만 이제 막 하나의 구체적인 경제통합의 형태로 발전하기 시작한 그룹도 있다. 예를 들어 북미자유무역협정(North American Free Trade Agreement : NAFTA)과 남미공동시장(The Southern Common Market: MERCOSUR) 등이 그런 경우에 해당한다.

한편 WTO의 회원국 연대그룹 중 가장 이질적인 국가 간 연대로서는 '케언스 그룹(Cairns Group)'을 들 수 있다. 케언스 그룹은 농업무역의 자유화를 주장하기 위하여 우루과이라운드가 시작되기 전해인 1986년에 설립되었다. 동 그룹은 UR 협상을 통하여 농업회담에 대한 중요한 제3세력으로 자리잡으며 현재까지도 활동 중이다. 케언스그룹은 농업무역의 자유화라는 공동의 목적을 가진 다양한 회원국들로 구성된다. 하지만 국내보조금 및 수출보조금 문제에 있어서 선진대국들과는 경쟁하기에는 협상력과 자원이 부족하다는 공통의 특징을 가지기도 한다.

케언즈 그룹에 대항하는 국가 간 연대도 존재한다. 대표적인 연대그룹으로 농업의 비교역적 관심사항(Non-Trade Concerns: NTC)을 WTO 농업에 관한 협상에 적절히 반영해야 한다고 주장하는 국가들 모임이다. NTC 국가군은 주로 한국, 일본, 노르웨이, 스위스, 모리셔스 등과 같은 식량 순수입국들이다.

〈표 3-1〉 WTO 회원국들 간의 연대모임

그룹	형태	국가
ACP	아프리카, 카리브 및 태평양 국가들 모임 (지역적 근거)	• WTO 회원국 (60): Angola, Antigua and Barbuda, Barbados, Belize, Benin, Botswana, Burkina Faso, Burundi, Côte d'Ivoire, Cameroon, Cape Verde, Central African Republic, Chad, Congo, Cuba, Democratic Republic of the Congo, Djibouti, Dominica, Dominican Republic, Fiji, Gabon, Gambia, Ghana, Grenada, Guinea, Guinea-Bissau, Guyana, Haiti, Jamaica, Kenya, Lesotho, Madagascar, Malawi, Mali, Mauritania, Mauritius, Mozambique, Namibia, Niger, Nigeria, Papua New Guinea, Rwanda, Saint Kitts and Nevis, Saint Lucia, Saint Vincent and the Grenadines, Samoa, Senegal, Sierra Leone, Solomon Islands, South Africa, Suriname, Swaziland, Tanzania, Togo, Tonga, Trinidad and Tobago, Uganda, Vanuatu, Zambia, Zimbabwe • WTO 옵저버 (8): Bahamas, Comoros, Equatorial Guinea, Ethiopia, Liberia, Sao Tomé and Principe, Seychelles, Sudan • 비회원국 (11): Cook Islands, Eritrea, Kiribati, Marshall Islands, Micronesia, Federated States of, Nauru, Niue, Palau, Somalia, Timor-Leste, Tuvalu
아프리카 그룹 (African	WTO의 아프리카 회원국 모임	• WTO 회원국 (42): Angola, Benin, Botswana, Burkina Faso, Burundi, Côte d'Ivoire, Cameroon, Cape Verde, Central African Republic, Chad, Congo, Democratic

group)	(지역적 근거)	Republic of the Congo, Djibouti, Egypt, Gabon, Gambia, Ghana, Guinea, Guinea-Bissau, Kenya, Lesotho, Madagascar, Malawi, Mali, Mauritania, Mauritius, Morocco, Mozambique, Namibia, Niger, Nigeria, Rwanda, Senegal, Sierra Leone, South Africa, Swaziland, Tanzania, Togo, Tunisia, Uganda, Zambia, Zimbabwe
아시아 개발도상국 모임 (Asian developing members)	아시아지역의 개발도상국 모임 (지역적 근거)	• WTO 회원국 (31): Bahrain, Kingdom of, Bangladesh, Brunei Darussalam, Cambodia, China, Chinese Taipei, Hong Kong, China, India, Indonesia, Jordan, Korea, Republic of, Kuwait, the State of, Kyrgyz Republic, Lao People's Democratic Republic, Macao, China, Malaysia, Maldives, Mongolia, Myanmar, Nepal, Oman, Pakistan, Philippines, Qatar, Saudi Arabia, Kingdom of, Singapore, Sri Lanka, Thailand, Turkey, United Arab Emirates, Viet Nam
APEC	아시아태평양 경제협력포럼 (지역적 근거)	• WTO 회원국 (22): Australia, Brunei Darussalam, Canada, Chile, China, Chinese Taipei, Hong Kong, China, Indonesia, Japan, Korea, Republic of, Lao People's Democratic Republic, Malaysia, Mexico, New Zealand, Papua New Guinea, Peru, Philippines, Russian Federation, Singapore, Thailand, United States, Viet Nam
ASEAN	남아시아국가 협력체 (지역적 근거)	• WTO 회원국 (10): Brunei Darussalam, Cambodia, Indonesia, Lao People's Democratic Republic, Malaysia, Myanmar, Philippines, Singapore, Thailand, Viet Nam
EU	유럽연합	• WTO 회원국 (28): Austria, Belgium, Bulgaria, Cyprus, Czech Republic, Denmark, Estonia, European Union (formerly EC), Finland, France, Germany, Greece, Hungary, Ireland, Italy, Latvia, Lithuania, Luxembourg, Malta, Netherlands, Poland, Portugal, Romania, Slovak Republic, Slovenia, Spain, Sweden, United Kingdom
Mercosur	남미공동시장	• WTO 회원국 (4): Argentina, Brazil, Paraguay, Uruguay

G-90	아프리카그룹 + ACP + 최빈개도국 모임 (의제별 근거)	• WTO 회원국 (68): Angola, Antigua and Barbuda, Bangladesh, Barbados, Belize, Benin, Botswana, Burkina Faso, Burundi, Côte d'Ivoire, Cambodia, Cameroon, Cape Verde, Central African Republic, Chad, Congo, Cuba, Democratic Republic of the Congo, Djibouti, Dominica, Dominican Republic, Egypt, Fiji, Gabon, Gambia, Ghana, Grenada, Guinea, Guinea-Bissau, Guyana, Haiti, Jamaica, Kenya, Lao People's Democratic Republic, Lesotho, Madagascar, Malawi, Maldives, Mali, Mauritania, Mauritius, Morocco, Mozambique, Myanmar, Namibia, Nepal, Niger, Nigeria, Papua New Guinea, Rwanda, Saint Kitts and Nevis, Saint Lucia, Saint Vincent and the Grenadines, Samoa, Senegal, Sierra Leone, Solomon Islands, South Africa, Suriname, Swaziland, Tanzania, Togo, Trinidad and Tobago, Tunisia, Uganda, Vanuatu, Zambia, Zimbabwe • WTO observers (11): Afghanistan, Bahamas, Bhutan, Comoros, Equatorial Guinea, Ethiopia, Liberia, Sao Tomé and Principe, Seychelles, Sudan, Yemen • 비회원국 또는 비옵저버 국가 (12): Cook Islands, Eritrea, Kiribati, Marshall Islands, Micronesia, Federated States of, Nauru, Niue, Palau, Somalia, South Sudan, Timor-Leste, Tuvalu
최빈개도국모임 (Least-developed countries (LDCs))	최빈개도국 모임 (의제별 근거)	• WTO 회원국 (34): Angola, Bangladesh, Benin, Burkina Faso, Burundi, Cambodia, Central African Republic, Chad, Democratic Republic of the Congo, Djibouti, Gambia, Guinea, Guinea-Bissau, Haiti, Lao People's Democratic Republic, Lesotho, Madagascar, Malawi, Mali, Mauritania, Mozambique, Myanmar, Nepal, Niger, Rwanda, Samoa, Senegal, Sierra Leone, Solomon Islands, Tanzania, Togo, Uganda, Vanuatu, Zambia • WTO 옵저버 (9): Afghanistan, Bhutan, Comoros, Equatorial Guinea, Ethiopia, Liberia, Sao Tomé and Principe, Sudan, Yemen

		• 비회원국 or 비옵저버 국가 (6): Eritrea, Kiribati, Somalia, South Sudan, Timor-Leste, Tuvalu
소규모 취약경제 (Small, vulnerable economies (SVEs)) — agriculture	농산물분야 의제중심	• WTO 회원국 (15): Barbados, Bolivia, Plurinational State of, Cuba, Dominican Republic, El Salvador, Fiji, Guatemala, Honduras, Maldives, Mauritius, Mongolia, Nicaragua, Papua New Guinea, Paraguay, Trinidad and Tobago
소규모 취약경제 (Small, vulnerable economies (SVEs))—NAMA	NAMA분야 의제중심 모임	• WTO 회원국 (20): Antigua and Barbuda, Barbados, Bolivia, Plurinational State of, Dominica, Dominican Republic, El Salvador, Fiji, Grenada, Guatemala, Honduras, Jamaica, Maldives, Mongolia, Nicaragua, Papua New Guinea, Paraguay, Saint Kitts and Nevis, Saint Lucia, Saint Vincent and the Grenadines, Trinidad and Tobago
소규모 취약경제 (Small, vulnerable economies (SVEs))—rules		• WTO 회원국 (15): Barbados, Cuba, Dominica, Dominican Republic, El Salvador, Fiji, Honduras, Jamaica, Maldives, Mauritius, Nicaragua, Papua New Guinea, Saint Lucia, Saint Vincent and the Grenadines, Tonga
신 회원국 모임 (Recent new members (RAMs))	1995년 이후 WTO에 가입했거나 협상한 국가들 모임	• WTO 회원국 (19): Albania, Armenia, Cape Verde, China, Chinese Taipei, Croatia, Ecuador, Former Yugoslav Republic of Macedonia, Georgia, Jordan, Kyrgyz Republic, Moldova, Republic of, Mongolia, Oman, Panama, Saudi Arabia, Kingdom of, Tonga, Ukraine, Viet Nam
체제전환 중인 저소득경제국 모임		• WTO members (3): Armenia, Kyrgyz Republic, Moldova, Republic of

케언스 그룹 (Cairns group)	농산물수출국 협의체	• WTO 회원국 (19): Argentina, Australia, Bolivia, Plurinational State of, Brazil, Canada, Chile, Colombia, Costa Rica, Guatemala, Indonesia, Malaysia, New Zealand, Pakistan, Paraguay, Peru, Philippines, South Africa, Thailand, Uruguay
열대상품국 모임	열대상품의 시장확대를 추구하는 개발도상국 협력 모임	• WTO 회원국 (8): Bolivia, Plurinational State of, Colombia, Costa Rica, Ecuador, Guatemala, Nicaragua, Panama, Peru
G-10		• WTO members (9): Chinese Taipei, Iceland, Israel, Japan, Korea, Republic of, Liechtenstein, Mauritius, Norway, Switzerland
G-20		• WTO 회원국 (23): Argentina, Bolivia, Plurinational State of, Brazil, Chile, China, Cuba, Ecuador, Egypt, Guatemala, India, Indonesia, Mexico, Nigeria, Pakistan, Paraguay, Peru, Philippines, South Africa, Tanzania, Thailand, Uruguay, Venezuela, Bolivarian Republic of, Zimbabwe
G-33		• WTO 회원국 (46): Antigua and Barbuda, Barbados, Belize, Benin, Bolivia, Plurinational State of, Botswana, Côte d'Ivoire, China, Congo, Cuba, Dominica, Dominican Republic, El Salvador, Grenada, Guatemala, Guyana, Haiti, Honduras, India, Indonesia, Jamaica, Kenya, Korea, Republic of, Madagascar, Mauritius, Mongolia, Mozambique, Nicaragua, Nigeria, Pakistan, Panama, Peru, Philippines, Saint Kitts and Nevis, Saint Lucia, Saint Vincent and the Grenadines, Senegal, Sri Lanka, Suriname, Tanzania, Trinidad and Tobago, Turkey, Uganda, Venezuela, Bolivarian Republic of, Zambia, Zimbabwe
Cotton-4	관세 및 면화 보조금의 삭	• WTO 회원국 (4): Benin, Burkina Faso, Chad, Mali

	감을 추구하는 서아프리카 협력모임	
NAMA-11	Coalition of developing countries seeking flexibilities to limit market opening in industrial goods trade	• WTO 회원국 (10): Argentina, Brazil, Egypt, India, Indonesia, Namibia, Philippines, South Africa, Tunisia, Venezuela, Bolivarian Republic o
6조국 모임 (Paragraph 6 countries)	Group of countries with less than 35% of non-agricultural products covered by legally bound tariff ceilings. (In paragraph 6 of the first version of the NAMA text, later paragraph 8.)	• WTO 회원국 (12): Côte d'Ivoire, Cameroon, Congo, Cuba, Ghana, Kenya, Macao, China, Mauritius, Nigeria, Sri Lanka, Suriname, Zimbabwe
Friends of Ambition (NAMA)	시장접근과 관세삭감의 극대화를 추구하는 국가 모임	• WTO 회원국 (35): Australia, Austria, Belgium, Bulgaria, Canada, Cyprus, Czech Republic, Denmark, Estonia, European Union (formerly EC), Finland, France, Germany, Greece, Hungary, Ireland, Italy, Japan, Latvia, Lithuania, Luxembourg, Malta, Netherlands, New Zealand, Norway, Poland, Portugal, Romania, Slovak Republic, Slovenia, Spain, Sweden, Switzerland, United Kingdom, United States

Friends of A-D Negotiations (FANs)	반덤핑조치 사용에 관한	• WTO 회원국 (15): Brazil, Chile, Chinese Taipei, Colombia, Costa Rica, Hong Kong, China, Israel, Japan, Korea, Republic of, Mexico, Norway, Singapore, Switzerland, Thailand, Turkey
Friends of Fish (FoFs)	어업보조금 삭감을 추구하는 국가들의 비공식 모임	• WTO 회원국 (11): Argentina, Australia, Chile, Colombia, Ecuador, Iceland, New Zealand, Norway, Pakistan, Peru, United States
"W52" sponsors		• WTO 회원국 (109): Albania, Angola, Antigua and Barbuda, Austria, Barbados, Belgium, Belize, Benin, Botswana, Brazil, Bulgaria, Burkina Faso, Burundi, Côte d'Ivoire, Cameroon, Cape Verde, Central African Republic, Chad, China, Colombia, Congo, Croatia, Cuba, Cyprus, Czech Republic, Democratic Republic of the Congo, Denmark, Djibouti, Dominica, Dominican Republic, Ecuador, Egypt, Estonia, European Union (formerly EC), Fiji, Finland, Former Yugoslav Republic of Macedonia, France, Gabon, Gambia, Georgia, Germany, Ghana, Greece, Grenada, Guinea, Guinea-Bissau, Guyana, Haiti, Hungary, Iceland, India, Indonesia, Ireland, Italy, Jamaica, Kenya, Kyrgyz Republic, Latvia, Lesotho, Liechtenstein, Lithuania, Luxembourg, Madagascar, Malawi, Mali, Malta, Mauritania, Mauritius, Moldova, Republic of, Morocco, Mozambique, Namibia, Netherlands, Niger, Nigeria, Pakistan, Papua New Guinea, Peru, Poland, Portugal, Romania, Rwanda, Saint Kitts and Nevis, Saint Lucia, Saint Vincent and the Grenadines, Senegal, Sierra Leone, Slovak Republic, Slovenia, Solomon Islands, South Africa, Spain, Sri Lanka, Suriname, Swaziland, Sweden, Switzerland, Tanzania, Thailand, Togo, Tonga, Trinidad and Tobago, Tunisia, Turkey, Uganda, United Kingdom, Zambia, Zimbabwe

Joint proposal (in intellectual property)		• WTO 회원국 (20): Argentina, Australia, Canada, Chile, Chinese Taipei, Costa Rica, Dominican Republic, Ecuador, El Salvador, Guatemala, Honduras, Israel, Japan, Korea, Republic of, Mexico, New Zealand, Nicaragua, Paraguay, South Africa, United States

3.4 사무국과 예산

1. 사무국

WTO는 2013년 9월 1일부터 임기 4년의 사무총장(Director-General)으로 로버트 아제베도(Roberto Azevêdo)가 임명되었다. WTO 사무국(Secretariat)은 사무총장을 최고책임자로 하여 제네바에 있다. WTO 사무국에는 사무총장을 비롯하여 네명의 사무차장(Deputy Director-General), 그리고 약 629명의 직원이 모든 업무를 처리하고 있다. 각료회의는 사무총장을 임명하고, 사무총장은 각료회의가 채택하는 규정에 따라 사무국 직원을 임명하고 이들의 의무와 근로조건을 결정한다.[23]

〈표 3-2〉 WTO 사무총장과 차장의 구성

사무총장	Roberto Azevêdo(브라질)
사무차장	Yonov Frederick Agah(나이지리아) Karl Brauner(독일) David Shark(미국) Yi Xiaozhun(중국)

23) WTO 설립협정 제6조 1항 내지 3항.

사무국의 책임은 다음과 같다.

- 협정의 이행과 협상을 위한 WTO내의 기구(이사회, 위원회, 실무작업단, 협상그룹)들에 대한 행정적 · 기술적인 지원
- 개도국 및 최빈개도국에 대한 기술적인 지원
- 경제학자들과 통계학자들에 의한 무역정책과 성과에 대한 분석
- WTO 규범과 선례들의 해석과 관련된 무역분쟁해결을 위한 법률 담당 지원
- 새로운 회원국에 대한 가입 협상의 처리와 가입을 고려하고 있는 정부에 대한 조언

WTO의 부서 중 일부 부서는 특별위원회를 지원하는 책임을 갖고 있다. 예를 들면 WTO의 농업부서는 농업위원회와 위생 및 검역위원회를 지원한다. 그러나 다른 모든 부서들은 WTO 활동(예를 들면 기술적 협조, 경제분석, 그리고 정보 제공)에 대한 폭넓은 지원을 한다.

WTO의 사무국은 한명의 사무총장과 4명의 사무처장에 의해 운영되어진다. 각 부서는 네 명의 사무차장 중 한 명의 관할 아래 또는 사무총장의 직접관할 아래 있다. 그리고 몇몇 부서는 특정위원회를 지원한다.

사무총장 및 사무국 직원의 임무는 전적으로 국제적인 성격을 갖는다. 사무총장과 사무국의 직원은 자신의 의무를 수행하는데 있어서 어떠한 정부나 WTO 외부의 당국에게 지시를 구하거나 받아서는 안 된다. 이들은 국제관리로서 자신의 지위를 손상시킬 어떠한 행위도 삼가해야 한다. WTO의 회원국은 사무총장 및 사무국 직원과 그들의 임무에 대한 국제적인 성격을 존중하며, 이들이 의무를 수행하는데 있어서 영향력을 행사해서는 안된다.[24] 다음 표는 사무총장과 사무차장의 업무 관장을 나타내고 있다.

현재 WTO는 70개국에서 629명의 직원이 근무하고 있다. 이들 중 전문직은 대부분 경제학자와 법률가, 그리고 국제통상정책분야의 전문지식을 가진 사람들로 구성된다. WTO에서 남녀 구성은 원칙적으로 비슷한 수준으로 구

24) WTO 설립협정 제6조 4항.

성되도록 되어있다.

현재 WTO에는 629명중 여자가 342명이 여자이고 287명이 남자이다. 단일국으로는 프랑스가 여자 103명 남자 78명으로 총 181명이 근무하고 있어 제일 많은 직원을 보유하고 있는 국가이다. 그 다음으로 영국이 72명, 스페인이 46명, 스위스가 44명 미국이 30명, 캐나다 23명의 순이었다. 한국의 경우 여자가 3명이고 남자가 1명으로 총 4명의 직원이 근무중에 있다.

이 중 소요인원이 가장 많은 부서로는 언어지원서비스 및 문서국(Language Services &Documentation Division)에 제일 많은 158명이 근무하고 있고 그 외에는 행정 및 일반 서비스국(Administration and General Services Division)이 79명이고 경제조사 및 통계국(Economic Research and Statistics Division)에 50명이 근무하고 있다. 통상관련으로는 부서로는 무역정책검토국(Trade Policies Review Division)이 39명이 근무함으로써 가장 크다.

〈표 3-3〉 WTO 사무국의 업무

사무총장 (Director-general)	• 사무총장실(Office of the director-general) • 무역협상국(Council and Trade Negotiations Committee Division) : 일반이사회와 분쟁해결기구, DDA 무역협상 위원회의 업무 등 • 내부감사실(Office of Internal Audit) • 인적자원국(Human Resources Division) • 정보 및 외부관계국(Information and External Relations Division)
사무차장 (Deputy director-general)	• 가입국(Accessions Division) • 경제조사통계국(Economic Research and Statistics Division) • 법무국(Legal Affairs Division) : 분쟁해결 등 • 규정국(Rules Division) : 반덤핑, 보조금, 세이프가드, 국영무역, 민간항공기 등
사무차장 (Deputy director-general)	• 개발국(Development Division) : 무역과 개발, 최빈개도국, 무역을 위한 원조 등 • 기술협력감시(Technical Cooperation Audit) • 무역정책검토국(Trade Policies Review Division: trade policy reviews)

	• 기술적 협력과 훈련국(Institute for Training and Technical Cooperation) : 무역관련 기술지원
사무차장 (Deputy director-general)	• 농업 및 상품국(Agriculture and Commodities Division) : 농산물, 위생 및 검역조치 등 • 무역과 환경국(Trade and Environment Division) : 무역과 환경, 무역에 관한 기술적 장벽 등 • 서비스무역국(Trade in Services Division) : GATS 등
자무차장 (Deputy director-general)	• 행정 및 일반서비스국(Administration and General Services Division) : 재정 회계 및 행정업무 등 • 정보국(Informatics Division) • 지식재산권국(Intellectual Property Division) : TRIPS, 경쟁과 정부조달 업무 등 • 언어 문서 · 정보관리국(Language, Documentation and Information Management Division) • 시장접근국(Market Access Division)

자료 : WTO, Trading into the Future

2. 예산

WTO의 예산은 개별 회원국들의 무역이 전체 무역에서는 차지하는 점유율을 기준으로 계산된 개별분담금으로 충당하며, 2013년도에는 약 1억 9천 4백만 스위스 프랑(약 2,400억 원)이다. WTO 예산의 일부는 국제무역센터(International Trade Center)의 운영에도 쓰인다. 이러한 WTO의 연간 예산은 사무총장에 의하여 예산 · 재정 및 관리 위원회에 재정보고서와 함께 지출되며, 동 위원회는 사무총장이 제출한 연간 예산안 및 재정보고서를 검토하여 일반이사회에 보고한다. 연간 예산안은 일반이사회의 승인을 받아야 한다. 이러한 예산안에 대한 일반이사회의 의사정족수는 과반수이며, 의결정족수는 2/3의 다수결에 의한다.[25)]

25) WTO 설립협정 제7조 1항 및 3항.

3.5 WTO의 특별정책

WTO의 핵심기능은 무역협상의 장을 제공하고 분쟁해결절차를 포함한 다자간 통상규범의 이행을 관리하는 것이다. 이러한 기능을 지원하는 WTO의 4가지 특별정책은 다음과 같다.

- 개도국과 체제전환국에 대한 지원
- 수출촉진을 위한 전문화된 지원
- 범세계적 경제정책 결정에 대한 협력
- 투명성 : 회원국들이 새로운 무역조치를 도입하거나 과거의 무역조치들을 수정하는 경우에 WTO에 통보(notification)하게 함으로 모든 회원국들이 다른 회원국의 통상정책의 변화를 알 수 있도록 함.

1. 개도국과 전환경제국에 대한 지원

개도국과 체제전환국은 전체 WTO 회원국의 3/4를 차지하기 때문에 WTO의 의사결정 과정에 있어서도 높은 영향력을 행사할 수 있다. 결국 개도국과 체제전환국의 비중 증가로 인해 WTO 내에서 이들 국가들의 역할이 또한 더욱 중요해지고 있는 것이다.

이러한 이유 때문에 WTO는 개도국과 체제전환국의 문제와 그들이 필요로 하는 사안(needs)에 대해 특별한 관심을 가질 수 밖에 없다. WTO 사무국은 훈련 및 기술협력원(Institute for Training Technical Cooperation)을 통하여 WTO 체제가 어떻게 운영되는지 설명하고 회원국 정부의 관리들과 협상대표들을 훈련시키는데 도움을 주기 위한 많은 프로그램을 운영하고 있다.

이러한 프로그램들 중 몇 가지는 이미 제네바에서 실행되고 있으며 다른 프로그램들도 관련 국가에서 개최된다. WTO의 많은 프로그램들은 다른 국제기구들과 함께 마련되기도 한다. WTO 내에서 제공되는 프로그램들은 훈련과정의 형태로 제공되는 것이 일반적이나 개별적 지원의 형태로 제공되기도 한다.

개도국과 체제전환국에 대한 지원 프로그램은 WTO 가입에 대한 지원부터 다자간 무역체제 및 협상에 대한 효과적 참여를 지원하며, 협정내의 구체적 약속을 집행하는데 필요한 지원 등의 다양한 형태로 제공된다. 개도국과 최빈개도국들은 이러한 형태의 지원을 통하여 WTO에 효과적으로 참여하는 방법을 학습할 수 있게 되고, 이 밖에도 수출과 관련된 무역 및 관세에 대한 자료도 제공받게 된다. WTO에서 실시하는 개도국 관리들에 대한 훈련과정들은 일년에 두번 제네바에서 제공된다.

2. 수출촉진을 위한 전문화된 지원 : 국제무역센터

GATT는 개도국의 수출 촉진을 지원하기 위해 국제무역센터(International Trade Center)를 1964년에 설립하였다. 국제무역센터는 WTO와 국제연합(UN) 산하의 UNCTAD(The UN Conference on Trade and Development:무역과 개발에 관한 유엔회의)가 공동으로 운영하는 국제기구로 스위스 제네바에 있다. 국제무역센터는 무역진흥을 통한 빈곤퇴치를 목적으로 개발도상국의 중소기업 들이 수출에 성공할 수 있도록 하는 무역개발 솔루션의 일환인 수입관리 및 기술(techniques), 수출촉진 프로그램의 수립과 실행에 대한 자문을 제공한다.

국제무역센터는 수출시장과 마케팅 기술에 대한 정보와 자문을 제공하고, 수출촉진 및 마케팅 관련 서비스 기관을 설립하거나 이러한 서비스 기관에 필요한 인력을 훈련하는 개도국을 지원한다. 최빈개도국들에게는 국제무역센터의 이러한 서비스 지원이 무상으로 제공된다. 국제무역센터에서 제공되는 주요 지원분야는 제품 및 시장 개발, 무역정보, 인적개발, 구매 및 공급관리, 무역진흥을 위한 수요조사 및 프로그램 설계 등의 6개 분야이다.

ITC의 수장인 집행이사(Executive Director)는 유엔 산하의 국제무역개발회의 의장과 WTO의 사무총장에게 정기적으로 활동내용을 보고한다. ITC에는 2011년 기준으로 우리나라를 포함해 155개국이 가입되어 있다.

3. 범세계적 경제정책 수립을 위한 지원

WTO의 역할 중 가장 중요한 것 중의 하나는 범세계적 차원에서 적용될 수 있는 일관된 경제정책을 수립하는 것이다. 이를 위해 WTO는 IMF(국제통화기금)와 세계은행(World Bank) 및 다른 국제기구들과 적극적으로 협력한다. WTO의 이러한 역할을 강조하는 별도의 각료선언(Ministerial Declaration)이 1994년 4월 마라케시(Marrakesh) 각료회의에서 채택되었다.

마라케시 각료선언에서는 일관성 있고 범세계적인 경제정책에 관한 결정에 대해 WTO가 공헌할 것이며, 이러한 공헌은 향후 더욱 증가할 것이라고 선언하였다. 동 선언에서는 통상문제가 통화 및 금융을 포함한 여러 가지 상이한 경제정책들이 상호 연계되어 있다는 것을 인식하여 WTO는 통화 및 금융문제들에 대해 책임있는 국제기구들(IMF(국제통화기금)과 IBRD(세계은행) 등)과의 협력을 강화시킬 것을 선언하였다.

이 밖에도 동 선언에서는 무역자유화가 국가경제의 발전과 성장에 기여한다고 보았다. 그리고 체제전환기간 동안의 무역자유화가 막대한 사회적 비용을 초래할 수 있다는 위험성을 인정하고 있지만, 그럼에도 불구하고 무역자유화는 회원국들의 경제구조개혁이나 또는 조정과 관련된 계획의 성공에 매우 중요한 역할을 한다고 보았다.

4. 투명성의 강화

1) 변화에 대한 WTO 통지

회원국이 시장개방에 대한 약속을 잘 이행하는지를 감시하는 유일한 방법은 회원국이 그 약속과 관련된 조치들을 시행할 경우 이러한 내용을 WTO에 즉시 통보하도록 하는 것이다. WTO협정에서는 회원국 정부가 새로운 무역조치를 만들거나 또는 수정하는 경우 이에 대한 내용을 WTO 사무국에 반드시 통보하도록 규정하고 있다.

예를 들면 새로운 반덤핑관련 규정이나 또는 상계관세의 법제화에 관한 내용, 무역에 영향을 주는 새로운 기술표준, 서비스 무역에 영향을 미치는 규정, 지적재산권 협정과 관련된 규정이나 법규 등의 제정과 개정, 변화 등은 모두 WTO의 관련기구에 통보해야 한다. 이 밖에도 새로운 자유무역협정의 체결이나 또는 WTO에 새롭게 가입한 회원국들의 무역정책들을 검토하기 위한 특별기구도 설치된다. 물론 무역상대국에게 중대한 영향을 미칠 수 있는 무역정책이나 관행의 변화가 있는 회원국은 이러한 검토를 앞당길 수도 있다. 하지만 정책통보기간에 대해서도 최빈개도국의 적용 부분은 예외로 인정되어 더 많은 기간의 연장을 해당국의 요청에 의해 제공할 수 있다.

2) 일반 대중에 대한 지속적 정보제공

1996년 7월18일 WTO 일반이사회는 WTO 활동과 관련된 많은 정보를 일반인들이 더 많이 이용할 수 있도록 하는 부분에 동의하였다. WTO의 일반이사회는 WTO에 관해 관심이 있는 많은 비정부 기관(Non-Governmental Organizations: NGOs)과 일반인들이 WTO와 관련된 더 많은 정보를 이용할 수 있도록 하기 위하여 관련 문서가 더욱 신속하게 공개되도록 하는 부분에 대해 동의하였다. 이에 따라 비제한적인 WTO 문서를 포함하는 대부분의 공공정보가 온라인을 통하여 접속 및 확인이 가능하도록 되었다.

WTO 내의 여러 문서 중에서 무역정책 검토보고서와 분쟁해결 패널보고서와 같은 문서들이 제일 신속하게 공개된다. 회의의사록 등의 문서들은 문서작성 후 약 6개월이 지나면 공개될 수 있지만 장기간 비공개 상태로 유지할 수도 있다. 많은 WTO 관련 문서들은 WTO의 웹사이트(www.wto.org)를 통하여 이용 가능하다.

3.6 개도국에 대한 특별정책

1. 개발도상국의 의미

WTO의 회원국은 약 70%가 개발도상국(Developing Countries)으로 구성되어 있다. 개발도상국은 세계경제에서 차지하는 위상과 WTO 내에서의 비중을 고려해 볼 때 WTO 내에서도 중요한 역할을 한다. 개도국에 대한 WTO의 특별대우를 논하기에 앞서 개도국의 자격기준에 대해 살펴볼 필요가 있다.

현재 WTO체제나 기존의 GATT체제 내에서 개발도상국에 대한 객관적이거나 특별한 기준은 없다. 개별 회원국이 스스로 개도국임을 선언하는 자기선언(self-declaration)을 하고 이를 다른 회원국들이 동의하는 경우 개도국의 지위가 부여된다. 실제로 UR 협상당시에도 선진국으로 분류된 미국, EU 등 15개국을 제외하면 다른 모든 회원국은 개도국으로 분류되었다.

한편 경제발전수준이 높은 개도국에 대해서 '졸업'의 개념을 적용하여 국제수지 방어를 위한 수입수량제한조치의 원용을 금지는 규정은 존재한다. 하지만 BOP(Balance of Payment) 조항의 졸업이 곧 개도국 지위의 상실을 의미하는 것은 아니다.[26] 한국의 경우 GATT/BOP 위원회의 권고에 따라 1990년 1월 동 조항을 졸업하고 GATT 11조국(수량제한의 일반적 철폐)국가로 이행하였다.

---

26) 브라질, 페루, 아르헨티나 역시 BOP조항을 졸업했으나 UR 농업협상에서는 개도국으로 인정 받았다.

기타 국제기구별 개도국의 지위인정 기준

1) UN/UNCTAD/FAO

- 최빈개도국에 대한 기준은 구체적으로 존재하지만 개도국에 대한 분류 기준은 없음 : 자기결정 또는 자기선언(self-declaration)에 따라 개도국 지위 부여
  - UN : 77Group(133국(2002년 기준)), 단 우리나라는 96년 OECD 가입 시 탈퇴
  - UNCTAD : 개도국 저소득개도국(GDP 800불 미만),
중소득 개도국(GDP 800-4,000),
고소득 개도국(GDP 4,000 이상)으로 분류,
(현재, 한국은 고소득 개도국으로 분류됨)
  - UN 식량농업기구(FAO) : 개도국으로 분류

2) OECD

- 1인당 GNP를 기준으로 개도국을 세 분류로 구분하여 개발원조위원회(DAC)에 명단을 포함시킴.
- 우리나라는 2001년 기준으로 대만, 홍콩, 이스라엘, 싱가폴 등과 함께 선발개도국 그룹에 포함되어 있음.
- OECD 가입을 기준으로 개도국 지위를 결정하지는 않음.
  - OECD 회원국인 터키, 멕시코 등도 UR 농업협상에서 개도국으로 인정받음.
  - 우리나라는 OECD 개발원조위원회(DAC)에 소속되어 있지 않아 선진국으로 간주되지 않음.
  - 특히, 우리나라는 OECD에 가입할 당시 농업부문 및 환경분야에서 개도국의 지위를 포기하지 않겠다는 의사를 분명히 밝힘.
- OECD 사무국은 2002년 WTO 125개 회원국을 대상으로 DAC List와 별도로 개도국 분류작업을 비공식적으로 실시
  - 한국은 홍콩, 싱가폴과 더불어 선진국 그룹으로 분류

3) IMF

- GDP규모, 실업률, 대외적 경제관계 등을 고려하여 선진국, 개도국, 시장경제전환국으로 분류
- 한국을 경우에 따라 선진국 또는 개도국으로 분류
  - 자본이동통계에서는 개도국으로 분류
  - 연간 간행물인 World Economic Outlook에서는 선진국으로 분류

4) IBRD

- 1인당 GNI를 근거로 하여 저소득, 중간소득, 고소득 국가로 분류
- 한국은 고소득 국가로 분류

2. 개발도상국에 대한 특별정책

개발도상국에 대한 WTO의 특별정책은 다음과 같다.

- WTO 협정 속에 개도국에 대한 특별규정(Special Provisions)을 포함시켜 둔다.
- WTO의 무역개발위원회(Committee on Trade and Development)를 통하여 개도국 문제를 관장한다.
- WTO 사무국(Secretariat)에서는 개도국을 위해 기술적인 지원(주로 다양한 종류의 훈련)을 제공한다.

1) 특별규정과 대우

WTO내에 존재하는 개발도상국에 대한 대표적인 규정으로 GATT 제18조에 따른 특별 대우가 존재한다. 물론 최빈개도국도 이러한 개도국에 대한 특별대우의 혜택을 모두 향유할 수 있다. GATT 18조에서 개발도상국에 부여한 4가지 특별권한은 다음과 같다.

① 개도국은 유치산업 보호를 위하여 당해 개도국의 유치산업이 생산하고

자 하는 물품의 관세를 인상하기 위한 관세양허의 재교섭을 관련국에 요청할 수 있다(GATT 제18조 A절). ② 국제수지상의 어려움에 처한 개도국에 대해 수량제한조치를 이용할 수 있다(GATT 제18조 B절). ③ 개도국은 특정산업의 확립을 촉진하기 위하여 필요한 조치를 행사할 수 있다(GATT 제18조 C절). 이러한 규정은 그동안 쿠바, 아이티(Haiti), 인도 및 스리랑카에 대해 적용된 바 있다. ④ 개도국은 특정산업의 설립을 위하여 GATT 규칙의 적용을 배제하기 위한 승인을 얻기 위하여 GATT 체약국단에 신청할 수 있다.

WTO협정 속에는 개도국이나 또는 최빈개도국(least developed countries)과 관계나 또는 우대와 관련된 조항이 포함되어 있다. 실제로 GATT 제4부(무역과 개발에 대한 특별조항: part 4)에서는 선진국과 개도국 사이의 무역협상을 할 때 비상호주의(Non-Reciprocity)의 적용을 규정하는 내용들이 존재한다.[27)]

비상호주의는 선진국이 개도국에게 무역양허(trade concessions)를 제공하더라도, 선진국은 이러한 무역양허에 상응하는 조치를 개도국으로부터 기대하여서는 안 됨을 의미하는 것이다. 결국 이는 GATT에서는 회원국들이 회원국 전체에 대해서 동일한 대우를 하지 않더라도 개도국에 대해서는 '특별하며 차별적인 대우(special different treatment)'를 제공하여야 함을 규정한 것이다. 그리고 서비스무역에 관한 일반협정(General Agreement on Trade in Services : GATS)에서도 '경제통합'이라는 제목의 GATS의 2부(part 5)에서는 개도국에 대한 특혜대우(preferential treatment)를 규정하고 있다.[28)]

WTO 협정에 포함된 개도국에 대한 배려 차원에서 만들어진 조치들을 살펴보면 다음과 같은 것들이 있다.

- WTO 협정에서는 개도국이 약속(commitments)을 이행하는 경우 여타 회원국과는 다른 추가 유예기간(extra time)을 제공받을 수 있도록 규정하고 있다.
- 서비스 분야에서의 시장접근기회의 확대와 기술적 무역장벽(technical barriers to trade)의 제거를 통하여 개도국의 교역기회는 확대된다.

27) 1994 관세 및 무역에 관한 일반협정(GATT)제36조.
28) 서비스무역에 관한 일반협정 제5조, 제3항.

- WTO 회원국들이 국내 또는 국제적인 파급효과를 가진 경제조치들[29]을 채택할 때에도 동 조치의 발동이 개도국의 이익을 침해하지 않도록 하는 최소한의 보호규정이 존재한다.
- 개도국을 지원하기 위한 여러 가지 방법들을 WTO 규정 속에 포함해 두고 있다. 예를 들어 WTO는 개도국이 동·식물 건강기준(animal and plant health standards)과 기술표준(technical standards) 등에 관한 규정을 마련하는 것을 지원하며, 개도국이 자국의 국내 통신부분을 강화하려는 것도 지원할 수 있도록 하고 있다.

개도국들에 대한 WTO의 지원은 개도국 정부 및 민간부문에 대한 구체적이고 실용적인 기술지원 뿐만 아니라 워크샵이나 세미나, 기타 보고회 등의 개최를 통해 다자간 무역체제에 대한 인식을 개선시키는데 초점이 맞추어져 있다. 또한 개도국 지원프로그램의 일환으로서 WTO는 개도국 정부에 대해 컴퓨터 하드웨어 및 소프트웨어를 제공하고 그들이 인터넷을 통해 WTO의 각종 정보에 접근할 수 있고 새로운 기술을 이용할 수 있도록 하는 훈련프로그램도 지원하고 있다.

2) 사무국의 법률자문과 특별지원

WTO 사무국(Secretariat)은 분쟁해결절차의 진행 과정에서 개도국의 법률적 자문을 지원하기 위한 특별 법률자문관을 두고 있다. 이러한 서비스는 WTO의 기술협력·훈련국(Technical Cooperation and Training Division)에서 제공되고 있으며, 많은 개도국들이 이 서비스를 이용하고 있다.

29) 반덤핑(anti-dumping), 세이프가드(sefeguard), 기술적인 무역장벽 등과 같은 조치.

3. 최빈개도국에 대한 특별한 관심

1) 최빈개도국에 대한 특별관심

앞에서 살펴보았다시피 WTO나 또는 기타 국제기구에서 개도국에 대한 명확한 기준은 존재하지 않는다. 하지만 최빈개도국(least developed countries : LDCs)에 대한 분류는 비교적 명확히 제시되고 있다. 최빈개도국은 UN경제사회이사회(Economic and Social Council of the United Nations : ECOSOC)에서 1인당 국민총생산(gorss national product : GNP), 1인당칼로리공급률, 신생아사망률, 초중등교육등록률, 문맹률, 국내총생산(gross domestic product : GDP) 대비 제조업비율, 산업고용비율, 1인당 전기소비량, 수출집약도 등을 기준으로 선정한다. 1971년부터 시작된 최빈개도국에 대한 선정지표 및 최빈개도국 선정은 ECOSOC에 의해 3년마다 재검토 되고 있다.

1994년 마라케시(Marrakesh)에서 UR협상이 종료되었을 때 회원국들은 최빈개도국을 위해 약속한 관세의 인하나 또는 비관세장벽의 철폐나 완화 등과 같은 조치를 예정보다 빨리 도입할 것에 합의하였다. 그리고 선진국의 구체적 약속 중의 일부 부분에서는 일부 최빈개도국에게 부정적 효과를 미칠수 있는 가능성이 존재함에 대해서도 인정하였다.

예를 들어 농산물에 대한 수출보조금 삭감은 최빈개도국(Least Developed Countries)에게는 수입식량의 가격인상을 초래할 수 있다. 이러한 이유 때문에 WTO 회원국 각료들은 농업위원회(Agricultural Committee)가 이 문제를 감시한다는 결정(decision)을 내렸던 것이다.[30] 그리고 이러한 결정은 최빈개도국 뿐만 아니라 식량순수입국 개도국에 대해서도 동일하게 적용된다. WTO 농업에 관한 협정에서는 이런 상황에 처한 최빈개도국들에게 IMF나 World Bank 등과 같은 국제금융기관들이나 다른 WTO 회원국들을 통하여 원조(aid)를 받을 수 있는 길을 제시하고 있다.

이밖에도 분쟁에 휩싸인 최빈개도국은 WTO의 사무총장(director-general)이나 또는 분쟁해결기구(Dispute Settlement Body : DSB)의 의장에게 조정

30) WTO 농업에 관한 협정 제 16조 제2항, 제17조.

(conciliation), 중재(mediation), 알선(providing good offices) 등의 지원을 요청할 수 있다. WTO 분쟁해결절차에서는 당사자 간의 상호 협의를 통하여 분쟁의 해결이 가능하다. 하지만 최빈개도국의 경우 양 당사자 간의 협의(Consultation)가 실패로 끝나 후 WTO 사무총장이나 분쟁해결기구의 의장에게 중재 또는 조정, 알선 등의 지원을 받을 수 있도록 규정하고 있다[31].

2) 최빈개도국을 위한 행동계획

최빈개도국에 대한 의미 있는 결정은 1996년 싱가포르에서 개최된 제1차 WTO 각료회담(Ministerial Conference)에서 만들어 졌다. 동 회담을 통하여 WTO 회원국들은 '최빈개도국을 위한 행동계획(Action Plan)'을 도출하였다. 이 행동계획(Action Plan)에서는 최빈개도국이 다자간 체제에 보다 잘 적응할 수 있도록 하는 방안을 제시되었다.

최빈개도국을 위한 행동 계획에서는 최빈개도국 상품에 대한 선진국의 무관세화 가능성을 분석하였고, 이와 함께 최빈개도국 상품의 선진시장 접근에 대한 지원방안이나 제도개선에 대한 약속에 대해서도 분석하였다. 이 행동계획(Action Plan)의 주요 성과는 1997년 10월 제네바에서 개최된 최빈개도국의 각료(minister) 및 고위급 인사(senior official)의 회담에서 만들어졌다.

3) 최빈개도국 각료 및 고위급 회담

WTO와 UN 무역개발회의(UNCATAD)와 국제무역센터(ITC)가 주최한 최빈개도국 각료 및 고위급회담은 최빈개도국이 다자간 무역체제(trading system)를 더욱 효과적으로 사용할 수 있도록 6개 국제기구[32]가 통합된 지원을 할 수 있도록 하는 통합계획이 만들어졌다.

한편 WTO의 공식 업무(official business)는 주로 제네바(Geneva)에서 진

---

31) 이는 반드시 최빈개도국들의 지원요청을 전제로 한다.

32) WTO, UN무역개발회의(UNCATAD)와 국제무역센터(ITC), 세계은행(World Bank), 국제통화기금(IMF), UN개발프로그램(UN Development Prigramme: UNDP)을 의미한다.

행된다. 그리고 공식 업무만큼이나 중요한 것으로 인정되는 비공식 접촉(unofficial contacts) 또한 제네바에서 주로 이루어진다. 이렇게 볼 때 제네바는 국제통상에 대한 주된 이슈와 문제를 가장 잘 처리할 수 있는 최고의 장소라고 볼 수 있다.

그러나 제네바에서 상주 대표부를 운영하는 데에는 많은 비용이 소요된다. 실제로 WTO의 30여개 최빈개도국 중에 오직 1/3정도의 국가만이 제네바에 상주대표부를 가지고 있다. 실제로 이러한 국가들은 이러한 제네바의 대표부가 UN관련 업무나 WTO의 업무를 모두 담당하고 있다.

이러한 사실 때문에 스위스는 제네바에 WTO 본부(Headquarter)를 유치하는 댓가로서 최빈개도국의 대표단(deldgation)을 위한 무료 사무실을 제공하고 있다. '유니버셜 하우스, Maison Unversalize(Universal House)' 형태를 통해 운영되는 것으로, 스위스가 제공한 최빈개도국을 위한 무료 사무실공간이다. 게다가 다수의 WTO 회원국들은 최빈개도국의 각료와 수행원들이 WTO 각료회의에 참가할 수 있도록 하는 재정적 지원을 지속해 오고 있다.

최빈개도국을 위한 고위급 회의에서 EU와 노르웨이 등 선진국과 모로코, 이집트, 태국 등 일반 개도국들은 최빈개도국 수출품에 대한 시장접근 개선안을 제시하였다. 또한 당시의 루지에로 사무총장은 1997년 7월 90여개국 각료들에게 서한을 보내 최빈개도국의 112개 주력 수출상품에 대해 시장접근을 개선해 줄 것을 요청하기도 했다.

4) 최빈개도국 지원을 위한 기타 회의 결과

'최빈개도국을 위한 고위급회의'에서 제시된 최빈개도국에 대한 시장접근 개선방안과 이에 대한 구체적 지원약속은 1998년 5월 제2차 WTO 각료회의(1998. 5. 18 - 20, 스위스제네바)에 정식 보고 되었다. 그 후 1998년 12월 개최된 WTO 일반이사회 비공식회의에서는 최빈개도국에 대한 WTO 협정 이행기간 연장문제, 기술협력 제공 필요성, 그리고 최빈개도국 수출품에 대한 시장접근개선문제 등이 집중적으로 논의되었다. 이러한 노력의 결과로 2000년 7월 7일 WTO와 5개 핵심 국제기구들이 최빈개도국 지원을 위한 공동성명을 발표하였다.

한편 제3차 WTO 각료회의(1999. 11. 30 - 12. 3, 미국 시애틀)가 개도국들의 반대에 부딪쳐 결렬된 이후 개도국 및 최빈개도국의 WTO 활동에 대한 능동적 참여를 위한 관심이 더욱 고조되었다. 이에 따라 2001년 2월 12일, 제3차 최빈개도국 소위원회 회의를 통해 최빈개도국들에 대한 기술지원(technical assistance)과 관련하여 새로운 계획을 제시되었다. 동 회의에서는 「통합체제 예비검증(Integrated Framework - Pilot Scheme)에 대한 새로운 제안」이 채택됨으로써 보다 적극적이고 구체적인 최빈개도국에 대한 지원이 합의되었다.

同 제안은 제4차 각료회의 등을 거치며 더욱 구체화 되었다. 특히 제4차 각료회의에서는 최빈개도국을 포함한 개도국의 참여를 제고하기 위한 다각적인 노력들이 만들어졌다. 뉴라운드협상의 공식 명칭을 도하개발아젠다(DDA)라고 한 부분에서도 알 수 있다. 개도국의 개발문제는 DDA 협상의 핵심사안의 하나로 협상의 성공여부를 결정짓는 핵심변수가 된 것이다. DDA 협상에 대한 개도국들의 적극적인 참여를 유도하기 위해 WTO는 현재 최빈개도국 산품에 대한 시장접근의 확대와 함께 對개도국 기술지원 사업의 확대를 추진 중에 있다.

한편 2002년 12월 개도국이나 또는 최빈개도국들의 효과적인 협상참여를 위한 기술지원 목적으로 DDA 신탁기금(Trust Fund)의 설치가 합의되었다. WTO DDA 신탁기금은 ① 개도국 또는 최빈개도국의 공무원 연수・훈련, ② WTO 및 국제무역 문제에 대한 세미나・심포지엄・워크샵 개최, ③ 개도국의 WTO 규범 국내 이행입법 지원 등과 같은 WTO 기술지원 사업의 주요 재원이 되어오고 있다. 이렇게 WTO는 최빈개도국에 대한 기술지원을 독자적으로 또는 여타 국제기구와 협력하여 지속적으로 추진하고 있다.

5) 최빈개도국소위원회

한편 최빈개도국에 대한 고유 업무를 다루는 부서로 '최빈개도국에 관한 소위원회(Subcommittee on the Least Developed Countries)'가 있다. 동 소위원회는 최빈개도국과 관련된 업무를 찾아 이를 무역개발위원회에 보고하는 역할을 하고 있지만 그 자체 권한만으로도 중요한 기구이다. 소위원회의 주된 업무는 최빈개도국들을 다자간 무역체제로 통합시키는 방법, 기술협력(technical cooperation) 등의 업무를 관장한다.

그리고 동 소위원회는 주기적으로 WTO 협정상의 최빈개도국을 우대하는 특별규정들이 어떻게 채택되고 이행되는지를 조사한다. 이 밖에도 소위원회는 최빈개도국이 다자간 무역체제로 더 잘 통합될 수 있도록 WTO가 할 수 있는 다음과 같은 두 가지 임무를 인정하고 있다.

- WTO가 제공하는 기술협력에 대하여 최빈개도국에게 우선권(priority)이 있으며, 이러한 기술협력은 최빈개도국이 필요한 기구를 설립할 수 있는 능력을 창출하도록 도와주는 것과 필요한 지식과 기술을 가진 사람을 훈련시키는 것이 핵심이라는 사실을 인식 및 확신시키는 것.
- 최빈개도국을 위한 WTO의 실행계획을 준비하는 것.

4. 기술협력

기술협력은 다자간 무역체제에서 개도국과 중앙계획경제에서 시장경제로의 전환단계에 있는 체제전환국(counties in transition)이 성공적으로 정책을 운용할 수 있도록 지원하는 일로 WTO 고유 업무 중 하나이다. WTO 기술협력의 목적은 개도국이 지금의 무역체제에 적용하는데 필요한 기구의 설립을 돕고 이에 필요한 관료들을 훈련시키는 것이다. 그리고 기술협력의 주제는 무역정책과 효율적인 협상에 관한 내용이다.

WTO는 기술협력 방안으로 다음과 같은 활동을 전개하고 있다. 먼저 WTO는 제네바에서 무역정책에 관한 정기적인 훈련과정을 개최한다. 그리고 WTO는 지금까지 제네바에서의 정기 교육훈련과 함께 여러 국가에서의 세미나 및 연수회를 포함하여 300건 이상의 기술협력 활동을 개최하였다.

기술협력활동의 주요대상은 옛 사회주의나 공산주의체제로부터 전환기에 있는 체제전환국가들이나 또는 아프리카국가를 중심으로 한 개도국들을 중심으로 이루어져 있다. 그리고 세미나는 아시아, 남미, 카리브 연안국가, 중

동, 태평양 국가 등에서도 개최되었다. 기술협력과 훈련을 위한 기금은 WTO의 정규예산과 WTO회원국의 자발적인 기부금, 행사 주최국과 다른 국가들에 의한 비용분담의 세가지 형태를 통해 조달되었다.

개도국과 관련된 기술협력과 훈련에 필요한 기금은 WTO 회원국들에 의해 다양한 방식으로 적립되고 있으며, 이 기금은 WTO 사무국이나 기부 국가(donor country)에 의해 관장되어지고 있다. 적립된 기금은 보통 WTO 사무국과 기금제공 국가의 합의 하에 보통 개도국의 기술협력과 훈련을 위한 특별활동에 사용되어 진다.

5. WTO 내의 개도국 관련 문제

UR협상 기간동안 남북문제(North-South Politics)를 보는 국제적인 시각에 대한 커다란 변화가 발생했다. 비록 예외적인 상황도 있지만 UR 협상 이전의 남북관계에서는 선진국과 개도국은 대부분의 의제에서 서로 상반된 입장을 취해 왔다. 하지만 UR 협상이 진행되는 동안 선진국과 개도국간의 이러한 대립적 관계는 다소 완화되기 시작하여, 현재에 와서는 의제에 따라서는 여러 가지 형태의 다른 연계(alliances)가 결성되고 있다.

예를 들어, 섬유・의류부문에 관한 협상과 WTO에서 논의되었던 새로운 의제들에 대한 남북 간의 입장 차이는 여전히 나타났다. 그러나 그 밖에 다른 많은 의제에 대해서는 개도국들이 반드시 동일한 이해관계를 보이는 것만은 아니었기 때문에 개도국 전체 입장이 통일되었다고는 볼 수 없었다.

다음은 현재 논의 되고 있는 개도국관련 의제들을 요약한 것이다.

1) 개도국 참여문제

우루과이라운드 다자간 무역협상의 결과로 만들어진 WTO 협정은 개도국이 세계무역체제에 참여함으로써 무역이익을 얻을 수 있도록 하는 중요한 기회를 제공하는데 있다. 하지만 개도국의 WTO 참여문제는 이러한 기회의 제공과 함께 또 다른 문제도 동시에 발생시킬 수 있다.

개도국이 WTO 체제에 참여함으로써 개도국이 가질 수 있는 이익 중의 하나는 수출기회의 확대라고 볼 수 있다. WTO 협정에서 나타난 다음과 같은 변화들은 개도국 수출기회를 확대시키는 조치라고 볼 수 있다.

- 농산물 교역의 근본적인 개혁
- 개도국의 섬유 및 의류 수출품에 대한 쿼터의 단계적 삭감 결정
- 제조업 공산품에 대한 관세인하
- 관세율의 인상을 어렵게 제한하는 상품의 범위의 확대
- 특정재화에 대한 무역량 제한효과를 발휘하던 쌍무간 협정으로 GATT 체제나 WTO 체제에서 까지 실질적인 인정을 받지 못하던 수출자율규제(VERs : Voluntary Export Restraints)나 시장질서협정(OMAs : Orderly Marketing Arrangements)과 같은 회색지대조치(Grey Area Measures)의 단계적 폐지

UR협상은 세계 GDP를 증대시키고 개도국 수출품에 대한 세계수요를 촉진시키는데 많은 기여를 하였다. 기록으로 보면 UR협상의 상품분야 시장접근(관세인하) 분야의 합의와 시행만으로도 세계 GDP를 1,00억 달러에서 3,150억 달러(1992년 달러가치 기준)로 증가시킨다고 평가되었다. 물론 GDP 증가분의 일부는 개도국이 재화나 서비스를 구입하는데 사용될 것이다.

그러나 주요 세계시장에서 일부 품목에 대한 지나치게 높은 관세(품목별 고관세 "tariffs peaks")는 개도국의 수출에 대해 지속적인 장애를 초래한다는 우려도 있다. 대표적인 분야로, 섬유 및 의류, 어류 및 어류제품에 대한 고관세 부과 등을 들 수 있다. 사실 선진국의 경우 평균 40%의 관세인하를 단행하였으나, 개도국 상품에 대해서만은 평균 37%의 관세인하 만을 부여하였다.

개도국간의 상호간 무역의 가능성 증대도 개도국 간에 존재하는 최고관세율의 존재로 인하여 방해받을 수 있다. 하지만 이러한 사실에도 불구하고 관세양허("binding" : 철폐하기 어려운 관세율이 최고상한)로 인해 증가된 무역량이 개도국 수출에 대해 더 많은 안정성을 제공해 준다는 것은 분명한 사실이다.

관련 의제로는 수입국이 원자재 수입에 대해서는 보다 적은 관세를 부과

하고 완제품에 대해서는 보다 높은 관세를 부과하여 자국의 제조업과 가공업을 보호하려는 '가공도별 경사관세구조(tariff escalation)'가 있다. 가공도별 경사 관세구조는 UR 이후에도 존재하지만 많은 선진국들이 일부 제품에 대한 가공도별 경사 관세구조를 제거하고 있기 때문에, 동 부문에 대한 문제는 그렇게 심각하지 않을 뿐 아니라 시간이 흘러감에 따라 상황은 점차 개선될 것이다.

품목별 고관세와 가공도별 경사 관세구조

- **품목별 고관세**(tariff peaks) : 현재 대부분의 수입관세는 매우 낮은 수준에 있고, 특히 선진국의 수입관세는 매우 낮은 수준이다. 하지만 선진국 정부도 일부 민감품목에 대해서는 자국의 생산자를 보호하기 위하여 고관세를 유지한다. 이것이 "품목별 고관세"이다. 이러한 일부품목에서 선진국의 고관세유지는 개도국 수출에 악영향을 미친다.
- **가공도별 경사 관세구조**(tariff escalation) : 일국이 자국의 가공업 또는 제조업을 보호하기 원한다면, 해당국 정부는 해당 분야 산업에서 사용되는 수입 원료에 대하여 낮은 관세를 부과하고, 이 산업에서 생산할 수 있는 완제품과 같은 제품수입에 대해서는 높은 관세를 부과할 수 있다. 이것이 '관세의 생산 단계별 인상'이다. 만약 수입국들이 가공도별 관세부과를 한다면, 원재료를 생산하는 국가들이 원재료를 가공하여 부가가치를 높인 완제품 생산・수출하는 것을 더 어렵게 만들 것이다. 가공도별 경사 관세구조는 선진국과 개도국 모두에 존재하고 있으나, 관세의 중요성이 점차 하락하고 있는 WTO체제에서는 그 사용이 점차 줄어들고 있다.

다자간 무역체제 내에서 개도국의 역할을 점차 확대되고 있다. UNCTAD/WTO 보고서에는 개도국들은(특히 아시아 국가) 양허관세(tariff binding)가 부과되는 공산품 수입에 대해서 수입폭을 13%에서 61%로 급격히 증가시키고 있기 때문에, 개도국 상호 간의 수출가능성은 훨씬 증가될 것이라고 보고 있다.

2) 기존 특혜의 감소문제

WTO 체제에서 개도국의 우려에서 중요한 부분은 이 전까지 누려왔던 개도국 특혜에 대한 감소부분이었다. 이는 UR 협정에 의하여 일반관세율(normal tariff rates)의 인하가 일괄적으로 시행된다면, 특정 개도국 상품의 수입에 대하여 선진국이 부여하는 특별 양허관세(special tariff concessions)와 일반관세율의 차이는 줄어들 수밖에 없기 때문이다. 따라서 기존에 개도국이 향유하던 개도국 특혜관세는 큰 의미가 없어지는 상황에 직면하게 되는 것이다.

하지만 이러한 개도국에 대한 특혜가 얼마나 가치 있느냐 하는 것은 논쟁의 대상이다. WTO 협정상의 관세인하약속과는 달리 특혜관세는 대개 수입국의 주도로 일방적으로 주어지는 약속이다. 결국 특혜관세는 WTO 협정에 구속되지 않는 부분으로 수입국에 의하여 쉽게 감소되거나 또는 철회될 수 있는 부분인 것이다.

그러나 특혜관세의 범위 안에서 이루어지는 무역은 관세상한을 제한하고 있는 WTO 일반관세율 하의 무역보다 예측하기가 더 어렵다는 특징이 있다. 그러므로 관세상한이 정해진 WTO 일반관세율의 규정 아래에서 무역을 함으로서 예측가능성이 증대되어 관련국들은 더 많은 이익을 향유할 수도 있다. 하지만 일부 국가와 기업을 중심으로 이루어지던 특혜관세율의 혜택은 상품의 종류에 따라 다르게 나타난다. 따라서 개도국의 특혜관세 혜택의 효과가 개도국에게는 불이익을 의미하는지에 대해서는 면밀히 살펴볼 필요성이 있다.

3) 체제변화 적응능력

개도국은 무역체제의 변화를 통해서 무역이익을 얻을 수 있는가 살펴보자. 물론 그렇다고 볼 수도 있지만 이는 개도국 경제가 무역체제의 변화에 잘 적응할 수 있을 때에만 가능한 것이다. 무역체제 변화에 따른 이익획득은 경제정책 결정과정과 거시경제지표의 관리를 개선하는 것에서부터 교육을 확대하고 투자를 얼마나 확대시키는가 하는 것과 같은 여러 조치들을 얼마나 현실에 맞게 조화롭게 적응시키느냐 하는 부분에 달려 있다.

하지만 (최빈)개도국들은 인적·물적 자본의 부족과 열악한 사회간접자본, 비효율적인 기관과 제도, 정치적 불안 등의 이유 때문에 무역체제의 변화에 제대로 적응하기 쉽지 않다. 따라서 이러한 이유 때문에 WTO는 개도국의 체제전환에 대한 지원을 강화해야 하는 것이다.

3.7 무역정책검토제도

1. 도입배경과 목적

WTO의 핵심 역할중 하나는 회원국 무역정책에 대한 검토이다. 국제무역에 참여하고 있는 개인이나 기업은 당사자 간의 교역조건에 영향을 미칠 수 있는 것에 관해서 될 수 있는 대로 많은 것을 알고 싶어 한다. 이러한 측면에서 볼 때 국제무역에 영향을 미칠 수 있는 규정과 정책의 투명성은 매우 중요한 부분이라고 볼 수 있다.

WTO에서 회원국의 무역정책과 규칙에 관한 투명성 문제는 두 가지 방법을 통해 해결되었다. 첫 번째는 해당국 정부로 하여금 자국의 특정조치나 정책, 법규 등을 '통지(notification)'라는 절차를 통하여 WTO에 통보하도록 한 것이다. 두 번째는 WTO로 하여금 개별국가에 의해 통지된 무역정책을 검토하도록 한 것이다. 결국 회원국의 무역정책이나 규범에 대한 투명성 문제는 관련 법, 제도, 규정, 조치 등에 대한 회원국의 자발적 통지와 WTO의 검토에 의해 어느 정도 달성된다고 볼 수 있는 것이다.

무역정책검토제도는 UR 협상의 중요 협상분야였지만, UR이 타결되기 이전부터 이미 수행되기 시작되었다고 볼 수 있다. 이렇게 볼 때 무역정책검토제도는 UR 협상의 첫 합의물이라고 볼 수 있는 것이다. 실제 UR의 중간평가의 성격을 갖고 개최된 1988년 10월의 각료회의에서 협상 참가국들은 무역정책검토제도의 실시에 대해 합의하였다.

무역정책에 관한 최초 검토는 각료회의의 합의 다음해인 1989년에 실시되었다. 그러나 당시의 무역정책검토제도는 상품무역의 분야에 초점을 둔 GATT분야에서만 실시되었다. WTO가 출범한 현재에 와서는 서비스 분야와 함께 지적재산권 분야까지도 무역정책검토제도의 통지 대상이 되고 있다.

무역정책검토제도 도입목적은 다음과 같다.

- 각 국의 법, 제도, 규정, 조치 등에 대한 감시를 통하여 일국의 무역정책과 관행에 대한 이해와 투명성 증대
- 통상문제에 대한 공공간 또는 정부간 논의의 효율성 제고
- 전세계에서 실시되는 각종 무역제도의 효과에 대한 정기적이고 집단적인 평가

2. 내용과 평가

WTO의 무역정책검토제도는 개별 회원국의 무역정책과 관행을 중심으로 실시된다. 하지만 무역정책검토제도도 당해국의 경제적이고 개발적인 필요성과 정책목표, 해당국이 처한 외부환경 등을 충분히 고려하여 행해진다. 이러한 WTO의 무역정책검토제도의 목표는 결국 당해국 정부로 하여금 WTO 규정과 훈령을 충실히 따르고 WTO에 대한 회원국의 약속을 스스로 이행하게 하는데 목적이 있다.

WTO 무역정책검토제도는 두 가지 성과를 나타내었다. 첫 번째는 회원국들이 다른 회원국들의 무역정책과 이와 관련된 정책 환경을 충분히 이해할 수 있도록 만들었다. 두 번째는 무역정책검토 대상국의 WTO 협정 이행여부에 관한 평가를 가능하게 만들었다.

3. 무역정책검토기구

WTO는 회원국의 무역정책에 대한 통지와 검토제도를 실행하기 위하여 무역정책검토기구(Trade Policy Review Body : TPRB)를 설립하였다. 무역정책검토기구는 모든 회원국의 무역정책과 관행을 주기적으로 검토한다. 검토주기는 우선 다자간 무역체제의 기능에 미치는 무역비중을 고려하여 4대 무역국가(유럽연합, 미국, 일본, 캐나다)에 대해서는 매 2년마다 자국의 무역정책을 검토받아야 하며, 그 다음 16개국은 매 4년마다 검토를 받도록 되어 있다. 그 외의 회원국은 매 6년마다 검토를 받는다. 최빈개도국은 예외적으로 더욱 긴 기간이 검도주기로 제공될 수 있다.[33] 무역정책검토기구는 이렇게 정해진 주기에 맞추어 회원국의 무역정책에 대한 통지를 받아 이에 대한 검토절차를 시행하는 기구이다.

무역정책의 검토에는 2개의 서류가 필요하다. 즉, 대상국 정부에 의해 작성된 정책진술서(policy statement)인 정식 보고서와 WTO사무국에 의해서 독립적으로 작성된 세부 보고서이다. 이러한 검토 대상 회원국의 보고서와 사무국의 보고서는 무역정책검토기구의 회의록과 함께 해당국의 무역정책에 대한 검토가 종결될 때 신속히 공표되어야 한다.

33) WTO 협정, 부속서 3, 다.

Chapter 4

상품거래 관련협정

4.1 WTO 협정의 구조
4.2 관세에 관한 협정
4.3 농업에 관한 협정
4.4 섬유에 관한 협정
4.5 비관세 장벽에 관한 협정

상품거래 관련협정

Chapter 04

4.1 WTO 협정의 구조

1. WTO 협정의 구조

WTO 협정은 크게 상품분야와 서비스 분야, 지적재산권 분야에 관한 국제간의 합의를 주된 내용으로 하고 있다. WTO 협정은 국제통상의 기본원칙으로 자유무역을 분명히 함으로써 더욱 자유롭고 공정한 무역이 추구될 수 있는 국제통상환경을 조성하였다는데 큰 의미가 있다. 또한 WTO 협정은 WTO의 기본원칙 하에서 허용될 수 있는 예외들을 명확히 규정함으로써 국제간 거래에 대한 투명성과 예측 가능성을 증대시켰다.

WTO 협정은 기존의 1947 GATT[1]와는 달리 회원국 간에 통상분쟁이 발생하였을 때 적용할 수 있는 분쟁해결절차를 갖고 있다. WTO 협정은 WTO 회원국의 권리와 의무를 규정한 것이기 때문에 WTO 협정의 적용과정에서 그 집행과 해석에 따른 분쟁가능성은 항상 존재한다.

국제통상규범을 통한 국제무역질서의 법적 안정성(stability)과 예측가능성(predictability)이 보장되기 위해서는 국가 간 통상분쟁이 법과 제도에 따라

1) GATT 체제 내에서는 실질적인 측면에서 '분쟁해결'(dispute settlement)이라는 용어가 존재하지 않았고, 분쟁해결에 사용될 만한 효과적인 장치도 존재하지 않았다 GATT 체제 내에서의 분쟁해결제도는 1948년 GATT 발효 이후 오늘날까지 축적된 관행에 바탕을 두어 운영되고 있다.

해결될 수 있어야 한다. 이를 위해 WTO 협정 속에는 국가 간 통상분쟁에 대한 해결 수요를 만족시켜 줄 수 있는 방안으로 분쟁해결절차가 만들어졌다.

이 밖에도 WTO 협정에서는 개도국과 최빈개도국에 대한 "특별대우"도 규정하고 있다. 또한 WTO 협정에서는 회원국들이 채택한 통상법규나 정책, 각종 조치의 WTO 통보와 이에 대한 검토를 통해 회원국의 무역정책에 대한 투명성을 확립시키고 있다.

WTO 협정은 'UR 다자간 무역협상의 결과: 법적 문건'의 목록 내용을 근거로 볼 때 약 60여 개의 협정과 부속서, 결정사항 및 약속 등에 관한 방대한 목록으로 구성되어 있다. WTO 협정은 WTO의 설립과 협정 전반에 대한 총괄적인 내용을 규정하고 있는 설립협정과 분야별 협정, 분야별 협정의 부속협정, 분쟁해결규칙 및 절차에 관한 양해(부속서 2), 무역정책검토제도(부속서 3), 수락국에게만 적용되는 4개의 복수국가 간 무역협정(부속서 4)으로 구성되었다.

〈그림 4-1〉 WTO 협정의 기본구조

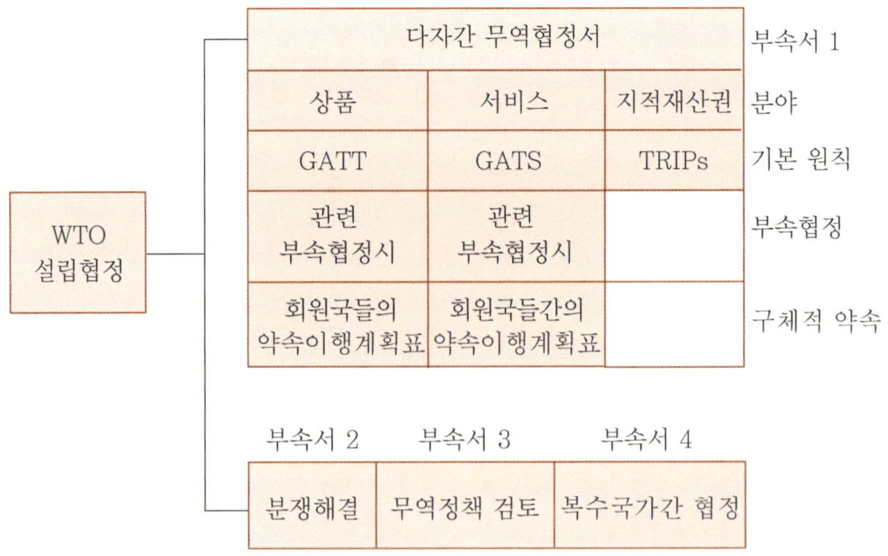

2. 다자간 무역협정의 구성

국제무역의 핵심 분야인 상품과 서비스를 규율하고 있는 관련 협정에서는 그 내용과 세부적인 내용이 상당히 다름에도 불구하고 다음과 같은 3단계 공통적 외형을 가지고 있다.

- WTO 협정의 첫 번째 단계는 광범위한 기본원칙에서 출발한다. : 관세와 무역에 관한 일반협정(GATT)과 서비스 무역에 관한 일반협정(GATS), 무역관련 지적재산권협정(TRIPs)[2)]에서는 분야별 기본원칙을 밝혀둔 부분이다.
- 광범위한 기본원칙을 규정한 거래 분야별 기본협정 아래에는 분야별 기본협정에서 예외나 또는 특별 요구 등을 다루는 별도의 부속협정들이 오게 된다(TRIPs에서는 이 부분이 존재하지 않는다.).

〈표 4-1〉 별도 협정과 부속서 분야 및 사안

상품무역 협정(GATT하에서)		서비스무역협정 (GATS와 부속서)
농업	관세평가방법	자연인의 이동
동·식물 안전 및 위생조치(SPS)	선적전 검사	항공운송
섬유와 의류	원산지 규정	금융서비스
기술적 무역장벽(TBT)	수입허가	해운
투자조치	보조금과 상계조치	기본통신
반덤핑조치	세이프가드	

- 최 하부 구성으로 회원국의 국내 시장에 대한 해외 상품에 대한 시장개

2) GATT와 GATS와는 달리 TRIPs에서는 추가적인 세부사항과 구체적 약속을 가지지 못했다.

방과 서비스 공급업자의 접근을 허용하기 위한 세밀하고도 방대한 범위의 약속이행계획표(또는 목록)가 첨부된다. GATT에서는 상품에 부과되는 관세양허약속과 일부 농산물에 대한 복합관세, 관세할당에 관한 계획표 등의 목록이 첨부되어 있다. GATS에서는 특정분야의 시장에 대해 외국 서비스공급업자에 대한 접근약속이 제시되어 있다.

UR에서 진행된 많은 협상에서는 앞에서 언급한 3단계의 외형 중 앞의 두 단계, 즉 일반적인 분야별 기본 원칙들과 이에 부속된 분야의 주요 규정들에 대해 주로 논의가 진행되었다. 시장접근분야에서도 주로 공산품 분야에 대해서만 논의되었다. 따라서 상품분야에 대한 합의가 이루어진 후에서야 비로소 농업 및 서비스 등과 같은 분야에서의 협상이 진행될 수 있었다.

하지만 UR이 타결되고 난 이후의 협상에서는 GATS하의 금융 서비스, 기본 통신서비스 및 해운서비스 등의 분야와 GATT의 정보기술(IT) 분야와 같은 부문에서의 시장접근에 대한 약속에 논의의 초점이 맞추어져 있었다.

3. 협정의 적용

WTO 협정이라도 같은 적용서열을 가지는 것은 아니다. 협정의 우선 적용순위가 있는 것이다. WTO 협정과 1994년 GATT를 포함한 다자간 무역협정들의 조항이 서로 상충되는 경우에는 WTO 협정상의 조항이 우선 적용된다.[3] 그리고 1994년 GATT와 부속서 1에 부속되어 있는 관련 부속무역협정들이 상충되는 경우에는 관련 부속협정의 조항이 우선한다.[4] 예를 들어 농산물의 경우 1994년 GATT의 규정보다 농업협정의 규정과 농업위원회의 각종 결정 및 절차 등이 우선 적용된다.

WTO협정과 각 부속협정의 조항이 서로 상충하는 경우 ① <WTO 설립협정>이 우선 적용되며, 그 다음은 ② WTO 협정 각 부속협정의 양허표 및 양허표상의 주석 조항, ③ WTO 각 부속협정의 해당 위원회의 결정 및 절차,

3) WTO 협정 제16조 1항 및 3항.
4) 부속서 1에 대한 일반해설.

④ WTO 협정 각 부속서 1A상의 다자간 무역협정, ⑤ 1994 GATT 각 해석 양해, ⑥ 1994 GAIT 제규정의 순위로 적용된다.[5)]

4. 기타 부속협정

앞의 표에 포함되지 않는 3개의 협정으로는 무역정책검토에 관한 협정과 모든 WTO 회원국에 의해 서명된 것은 아니지만 민간항공기협정이나 정부조달협정과 같은 '복수국가간 협정(plurilateral agreement)', 분쟁해결 규칙 및 절차에 관한 양허에 관한 부속서 등이 중요하게 취급된다.

4.2 관세에 관한 협정

1. 관세에 관한 협정

UR의 가장 큰 성과는 22,500페이지에 달하는 구체적인 상품(농산물포함)과 서비스에 관한 개별 국가들의 약속을 도출했다는 것이다. 이러한 약속에는 수입상품에 관한 양허 관세율과 관세인하에 관한 구체적 약속이 포함된다.

GATT와 그 산하 협정 속에 '관세에 관한 협정'은 존재하지 않는다. 즉, GATT와 그 산하협정 속에는 회원국들에 대한 관세인하나 삭감, 무관세화와 같은 내용을 다루는 공식적인 협정은 존재하지 않는다는 의미이다. UR에서 많은 회원국들은 이러한 내용을 GATT에 대한 마라케시의정서(Marrakesh Protocol)에 부속된 구체적인 약속과 이행계획표 상에 남겼다. 이것을 '관세에 관한 협정'이라고 한다.

5) 김형재, 박종훈. GATT와 WTO 세계로의 여행, 법률출판사, 1999, pp.106-107.

결국 WTO의 관세에 관한 협정은 우루과이라운드 협상을 통해 합의된 관세 · 비관세, 열대상품, 농산분 분야에서 관련국들이 자발적으로 제시한 시장 개방계획서(양허계획서라고 하기도 함)를 의미한다고 볼 수 있다.

관세에 관한 협정의 공식명칭

WTO 관세에 관한 협정은 우루과이라운드의 결과로서 몇 %까지 관세가 인하되어져야 한다는 것과 같은 법적 구속력을 가진 관세 인하의 목표를 설정해 놓은 협정은 아니다.

그러나 실제로 '1994년 관세와 무역에 관한 일반협정(GATT)'에 관한 마라케시 의정서라고 하는 WTO협정에는 국가별 관세양허 계획표가 첨부되어 있다. 이것이 양허 관세율(bound tariff rate)에 대한 법적 구속력을 가지는 협정부문인 것이다.

국가가 상품무역에 대하여 관세를 부과하는 대표적 이유로는 정부의 재정수입을 들 수 있다. 그러나 부수적으로는 사치품이나 불요불급 상품의 수입과 소비를 억제하기 위해서 이러한 분야에 대해 고율의 관세를 부과하는 경우도 있다. 물론 국제수지나 외환사정이 악화되는 경우 국제수지의 균형과 외환시장을 안정을 위해서도 부과된다. 이 밖에도 특정 산업의 진흥을 담당하는 담당부처에서는 관련 국내산업의 보호 및 개방수준에 따른 국민경제 전체의 문제를 해결하기 위해서도 관세를 부과하기도 한다.

하지만 WTO는 이러한 정부의 관세 간섭을 최소화 하는 것을 목표로 하고 있다. WTO는 정부의 관세 간섭이 최소화되거나 배제된 아주 저율의 관세 또는 무관세 등을 지향하고 있다. 정부의 관세 간섭에 대한 최대한의 배제라는 WTO의 목표에 따라 여러 차례의 다자간무역협상이 진행되었다. 이러한 다자간 무역협상을 통하여 관세에 대한 대폭적인 인하가 많은 분야에서 발생했다. 또한 일부 분야에서는 무관세화의 수준까지 관세가 인하되기도 했다.

무관세화의 예는 정보기술제품에 관한 무관세율 약속(1997년)에 서도 찾아볼 수가 있다.

정부의 관세 간섭에 대한 최대한 배제라는 WTO 체제의 관세 운용 방향은 양허관세(bound tariffs)를 적용하는 품목의 수가 기존의 GATT체제보다는 현저하게 증가하였다는 부분에서도 찾을 수 있다. 그리고 WTO 체제에서는 이러한 관세인하의 약속을 일국이 다시 임의로 재인상하기가 어렵다는 특징에서도 찾아볼 수 있다.

2. 관세부과의 원칙과 방법

1) 관세부과의 원칙

WTO에서는 회원국 차원에서 진행되는 개별적인 국가의 "관세부과권"을 없었으며, 불가피한 개별 관세부과의 경우에도 차별없는 적용을 관세부과의 기본원칙으로 하였다. 각국 정부가 관세부과권을 개별적으로 행사하려고 한다면 사전에 관세부과의 상한과 방법을 미리 WTO에 구체적으로 약속하고, 이 약속에 따라 권한을 행사하여야 한다.

이러한 관세부과의 방법은 각국 정부가 국민으로부터 위임받은 관세부과권을 WTO에 다시 위임함을 의미하는 것이다. 관세부과권의 WTO 위임약속은 관세 양허(Tariff Concession) 또는 양허(Concession), 비관세 양허(Non-tariff Barriers Concession)라는 형태로 나타난다.

WTO협정에서는 일국의 정부가 관세부과권을 행사하더라도 수입되는 동종상품에 대해서는 국적에 따른 어떠한 차별도 가하지 말아야 한다고 규정하고 있다. 이는 WTO 회원국들이 관세를 부과하려고 하는 경우 무차별 원칙따라 관세를 부과하여야 한다는 것을 규정한 내용이다.

‘양허’ 관세(‘Binding’ Tariffs)

시장접근 계획표(schedule)에서는 단순히 관세율만을 공포하는 것은 아니다. 시장접근 계획표는 해당국이 계획표에 기재된 관세율 이상으로는 관세율을 인상하지 않겠다는 약속을 보여주고 있는 것이다. 이것이 “양허”관세율인 것이다.

선진국의 양허 관세율은 일반적으로 실제로 부과되는 관세율과 일치하는 경향이 있다. 하지만 대부분의 개도국에서는 양허관세율을 실제 부과되는 관세율보다 다소 높게 책정하는 것이 일반적이다. 이러한 측면에서 보면 양허관세율은 결국 관세율의 최고 상한을 의미한다고도 볼 수 있다.

사실 일국이 양허관세율 이상으로 관세를 인상함으로써 WTO 체제에서의 약속을 파기할 수 있지만 이 또한 그리 쉬운 것은 아니다. 특정국이 자국의 양허관세율에 대한 약속 이상으로 관세를 인상시키기 위해서는 모든 관련국들과 양허관세 인상과 관련된 협상을 완료해야 한다. 동 협상에서는 양허관세율 인상에 따른 관련당사국들의 무역손실에 대한 보상과 책임을 논의하여야 하며, 이에 따라 결정된 수준에서 양허관세의 인상국들은 책임을 부담하여야 한다.

2) 관세인하의 방법

① 기본 원칙

선진국들의 관세인하는 대부분의 분야에서 WTO 출범 후 5년에 걸쳐 단계적으로 이루어졌다. 그 결과 선진국들의 평균관세율이 6.3%에서 3.8%로 인하되었으며, 특히 공산품에 대한 관세율이 평균 40% 인하되었다. 선진국에서 관세면제의 혜택을 받게 되는 수입 공산품의 가치가 20%에서 44%까지 증가하게 되었다.

고율의 관세가 부과되던 상품의 비중도 점차 감소하여 15% 이상의 관세율을 부과하던 선진국의 수입품 비율은 7%에서 5%까지 하락하였다. 그리고 선진국에 의하여 15%이상 관세가 부과되던 개도국 수출품의 비율도 9%에서 5%로 감소하였다.

UR과 관련된 관세 협상은 WTO가 출범한 이후에도 진행되었다. 1997년 3월 26일 정보기술 상품분야에서 세계무역의 92% 이상을 거래하던 40여 국가들이 모여 2000년까지(일부 품목의 경우에는 2005년까지) 정보기술 상품에 관한 수입관세와 기타 수입제한조치를 제거하기로 합의하였다. 동 합의를 근거로 모든 WTO 회원국(비록 양허를 하지 않는 회원국일지라도)의 수출품에 대해서 최혜국 대우에 기초한 동등 관세를 부과하겠다는 약속을 이행하고 있다.

② 너 많은 양허

UR의 타결로 인한 선진국의 양허관세율 적용 수입상품의 수는 전체 78%에서 99% 수준까지로 증가되었다. 개도국도 동 비율을 21%에서 73%까지로 증가시켰다. 중앙계획경제체제로부터 자본주의시장경제체제로 전환하고 있는 체제전환경제국도 양허관세의 적용비율이 73%에서 98% 수준까지 증가되었다. 이러한 변화는 결국 국제무역의 종사자와 투자자에 대한 시장 안정성이 더욱 높아졌음을 의미하는 것이다.

③ 농산물과 관세양허

WTO의 회원국들은 모든 농산물에 대하여 관세를 양허하고 있다. 수량할당(quota) 등과 같이 비관세장벽의 형태를 취하고 있는 수입제한조치들은 '관세화(tariffication)'라고 알려진 일련의 관세화 과정을 통하여 관세로 전환되었다. 이러한 변화는 결국 농산물 시장이 상당히 예측 가능한 시장으로 되었음을 의미하는 것이다.

사실 WTO의 출범 전까지 농업생산의 30% 이상은 수량할당이나 또는 기타 수입제한을 받고 있었다. 하지만 농업분야도 WTO 농업에 관한 협정에 의하여 WTO 출범 이전의 수입제한조치와 동일한 수준의 보호효과를 갖는 수준의 관세의 부과로 정책수단의 사용방식이 변경되었다.

농산물에 대한 관세부과도 WTO 출범 이후 6년이 경과하면 부과되는 관세수준을 점차 인하시켜야만 한다. 이러한 방식을 통하여 농산물에 대한 관세율은 점차 인하되고, 관련 시장접근 약속을 통하여 특정 농산물에 관한 수입금지제한조치 또한 점진적으로 제거되었다. WTO 농업에 관한 협정에는 농산물에 대한 국내지원이나 보조, 수출보조금을 줄이기 위한 회원국의 약속이 포함되어 있다.

4.3 농업에 관한 협정

1. 농업의 중요성

세계경제와 국민경제에서 농업부문이 차지하는 비중은 점점 줄어들고 있다. 실제로 미국, EU, 일본, 캐나다 등의 선진국 경제에서 농업부문이 생산 및 고용에 대해 차지하는 비중이 약 3% 미만인 것을 보면 이러한 경향을 충분히 짐작할 수 있다.

그러나 국가경제에서 농업이 차지하는 비중이 하락하고 있음에도 불구하고 국제통상과 전체 통상협상에서 농업부문이 차지하는 비중이 하락하고 있지 않은 이유는 무엇인가. 실제로 UR의 타결에서도 농업부문에서의 의견불일치가 UR협상의 타결을 위한 최대 걸림돌로 작용하였다는 사실은 농업부문이 국제통상에서 차지하는 비중과 의미를 간접적으로 보여주고 있는 것이다. 국제사회에서 농업은 다음과 같은 4가지 이유에 의해 중시된다.

첫째, 모든 국가가 농산물을 생산할 수 있는 능력을 보유하고 있다. 이러한 사실이 세계전체에서 농산물의 공급과잉 문제를 유발하고 있지만, 농업분야에서의 국가경쟁력은 천차만별이다. 미국 등 선진국은 생명공학과 농업기술의 발전으로 개도국과의 경쟁에서 우위를 확보하고 있다. 하지만 다른 대부분의 국가들은 농산물 분야의 낙후로 인해 여러 가지 문제가 발생하고 있다. 실제로 일부 국가에서는 농업 자체가 국민경제의 기초산업이고 핵심산업이라고 할 만큼 중요한 역할을 하고 있는 국가들도 존재한다.

둘째, 농산물의 주요 수입시장이 일본, 한국, 대만 등 일부 동북아시아 지역의 국가들에 국한되어 있다. 따라서 이러한 특정 농산물 수입시장을 놓고 미국과 EU 등의 선진국과 아르헨티나, 태국, 인도 등의 농산물 수출국들이 치열한 경쟁을 하고 있기 때문에 이와 관련되는 여러 가지 문제점들이 발생하고 있는 것이다.

셋째, 농업은 국민의 기초식량에 대한 안정적 공급과 국토환경의 보전, 전통문화 및 지역사회의 유지, 자연환경 형성, 논밭의 홍수조절기능 등 농업의 다원적 기능(multi-functionality)과 관련되어 중요성이 인정된다. 하지만 이러한 농업의 외부경제효과에 대한 인식 차이가 농산물의 수입국과 수출국 사이에 발생하고 있다.

넷째, 농업은 '전후방 연관효과'가 다른 산업보다 더 광범위하다. 특히 생명공학 기술의 발전은 선진국으로 하여금 농업의 중요성을 재인식하도록 했다. 농업생산과 관련된 전방산업으로는 종자, 비료, 농약, 농기계, 사료, 동물약품, 농업용수관리, 영농시설재 산업 등의 농업투입재 관련 산업이 있고 농업경영 컨설팅, 농업금융, 연구개발, 병충해 방제, 정보처리, 수의업, 위탁영농, 농업 토목 등과 같은 농업경영 지원산업 등이 있다. 농업의 후방산업으로는 농산물 가공산업인 식품산업과 도소매 및 수송, 보관 등의 유통업, 외식업, 농촌 관광업 등이 있다. 따라서 농업의 보호는 농업의 전·후방 산업을 고려하여 생각할 때 하나의 산업에 대한 보호라는 의미를 넘어 대단히 중요한 의미를 가진다. 이러한 측면이 존재하기 때문에 국제사회와 국제통상이 심화되는 사회에서 농업과 농업문제는 중요하게 취급되는 것이다.

2. UR과 WTO 농업협상의 의미

농산물은 과거부터 GATT의 적용을 받았으나 많은 허점을 가지고 있었다.

예를 들어, 농산물 무역에서 수량할당과 보조금 같은 비관세조치의 사용이 허용되었다. 하지만 이렇게 허용된 보조금(특히 수출보조금) 등과 같은 비관세 장벽의 사용은 결국 국제간 농산물 무역에 대한 심각한 왜곡요인으로 작용하였다.

UR 농업협상은 이러한 상황에 직면해 있던 세계농업의 개혁 방향을 수립하고 이에 대한 대안을 마련하기 위하여 시작되었다. 농업부문에서 발생하는 시장왜곡의 시정과 공정경쟁, 무역질서 확립 등을 위한 노력의 일환으로 UR 농업협상이 시작된 것이다. UR을 통하여 세계 제국들은 각 국이 가지고 있던 무역과 관련된 각종 농업문제와 정책 등을 상당한 수준으로 까지 조화시킬 수 있게 되었다.

UR이 타결 이후인 WTO 체제에서도 농업협상이 계속될 수밖에 없는 이유는 바로 이 UR 협상 자체가 세계농업의 새로운 개혁항방을 설정하기 위해 만들어 졌기 때문에다. 그 결과 WTO 농업협정에 관한 협상과 이행과 관련된 협의는 UR이 끝난 2000년 12월까지 6년간(개도국은 10년) 이루어졌던 것이다. 물론 농업 개혁을 위한 후속협상도 DDA를 통해서 계속해서 진행되고 있다.

'왜곡'이란 무엇인가?

'왜곡(distortion)'은 농산물 무역을 논의할 때 주로 많이 사용된다. 국제무역에서의 왜곡은 시장가격이 정상수준보다 높거나 또는 낮을 때, 생산 · 매매량이 적정수준(즉, 일반적인 경쟁에서 존재 하는 수준)보다 더 많거나 또는 적을 때 발생하게 된다.

예를 들어 수입장벽과 국내보조금은 일국의 국내 농산물가격을 상승시킬 수 있다. 높은 가격은 과잉생산을 부추기고, 생산된 잉여농산물이 낮은 가격으로 세계시장에서 판매가 되려면 수출보조금이 지급되어져야 한다. 만약 일부 국가가 보조금을 지급하는 경우, 보조금을 지급하지 않는 국가보다 해당 품목의 생산량이 더 많아 질 것이다.

여러 가지 보조금들이 농산물에 대한 무역을 왜곡한다 할지라도, 관련국 정부가 자국의 농산물 생산업자를 지원하고 보호하는 이유에는 다음과 같은 세 가지가 있다.

- 자국 내 수요 충족을 위한 충분한 식량생산의 보장
- 기후의 영향과 국제시세의 등락으로부터 농부들의 보호
- 농촌 사회의 보호

하지만 농업에 대한 각종 지원정책은 비경제적이고, 수출보조금 전쟁을 유발시키며, 농산물에 대한 공급과잉을 부추키게 되며, 또한 이러한 정책은 해당 지원정책에 소홀하거나 또는 부족한 국가의 피해도 동시에 발생시킨다는 문제점이 존재한다.

3. 주요 내용

1) 새로운 규정과 약속

WTO 농업협정의 목적은 농산물 무역을 개혁하고 각국들이 보다 시장지향적인 농업정책을 수립하게 만드는데 목적이 있다. 따라서 WTO 농업협정은 농산물 수출국과 마찬가지로 수입국에서도 농산물 무역에 대한 예측가능성과 안정성을 개선시키기 위해 만들어진 것이다.

WTO 농업협정에서 새롭게 만들어진 여러 가지 규정들과 약속들은 다음과 같은 분야에 적용된다.

- **시장접근** : 수입농산물에 부과되는 다양한 무역규제
- **국내보조** : 농산물 가격과 생산자 소득을 보장하거나 또는 증가시키기 위한 여러 가지 형태의 보조금과 기타 지원수단
- **수출보조** : 수출품의 경쟁력을 인위적으로 제고하기위하여 제공되는 수출보조금과 기타 지원수단.

농산물에 대한 기본관세의 인하수준은 1995년 1월 1일 이전에 양허된 세율을 의미하고, 그 밖의 비양허 관세율은 UR이 시작된 1986년 9월에 부과된 실질 관세율에 따라 결정된다.

보조금 삭감과 보호조치 제거

농업보조금 삭감과 보조조치 완화는 UR에서 합의된 것으로 각종 보조금에 대한 삭감을 수치의 형식으로 나타내었다. 하지만 WTO 농업협정에서 최빈개도국은 관세나 각종 보조금 등을 인하하겠다는 구체적 약속을 할 필요가 없다.

	선진국(6년) 1995 ~ 2000	개도국(10년) 1995 ~ 2004
관 세 모든 농산물의 평균 삭감률 각 제품당 최소삭감률	 -36% -15%	 -24% 10%
국내보조 (기준기간 : 1986 ~ 88) 부문별 총AMS 삭감율	 -20%	 -13%
수출 (기준기간 : 1986 ~ 90) 보조금가치 보조된수량	 -36% -21%	 -24% -14%

WTO 농업협정에서는 정부가 자국의 농업을 지원하는 것을 허용하지만, 농산물 무역의 왜곡을 적게 일으키는 정책수단을 통해 시행되어야 한다고 규정하고 있다. 그리고 약속이행 방법에 있어서도 관련 국들에게 상당한 정책적 유연성 및 실행상 유연성이 허용되고 있다. 개도국은 선진국만큼 자국의

보조금을 삭감하거나 관세를 낮추지 않아도 되며, 자국의 의무를 완전히 수행하기 위한 시간적 여유도 가질 수 있다. 특별규정에서는 식량수입국의 이익과 최빈개도국에 관한 내용도 규정하고 있다.

2) 시장접근 : 예외 없는 관세화

농산물 시장접근에 대한 새로운 규칙으로 '예외 없는 관세화(tariffs only)'가 도입되었다. 이는 특별한 경우를 제외하고는 농업에 관한 비관세 장벽이 일반관세로 전환되어야 한다는 것이다. 또한 예외 없는 관세화는 관세 이외의 다른 어떠한 비관세조치도 유지되어서는 안 되며 또한 한번 실행된 관세화는 기존의 조치로 다시 복귀할 수가 없다는 것을 의미하는 것이다.[6]

UR 이전의 일부 농산물에 대한 수입은 수량제한과 비관세조치에 의하여 통제되어 왔다. 하지만 UR이 타결된 이후 기존의 수량제한과 여러 가지 비관세조치들은 동 조치가 제공해 온 보호수준에 상응하는 보호를 제공하는 관세수단으로 대체되었다. 예를 들어 UR 이전에 농산물의 국내가격이 국제가격보다 75% 정도 높았다면, 동 부문에 대해 수입되는 농산물의 관세는 75% 정도 수준에서 결정 될 수 있다. 이렇게 수량제한이나 기타 비관세 조치들을 관세로 전환시키는 작업을 '관세화(tariffication)'라고 한다.

WTO 농업협정은 예외 없는 관세화를 시행하기 위한 여러 가지 세부규정들을 두고 있다. WTO 농업협정에서는 협정이 발효 전에 체결된 계약을 기초로 운송 중인 공급물량에 대하여는 계속적인 수입이 가능하도록 추가적인 관세부과를 면제시켰다. 또한 새롭게 수입된 물량에 대한 관세는 일반관세의 1/3을 초과하지 못하도록 규정함으로써 금지적 관세(prohibitive tariff)가 부과되지 못하도록 보장하였다.[7] 이러한 내용은 일정량까지는 낮은 관세율을 적용하고 이를 초과 하는 부분에 대해서는 높은 세율을 적용하는 '관세율 할당(tariff quota 또는 tariff-rate quota)'에 의해 준수된다.

WTO 체제에서 새롭게 약속된 관세와 관세율 할당은 1995년부터 모든 농

6) WTO 농업에 관한 협정 제4조 제2항.
7) WTO 농업에 관한 협정 제5조 제3항.

산물에 대해 적용되었다. UR협상의 결과로 선진국은 농산물에 대해 관세율(관세 할당의 경우에 쿼터 초과분에 대한 높은 관세율)을 6년간 평균 36%를 단계적으로 감축하였으며, 개도국은 10년간 평균 24%를 단계적으로 인하하였다. 일부 개도국들의 경우 UR 이전에는 관세양허가 적용되지 않았기 때문에 최고 관세율(ceiling tariff rates)이 적용되는 옵션이 사용되기도 했다. 하지만 최빈개도국들은 특혜대우를 인정하여 관세를 인하시킬 필요가 없다.

예외 없는 관세화의 목표들은 WTO 농업협정에 표시하지 않고 WTO 출범시에 참가국들이 약속한 양허표에 기록되었다. 이렇게 볼 때 WTO 농업협정도 양허표에 첨부된 구체적 양허약속을 통하여 법적인 구속력을 가지게 되었다는 것을 의미한다.

예외 없는 관세화의 예외로는 식량안보 등 '비교역적 관심사항'에 따른 특별한 경우가 규정되어 있다. 하지만 관세화의 예외품목으로 인정되더라도 최소시장접근의 기회를 확대해 나가야 하며, 이행기간 1차년도(1995년)에 국내소비량의 4%에 상응하는 시장접근기회를 설정해야 한다. 또한 유예기간의 잔여 이행기간 동안 매년 0.8%씩 시장접근물량을 증가시켜야 한다. 그리고 특별대우품목 중 개도국의 전통 식생활에서 가장 중요한 농산물에 대해서는 이행기간 1차년도(1995)에 국내소비량의 1%에 상응하는 시장접근 기회를 설정하고, 그 후 5차년도까지 매년 0.25%씩 접근 물량을 증가시키며, 6차 년도부터는 매년 0.5%씩 증가시켜 10차 년도에는 4%에 도달할 수 있도록 하여야 한다.

앞에서 살펴보았다시피 UR 협상에 따른 농산물의 예외없는 관세화에도 특별한 경우에 대한 예외는 인정된다. 이러한 과정에서 관세화 예외품목으로 쌀과 관련하여 한국과 일본, 필리핀이 예외를 인정받았으며, 양고기, 분유, 치즈와 관련하여 이스라엘이 "특별대우" 조항의 사용을 인정받았다. 그러나 이러한 특별대우도 앞에서 살펴보았다시피 해외 공급자의 최소시장접근(minimum market access)은 허용하여야만 한다.

최빈개도국과 식량수입국

WTO 농업협정 하의 회원국들은 보조금 지원을 받는 수출품목의 수를 줄여야만 한다. 하지만 일부 최빈국들의 경우에는 자국의 식량수급을 선진국이 지급한 보조금 때문에 가격이 저렴해진 식량자원의 수입에 많이 의존하고 있다. WTO 각료회의에서는 이러한 최빈개도국과 식량 수입국에 대하여 식량원조의 제공과 농업발전을 위한 원조제공의 목표와 조치들을 특별히 결정한 바 있다. 同 특별 결정에서는 상업적 식량수입을 위한 자금조달을 위해 국제통화기금(IMF)과 세계은행(World Bank)으로부터 어떻게 지원받을 수 있는가에 대해서도 언급하고 있다.

3) 국내보조

농산물에 대해 국내가격을 지지하거나 또는 다른 방법으로 생산보조금을 지원하는 정책에 대한 가장 큰 불만은 보조금정책이 과잉생산을 초래한다는 것이다. 일국의 특정품목에 대한 보조금 지원은 경쟁적인 관계에 있는 수입품을 시장에서 축출시키거나 또는 수출보조금과 함께 세계시장에서의 덤핑행위를 발생시키게 된다. WTO 농업협정은 이러한 이유 때문에 무역왜곡효과를 발생시키거나 또는 생산에 직접적인 영향을 끼칠 수 있는 국내보조금은 철폐되어야 한다고 규정하고 있는 것이다.[8)]

한편 WTO 농업협정에서는 국내보조금 지원정책을 직접 생산을 장려하는 정책과 간접적으로 생산에 영향을 주는 정책으로 구분하고 있다. 또한 생산 및 무역에 미치는 영향의 유무에 따라 국내보조를 허용보조와 감축보조로 구분하고 있다. 그리고 허용대상 기준에 충족되지 않는 모든 국내보조는 감축대상 보조를 규정한다.

허용대상보조는 협상타결 이후에도 계속 지원이 가능하나 감축 대상보조

8) WTO 농업에 관한 협정 제6조, 제7조, 부속서 2.

는 약속된 수준까지 매년 감축시켜 나가야 한다. 감축대상보조금은 선진국의 경우 1995년부터 6년 동안 국내보조의 20%를 감축시켜야 하고, 개도국은 10년 동안 13%를 감축시켜야 한다. 이 감축대상 보조금의 총액을 WTO 농업협정에서는 보조총액측정치(Total Aggregate Measurement of Support: AMS)라고 한다.[9]

"시장가격 지지상당액"과 "감축대상 직접지불액"으로 구성되는 이 보조총액측정치는 1986년에서 1988년중 지급한 평균 보조총액을 기준으로 결정된다. 그러나 최소허용 보조비율(de minimis) 조항을 설정하여 해당연도 특정품목에 대한 지원이 해당품목 총생산액의 5%를 초과하지 않는 품목에 대한 특정보조와 농업생산액의 5%를 초과하지 않는 품목 불특정보조의 경우에는 보조총량측정액 계산에서 제외한다. 최빈개도국들은 이러한 보조금의 지원을 감축시킬 필요가 없다.

이밖에도 WTO 농업협정에서는 무역에 미미한 왜곡효과를 가지는 국내보조는 허용하고 있다.[10] 그린박스(green box) 조치라 하는 지원감축약속 면제조치는 다음과 같다. 즉, 일반적인 연구, 환경관련 연구 및 특정 품목관련 연구와 병해충 방제, 전문가 훈련시설을 포함하는 훈련서비스, 식품안전을 위한 검사서비스, 전력공급망, 도로 및 운송수단, 항만시설, 용수공급시설, 댐 및 배수계획, 환경관련 하부구조사업을 포함한 사회간접자본 등과 같은 정부서비스들이 포함된다.[11]

그리고 생산을 장려하지 않는 범위내에서 농업생산자에 대한 직접적인 소득보조, 소득보험 및 사회안전망 계획에 대한 정부의 재정적 참여를 통한 모든 농업생산자에 대한 직접적인 소득지원과 생산자 연금계획을 통하여 제공되는 구조조정지원, 자원폐기 계획을 통한 구조조정지원, 투자지원을 통하여 제공되는 구조조정 지원 등의 영농 구조조정을 위한 지원[12], 환경 계획과 지역지원 계획에 따른 직접적인 지원[13] 등이 그린박스 조치에 해당된다.

---

9) WTO 농업에 관한 협정 제6조, 제7조, 부속서 3, 4.
10) WTO 농업에 관한 협정 부속서 2.
11) WTO 농업에 관한 협정 부속서2. 제2항.
12) WTO 농업에 관한 협정 부속서2의 제9항, 제10항, 제11항.
13) WTO 농업에 관한 협정 부속서2의 제12항, 제13항.

또한 WTO 농업협정에서는 농산물의 생산제한에 참여하는 생산자에 대한 국가의 직접적인 지불지원정책으로 블루박스(blue box) 조치와 농업과 지방개발을 지원하기 위한 개도국 정부의 지원프로그램, 생산품 또는 지원된 생산품의 총가치와 비교하여 규모가 작은 보조(선진국의 경우 5% 또는 그 이하, 개도국은 10% 또는 그 이하) 등은 허용되고 있다.

만약 일국이 WTO 농업협정상 보조금 관련 규정과 WTO 보조금 협정에 의한 보조금 약속사항을 준수하지 않을 경우 다른 회원국은 보조금협정 제4조인 금지보조금 피해구제 절차에 따라 해당 피해에 상응한 보복조치를 발동할 수 있다. 물론 관련 조치를 WTO에 제소하여 자국의 제반 권리를 구제받을 수도 있다.

4. 수출보조금

WTO 농업협정에서는 농산물에 대한 수출보조금의 지급을 제한하고 있다. WTO 농업협정에서는 회원국의 양허표에 보조금에 대한 명기가 되어 있는 경우를 제외하고는 농산물에 관한 수출보조금의 지급을 금지한다.[14] 1986~1990년까지의 평균치를 기준으로 선진국은 1995년부터 6년간 재정지출의 36%의 수출보조금을 감소시키며, 개도국은 10년간 24%를 감소시키는데 합의하였다. 또한 선진국들은 수출보조금을 받는 수출품의 양을 향후 6년간 21% 감소시키며, 개도국은 10년간 14%를 감소시키는데 합의했다. 하지만 수출보조금의 경우에도 최빈개도국에 대한 특별대우가 인정되기 때문에 이들은 수출보조금의 감축조치를 반드시 실시할 의무가 없다.

WTO 농업협정상의 약속에 따라 감축되어야 하는 수출보조금은 다음과 같다.

① 기업, 산업, 농업생산자, 이러한 생산자 조합이나 협회 또는 유통위원회에 대한 정부 또는 정부대행기관이 수출실적을 조건으로 현물지급을 포함한 직접보조금을 제공하는 경우

② 정부 또는 정부대행기관이 국내시장의 구매자에게 동종상품에 대해 부

14) WTO 농업에 관한 협정 부속서 제5항.

과되는 비교 가능한 가격보다 낮은 가격으로 농산물의 비상업적 재고를 수출목적으로 판매 또는 처분하는 경우

③ 정부가 관련 농산물 또는 수출품의 원료가 되는 농산물에 대한 부과금을 재원으로 한 지불을 포함하여 공공회계의 부담여부에 관계없이 정부의 활동을 통하여 조성된 재원을 농산물의 수출에 지원한 경우

④ 정부가 취급, 등급향상과 다른 가공비용 및 국제운송비용을 포함하여 농산물 수출에 대한 유통비용절감을 목적으로 보조금을 제공하는 경우 (단, 광범위하게 이용 가능한 수출증진 및 자문서비스는 제외)

⑤ 다섯째, 정부가 국내 수송물량에 비하여 보다 유리한 조건으로 지원한 수출물량에 대한 국내 운송비를 지원하는 경우

⑥ 정부가 수출상품에 포함되는 것을 조건으로 한 원료 농산물을 지원하는 경우

한편 WTO 농업협정에서는 수출보조 감축약속의 우회행위에 대한 제한으로 감축대상이 아닌 수출보조가 감축이행약속을 우회하는 결과를 초래하거나 그러한 우려가 있는 방법으로 운영되어서는 안됨을 규정하고 있다.(제10조)

감축대상 수출보조로 예시되지 않는 수출신용, 수출신용보증 및 수출보험에 대해서는 이를 규율하기 위한 국제적 규범을 도출하기 위해 노력하고, 향후 합의될 규범에 따라 제공하기로 합의하였다. 또한 WTO 농업협정에서는 국제식량원조도 가급적 최대한 무상원조의 형태로 제공되어야 한다고 규정함으로써 국제식량원조가 수출보조의 수단으로 사용되는 것도 제한하고 있다.

4. 농산물 특별긴급제한조치

WTO 농업협정에서는 비관세장벽을 관세로 전환해야 하는 농산물 생산자를 가격폭락이나 또는 농산물의 무분별한 증가로부터 보호하기 위해 “특별긴급수입제한조치(special safeguard: SSG)”를 발동할 수 있도록 허용하고 있다.[15] 이는 예외없는 관세화에 대한 보완장치로서 비관세 장벽의 철폐를 통

해 일반관세로 전환한 품목에 대해서 인정된 것으로 수입량이 급증하거나 수입 가격이 크게 하락하는 경우 기존 관세 수준의 1/3까지 추가적인 관세부과가 가능하도록 한 조치이다.

하지만 동 조치는 특정한 가격 및 물량 기준 하에 발동이 가능한 조치로 관세화 대상품목에 한하여 관세화의 이행기간 동안 관세인상 조치만을 통해 구제 조치가 이루어지는 것이다. WTO 농업협정에서는 언제・어떻게 동 조치가 도입될 수 있는지에 대한 내용을 구체적으로 명시하고 있다.

농산물에 대한 긴급수입제한조치는 1994년 GATT에 규정되고 있는 긴급수입제한조치에 관한 협정과는 크게 다르다. WTO 농업협정 제5조에 규정된 특별수입제한조치는 모든 농산물에 적용되지 않고 UR 농산물 협상을 통해 관세화로 전환된 농산물에 한하여 적용된다.

따라서 WTO 회원국이 SSG 제도를 활용하려면 각국의 농산물 이행계획서상에 관세화 전환 농산물에 대해 특별수입제한조치를 원용하겠다는 의사표시를 명기해야 만 사용할 수 있다. 만약 WTO 회원국이 이러한 표시를 자국의 농산물 이행계획서상에 명기하지 않았다면 농산물에 대한 특별긴급제한조치를 발동 할 수 없다.

농산물 특별긴급수입제한조치의 특정은 일정한 발동요건만 갖추면 국내산업에 대한 피해 유무를 조사하지 않고서도 관세당국은 당해년도의 동 품목에 대한 양허관세를 보호관세의 발동기준에 따라 일정수준까지 자동적으로 올릴 수 있다는 것이다. 그리고 또한 동 조치의 발동에는 수출국의 대항 또는 보복조치가 인정되지 않는다는 특징도 있다.

5. 한국의 쌀 유예화

한국의 경우 UR협상을 통해 개도국의 지위를 인정받음으로써 선진국보다 관세 및 보조금의 감축율을 낮추고 각종 이행기간도 길게 보장받을 수 있었다. 먼저 한국은 2004년까지 10년간 관세화 적용을 예외를 인정받아 최소시

15) WTO 농업에 관한 협정 제5조.

장접근만이 가능하도록 되었다.

쌀의 최초년도(1995년) 수입량은 소비량의 1%에서 시작하여 최종연도(2004년)에는 4% 수준에까지 확대하기로 합의함으로써 쌀의 최소시장접근(MMA: Minimum Market Access) 물량도 일반적인 MMA 수입량 비율(5%)보다 작게 보장받았다. MMA 산출의 기준년도가 1988년~1990년으로 설정됨으로써 MMA 수입량이 줄어드는 효과를 누릴 수 있었다. 이에 따른 우리나라의 쌀 최소시장접근 비율 및 물량은 다음과 같다.

〈표 4-2〉 쌀 최소시장접근(MMA) 비율 및 물량(현미기준)

구분	1995	1997	1999	2000	2001	2002	2003	2004
시장접근율(%)	1.0	1.5	2.0	2.0	2.5	3.0	3.5	4.0
도입물량(천톤)	51	77	103	103	128	154	180	205

자료 : 박형래, 국제통상 분쟁사례이해, 도서출판 청람, 2010, p.109.

WTO 농업협정문에서는 한국의 이러한 관세화 예외조치를 2005년 이후 재연장하기 위해서는 회원국들과 별도의 협상을 의무화하도록 규정하였다. 그리고 만약 이러한 쌀 유예화에 대한 연장협상을 2004년 말까지 종료하지 못할 경우 쌀에 대한 관세화 의무가 발생하도록 규정하였다.

한국정부는 2004년 초 쌀 협상의 개시의사를 WTO에 통보하였으며, 이후 협상참여를 신청한 9개국과 50여 차례의 유예화 관련 협상을 진행하였다. 쌀 개방협상에서 한국정부가 관세화 유예쪽으로 전략을 정한 것은 관세화를 할 경우 향후 DDA협상에서 최선의 결과를 얻더라도 일정량의 수입증가가 불가피하여 DDA에 따른 쌀 산업의 불확실성이 증대된다는 판단에 따른 것이다. 1년간에 걸친 쌀 유예화 협상의 결과 한국정부는 쌀의 재유예화에 대한 합의 내용을 이행계획서(Country Schedule)로 작성하여 2004년 12월 30일 WTO 사무국에 통보할 수 있었다.

쌀 협상의 결과 한국정부는 쌀에 대하여 10년의 유예기간을 다시 보장받을 수 있게 되었다. 저율관세물량(TRQ)은 국영무역방식으로 수입하여 2004년의 20만 5천 톤에서 매년 균등 증량(매년 약 2만 톤씩 증가함)하여 2014년에는 41만 톤까지 확대하기로 합의하였다. 수입쌀의 시판은 2005년에는 수입량중 10%를 시판하고 6차년도인 2010년도에는 30%로 확대하고 이를 2014년까지 유지하기로 하였다.

4.4 식품위생 및 동·식물 검역조치에 관한 협정

1. 동·식물 제품에 대한 안전규정

식품 안전과 동·식물의 보건기준(health standard)에 대하여 규정하고 있는 WTO 협정[16]에서는 국제무역에 대해 직·간접적으로 영향을 미칠 수 있는 모든 위생 및 검역조치에 관한 기본내용을 규정하고 있다. WTO 식품위생 및 동·식물위생조치의 적용에 관한 협정(이후 '위생 및 검역에 관한 협정' 또는 'SPS 협정')은 일국이 위생 및 검역 대한 과학적인 근거를 가지고 자국만의 고유 기준을 설정하는 것을 허용하고 있다.

하지만 WTO 위생 및 검역에 관한 협정에서는 오직 인간, 동물 또는 식물의 생명과 건강, 안전보호에 필요한 정도로만 적용되어야 한다고 규정하고 있다. 또한 WTO 위생 및 검역에 관한 협정에서는 WTO 회원국은 위생 및 검역에 관해 동일하거나 비슷한 규정을 갖는 국가들에 대해 임의적이거나 또는 비합리적인 차별을 가해서는 안 됨도 규정하고 있다.[17]

위생 및 검역에 관한 국제기준이나 지침, 권고가 있는 경우 WTO 회원국들은 이러한 기준의 사용을 다른 회원국들에게 장려하여야만 한다. 그러나

---

16) WTO 식품위생 및 동·식물검역조치에 관한 협정.
17) WTO 식품위생 및 동·식물검역조치에 관한 협정 제2조.

국제기준 보다 더욱 과학적 타당성이 있다는 근거가 존재한다면 회원국들은 이러한 국제기준을 사용하지 않고 새로운 기준을 사용할 수 있다. 회원국은 접근방법이 독단적이지 않고 일관성이 있는 경우 적절한 위험성 평가에 기초하여 위생 및 검역에 관한 보다 높은 기준을 설정할 수도 있다.[18)]

WTO 위생 및 검역에 관한 협정에서는 각 국으로 하여금 수출국의 상품검사와는 다른 기준과 방법을 사용하는 것을 허용하고 있다. 그렇다면 수출국은 자국상품에 대해 적용하고 있는 기준과 관행들이 수입국에서도 용인될 수 있는지에 대한 부분을 어떻게 확신할 수 있을까? 이는 수출국이 수출품에 적용된 조치들이 수입국의 보건기준과 동일한 수준의 기준에 따라 적용된 것이라는 것을 증명할 수만 있다면, 수입국은 수출국이 사용한 방법과 기준을 받아들여야만 한다.

그리고 WTO 위생 및 검역에 관한 협정에서는 수입상품이 방제(control)와 검사(inspection), 승인절차(approval procedures) 부문에서 부당한 지연없이 동종의 국내상품과 같은 정도로만 적용되어야함도 규정하고 있다.[19)] 회원국의 정부는 새롭거나 또는 개정된 위생 및 검역조치에 관한 규정들을 반드시 사전에 통보해야 한다. 또한 WTO 위생 및 검역에 관한 협정에서는 관련 정보의 제공을 담당할 국립 문의처(National Enquiry Point)를 설치하도록 규정하고 있다. 그리고 이 WTO 위생 및 검역에 관한 협정은 농업에 관한 협정과 무역에 대한 기술장벽(Technical Barriers to Trade: TBT)에 관한 협정을 보완하는 협정이다.

하지만 WTO 위생 및 검역에 관한 협정을 선진국의 입장과 주장을 중심으로 강화시켜 나간다면 농산물 및 식품에 대한 세계무역은 침체될 가능성도 존재한다. 선진국 중심의 위생 및 검역에 관한 조치의 시행은 비록 농산물과 식품에 대한 관세를 낮추며 수입자유화를 보다 촉진시킬 수는 있어도, 이러한 분야에 대해 상대적으로 열악한 환경에 있는 개도국의 수출을 상대적으로 더 많이 억제할 가능성도 존재한다. 따라서 동 조치나 협정의 실행으로 인해서 선진국과 개도국들의 갈등이 확산됨으로써 세계무역에 대한 보호주의와

---

18) WTO 식품위생 및 동·식물검역조치에 관한 협정 제3조.
19) WTO 위생 및 식품위생조치의 적용에 관한 협정 제8조, 부속서 3.

갈등이 초래되어 무역자유화를 후퇴시킬 가능성도 존재한다. 그렇기 때문에 우리나라와 같은 중간자적 입장에 있는 국가들이 위생 및 검역조치와 관련된 여러 가지 문제를 적절히 조정할 필요성이 있다.

위생 및 검역조치 협정의 부속서 명칭 및 대상

- FAO/WHO 국제식품규격위원회(Codex Alimentarius Commission) : 식품
- 국제동물전염병사무소(International Office of Epizootics) : 동물
- 국제식물보호협약(International Plant Protection Convention)의 FAO사무처 : 식물

2. SPS조치의 국내적용근거

1) 과학적 증거 요인

위생 및 검역조치의 적용에 대한 근거로서 '과학적 증거요인'에 대한 검토와 분석이 필요하다. WTO SPS협정에서는 "회원국의 위생 및 식물위생조치가 과학적 원리에 근거해야 하며 또한 충분한 과학적 증거 없이 유지되지 않도록 보장한다"[20]라고 규정함으로써 SPS협정의 국내적용을 위한 근거요인으로써 과학적 증거요인을 분명히 하고 있다.

식품위생 및 동식물 검역조치와 관련된 통상분쟁에 있어서 WTO는 "이용가능한 과학적 증거", "관련된 과학적 증거", "충분한 과학적 증거", "과학적 정당성"에 의존하고 "과학적 원칙"을 근거로 판결하도록 요구하고 있다.[21] SPS 관련 분쟁패널도 충분한 과학적 증거의 존재나 결여를 중심으로 이를

20) SPS Agreement Article 2.2.
21) M. D. Carter, "Selling Science Under the SPS Agreement : Accommodating Consumer," *Minnesota Journal of Global Trade*, 1997, p.645.

증명하는 방법으로 분쟁에 대한 판결을 한다. 실제로 위생 및 검역조치의 적용에 대한 조사에서 WTO 분쟁해결패널은 과학적 방법을 통해 증거를 수집하되 불충분하거나 구체화되지 않은 정보, 입증되지 않은 가설은 모두 배제하도록 하고 있다.

SPS 협정에서 나오는 '과학' 또는 '과학적'이란 개념은 과학적 방법론을 의미한다.[22] SPS 협정에서는 '과학적'이라는 부분에 대한 상이한 견해들[23] 때문에 이에 대한 구체적인 규정을 하고는 있지 않다. 만약 일국이 과학적 증거에 관한 규정과 그 의미를 고려하지 않고 SPS 분야에 관한 자국의 빈약한 연구결과를 바탕으로 SPS 조치를 적용에 대한 과학적 증거로 제출하는 경우 분쟁을 발생시키게 된다.[24]

그러나 다수의 상이한 과학적 견해들로 인해 과학적 확실성에 대한 선택결정이 불가피한 경우 어떠한 증거가 과학적인지에 대한 판단 책임은 회원국에 있다. 식품위생 및 동식물 검역조치와 관련된 분쟁의 발생시에는 SPS 조치와 이를 뒷받침하는 과학적 증거간의 관련성을 증명하는데 대부분의 논의가 집중된다.[25]

사실 SPS조치에 대한 '과학적 증거주의'라는 것은 "식품안전과 동물과 식

---

22) 최승환, "국제통상규범의 발전에 있어 과학의 역할과 한계", 「국제법학회논총」, 통권 제98호, 2004. 6, pp.17-18.

23) SPS 협정에서는 과학적이라는 용어에 대한 정의를 별도로 제시하지 않고 있다. 법적 목적으로 과학이 무엇을 의미하는가에 대한 질문은 법과 과학(law and science) 학자들 간에 오랫동안 논의의 쟁점이 되어오고 있다. 실질적인 과학의 특성에 바탕을 두고 과학적 방법에 근거하지 않거나 엄격한 동료검토를 받지 않은 "쓰레기 과학"(junk science)을 법률과정에서 배제할 수 있도록 재판관이 감독권을 행사할 필요가 있다는 주장과 과학적 과정은 점진적인 지식의 축적을 통한 것만큼이나 연구적 패러다임의 주요한 혁명의 결과를 통해서도 일어난다는 또 다른 주장이 서로 상충하고 있다.(자세한 내용은 K. R. Foster, D. E. Bernstein and P. W. Huber(eds), *Phantom Risk: Scientific Inference and the Law*, The MIT Press, 1999.1, pp.433-437. Daubert v Merrell Dow Pharmaceuticals, Inc., "Brief Amici Curiae of Physicians, Scientist, and Historians of Science in Support of Petitioners," 1992 WL 12006437, 1992. 12, p.2. 참조)

24) S. Charnovitz, "The Supervision of Health and Biosafety Regulation by World Trade Rules," *Tulane Environmental Law Journal,* Vol.13, No.2, 2000, pp.278-279.

25) 이태호, "SPS 조치에 관한 WTO사건 분석", 「통상법률」, 통권 제43호, 2002.2, p.139.

물 검역 및 환경을 보호하기 위해 제정된 국내규제조치를 위해성 평가와 과학적 원리 및 증거에 입각하도록 하는 것"을 의미한다. 결국 이렇게 볼 때 SPS조치 적용을 위한 과학적 증거주의라는 것은 정당한 목적을 달성하기 위해 국내규제조치의 남용을 차단하고 자유무역질서를 확립하며 SPS조치에 대한 투명성을 확보하는 수단으로 작용한다.

과학적 증거주의는 위장된 통상제한을 판정하는 기준 및 국내산업보호를 금지하는 역할을 수행한다. 과학적 증거없이 수입제품에 대해 취해지는 차별적 규제조치는 식품안전 및 환경보호를 표면적 이유로 내세운다 할지라도 실질적인 측면에서 보면 위장된 통상제한 조치라 볼 수 있다. 이는 형식적으로 비차별적으로 보일지라도 실질적 또는 결과적으로 국내산업을 보호하는 결과를 발생시키는 차별적 SPS 규제조치는 위장된 통상조치에 속한다는 것을 규정하는 것이다.

2) 위험평가 요인

SPS 협정의 국내적용과 관련된 또 다른 근거 요인으로는 위험평가요인의 고려를 들 수 있다. SPS 협정은 회원국의 SPS 조치적용이 회원국이 관련 국제기구에 의해 개발된 위험평가기술을 고려하고, 인간, 동물 또는 식물의 생명 또는 건강에 대한 위험성 평가에 기초하도록 규정하고 있다.[26] 여기서 위험평가란 "식품, 음료 및 사료내의 첨가제, 오염물질, 독소 또는 질병 원인체의 존재로 인한 인간 및 동·식물 건강에 미치는 악영향에 대한 잠재적 가능성 평가"를 의미한다.[27]

WTO 회원국들은 위험평가에 기초한 과학적 정당성이 있는 경우에 국제규정이나 지침보다 엄격한 동식물 검역조치를 도입·유지할 수 있다. 따라서 WTO 회원국들은 국제기준과 다른 동식물 검역조치를 취할 경우 과학적이고 일관성 있는 위험평가 자료를 제시해야 한다.[28] 여기서 위험평가는 과학

26) SPS Agreement Article 5.1.
27) SPS Agreement Annex A.4.
28) 동식물검역 관련 기술 수준이 낮아 위험평가를 통해서 과학적 정당성을 입증하기 어려운 국가들은 자국의 국민이나 동식물의 생명과 건강에 위협을 주는 질병과 병

에 기초한 평가로 단순한 연구나 과학논문의 차원을 넘어서 과학적 평가결과와 정책에 관한 의사결정자 사이를 연계시켜 위험관리에 필요한 기초자료를 근거로 해야 한다.

위험평가는 동식물이나 식품의 수입여부를 결정하는데 사용되어지는 중요한 방법론으로 관련된 경제적 결과도 고려한다. 즉, SPS 협정에서는 식품 및 동·식물의 생명에 대한 위험평가나 적정보호수준의 조치를 결정함에 있어서 병해충의 유입 또는 정착, 전파가 생산 또는 판매에 미치는 손실을 기준으로 잠재적 피해, 수입국내에서의 방제 및 박멸비용, 위험을 제한하기 위해 대안으로서 접근방법의 상대적 비용-효율성(cost-effectiveness) 등과 관련된 경제적인 요소를 고려하도록 하고 있다.[29)]

위험평가의 방법에는 정성적 방법과 정량적 방법이 있다. 정성적 평가와 정량적 평가는 모두 첫째, 검역병해충 또는 질병의 확인, 둘째, 검역병해충 또는 질병 유입 결과의 평가, 셋째, 검역병해충 또는 질병 유입의 가능성 평가가 사용된다. 과거 정성적 평가에 기반을 두었으나 이러한 정성적 평가는 과학적 정당성을 인정받기 어렵기 때문에 최근에는 정량적 평가의 활용이 권장되고 있다.[30)]

SPS 조치에 대한 정량적 위험평가의 가장 큰 기대효과는 위험관리 즉, 검역관련 의사결정에 도움이 되는 과학적 정보를 제공하고 축적할 수 있다는 부분이다. 정확한 정량적 위험평가를 위해서는 상품은 물론 원산지와 목적지 등과 같은 검역에 관련된 정보를 항상 보유하고 있어야 한다. 정량적 평가방법은 상품별로 또는 주어진 기간 동안 유해성이 발생할 확률과 같은 투입자료와 결과의 숫자를 분석하는 것이다.

위험평가는 충분히 특정적이어야 하며, 각 각의 요인들에 대한 개별적 위

해충이 유입되어 확산되는데도 이를 규제할 수 없는 어려운 입장에 놓일 수 있다는 문제점도 발생하게 된다. (최세균·이광, "동식물검역 효율화방안 및 WTO/SPS 협상전략 수립에 관한 연구", 농림부, 2003, p.122.)

29) SPS Agreement Article 5.3.

30) 여기서 정량적 위험평가는 독성물질이나 병원성 미생물에 오염된 식품을 일회 섭취하였거나 아니면 반복적으로 섭취하였을 때 섭취한 개인의 건강이 피해를 받거나, 감염이 일어날 확률을 과학적으로 평가하는 것을 의미한다.

험평가가 수행되어야 한다. 위험요인 전체에 대한 일반적 위험평가를 바탕으로 한 SPS조치 적용은 그 적당성을 확보기 어렵다. 또한 SPS 조치를 적용하는 회원국은 관련 분야나 또는 상품에 대해 요구되는 위험평가를 자체적으로 수행할 필요는 없으며, 타 회원국 또는 국제기구에 의해 수행된 평가를 원용할 수 있다.

SPS 조치의 국내적용을 위한 위험평가는 다음과 같은 4단계로 이루어진다. 위험평가의 4단계는 ① 동식물 또는 식품에 내재된 인자가 건강에 악영향을 미치는가를 확인하는 위험확인과정(Hazard Identification), ② 건강이나 생태계에 미치는 악영향의 정도를 평가하여 유해성을 결정하는 용량-반응 평가(Dose-Response Assessment), ③ 동식물 또는 식품에 유해성 인자가 나타날 빈도[31]와 소비량을 나타내는 노출평가(Exposure Assessment),[32] ④ 특정 동식물 또는 식품으로부터 위험에 의한 결과로 질병 등 부정적 영향이 발생할 확률과 심각성을 평가하는 단계인 위험결정(Risk Characterization) 단계로 구성된다.[33]

동식물 검역과정에서의 위험평가는 유해물질이 건강에 미치는 영향을 규명하는 건강 위험평가(Human Health Risk Assessment)와 유해물질이 생태계에 미치는 영향을 규명하는 생태 위험평가(Ecological Risk Assessment)가 동시에 수행된다.

3) 적정보호수준 요인

SPS 협정에서는 회원국이 위생 또는 식물위생 보호의 적정수준을 달성하

31) 유해성 인자가 나타날 빈도는 상품, 원산지, 목적지의 특성에 따라 달라진다.

32) 노출평가에서는 중요한 자료나 지식 등 정보가 구비되지 못해서 발생하는 불확실성과 유해성 인자가 발생되는 빈도와 소비량에 있어서 평균 이외에 분산도 함께 고려하는 변동성이 포함되어야 한다.

33) 이러한 위험평가의 4단계는 지속적으로 검토되어 왔으며, 위험평가 개념을 국제적으로 통일하고자 하는 노력도 지속적으로 이루어져 왔다. Codex에서는 1995년 병원성 미생물 등 식품의 규격·기준 설정에 대한 위험분석의 도입을 권고하였고, 1998년 정량적 위험분석의 원칙과 지침을 발표한 후 2000년 Codex 총회에서 최종 승인되었다.

기 위한 SPS 조치의 수립 또는 유지를 위해서는 기술적 또는 경제적 타당성을 고려하되 적정보호수준 이상의 조치가 되지 않아야 한다고 규정함으로써 SPS조치의 국내적용을 위한 또 다른 근거요인으로써 적정보호수준을 분명히 하였다.

또한 SPS 협정에서는 적정보호수준의 결정과정이 SPS 조치의 수립 · 유지를 위해 선행적으로 이루어지는 의사결정 과정의 한 요소임을 분명히 하고 있다. 이는 적정보호수준이 도입 또는 유지가 SPS조치의 수립 및 유지를 결정하는 요소이지, SPS 조치가 적정보호수준을 결정하는 것은 아니라는 것을 의미이다. 이 밖에도 SPS협정은 회원국이 적정보호수준을 결정할때에는 무역에 미치는 부정적 영향을 최소화하는 목표를 고려하여 설정하도록 규정하고 있다.

한편, 적정보호수준의 결정은 과학적 증거에 입각하여 결정하되 구체적인 적정수준의 결정은 위해성의 크기와 발생가능성에 비례해서 결정된다. 따라서 위해성에 대한 과학적 증거가 충분할수록 위해성과 발생가능성에 대한 규제수준을 높이는 것이 정당화된다. 그리고 이러한 적정보호수준의 결정은 회원국에 의하여 이루어지나 자의적이고 부당한 통상제한이 되지 않도록 해야 하며, 필요성 요건 등에 부합되게 결정되어야 한다.

3. 개도국 특별대우

개도국의 경우 자국의 수출관심품목에 대한 수출기회 유지를 위하여 동품목에 대한 보다 장기간의 준수기간을 부여하며, 개도국에게 협정에 따른 의무의 전체 또는 부분으로부터의 구체적이고 한시적인 예외를 부여한다. 또한 개도국은 기술지식, 하부구조, 자원이 부족한 경우 협정내용을 WTO 발효일로부터 2년간 연기가 가능하며, 최빈개도국은 5년간 적용연기가 가능하다.

사례분석

GMO
"20년 먹어도 피해 없어" vs "안전하다는 증거 없어" 찬반 팽팽

승인을 받지 않고 재배된 유전자변형 밀이 미국 오리건주에서 발견됐다는 뉴스는 국내에도 큰 반향을 일으켰습니다. 우리나라에 수입된 미국산 밀과 밀가루에선 문제의 성분이 검출되지 않았지만, 유전자변형작물(GMO)에 대한 관심은 다시 한 번 높아졌습니다.

1994년 미국 칼젠사가 첫 유전자변형 작물인 물러지지 않는 토마토를 개발해 시장에 내놓은 지 20년이 지난 지금까지 GMO에 대한 유·무해 논쟁은 계속되고 있습니다. GMO란 '녹색혁명'의 총아로 인정되고 있지만 일부 소비자·환경단체 등에서는 이 GMO를 사람이 먹어본 적이 없어 안전성을 담보할 수 없는 '프랑켄 푸드'(Franken food)로 간주하고 있는 것도 사실이다.

GMO는 일반적으로 유전공학기술을 이용해 생물체의 유용한 유전자를 다른 생물체의 유전자와 결합시켜 병충해에 강하거나 수확량을 증가시키는 등의 특정 목적에 맞도록 개량한 농산물을 지칭한다. GMO도 크게 보면 육종(育種, 품종 개량) 기술의 일종이다. 그러나 기존의 육종 기술에선 불가능하다고 알려졌던 해충 저항성이나 제초제 내성이 있는 콩·옥수수 등 개량 농산물을 빠르게 만들 수 있다는 장점을 가지고 있다는 것이 특징이다. 몬산토사가 개발해 전세계적으로 널리 보급한 라운드 업레디 콩은 제초제에 저항력을 갖도록 설계된 GMO 콩이다. 한국에서는 제초제 내성과 해충 저항성을 지닌 GMO 콩 11종이 안전성 검사를 통과했다.

GMO는 'Genetically Modified Organism'의 약어다. 이 중 M을 국내에선 GMO에 대한 호·불호에 따라 각각 다르게 번역해왔다. GMO에 대한 해석으로 반 GMO 진영에서는 '유전자조작식품'이라고 부르지만 농림축산식품부는 '유전자변형식품', 식품의약품안전처는 '유전자재조합식품'이라고도 부른다. 신문과 방송에서도 이러한 세 용어를 혼용해 사용하고 있다. 이러한 이유 때문에 유전자조작식품과 유전자재조합식품은 별개의 식품이라고 오인하는 사람들도 많다.

이러한 상황을 고려하여 최근 식약처 주도로 GMO에 대한 우리말 통일 작업이 진행 중이다. 반 GMO 입장에 있는 '소비자시민모임'도 '조작'이란 표현을 배제하는 데는 동의하고 있다. GMO에 호의적인 미국에서는 GMO를 '바이오테크' 식품이라고 부른다. 미국에서는 GMO 기술로 만든 콩 · 옥수수는 유기체 · 작물을 의미하는 O를 빼고 GM콩 · GM옥수수라고 칭하는 것이 일반적이다.

하지만 소비자 입장에서 볼 때 이러한 논쟁에서 가장 중요한 것은 GM 식품에 대한 안전성 문제이다. 시소의 왼쪽을 대표하는 세력으로는 미국 · 세계보건기구(WHO) · 미국의사협회(AMA) · '한국소비자연맹', 오른쪽을 대표하는 세력으로는 유럽연합(EU) · '그린피스' · '소비자시민모임' 등이 있다. 만약 시소의 왼쪽에 '안전하다'는 측과 오른쪽에 '안전하지 않다'는 측을 동시에 올린다면 현재로선 무게추가 왼쪽으로 약간 기울고 있는 상황이다.

해충 저항성과 제초제 내성을 지닌 옥수수 51종이 안전성 승인을 받았다. GMO의 안전성은 몇 년을 토론해도 결론을 내기 힘든 사안이다. 안전하다는 쪽에선 "지난 20년 동안 GMO 성분이 함유된 식사를 2조~3조(兆)번이나 했지만 건강상 피해를 입은 사례는 아직 한 건도 없었다. 유해하다는 증거가 있으면 제시하라"고 주장한다. 이에 대해 안전하지 않다는 쪽은 "GMO를 장기간 섭취했을 때 안전하다는 증거는 없다. GMO 안전성에 대한 과학적 검증이 불완전하다"고 반박한다.

미국과 EU가 GMO를 바라보는 시각도 정반대다. EU집행위원회가 1998년 GMO의 안전성이 불분명하다며 수입을 금지하자 미국은 2003년 세계무역기구(WTO)에 제소했다. 이 분쟁은 2006년 EU의 패배로 끝났다. EU의 금수(禁輸) 조치를 정당화할 만한 과학적 근거가 없다는 이유에서다.

세계적인 학자들도 의견이 갈린다. 영국 브리스톨대 존 베린저(분자유전학) 교수는 "20년만 지나면 GMO가 인간의 건강과 행복에 필수적이란 생각에 반대하는 사람이 없을 것"이라고 말했다. 반면 노벨의학상 수상자이자 미국 하버드대 명예교수인 조지 월드 박사는 "GMO는 예기치 못한 새로운 동 · 식물 질병을 유발할 수 있다"고 우려한다. GMO의 안전성에 대한 일치된 판정은 내리기란 불가능하다.

예를 들어 미국의 몬산토사가 신종 GM콩을 개발했다고 가정해 보자. 미국 식품의약청(FDA)은 몬산토사가 제출한 관련 연구 자료들을 토대로 안전성 여부 등을 확인한다. 이를 통해 'OK' 사인을 받은 것만 미국에서 심을 수 있는 신종 GM콩으로 인정된다. 미국 오리건주의 GM밀이 문제가 된 것은 FDA의 최종 허가를 받지 않은 미승인 GM밀이 발견됐기 때문이다.

몬산토사가 신종 GM콩 씨앗을 심어 수확한 콩(GM콩)을 한국에 판매하기 위해선 식약처의 허가를 다시 받아야 한다. 식약처는 20명의 전문가로 구성된 심사위원회의를 통해 신종 GM콩의 승인여부를 결정한다. 신종 GM콩과 일반 콩의 알레르기 유발 · 독성물질 · 영양소 등이 같다면 안전하다고 인정하는 것이 '실질적 동등성'(substantial equivalence) 평가의 기본 잣대다. 국내에 수입되는 GM농산물은 식약처가 안전성을 최종 확인한 것이다. 하지만 식약처의 허가절차가 서류검사 위주라서 신뢰성에 의문이 제기되기도 한다.

GM농산물은 몬산토 · 듀폰 · 신젠타 · 아벤티스 · 바스프 · 바이엘크롭사이언스 등 외국 회사들이 개발하여 전 세계 시장을 주도하고 있다. 국내에서도 GM 쌀 등 수십 종이 개발됐지만 GMO에 대한 반대 여론에 밀려 시험재배도 못하고 있는 실정이다. 국내에 수입이 허가된 GM농산물(올 4월 말)은 콩(11종) · 옥수수(51종) · 카놀라 · 면화 · 감자 · 사탕무 · 알팔파 등 모두 91종이다.

이들 GM농산물이 종자(씨앗) 상태로 수입되진 않는다. 따라서 일부에서 거론하는 외국 종자기업에 대한 '종자 예속'을 우려할 단계는 아니다. GM농산물을 심으면 "농약 살포를 줄일 수 있어 환경 · 식품안전에 기여할 수 있다"는 주장과 "시간이 지나면 농약 사용량이 오히려 늘어날 수 있다"는 주장이 맞서 있다. 현재 국내에선 GM농산물이 생산 · 재배되지 않는다.

중앙일보, "유전자변형작물(GMO)", 2013.7.4.

4.5 비관세장벽에 관한 협정

WTO 협정에서는 국가간 무역을 방해할 수 있는 비관세 장벽에 대한 여러 가지 관련 부속협정을 GATT 협정 하에 두고 있다. 현재 WTO에서 규정하고 있는 비관세장벽에 관한 협정은 대부분이 상품 관련 협정에 속해 있으로 대부분 다음과 같은 분야의 문제에 대해 규정하고 있다.

- 기술장벽
- 수입허가
- 관세평가
- 선적전 검사
- 원산지 규정

1. 기술장벽

1) 배경

기술 규정과 산업 표준은 국제무역에 있어 매우 중요한 역할을 하고 있지만 그 기준은 국가들마다 많은 차이를 보이고 있다는 것도 현실이다. 무역에 대한 기술장벽에 관한 국가 간의 차이가 국제무역의 장애물로 작용하는 경우 생산자와 수출업자 사이에게서는 많은 문제를 발생할 수 있다. 무역에 대한 기술장벽들이 특정국가에 의해 독단적으로 제정된다면 이는 수입 억제를 위한 무역장벽으로 충분히 작용할 수 있기 때문이다. 즉, 기술규정과 표준의 국제적 또는 국가 간 상이성이 국제무역을 방해하는 하나의 무역장벽으로 충분히 자리 잡을 수도 있다는 의미이다. WTO 무역에 관한 기술장벽에 관한 협정 (Agreement on Technical Barriers to Trade)은 이와 같은 개별 국가의 기술규정과 표준검사, 증명절차가 불필요한 무역장벽으로 작용하지 못하도록 하는데 있다.

무역에 관한 기술장벽에 관한 협정(이하 'TBT협정')의 기원은 1973-1979년 사이에 열린 동경라운드에서 합의된 규약(Code)에서 찾아볼 수 있다. 하나 당시 체결된 TBT 협정은 ① 전체 참여국 114개 회원국중에서 38개국만 합의함으로서 그 수가 미미하였고, ② 지방정부 및 비정부기관의 TBT 협정 이행의무가 확보되지 못하였으며, ③ TBT협정의 적용 및 관할 범위가 모호하다는 문제점을 갖고 있었다.

따라서 코드가 체결된 이후에도 무역에 대한 기술장벽은 무역장벽으로 여전히 남용되어 왔고, 이로 인한 국가간 통상마찰의 사례도 증가하였다. 따라서 기술규정 등과 같은 표준화 제도가 국제무역에 대한 불필요한 장벽으로 작용하지 않도록 해야 한다는 목표아래 WTO 무역에 관한 기술장벽에 관한 협정이 체결된 것이다.

2) 목적

WTO 무역에 관한 기술장벽에 관한 협정에서는 회원국은 자국이 적절하다고 고려하는 기준[34)]을 채택할 수 있는 권리를 가지고 있다고 규정하고 있다. WTO 회원국들도 다른 회원국이 자국의 기술기준을 국제기준에 충족시키기 위하여 취하는 조치를 방해해서는 안 된다. 동 협정의 제정은 결국 국가간 기술장벽의 지나친 차이를 방지하기 위하여 적절한 국제기 준을 채택하도록 회원국을 장려하는 것이지, TBT에 관한 당해 국가의 보호수준을 변화시킬 것을 요구하는 것은 아니다.

WTO TBT 협정은 '포장・표시・상표부착 요건들을 포함한 기술규정과 표준(technical regulations and standards, including packaging, marking and labelling requirement)', 그리고 '기술규정과 표준에의 적합여부 판정절차(procedures for assessment of conformity with technical regulations and standards)'가 국가간에 부당한 차별의 수단이나, 국제무역에 대한 위장된 제한의 방지, 동・식물의 생명 또는 건강이나 또는 환경보호, 기만적인 관행의

34) 예를 들어 환경보호나 다른 소비자들의 이익을 충족시키는 인간과 동・식물의 생명 또는 건강보호를 위한 기준을 의미한다.

방지를 위하여 회원국이 적절하다고 판단하는 수준에서 필요한 조치를 취할 것을 인정하고 있다.

3) 주요내용

TBT 협정의 기본정신은 국제표준화의 적합 판정절차가 생산 능률의 향상은 물론 국제교역의 활성화를 위해 중요하기 때문에, 회원국들은 자국의 기술규정과 표준, 그리고 이에 대한 적합판정절차가 국제무역을 불필요하게 제한하지 않도록 보장하기 위한 것이다.

이를 위해 TBT 협정에서는 기술규정 및 표준화 준비, 채택 및 적용에 대한 비례성의 원칙을 채택하고 있다. 여기서 '비례성의 원칙'이란 어떤 기술규정이 시행되지 않음에 따라 야기될 수 있는 위험(risk)과 '기술규정이 과도한 형태로 시행됨에 따라 나타날 수 있는 비용(cost)' 간의 비례성을 고려하여 적절한 수준에서 기술규정이 도입되어야 한다는 것이다.

TBT협정에서는 회원국은 국가안보요건, 기만적 행위의 방지, 인체의 건강 또는 안전, 동ㆍ식물의 생명 또는 건강, 환경보호 등의 예외적인 경우 회원국 나름의 적합 판정절차를 운영할 수 있도록 규정하고 있다. 이러한 적합 판정절차는 가능한 신속히, 그리고 다른 회원국의 영토를 원산지로 하는 상품에 대하여 국내산 동종 상품 보다 불리하지 않는 절차로 실시 및 완료되어야 한다고 규정하고 있다. 적합 판정절차의 표준 처리기간은 공표 또는 요청 시 통보하여야 하며, 적합 판정절차와 관련된 정보의 비밀을 존중하도록 하고 있다.

TBT 협정에서는 적합성 판정절차를 운용함에 있어 원산지에 따라 차별대우를 해서는 안 되며, 적합성 판정절차의 표준처리기간도 구체적으로 공표하도록 규정하고 있다. 그리고 이러한 표준처리기간은 회원국으로부터 별도의 요청이 있는 경우 이를 통보되어야 한다. 적합성판정절차의 운용에 이의가 있는 경우 신청자는 주무기관에 이의를 신청하고, 회원국은 필요한 경우 이에 대한 적절한 조치를 취할 수 있는 절차를 마련해야 한다.

TBT협정에서는 회원국 간의 상이한 적합성 판정절차에 대한 상호인정을 권장하고 있다. 즉, 다른 회원국의 적합성 판정절차가 자국의 절차와 다르다 하더라도 동 절차가 자국의 기술규정 및 표준과의 적합을 보장하는 경우 다른 회원국의 적합성 판정절차의 결과를 수용하도록 권장하고 있다.

이를 위해서 수출국 관련 적합성 판정절차기관이 내린 적합성 판정절차를 수입국에서 신뢰할 수 있도록 절차가 객관적이고 평가능력이 있는지에 대해 양국의 사전협의가 전제가 되어야 한다. 그리고 지방정부기관 및 비정부기관도 중앙정부기관에 상응하여 상기 적합판정절차 및 타 회원국 판정의 인정관련 규정을 준수하도록 보장하도록 하고 있다.

한편 회원국은 기술규정, 표준, 검사 및 인증제도를 적용하는데 있어 개도국의 개발과 재정, 무역상의 필요성을 고려하여 개도국의 수출에 불필요한 장벽이 되지 않도록 노력하여야 한다. 비록 국제표준이 있다고 하더라도 개도국의 특수한 기술적·사회적 조건과 경제개발을 위한 토착기술과 생산방법을 유지할 필요성이 있음을 감안하여 개도국의 사정에 적합하지 않은 국제표준을 사용할 것을 기대해서는 안 된다. 또한 회원국은 기술규정, 표준, 검사 및 인증제도가 개도국의 수출증대와 시장다변화에 장애가 되지 않도록 기술지원을 하여야 한다.

이 밖에도 TBT협약에서는 표준에 관한 모범관행규약을 제정하여 중앙정부기관, 지방정부기관 또는 비정부기관 등에 관계없이 WTO TBT 협정 회원국 내에 소재한 모든 표준 기관을 대상으로 자발적으로 이 규약을 수용할 수 있도록 규정하고 있다.

4) 협정의 적용범위

WTO TBT 협정은 모든 회원국들의 모든 상품에 대해 적용 된다. '공정 및 생산 방법(PPMS)'개념이 도입되어 최종제품 뿐만 아니라 생산 과정도 TBT협정의 적용대상에 포함된다. 그리고 '모범관행규약(Code of Good Practice)'를 제정하여 지방 정부기관 및 비정부기관이 이를 통하여 TBT협정을 이행하도록 하였다. 그러나 정부 조달품 즉, 정부기관의 생산 또는 소비를 위해서 정부기관에 의해 기술규정 또는 표준, 규격 등이 명시되는 거래에 대해서는 본 협정의 규정을 적용되지 않고 '정부조달협정'이 적용된다. 하지만 농산물의 경우 그 특성을 고려하여 농산물 관련 표준 및 기술에 관한 규정은 WTO 위생 및 검역협정에서 관할하도록 하였다.

4.5.1.5 정보의 접근과 협정의 운용

제조업자나 수출업자는 수출시장에서 적용되고 있는 최신의 규정이 무엇인지를 알 필요가 있다. 따라서 WTO TBT 협정에서는 WTO 회원국들은 관련 정보의 편리적 이용을 보장하기 위하여 다른 회원국과 다른 회원국의 이해 당사자로부터 모든 합리적인 문의에 대해 응답할 수 있고 관련문서를 제공할 수 있는 하나 이상의 문의처(Enquiry Point)를 설립하도록 규정하고 있다.[35]

그리고 동 협정의 운영을 위하여 무역에 대한 기술장벽위원회(Committee on Technical Barriers to Trade)가 설치된다. 무역에 대한 기술장벽위원회는 각 회원국으로부터 TBT 협정과 관련된 각국의 조치를 통보받으며, 이 협정의 이행과 운영에 관한 검토를 위한 제반 협의를 적어도 1년에 한 번씩 하여야 한다. 동 협정의 이행과 관련된 분쟁은 분쟁해결기구의 주관하에 진행하되 TBT협정이 난해한 기술규정이라는 점을 감안하여 패널 조사과정에서 기술전문가의 의견을 얻을 수 있도록 명시하고 있다.

2. 수입허가

1) 배경

수입허가절차Iimport Licensing Procedures)란 수입국이 자국의 관세영역으로 상품을 수입하기 위한 선행조건으로서 (관세 혹은 통관 목적으로 요구되는 문서가 아닌) 신청서나 그 밖의 문서를 자국의 관련 행정기관으로 제출할 것을 요구하는 행정절차를 의미한다.

---

35) WTO 기술적 무역장벽에 관한 협정, 제10조.

수입허가제도는 비록 폭넓게 사용되고 있는 제도는 아니지만 WTO에서는 이에 관한 규정을 제정하고 있다. WTO 수입허가 절차에 관한 협정은 국제무역에서 사용되는 행정절차와 관행을 최소화하고 그 투명성을 보장하며, 이러한 절차와 관행을 공정하고 공평하게 적용하고 운용하기 위하여 1979년 동경라운드에서 처음으로 채택되었다. 그러나 당시의 협정은 단지 코드(Code)에 불과하였고, 그 내용상으로도 불명확한 점이 많아 각국의 수입허가 절차의 남용을 효과적으로 제어할 수 없었다. 이러한 이유 때문에 수입허가 절차에 관한 협상이 UR에서 만들어지게 된 것이다.

2) 주요내용

WTO 수입허가 절차에 관한 협정[36](Agreement on Import Licensing Procedures)은 수입허가가 단순하고 투명하며 예측가능 하여야 한다고 규정하고 있다. 그래서 동 협정에서는 각국의 정부가 수입허가를 부여하는 방법과 관련 절차를 파악하려는 무역업자에 대한 충분한 정보의 제공을 규정하고 있다. 또한 동 협정에서는 회원국이 새로운 수입허가절차를 도입하거나 또는 변경하려할 때에는 반드시 WTO에 통보하도록 규정하고 있다. 이와 함께 회원국 정부가 일치시켜야 하는 수입허가의 적용방법에 관한 지침도 제공하고 있다.

WTO 수입허가절차에 관한 협정에서는 자동수입허가(Automatic Import Licensing) 규정을 채택하고 있다. 자동차수입허가제도는 수입허가에 관한 모든 신청에 대하여 일정요건을 충족하는 경우에는 수입허가를 자동적으로 득한 것으로 인정하는 제도이다. 이는 수입허가 취득에 대한 수입업자의 부담을 최소화시켜 행정적인 허가절차가 수입을 왜곡시키거나 또는 규제하지 않도록 하는데 그 목적이 있다.

WTO 수입허가절차에 관한 협정에서 규정하고 있는 자동수입허가의 기준

36) WTO 수입허가 절차에 관한 협정, 제1조 제1항에서 수입허가란 수입회원국의 관세영역으로 수입을 위한 선행조건으로서 관련 행정기관에게 신청서나 그 밖의 문서(통관 목적으로 요구 되는 문서가 아닌)의 제출을 요구하는 수입허가제도의 운영에 사용되는 행정절차로 정의하고 있다.

이 되는 경우는 다음과 같다.[37]

- 자동허가 대상품목을 수입하는 활동에 종사하며 수입국의 법적 요건을 충족하는 모든 개인, 회사 또는 기관이 수입허가를 신청하는 경우
- 허가신청서가 상품의 통관 이전에 제출될 수 있는 경우
- 허가신청서가 적절하고 완전한 형태로 제출된 경우

이러한 경우 수입허가는 신청에 대한 행정적으로 가능한 접수 후 즉시, 또는 최대 10일 근무일 이내에 승인이 된다. 또한 허가된 수입품은 운송 중에 발생한 차이 대량적하에 부수되는 차이 및 정상적인 상관행과 일치하는 그 밖의 사소한 차이로 인하여 발생한 금액이나 물량 또는 중량 등과 같은 분야에서 나타나는 사소한 차이로 인해 수입이 거부되어서는 안 된다.

3) 수입허가위원회

수입허가절차에 관한 협정의 운영을 위하여 WTO는 각 회원국의 대표로 구성되는 '수입허가위원회'(Committee on Import Licensing)를 설치하도록 규정하고 있다. 수입허가위원회는 수입허가절차에 관한 협정의 이행과 운영을 검토한다. 수입허가절차를 제도화하거나 또는 변경하려는 회원국들은 이러한 내용을 수입허가위원회에 통보하여야 한다. 동 위원회에서는 신청서가 접수되는 대로, 즉 선착순인 경우 30일 이내, 모든 신청서가 동시에 고려되는 경우에는 60일 이내에 처리한다.[38] 그리고 WTO 분쟁해결기구는 수입허가절차에 관한 협정과 관련된 협의나 분쟁의 해결도 담당한다.

---

37) WTO 수입허가 절차에 관한 협정, 제2조 제2항 가.
38) WTO 수입허가 절차에 관한 협정, 제3조 제5항 바.

3. 관세평가

1) 의의와 목적

무역거래의 당사자는 저마다 가격에 대한 개념을 가지고 있다. 즉, 구매자에게는 그가 구입할 상품의 가치와 그 당시의 동종 및 동질 상품의 가격을 비교하는 평가의 개념이 있는 것이다. 판매자도 역시 자신이 투자한 비용과 동종의 경쟁상품 가격을 비교하여 상품의 구매자로부터 얻을 수 있는 댓가를 평가하는 가격개념이 존재하는 것이다. 결국 무역거래에 있어서 가격은 구매자의 최저가격 개념과 판매자의 최고가격 개념이 균형을 이루는 데에서 만들어지는 것이다.

그러나 이러한 합의가격은 거래 자체에 수반되는 관계 이외에 구매자와 판매자와의 관계에 의해서도 영향을 받을 수도 있다. 그러므로 수입상품에 대해 관세를 부과할 때에는 이러한 관계에 의해 영향을 받은 가격이 아닌 정확하고 합리적인 본래의 상품가격을 기준으로 과세해야 한다. 예를 들어, 과세권자는 종가세를 부과함에 있어서 수입업자간의 차별을 피하기 위하여 매매 당사자 간의 특수관계에 따른 영향을 가격기준에서 공제하지 않으면 안되는 것이다.

관세제도란 국가적으로 관세의 징수를 통한 재정수입의 확보와 함께 국내산업을 보호하는 산업정책적인 기능을 가지고 있다. 반면에 해외 수출업자의 입장에서 보면 관세란 넘어야 하는 무역장벽중 하나이기 때문에 가급적 과세가격이 낮게 책정되기를 원한다. 일부 개발도상국에서와 같이 관세수입이 국가재정수입에서 중요한 비중을 차지하는 경우 관세평가제도는 국가경제에 매우 중요한 영향력을 미칠 수 있다. 그리고 관세당국의 입장에서 보면 고액의 관세가 부과되도록 하는 관세평가를 하는 경우 보호무역을 위한 하나의 무역장벽이 될 수 있다.

하지만 한 국가의 수입상품의 과세가격이 저평가 될 경우 국가의 관세수입은 현저하게 감소되며, 관세부담이 적어짐으로써 수입상품의 경쟁력이 제고되어 국내 산업에 악영향을 발생시킨다. 하지만 과세가격이 고평가 될 경우 수입업자의 부담을 가중시켜 수입을 저지하는 효과를 주고 관세수입을 증가시키게 될 것이다.

그러나 이러한 관세에 대한 과세가격의 평가는 당사자들의 이해관계에 따라 평가가 달라지지만 전체적 측면에서 보면 국제적인 차원에서 뿐만 아니라 개별국가의 차원에서도 부정적인 영향이 더 컸다. 고평가든 저평가든 어느 경우에나 시장왜곡과 불공정한 무역을 발생시킬 것이다. 그리고 수입업자 입장에서 보면 수입자에 의한 국제이전가격조작을 통한 조세회피를 할 수 있는 여지를 제공할 수 있는 것이다.

WTO 관세평가협정은 각국에 의한 관세평가방법의 독자성을 존중하면서 관세평가가 관세양허의 효과를 저해하지 않고 무역장벽으로 작용하지 않도록 하기 위한 필요성에서 추진되었다고 볼 수 있다. WTO 관세평가협정 또한 동경라운드의 결과로 체결된 코드 중에 하나로서 발효되었으나 당시의 협정은 일부 국가만 가입된 복수국가간 협정이라는 한계점을 지니고 있기 때문에 이를 확대한 것이다.

관세평가(Customs Valuation)란 수많은 가격[39]이 수입국의 법률(관세법)에서 정하는 과세가격의 요건을 갖추었는지의 여부를 검토하고 그 거래의 내용을 법률 요건에 맞추어 해석함으로써 과세가격을 산출하고 결정하는 것을 의미한다. 이러한 관세평가의 목적은 수입물품의 저가신고를 방지하여 관세수입을 확보하고 덤핑수입을 방지하여 국내산업을 보호하며 아울러 고가신고로 인한 부당한 외화유출을 방지함으로써 적정과세 확보를 도모하는데 있다

2) 관세평가의 대상

관세는 과세표준을 기준으로 하여 종가세, 종량세, 선택세 및 복합세로 구분하고 있다. 이중 종량세는 물품 수량 및 중량, 용적과 같은 것을 과세표준으로 사용하는 것이므로 관세평가의 대상이 될 수 없다. 따라서 관세평가의 주된 대상은 종가세와 선택세, 복합세의 대상물품 가운데 종가세 부분만이

39) 즉 선불가격, 현금가격, 후불가격, 할인가격, 할증가격, 수출가격, 수입가격, 국내시장가격, 도매가격, 소매가격, 임대가격, 판매가격, 월부가격 및 생산원가 등을 의미

해당된다. 오늘날 국가들은 대부분 종가세를 중심으로 관세를 부과하고 있기 때문에 관세평가의 주요 대상은 결국 대부분의 국가라고 볼 수 있다.

우리나라도 관세법 제9조에서 관세의 과세표준 수입물품의 가격 또는 수량으로 규정하고 있지만, 별도 관세율표상에서는 대부분의 물품이 종가세로 표시되어 있음을 알 수 있다. 이는 결국 수입물품의 과세표준으로 종가세를 물품의 과세가격이 거래가격으로 인정된다는 것을 의미한다. WTO 관세평가 협정의 전문에서도 과세가격의 제1차적 기준을 "거래가격(Transaction Value)"이라고 분명히 밝히고 있다.

관세평가 협정의 공식적인 명칭

1994년 관세 및 무역에 관한 일반협정 제7조의 이행에 관한 협정 (Agreement on Implementation of Article Ⅶ of General Agreement on Tariffs and Trade 1994)과 1994년 관세 및 무역에 관한 일반협정 제7조의 이행에 관한 협정과 관련된 각료결정([Ministerial] Decision Relating to Agreement on Implementation of Article Ⅶ of General Agreement on Tariffs and Trade 1994)

3) 관세평가방법

관세평가 협정에서는 제일 먼저 수출업자와 수입업자간의 거래가격을 평가기준으로 사용한다. 그러나 수입물품의 거래가격을 동 물품의 과세가격으로 결정할 수 없는 경우에 대비하여, WTO 관세평가협정에서는 다음과 같은 4가지 선택적 방법을 도입하고 있다. 그리고 이 4가지 방법은 순차적으로 적용된다.

- **동종 물품의 거래가격** : 동종 물품이 동일 수입국내에 동시에 수입되고 있을 때 그 물품의 거래가격
- **유사 물품의 거래가격** : 유사 물품이 동일 수입국에 동시에 수입되고 있

을 때 그 물품의 거래가격

- **공제가격** : 동종 및 유사의 수입물품이 수입국내에서 판매되는 경우 그 단위가격에서 통상 지불하는 수수료 및 통상적으로 발생되는 이윤이나 일반 경비로서 부가되는 금액, 수입국내에서 발생되는 운임 및 보험료 등과 그 물품의 수입 또는 판매로 인하여 수입국내에서 지불하는 관세 및 기타 내 국세 등을 공제한 가격
- **산정가격** : 산정가격은 수입 물품의 생산에 있어서 노동 및 자재의 실질 비용, 통상적인 일반경비 및 동일한 부류에 속하는 제품의 판매 시 통상 반영되는 이윤 등을 합산한 가격

4) 수입물품의 관세평가

관세평가협정에서는 수입물품의 가격이 상식적 기초 위에서 평가되어야 한다고 규정하고 있다. 즉, 수입업자와 수출업자가 '관련이 없는 당사자(unrelated parties)'인 경우 그 과세가격은 판매가격에 의하여 결정된다. 여기에는 당해 거래의 실제 사정을 고려하는 수입대리인에게 지불하는 중개료나 물품의 라이선스료 등도 포함된다.

그러나 다국적 기업이 증가하면서 수입업자와 수출업자가 "관련이 있는 당사자"가 되는 경우도 빈번하게 발생하고 있다. 관세평가 협정에서는 이러한 경우 에도 실제로 특수관계가 거래가격에 영향을 미치지 않은 경우에 한해서 당해 물품의 거래가격을 과세가격으로 채택하고 있다. 그러나 수출업자와 수입업자 간의 관계가 가격에 영향을 미쳤다고 인정할 수 있는 경우 관세당국은 반드시 수입업자에게 이를 통보하고, 수입업자가 이에 대해 답변할 수 있는 합리적인 기회를 제공하여야 한다.

5) 기존 관세평가협정과의 차이

WTO 관세평가협정은 공평하고 통일적이며 중립적인 상품의 관세평가제도의 구축을 목표로 한다. WTO 관세평가협정은 동경라운드에서 채택되었던

관세평가협정과 동일한 협정이라고 볼 수 있다. 그러나 WTO 관세평가협정은 기존의 관세평가코드에서보다 개발도상국의 주장을 더욱 많이 반영함으로써 보다 발전되고 명확한 규칙을 제공하고 있다.

UR 협상과정에서 인도, 브라질, 케냐 등 개발도상국들은 관세평가협정에 의한 관세당국의 권한 행사의 어려움을 호소하였다. 관세당국은 신고된 가격의 진실성이나 정확성 등에 대하여 확인할 권리를 가지고 있으나, 개발도상국의 경우에는 한정된 인력이나 기술의 부족 때문에 이를 정확하게 확인하기가 어려웠다. 이러한 이유 때문에 개발도상국들은 관세당국이 신고된 가격의 진실성에 대하여 의심할 만한 이유가 있다고 판단되는 경우 수입업자가 그 해당가격의 타당성을 입증하여야 한다고 주장하였던 것이다.

WTO 관세평가협정에서는 기존의 개도국 입장을 상당 부분 수용하였다고 볼 수 있다 즉, 수입품 공표가격의 정확성에 대한 의문이 존재하는 경우 이에 대한 자세한 정보를 수입업자에게 요구를 할 수 있는 권리를 관세당국에 주었다. 즉, 수출업자와 수입업자가 특수한 관계가 아니라는 부분에 대한 입증 책임을 상당부분 수입업자에게 부여한 것이다.

그러나 관세평가협정에서는 추가적인 정보에도 불구하고 관세당국이 수입품의 가격에 대한 합리적인 의문이 존재한다면, 관세당국은 수입품의 관세가격[40]이 공표가격을 기초로 해서는 결정될 수 없는 것으로 간주된다.

4. 선적전 검사

1) 개념과 효과

선적 전 검사(Pre-Shipment Inspection: PSI)란 해외로 나가는 상품의 자세한 선적내용(가격이나 품질, 수량 등)을 검사하기 위하여 민간기업이 행하게끔 되어 있는 모든 관행을 의미한다. 선적 전 검사는 주로 개발도상국 정부

40) 1994년 관세 및 무역에 관한 일반협정 제7조의 이행에 관한 협정, 제1조, 제8조, 제15조 참조. 수입품의 관세가격은 거래가격, 즉 수입국에 수출 판매되는 상품에 대하여 실제로 지불했거나 지불할 가격을 조정한 가격으로 수입품에 종가관세를 부과하기 위한 목적의 물품가격을 의미한다.

에 의해 활용되는 것으로 자본도피, 상업적 부정행위, 탈세 등의 방지행위를 통한 국가의 재정적 권익을 보호하고 불충분한 행정적 검사시설 부족이라는 행정적 하부구조를 보완하기 위한 제도이다.

선적 전 검사는 국제매매시 상품검사의 일종으로 민간 검사회사에 의하여 행해지던 제도로서 수입 시 품질 및 수량검사와 함께 가격비교 등을 목적으로 다수 개도국들에 의하여 이용되면서 국제무역상의 관행으로 발전된 것이다. 선적 전 검사제도는 상품 발송전에 미리 상품의 가격과 품질을 검사함으로써 수입 시 포장을 다시 뜯어 검사하는 시간을 절약할 수 있다는 장점이 존재한다. 선적 전 검사제도는 다국적 기업이나 일부 수출・수입업자가 개도국과의 무역에서 거래가격 등을 조작하여 외화도피와 탈세 등의 수단으로 악용함에 따라 개도국들이 자국의 이익을 지키기 위하여 시행한 제도이다.

하지만 선진국들은 이러한 선적전 검사 제도가 불필요한 수출지연 등과 같은 무역왜곡 효과를 발생시킬 수 있기 때문에 이를 다자간 협정의 틀 속에서 규제해야 한다고 보고 있다. 우루과이라운드에서도 이러한 이유 때문에 선적 전 검사에 관한 의제가 채택된 것이다.

선적 전 검사 제도의 순기능적 효과를 살펴보면 먼저 부정무역의 방지와 무역거래의 촉진, 둘째, 관세평가 및 관세부과의 적정성 도모, 셋째, 선적 전 검사기능 보조 등을 들 수 있다.

하지만 선적 전 검사제도 자체에는 이상과 같은 순기능 외에 몇 가지 문제점도 존재한다. 개도국에 의한 선적전 검사제도의 시행은 결국 선적전 검사제도 시행에 따른 국제무역상의 문제점, 동 검사기관의 서류검사 병행에 따르는 문제점, 무역대금결제의 지연, 동 검사기관의 수출가격 적부판정 결정에 따르는 문제점, 동 검사기관에 의한 수출업체의 비밀사항 제시요구, 비밀사항 수집 및 이에 따르는 악용의 가능성 등이 존재한다.[41]

2) 주요내용

WTO 선적전 검사에 관한 협정(Agreement on Preshipment Inspection)은

41) 이춘삼, 「국제통상법」, 법무부, 1999, p.218

GATT 원칙과 의무를 정부 당국에 의해 위임된 선적전 검사기관(Pre-Shipment Inspection Entity: PSI)에 적용하는 것이다. 여기서 선적전 검사기관이란 선적전 검사활동을 수행하도록 회원국과 계약을 체결하거나 회원국으로부터 그 권한을 위임받은 전문적인 민간 검사기관을 의미한다.[42]

이에 따라 PSI제도 운용 회원국 (PSI-user Member)은 무차별주의와 투명성, 영업비밀정보의 보호, 불합리한 지연의 회피, 검사기관에 의한 이해의 상충을 회피하며 가격검증을 위한 특정 지침을 사용해야 하는 등의 의무를 부담하게 된다.[43]

수출국도 이러한 PSI제도를 국내에서 운영하기 위해 PSI 관련 기관의 운영과 관계되는 규정이 국내법규나 규정과 다르게 적용될 수 있는 가능성을 제거함으로써 관련 기관의 운영 및 적용면에서 무차별주의를 확립해야 한다. 물론 PSI제도 원용국의 요정에 의해 관련 법규나 규정의 신속한 공표(투명성), 요청받은 기술지원의 제공 등의 의무를 부담하게 된다.[44]

3) 분쟁의 해결

WTO 선적 전 검사에 관한 협정에서는 선적 전 검사기관과 수출자간의 분쟁을 해결하기 위하여 독립된 기관에 분쟁해결을 요청할 수 있도록 규정하고 있다. 이는 선적 전 검사와 관련된 분쟁의 검토절차가 수출자를 대표하는 기구와 검사기관을 대표하는 기구가 공동으로 구성하는 독립기관에 의하여 관리되어 질 수 있다는 것을 의미한다.

하지만 분쟁해결을 요청받는 독립기구는 관련당사자들의 요청을 받아 패널 구성을 요청할 수도 있다. 3인으로 구성되는 동 패널은 다수결로 결정을 내리며 분쟁당사자인 선적검사기관 및 수출자 모두에 대하여 법적 구속력을 가지게 된다.[45] 하지만 분쟁당사자들이 합의할 경우 1명의 독립적 무역전문가를 임명할 수도 있다.[46]

---

42) WTO 선적전 검사에 관한 협정, 제1조.
43) WTO 선적전 검사에 관한 협정, 제2조.
44) WTO 선적전 검사에 관한 협정, 제3조.
45) WTO 선적전 검사에 관한 협정, 제4조.

5. 원산지규정

1) 의미와 필요성

원산지규정(Rules of Origin)이란 제품이 만들어진 장소를 정의할 때 사용하는 기준으로 상품의 원산지 국가를 결정하는 법률과 규정 및 일반적으로 적용되는 행정적인 판정을 의미한다.[47] 원산지 규정은 일반적으로 특정 국가가 특정 제품의 원산지로 인정받기 위해 필요한 세부적인 요건과 통관과정 등에서 관련되는 요건의 충족 여부를 밝히는 원산지 확인절차 및 여타 부대조건 등으로 구성되어 있다

국제무역에서 원산지규정이 점차 중요한 역할을 하게 된 이유로는 지역무역협정의 확산을 들 수 있다. EU, NAFTA 등과 같은 지역무역협정의 전세계적 확산으로 인해 세계경제가 점차 블록화되어 가는 경향을 보이기 시작하였다. 이로 인해 많은 수출국들은 지역무역협정에 의한 관세혜택을 향유하기 위해 제3국을 통한 우회수출로 대응하거나 또는 생산의 세계화를 강화함으로써 해외직접투자(FDI)를 증대시키기 시작했다.

하지만 생산공정의 세계화 현상은 수입통관시 관세 결정과 쿼터의 적용, 반덤핑관세와 상계관세 부과 등의 문제에 직면할 수 있다. 따라서 2개국 이상에 걸쳐 생산된 물품의 원산지를 어떻게 결정할 것인지의 문제가 국제통상의 주요 이슈로 대두되게 된 것이다.

사실 원산지 규정은 각국별로 상이하며, 규정의 불명료성과 복잡성, 차별성으로 인하여 실질적인 무역장벽으로 기능할 가능성이 높다. 일반적으로 지역경제 통합체의 경우 원산지규정을 수출국에서 적용하는 기준보다 더욱 엄격히 적용함으로써 경제통합이 가져오는 경제적 효과를 공고히 하고자 한다. 반덤핑관세나 상계관세의 부과 또는 쿼터적용 등의 부분에서는 원산지에 따라 제반 무역관련 조치의 발동절차가 진행되기 때문에 간접수입제한조치의 효과를 발휘한다.

46) WTO 선적전 검사에 관한 협정, 제5조.
47) WTO 원산지규정에 관한 협정, 제1조.

이러한 이유 때문에 우루과이라운드 협상에서는 원산지 결정에 관한 문제를 논의하게 되었고, 이러한 협상의 결과로서 WTO 원산지규정에 관한 협정(Agreement on Rules of Origin ; ARO)이 제정되게 된 것이다.

2) 주요원칙

원산지 규정을 적용하는데 있어 적용되는 주요 원칙으로는 크게 4가지가 존재한다.[48)]

첫째, 무역장벽의 지양이다. 사실 원산지 규정은 통상정책상의 조치나 수단과 연계되어 있으나 원산지 규정 자체가 무역상의 목적을 달성하기 위한 직·간접적 수단으로 사용되어서는 안 된다. 그리고 원산지 규정의 부당한 적용으로 인하여 국제무역이 제한되거나 또는 왜곡·교란되는 효과를 가져서도 안 된다. 그러므로 이를 위해서 수입국 정부는 원산지 판정의 전제조건으로 지나치게 엄격한 요건을 부과하거나 혹은 제조·가공과 관련이 없는 특정조건의 충족을 요구해서도 안 된다.

둘째, 무차별 원칙의 적용이다. 이는 수출입 물품에 적용되는 원산지 규정은 국내 물품 판정에 적용되는 원산지 규정보다 엄격히 적용되어서는 안 되며, 해당 물품 제조업자들 간의 제휴 여부와 관계없이 모든 회원국에게 무차별적으로 적용되어야 한다는 것이다.

셋째, 명료성의 보장이다. 원산지 판정을 위하여 세 번 변경기준의 적용이 요구되는 경우 세 번 변경으로 인정되는 세 번 단위(HS4단위 또는 6단위)를 분명하게 명시해야 한다. 부가가치기준이 적용될 경우 부가가치 비용의 산정 방법이 원산지 규정에 명확하게 제시되어야 한다. 주요공정기준의 경우에도 관련 물품의 원산지를 부여하는 공정이 정확하게 명시되어야 한다.

넷째, 불소급의 원칙과 비밀보장의 원칙이다. 불소급의 원칙은은 원산지 규정을 개정하거나 새로운 원산지규정을 도입할 경우 동 규정의 소급 적용을 금지한다는 원칙이다. 비밀보장의 원칙이란 원산지 판정시 제공되는 관련 정보 중 비밀보장이 필요한 부분에 대해서는 비밀보장이 이루어져야 한다는 것이다.

48) 이춘삼, 전게서, pp.223~224, 적의 수정.

3) 주요내용

WTO 원산지 규정에 관한 협정은 원산지 규정에 관한 법규 및 관행의 투명성과 예측가능성, 중립성을 확보하고, 원산지규정이 그 자체로서 무역에 대해 불필요한 장애로 작용하지 않도록 하는 것을 목표로 한다. 사실 원산지 규정은 무역규칙을 적용하는 핵심 근거로 무역 통계치를 수집하는데 사용되며, “made in ~ ”이라는 표시를 붙여 사용되는 것이 일반적이다.

원산지 규정에 관한 최초의 국제협정인 ‘WTO 원산지규정에 관한 협정’은 WTO 회원국들에게 원산지 규정에 대한 운영의 투명화를 요구하고 있다. 즉 WTO 원산지 규정은 국제무역에 대한 규제 및 왜곡·방해 효과를 가지지 않아야 하고, 또한 통일적이며 공정하고 합리적인 방법에 의해 일관되게 실시되어야 한다는 원칙을 확립한 것이다.

원산지규정은 적극적 기준을 기초로 운영된다.[49] 소극적 원산지 규정(원산지를 반드시 표시할 필요가 없다고 규정하고 있는 원산지 규정을 의미함)의 적용은 적극적 기준을 분명히 하기 위한 일환으로 사용되거나 또는 원산지의 적극적인 판정이 필요하지 않는 개별적인 경우에만 허용된다.

WTO 원산지 규정에서 제시되는 원산지 결정기준으로 완전생산기준(Wholly Obtained Criteria)과 ‘실질적 변형’기준이 있다. 우선 원산지 판정에서 우선적으로 적용되는 기준으로 완전생산기준은 주로 농산물 등의 1차 상품과 같이 한 국가에서 생산이 완성되는 상품에 대해 적용되는 기준이다. 이는 한 국가에서 수확되거나 채취된 식물이나 광물, 또는 한 국가에서 출생되고 사육된 동물, 또는 한 국가에서 생산한 원재료를 가지고 처음부터 동일한 국가 내에서 가공한 완제품에 대한 원산지 판정할 때 적용하는 기준이다.

실질변형기준의 판정은 세 번 변경기준, 부가가치기준, 주요공정 기준으로 구분하여 적용된다. 실질적 변형에 대한 판정기준을 정리해 보면 다음과 같다.

세 번 변경기준이란 수입되는 원료(Input)의 세번과 완제품(Output)의 세번을 비교하여 세 번이 일정단위 이상으로 변하는 경우 실질변형으로 인정하여 원산지를 부여하는 방식을 의미한다. 세 번 변경기준은 HS품목번호(세번)만

49) WTO 원산지규정에 관한 협정, 제2조.

알면 누구든지 판정이 가능한 기준이다.

현재 한국에서 사용되는 HS품목번호는 모두 10자리로 구성되어 있으며, 이중 앞에서 2자리를 류(Chapter), 4자리를 호(Heading), 6자리를 소호(Subheading)이라고 한다. 앞의 6자리 단위까지는 국제적으로 통일되어 있고 나머지 4자리는 각 국가마다 다르기 때문에 원산지 협상에서 6단위까지만 사용하고 있다.

일반적으로 통일원산지규정에서 사용하고 있는 세 번 변경기준은 HS 2단위 변경기준으로서 다른 2단위 세 번으로부터 해당 세 번으로 변경, HS 4단위 세 번으로부터 해당 세 번으로의 변경, HS 6단위 세 번으로부터 해당 세 번으로의 변경을 의미한다.

'부가가치기준'이란 수출품의 제조과정에서 수출국이 부가한 가치의 정도에 따라 당해 제품의 수출국이 워산지 국가인지 여부를 결정하는 기준으로서, 적용되는 부가가치율은 각국에 따라 상이하다. 부가가치기준에서는 일반적으로 정상품의 주요부품 중 부가가치 기준으로 35% 이상을 생산한 국가를 원산지로 하는 것이 일반적이다.

'주요공정기준'이란 정상품의 주요부품 중 부가가치기준으로 35% 이상을 생산한 국가가 하나도 없거나 35% 이상을 생산한 국가가 2개국 이상인 경우, '주요부품'을 생산한 국가나 또는 "주요공정"이 이루어진 국가를 원산지로 인정하는 기준으로써 부가가치기준을 보완하는 기준이다.

현재 국제적으로 사용되고 있는 원산지규정은 그 적용목적에 따라 특혜원산지규정과 비특혜 원산지 규정으로 구분된다. WTO의 원산지규정에 관한 협정에는 특혜원산지규정에 관해서는 언급을 하고 있지 않으며, 비특혜원산지에 관한 일반적 규정만이 제정되어 있다. 그러므로 일반적 원산지 규정은 그 적용범위는 GATT 제1조 제1항의 최혜국 원칙이 적용되지 않는 특혜제도를 제외한 일반교역에 있어서 상품의 원산지 국가를 결정하는 것으로 한정되어 있다.

비특혜원산지에 관한 세계적인 통일규정을 만들기 위한 작업이 세계관세기구(WCO)와 WTO의 공동작업으로 1995년부터 진행되어 오고 있었다. 하지만 비특혜원산지규정에 대한 각국의 첨예한 이해관계의 대립으로 인하여 원래의 협상 완료시한이었던 1998년 7월 28일까지 타결되지 못하고 아직까지도 협상이 진행되고 있다.

이러한 이유 때문에 WTO 원산지규정에 관한 협정에서는 통일 원산지 규정을 확정할 때 까지 각 회원국이 준수해야 할 주요 원칙을 규정하고 있다. 원산지 판정기준 이외에 통일 원산지 규정이 마련될 때까지 과도기간 중 회원국들이 보장하여야 할 부분은 다음과 같다.50)

첫째, 회원국이 원산지규정과 관련하여 일방적으로 적용되는 행정명령을 내릴 경우, 그 충족 요건을 명료하게 규정하여야 한다.

둘째, 원산지규정이 연계되는 무역정책상의 조치 또는 수단에도 불구하고 원산지규정은 무역상의 목적을 직·간접적으로 추구하기 위한 수단으로 사용되지 않는다.

셋째, 원산지규정은 자체로서 국제무역을 제한하거나 왜곡 또는 교란시키는 효과를 초래하지 않아야 한다. 즉, 원산지규정은 원산지 국가의 판정을 위한 전제조건으로서 지나치게 엄격한 요건을 부과하거나 제조 또는 가공과 관련이 없는 특정조건을 요구하지 않아야 한다.

넷째, 원산지규정에서도 내국민대우와 최혜국대우의 원칙이 적용된다. 즉, 수출입에 적용되는 원산지규정은 국내물품판정에 적용되는 원산지규정보다 엄격해서는 안 되며, 모든 회원국에 대하여 무차별적으로 적용되어야 한다.

다섯째, 원산지규정은 일관적이고 통일적이며, 공정하고 합리적인 방법으로 실시하여야 한다.

여섯째, 원산지규정은 원산지의 부여가 가능한 기준을 중심으로 기술된 포지티브(Positive) 기준에 따르도록 하였다.

일곱째, 관련 당사자로부터 원산지 판정의 요청이 있을 경우 늦어도 150일 이내에 판정을 해야 하고, 판정은 3년 동안 유효하다.

여덟째, 원산지판정과 관련된 모든 행정조치는 사법·중재 또는 행정재판소나 절차에 의하여 수정되거나 번복될 수 있다.

4) 특혜원산지규정과 비특혜원산지규정

WTO 원산지규정에 관한 협정의 부속서에서는 특혜원산지규정의 적용에

50) 이신규, 국제통상론, 두남, 2011, pp.168-169 적의 발췌.

관한 "특혜 원산지규정에 관한 공동선언"이 첨부되어 있다. 이는 EC 경제공동체, 북미자유무역협정(NAFTA) 등과 같이 특정국가간에 관세상의 특혜를 제공하는 특혜무역지대 또는 경제구역의 운영이나 또는 일반특혜관세제도(GSP) 등과 같이 특정 국가군을 대상으로 특혜관세를 부여하는 경우에만 적용되는 규정이다. 특혜원산지규정은 관련 특혜의 수혜국을 정확히 식별함을 통해 비수혜국이 부당한 대우를 받는 것을 방지함으로써 특혜프로그램을 실시한 효과를 거두기 위한 규정이다.

비특혜원산지규정은 무역정책상 상품의 원산지를 일반적으로 식별할 필요가 있는 경우에 사용되는 원산지규정이다. 예를 들어 특정 국가로부터의 특정 제품에 대한 수입제한을 실시할 경우 원산지의 식별이 필요하므로 해당 정책의 운영상 원산지 규정이 요구된다. 또 반덤핑관세 및 상계관세의 경우에도 원산국의 식별은 물론 제소의 대상이 된 상품의 동종상품과 국내 산업의 존재 여부를 판정함에 있어서도 원산지 규정의 적용이 필요하다. 또 정확한 무역통계의 작성을 위해서도 원산지규정의 적용이 요구된다.

5) 통일원산지규정

통일원산지 규정이란 각국마다 서로 다른 원산지 규정이 무역의 장애요인으로 작용하지 않도록 하기 위하여 각국의 원산지 규정을 통일시키려는 시도로 만들어진 규정을 의미한다. 동 규정에 관한 논의는 WTO 원산지 규정에 관한 협정이 체결된 것을 근거로 1995년 7월부터 WTO의 지원을 받아 세계관세기구(WCO: World Customs Organization)의 기술위원회(TCRO: Technical Committee on Rules of Origin)에서 시작하였다.

WTO 원산지위원회에서 결정된 것은 2002년 6월까지 총 348개 의 이슈를 해결하였고(71.61%가 타결) 총 138개의 미해결 쟁점이 논의되고 있다. 현재 미해결 쟁점 분야는 WTO 일반이사회에 상정하여 다자간 대화가 아닌 정치적 타결이 모색되고 있는 상황이다.

최근까지 합의된 내용을 중심으로 통일 원산지 규칙에 대해 살펴보면 다음과 같다. 먼저, 통일원산지규정의 적용범위(Scope of Application)로는 원산지

규정 협정은 통일원산지규정이 비특혜무역제도에 대해 적용될 것임을 명시하고, 원산지 표시, 반덤핑, 쿼터, 최혜국대우, 정부조달, 수출입통계 등을 그 적용대상으로 열거하고 있다. 하지만 우회 덤핑여부의 판정기준으로 사용할 것인지와 특혜 무역제도에 대해 적용할 것인지의 여부는 논의 중에 있다.

통일원산지규정에 대한 제정 작업은 HS(Harmonized System)품목 분류를 토대로 이루어지고 있다. 그러나 일부 개발도상국들은 아직 HS를 사용하지 않고 있거나 또는 그 개정 내용에 대해 자국의 관세 및 통관분류에 반영할 시간이 없음을 들어 문제를 제기하고 있다. 하지만 HS분류제도 자체가 각국의 물품분류에 있어서 최대한의 통일성을 얻기 위하여 만들어진 분류표라는 것을 감안할 때 통일 원산지규정의 제정이 이러한 HS를 토대로 이루어진다는 것은 이미 합의된 사실이라고 볼 수 있다. 다만 향후의 개정이 있을 경우 개도국들의 입장을 어떻게 수용할 수 있는지에 대해서는 반드시 고려되어야 하는 상황이다.

통일원산지규정의 원산지 결정(Determination of Origin)은 먼저 완전생산물품(Wholly Obtained Goods)의 경우 일국에서 완전히 획득된 농·임·수·광산물에 대해서는 당해국의 원산지를 인정하며, 완전생산물품만을 사용하여 생산된 물품 또한 완전생산물품으로 인정하기로 하였다.

나머지 품목별 원산지 결정기준은 통일원산지규정의 첨부 2에 규정되어 있다. 현재 첨부2에 나타나 있는 원산지 결정에 관한 적용원칙은 4단계 원산지결정기준을 핵심으로 하고 있다. 이는 WTO 원산지규정 관련 협정에서 규정되어 있던 세 번 변경기준, 부가가치 기준, 주요공정 기준을 어떤 순서로 적용할 것인가 하는 것을 품목별로 정한다는 것이다.

Chapter 5

산업피해구제제도 관련 협정

산업피해구제제도 관련 협정

Chapter 05

5.1 반덤핑 협정

1. 덤핑의 의의와 목적

1) 덤핑의 의의와 목적

덤핑(Dumping)이란 수출업자가 자신의 상품을 수출업자의 국내시장에서 비교가능한 상품의 가격보다 낮은 가격으로 수출시장에 판매하는 행위를 의미한다. 결국 덤핑이란 동일한 시기 동일한 조건하에 동일한 상품을 국내가격보다 낮은 가격으로 외국시장에 판매하는 행위라고 볼 수 있다. 일국의 수출업자가 덤핑을 하는 이유로는 당해 물품의 수출을 촉진하고 당해 물품의 국내가격을 유지하며, 신규시장을 개척하고, 이윤을 극대화시키는 데에 있다. 물론 이 밖에도 경쟁법상의 약탈적 목적을 가진 덤핑도 있다.

2) 덤핑규제의 이유

덤핑에 대한 규제의 이유로는 어떤 것들이 있는지를 살펴보자. 덤핑은 덤핑과 같은 불공정 무역행위로 인하여 수입국 국내시장에 대한 교란과 왜곡을 발생시킬 뿐 아니라 자유무역질서까지도 어지럽힐 수 있기 때문에 규제된다. 이러한 덤핑행위의 규제는 반덤핑관세의 부과를 통하여 이루어진다.

일국의 덤핑행위에 대한 규제가 반덤핑관세를 통하여 이루어지는 이유를 살펴보면 다음과 같다.

첫째, 반덤핑관세는 외국기업의 불공정한 가격책정 관행(unfair pricing practices)으로부터 국내기업과 노동자를 보호하는데 유용한 정책수단이다. 반덤핑관세는 동종상품을 생산하는 국내기업들이 불공정 경쟁행위인 덤핑행위를 바탕으로 해외시장점유율을 확대해 가고 있는 해외수출품에 의하여 축출 되지 않도록 방지하는 역할을 한다.

둘째, 반덤핑관세는 다른 보호무역정책수단들에 비해 상당히 온화한 형태의 보호조치이다. 반덤핑관세는 일부 불공정한 외국기업의 상품에 대해서만 부과되는 제한적 무역규제수단이다. 따라서 국내소비자들은 국내생산자들보다 낮은 가격으로 수출되고 있는 정상적인 해외의 다른 동종상품(like products)을 구입할 수 있다.

셋째, 반덤핑관세는 국내소비자에게 주는 부담(비용)이 고정되어 있다는 특징이 존재하고 있어 정책당국은 쿼터(수량할당)보다 반덤핑관세를 더욱 선호한다. 정부가 특정품목의 일부 제품에 대해 반덤핑 관세를 부과하는 경우, 소비자들이 부담해야 하는 추가비용은 수요가 비록 증가하더라도 더 증가하지는 않는다. 하지만 쿼터(수량할당)의 경우 수입공급량이 고정되기 때문에, 국내 수요가 증가하는 경우 소비자의 부담이 가중되게 된다.

한편 덤핑규제가 일국이 아닌 국제간 또는 다자간 논의를 통해서 이루어져야 하는 이유는 무엇인가? 이는 결국 덤핑규제가 가지는 불공정성 요소 때문이다. 덤핑규제가 가지는 불공정성을 살펴보면 다음과 같다.

첫째, 반덤핑관세는 다른 보호수단들과 마찬가지로 국내 소비자나 제조업자가 부담하는 상품가격을 상승시켜 수입국에 대한 경제적 피해를 야기시킨다. 비록 반덤핑관세가 국내산업을 보호하기 위해 고안되었지만, 만약 반덤핑 판정을 받은 외국기업이나 국가의 보복이 있는 경우 동조치는 장기적으로 국내 수출기업의 해외판매에도 악영향을 준다.

둘째, 반덤핑관세제도는 남용의 소지가 다분히 존재한다. 국내 생산자들이 국내 시장에서 외국 기업과의 경쟁을 회피하면서 국내 상품의 가격을 높게 유지하려고 한다면 반덤핑 제소를 남발할 가능성이 높다. 이는 결국 반덤핑

관세조치를 하나의 무역장벽으로 활용함으로써 공정무역을 저해할 수도 있다는 것을 보여주는 좋은 예이다.

셋째, 반덤핑관세는 상품별, 국가별로 선택적으로 적용됨으로써 국제무역을 왜곡시킬 수가 있다. 실제로 정부는 일부 외국기업의 상품에 대해 반덤핑관세를 부과함으로서 공격적인 수출가격을 채택하는 기업들에 대해 경고 메시지를 줄 수도 있다. 그 결과, 반덤핑 행위를 하지 않는 외국 기업들도 자사의 수출가격을 상향조정함으로서 반덤핑 관세의 묵시적인 위협에 대응할 수 있다.[1)]

3) 반덤핑 협정의 발전

19세기 후반 세계시장에서는 자본주의를 대체하는 독점자본주의나 또는 제국주의적 경향이 확산됨에 따라 치열한 세계경쟁의 환경에 직면하게 되었다. 세계 제국들 또한 이러한 경쟁에 대비하여 약탈적 덤핑전략을 채택함으로써 세계시장에 대한 점유율 확보 또는 확대 전략을 강화하게 되었다.

이렇게 전 세계적인 차원에서 만연된 약탈적 덤핑현상은 관세수단의 한계점을 노출시켰다. 20세기 초 세계 제국들이 반덤핑법을 채택하게 된 이유도 바로 이러한 약탈적 덤핑현상의 확산에 기인한 이유가 크다. 반덤핑관세의 기원은 캐나다가 철도용 철강을 판매하고 있는 미국철강회사를 규제하기 위해 1904년에 처음으로 사용한 수입관세에서 찾아 볼 수 있다.

미국의 첫 번째 반덤핑법(Anti-Dumping Act of 1916)은 1916년에 처음으로 제정되었다. 그 후 1921년 미국에서는 반덤핑 규제의 근원이 되는 반덤핑법(Anti-Dumping Act of 1921)이 만들어졌다.[2)] 1947 GATT에서는 반덤핑 및 상계관세에 관한 규정을 제정하였다. 하지만 동 규정은 그 구체성이 떨어졌고, 1950년대 이후 비관세조치의 확산이 자유무역의 중요한 장애물로 등장하면서 덤핑규제의 강화 필요성이 강하게 제기되기에 이르렀다.

---

1) Prusa(1994)와 Staiger와 Wolak(1996)은 반덤핑 제소나 그 가능성이 외국기업을 압박하는 효과적인 정책수단이 될 수 있다고 주장하고 있다.

2) 이 법은 수차례의 개정을 거쳐 1930년 관세법(Tariff Act of 1930)의 일부분으로 편입되었다.

케네디라운드에서 협정서명국에게만 적용되는 '1968 반덤핑코드'가 처음으로 채택되었고, 동경라운드에서는 '보조금 코드'가 채택되면서 이 두가지의 코드가 '1979 반덤핑코드'의 형태로 통합되었다. 하지만 그 후 개발도상국들은 반덤핑코드의 규정과 기준이 명료치 않아 반덤핑 조치가 국제사회에서 남용되고 있다고 보았다.

이러한 상황에서 선진국도 선진국대로 기존의 반덤핑규정에 대해 불만을 갖고 있었다. 선진국은 기업 활동의 국제화에 따른 우회덤핑, 반복덤핑, 상습덤핑, 이전가격조작 등 새로운 기업관행이 나타남에 따라 기존의 반덤핑코드로는 이러한 불공정행위를 효과적으로 규제하지 못한다는 생각을 갖고 있었다. 이러한 이유에서 반덤핑협정에 대한 새로운 논의의 필요성을 요구되면서 UR에서 반덤핑협상이 만들어지게 된 것이다.

UR협상에서는 평균비용산출의 기준, 생산비용 이하의 판매 판정기준, 구성가격의 산출기준 등 덤핑 여부를 판정하기 위한 실체적 기준과 샘플링조사, 자동시효조사 등의 절차적인 문제, 우회덤핑에 대한 방지조치 등이 중점적으로 논의되었다. 이러한 부분 중에서 많은 쟁점들에 대한 합의가 도출되었으나, 우회덤핑 방지조치에 대한 부분에 대해서는 합의를 도출하지 못하였다.

반덤핑 협정의 공식적인 명칭

1994년 관세 및 무역에 관한 일반협정 제6조의 이행에 관한 협정(Agreement on the Implementation of Article VI of the General Agreement on Tariffs and Trade 1994)

WTO 반덤핑 협정에 도입 된 변화들을 살펴보면 다음과 같다.

- 덤핑차액을 산정하기 위한 보다 상세한 규정
- 반덤핑조사의 개시와 수행에 관한 보다 상세한 규정

- 반덤핑조치의 이행과 존속기간(통상 5년)에 관한 규정
- 반덤핑조치와 관련된 분쟁에 적용하기 위한 분쟁해결 패널설치를 위한 특별기준

2. 반덤핑 관세 부과의 실체적 요건

1) 덤핑의 결정

반덤핑 관세가 부과되기 위해서는 수출물품의 수출가격과 수출국 내의 동종물품의 상거래에서 사용되는 정상가격간의 비교가 선행되어야 한다. 이러한 비교과정을 거쳐 수출가격이 정상가격보다 낮을 경우(정상가격에서 수출가격을 뺀 자액을 의미하는 덤핑차액이 정(正)의 값을 갖는 경우) 비로소 덤핑의 존재가 인정된다.

덤핑 행위에 대하여 수입국이 조치를 취하는 과정은 크게 다음의 3단계로 실행된다.[3]

먼저, 덤핑판정을 위한 실체적인 요건으로서 덤핑이 있었는지 여부를 판정하는 절차와 이러한 덤핑 행위로 인해 수입국 국내시장에서의 피해가 존재하는지 여부를 판정한다. 여기서 중요하게 취급하는 반덤핑관세 부과를 위한 실체적 요건은 첫째, 덤핑의 행위가 존재해야 하고, 둘째, 이로 인한 피해요건이 충족되어야 하며, 셋째, 이러한 양자 사이의 인과관계가 반드시 인정되어야 한다는 부분이다.

그러나 반덤핑관세 부과를 위한 실체적 요건이 충족되더라도 반덤핑 제소자의 당사자 적격 등과 같은 절차적인 요건이 충족되어야 한다. 결국 반덤핑조치의 개시를 위한 실체적 · 절차적 요건이 모두 충족되어야만 수입국 정부는 반덤핑관세의 부과를 중심으로 한 구제조치를 취할 수 있는 것이다.

3) 사법연구원,『WTO 통상법』, 1999, pp.139-140.

2) 수출가격과 정상가격

WTO 협정에서는 수출국의 덤핑으로 말미암아 경쟁관계에 있는 자국의 산업에 실질적인 피해(material injury)가 있는 경우, 수입국 정부로 하여금 덤핑행위에 대한 반덤핑 조치의 발동을 허용하고 있다. 반덤핑조치의 발동을 위해 수입국 정부는 덤핑의 발생 사실과 수출자의 수출가격이 국내시장에서의 정상가격보다 얼마나 낮은지를 입증하여야 하며, 또한 이러한 덤핑이 국내산업에 피해를 야기하였다는 사실을 입증하여야 한다.

GATT 제6조에서는 각국이 덤핑행위에 대하여 규제조치를 취하는 것을 허용하고 있다. 반덤핑협정은 GATT 제6조를 명확하고 상세하게 규정하고 있는 것으로, GATT 제6조와 반덤핑협정은 함께 운영되는 것이다.[4] 반덤핑협정에서는 관세 양허나 또는 무차별 원칙과 같은 GATT의 기본 원칙에 대해 위배되는 형태의 무역제한조치인 반덤핑조치의 발동을 예외로 인정하고 있는 규정이라고 볼 수 있다.

반덤핑조치란 수출가격(export price)을 정상가격(normal price)에 가깝게 만들기 위해서 또는 수입국의 국내 산업에 대한 피해를 제거하기 위하여 덤핑행위를 한 수출국의 특정 상품에 대하여 수입관세를 추가적으로 부과하는 것을 의미한다.

수출가격은 수입국의 독립적인 수입업자, 즉 수출자와 특별한 관계에 있지 아니한 수입업자가 수입하는 가격을 의미한다. 만약 이러한 수출가격이 존재하지 않거나 제3자간의 제휴 또는 보상약정 등으로 인해 그 수출가격이 믿을 수 없는 상황이라고 판단되는 경우 수입물품이 독립적인 구매자에게 최초로 재판매되는 가격을 기초로 해서 수출가격을 계산한다. 하지만 독립적인 구매자에게 재판매되지 않거나 수입된 상태 그대로는 재판매되지 않는 경우, 조사당국은 합리적인 근거에 따라 수출가격을 산정하여 사용할 수 있다.[5]

특정 상품에 대한 덤핑의 정도를 계산하는 방법은 여러 가지가 있다. WTO 반덤핑협정에서는 이러한 계산방법상의 가능한 선택범위를 좁히기 위

---

4) 1994년도 관세 및 무역에 관한 일반협정 제6조의 이행에 관한 협정, 제1조.
5) 이춘삼, 『국제통상법』, 법문사, 1999.7, p.184.

하여 상품의 '정상가격'(normal value)을 산정하는 3가지 방법을 규정하고 있다. 정상가격을 산정하는 가장 중요한 방법으로 '수출자의 자국 시장가격'을 근거로 정상가격을 결정하는 방법이 있다. 수출자의 자국시장 가격이란 수출국에서 소비되는 동종물품(like product)에 대한 정상거래에 나타나는 비교가능한 가격을 의미한다. 여기서 동종물품이란 "모든 면에서 당해 물품과 같은 물품을 의미하나, 만일 그러한 물품이 없는 경우에는 비록 모든 면에서 같지는 않으나 당해 물품과 아주 유사한 특성을 가지고 있는 물품"을 의미한다.

그러나 이러한 가격을 사용할 수 없는 경우에는 다음의 두 가지 가격 중 하나를 선택하여 사용한다. 먼저 수출국의 국내시장에서 통상의 상거래로 이루어지는 국내판매가 없거나 또는 수출국 국내시장의 판매가격으로 수출가격과의 비교가 불가능한 경우에는 '제3국 수출가격'을 사용한다. 제3국 수출가격이란 수출국에서 제3국으로 수출되는 동종물품의 비교가능한 대표적인 가격을 의미한다. 제3국의 선택은 조사당국의 재량에 속하나 재량권의 남용을 방지하기 위하여 적절한 제3국을 선택하도록 되어있다.

마지막 방법으로는 원산지국의 생산비용에 합리적인 관리비, 판매비와 기타 비용 및 이윤을 합산한 가격인 '구성가격'을 사용한다.6) 여기서 구성가격은 관리비와 판매비, 기타 비용 등과 같은 비용을 모두 합산하는 방법으로 수출업자나 생산자의 정상거래에서 동종물품의 생산 및 판매에 관한 실제자료를 근거로 산출한다.

하지만 이러한 금액이 실제의 자료를 근거로 산출될 수 없는 경우 다음 중 하나를 근거로 산출될 수 있다.

- 동일부류 물품의 원산지국 국내시장에서 해당 수출업자나 생산자가 부담하고 실현한 실제 금액
- 원산지국 국내시장에서의 동종물품의 생산 및 판매에 있어 조사대상 수입업자나 생산자가 부담하고 실현한 실제금액의 가중 평균
- 그와 같이 입증된 이윤의 금액이 원산지국의 국내시장에서 동일부류 물

6) 1994년도 관세 및 무역에 관한 일반협정 제6조의 이행에 관한 협정 제2조

품의 판매로 다른 수출업자나 생산자가 통상적으로 실현하는 이익을 초과하지 아니한다는 조건하에서 그 밖의 다른 합리적인 방식

하지만 수출국이 계획경제 또는 통제경제를 실시하는 비시장경제국가인 경우 수출국의 정상가격이 당해 물품의 정당한 가격, 즉 시장수급의 균형점에서 이루어지는 시장가격으로 볼 수가 없기 때문에 이를 수출가격과 비교하는 것은 무리가 있다. 이 문제와 관련하여 WTO 협정문에서는 특별한 규정을 두고 있지 않지만 미국과 EU의 반덤핑법에서는 수출국과 유사한 국가(비교 가능한 국가)를 설정하여 그 국가 내에서의 국내 판매가격을 정상가격의 기초로 삼고 있다.

그러나 최근 사회주의국가에서도 시장경제가 폭 넓게 도입됨으로써 물품의 가격이 시장경제하에서 결정되는 시장가격에 근접하고 있을 뿐만 아니라 유사국가의 선정방식이 비시장경제국의 비교우위를 통한 수출을 원천적으로 봉쇄할 수 있다는 비판이 제기될 수 있다.[7)]

한편 수출가격과 정상가격의 공정한 비교를 위해서는 동일한 거래단계의 가격을 기준으로 비교하는데 공장도 가격(ex-factory price)을 기준으로 한다. 두 가격을 산출하는 거래시점은 가능한 한 동시에 이루어진 거래이어야 한다. 물론 가격 비교에 영향을 줄 수 있는 차이점들을 모두 고려하여 이를 적절히 조정하여야 한다. 그리고 가격비교를 위한 통화 환산시에 적용하는 환율도 원칙적으로는 거래일(date of sale)의 환율을 기준으로 적용한다.

3) 국내산업의 피해

특정 상품에 대한 덤핑행위가 존재하는 것만으로는 반덤핑관세를 부과할 수는 없다. 이러한 덤핑행위가 수입국의 국내산업에 피해를 야기시킨 경우에만 반덤핑 조치를 적용할 수 있다.[8)] WTO 반덤핑 협정에서는 국내산업에 발생한 피해가 다른 방법으로 규정되지 않는 한, 국내산업에 대한 실질적인 피

7) 이춘삼, 『국제통상법』, 법문사, 1999.7, P.183.
8) 1994년도 관세 및 무역에 관한 일반협정 제6조의 이행에 관한 협정, 제3조, 제4조.

해, 이러한 피해의 우려, 국내산업의 확립에 대한 실질적인 지연 등의 방법으로 구체화하고 있다. 여기서 국내산업이란 동종물품을 생산하는 국내생산자 전체 또는 생산량의 합계가 당해 물품의 국내 총생산량 중에서 상당 부분(일반적으로 25% 이상을 의미)을 차지하는 국내생산자를 의미한다.

WTO 반덤핑협정에서는 국내산업에 대한 피해 여부는 명확한 증거를 바탕으로 결정되어야 한다고 규정하고 있다. 따라서 덤핑으로 수입된 물량과 덤핑상품이 동종상품의 국내가격에 미치는 영향, 그리고 동 수입상품이 국내산업에 미친 결과에 대한 객관적인 검증이 있어야 한다. 객관적 검증은 덤핑으로 수입된 물량이 현저한 증가가 있었는지 그리고 그 결과로 수입국 동일상품의 생산과 소비에 현저한 증가가 있었는지의 여부를 중심으로 진행된다.

그리고 덤핑상품의 수입국 내의 시장가격에 미친 영향을 평가하기 위해서는 덤핑수입에 의해 수입국의 동종상품 가격이 현저하게 하락되었는지의 여부와 덤핑수입에 의해 현저한 정도로 국내 동종상품의 가격이 압박을 받았는지의 여부, 덤핑수입이 없었을 경우 있었을 것으로 판단되는 가격상승을 현저한 정도로 방해하였는지의 여부가 고려된다.

국내산업의 피해를 결정하기 위해서 검토하여야 하는 일반적 요소는 다음과 같은 것들이 있다.

- 판매량, 이윤, 생산량, 시장점유율, 생산성, 투자수익률, 설비가동률의 실질적 혹은 잠재적 저하
- 국내가격에 영향을 미치는 제 요인, 덤핑마진율의 크기
- 자금 순환, 재고, 고용, 임금, 성장, 자본 또는 투자 조달능력에 대한 실질적 혹은 잠재적인 부정적 영향 등 국내산업에 전반적인 영향을 미치는 모든 경제적 요소 및 지표들에 대한 평가

한편 WTO 반덤핑 협정에서는 특정국으로부터 수입물량은 크지 않으나 여러 국가로부터 수입된 물량의 총량이 피해를 야기할만한 규모에 도달하는 경우, 피해에 대한 누적평가를 진행하여 반덤핑 관세를 부과할 수 있도록 규정하고 있다. 누적평가의 기준치는 각국으로부터 수입된 상품의 덤핑률이 최소 혹은 미소마진의 기준이 되는 2% 이상이고, 수입물량이 수입국내 총 소

비량의 3%를 초과하는 경우 피해의 누적평가에 적용된다. 물론 조사당국이 수입상품 상호간의 경쟁조건이나 또는 수입상품과 국내 동종물품간의 경쟁조건을 고려할 때 수입상품의 영향에 관한 누적 평가를 하는 것이 적정하다고 결정한 경우에도 누적평가는 허용된다.

국내산업에 대한 피해 여부가 결정되었다고 하더라도 곧 바로 반덤핑관세가 부과되는 것은 아니다. 즉 정상가격 이하로 판매된 수입품과 국내산업의 피해간에는 반드시 인과관계가 존재하여야 만 반덤핑관세가 부과될 수 있다. 일반적으로 반덤핑 조사당국은 덤핑행위와 국내산업에 대한 피해의 인과관계를 입증하기 위해서 제시된 모든 관련 증빙자료들을 반드시 검증하여야 한다.

실질적 피해 우려에 대한 판정은 단순한 주장이나 추측 혹은 막연한 가능성이 아니라 객관적인 사실에 근거로 이루어져야 한다. 덤핑으로 인한 피해 발생 또한 명백한게 예견될 수 있는 것이어야 하고, 임박(imminent)하다는 것을 기준으로 하여야 한다.

실질적 피해 우려에 대한 판정시 고려대상은 국내시장으로의 덤핑 수입품이 현저히 증가하거나 또는 관련 수출자의 생산능력 면에서 급격한 증가 가능성 혹은 실질적인 증가 가능성이 있는 경우가 된다. 물론 국내가격을 현저하게 하락시키거나 또는 억제시킬 수 있는 가격수준으로 수입이 이루어지고 있는지의 여부와 추가적인 수입수요를 증가시킬 우려가 있는지도 고려대상이 된다. 그러나 WTO 협정에서는 국내산업의 실질적 확립 지연에 대한 부분에서는 특별한 언급을 하고 있지 않다.

3. 반덤핑관세 부과절차

1) 반덤핑관세 부과절차

반덤핑조사는 국내 산업계 또는 그를 대리하는 자가 덤핑의 존재와 국내산업의 피해, 덤핑 수입된 상품과 국내산업 피해간의 인과관계 등에 관한 구체적인 증거가 포함된 신청서를 갖고 덤핑행위를 행한 기업을 제소하면서 시작된다.

제소를 받은 반덤핑 조사당국은 반덤핑 조사개시 신청서에 기술된 내용과 제소자에 대한 적격성에 대한 검토를 한 후 조사개시의 여부를 결정한다. 물론 조사당국이 산업피해 및 인과관계에 대한 충분한 증거를 갖고 있을 시에는 직권조사 개시를 선언할 수 있다.

반덤핑관세 부과 신청에 대한 제조자 적격은 동종물품의 국내생산자들의 반응을 조사하여 생산량 규모로 반응자의 50%가 넘는 생산자의 찬성을 얻으면 충족된다. 하지만 신청을 찬성하는 국내생산자는 동종물품에 대한 국내총생산의 25%보다 작아서는 안 된다.

한편 반덤핑조사 과정에서 조사 당국이 덤핑마진이 미미하다고(즉 상품의 수출가격의 2% 미만인 경우) 판정한 경우 조사절차는 종결된다. 그리고 덤핑 수입의 물량이 무시할 만한 수준인 경우(한 국가로부터의 수입물량이 그 상품의 전체 수입물량의 3% 미만인 경우)에도 반덤핑조사는 종결된다. 하지만 전체 수입물량의 3% 미만을 공급하는 여러 국가의 수입물량이 총합 전체 수입물량의 7%에 달하거나 또는 이보다 많으면 조사는 계속된다.[9)]

반덤핑 조사와 관련된 이해당사자들은 조사당국이 필요하다고 인정하거나 또는 요청하는 정보를 제출해야 한다. 이때 생산자와 수출자에 대한 질문서의 회신기간은 최소한 30일(연장 가능)을 보장해야 하며 비밀정보 이외의 정보에 대해서는 이해관계자가 즉시 이용할 수 있어야 한다. 그러나 반덤핑조사 당국이 조사과정에서 필요한 관련 정보에 대한 입수가 쉽지 않을 경우 '이용 가능한 최선의 정보(best information available)'를 근거로 반덤핑에 대한 예비판정과 최종판정을 내릴 수 있다.

2) 잠정조치

반덤핑조사 개시일로부터 조사 종결과 반덤핑 관세의 부과까지는 상당 시간이 경과되는 경우가 있다. 하지만 반덤핑조사의 시간이 길어지면 질수록 반덤핑제소의 신청자가 불리할 수 있다. 이러한 경우 반덤핑조사 당국은 제

9) 1994년도 관세 및 무역에 관한 일반협정 제6조의 이행에 관한 협정 제5조 8항.

소신청자의 피해를 방지하기 위하여 최종 덤핑률이 결정되기 이전에도 반덤핑에 관한 잠정관세를 부과할 수 있다. 그러나 이는 반드시 덤핑과 이에 따른 국내산업의 피해에 대한 긍정적인 예비판정과 피해방지를 위한 잠정조치의 필요성이 존재하는 경우에 해당된다.

잠정조치는 잠정적으로 추정된 덤핑마진을 근거로 잠정관세의 형태로 부과하지만 담보(현금 예치나 또는 보증) 제공 등과 같은 형식으로도 가능하다. 그러나 이러한 잠정조치는 남발을 방지하기 위하여 반덤핑 조사개시일로부터 60일 이전에는 발동될 수 없으며 일반적으로 4개월을 기한으로 발동되는 것이 일반적이다. 하지만 예외적인 경우에도 잠정조치는 수출자의 요청에 의하여 6개월로 연장된 기한으로 확정될 수도 있다. 그러나 조사당국이 조사과정에서 덤핑마진보다 낮은 수준의 관세로서 피해를 방지할 수 있는지 여부를 검토하는 경우 잠정조치의 부과기간은 각각 6개월과 9개월로 연장할 수 있다.

3) 가격인상에 관한 약속

반덤핑조사 과정에서 덤핑의 발생과 수입국의 국내산업에 피해가 확인되고 입증된 경우, 수출기업은 향후 부과될 반덤핑 관세부과를 회피하기 위하여 당사자 간에 합의된 수준까지 수출가격을 인상하는 조치, 즉 가격인상 약속(price undertaking)을 취할 수 있다.

가격인상 약속은 조사당국의 요구에 의한 것이 아닌 자발적 약속의 형태로 이루어진다. 하지만 덤핑과 이로 인한 국내산업의 피해에 대한 긍정적 예비판정을 내려지지 않는 한 가격인상 약속은 수출업자에게 요구되거나 또는 수락되어서는 안 된다. 그러나 이러한 약속이 수출의 중지 또는 덤핑마진을 제거하는 수준에 달하지 않는 경우 수입당국은 이를 거부할 수 있다.

가격인상에 관한 약속이 있는 후 반덤핑 조사절차는 원칙적으로 종결되지만 수출업자가 원할 경우나 또는 조사당국이 결정하는 경우에는 조사가 계속될 수 있다. 여기서 조사당국이 계속 조사를 요구하는 경우는 수출국내에 실제적 또는 잠재적 수출자의 수가 너무 많거나 정책적인 이유 때문이다. 그러나 반덤핑 조사 진행 중에 덤핑 또는 피해가 없다는 부정적 판정이 내려지는 경우 가격인상 약속은 자동 소멸된다. 하지만 수출업자가 가격인상 약속을 위반한 경우에는 입수 가능한 최선의 정보를 사용하여 즉각 잠정조치를 발동한다. 이때 확정된 잠정관세는 잠정조치 적용일로부터 90일 이전까지 반입된 물품에 대하여 소급하여 부과된다.

4) 소멸시효

반덤핑관세는 조사당국의 자의적 또는 정책적 판단에 의하여 덤핑을 상쇄하는 정도를 넘어서는 수준으로 부과되어서는 안된다. 또한 이러한 반덤핑관세가 장기간 부당하게 부과되어서도 안 된다. 반덩핑 관세는 동 조치의 종결이 수입국이 국내산업에 대한 피해를 초래할 것이라는 것을 입증하지 못하는 한 조치의 부과로부터 5년 후에는 종결되게 된다.[10] WTO가 반덤핑관세의 소멸시효를 5년으로 규정한 것은 수입국의 국내산업에 대한 피해를 야기시킨 수출국 기업의 불공정 행위인 덤핑의 효과를 제거하는 데에는 5년이면 충분하다는 판단을 갖고 있기 때문이다.

4. 분쟁의 해결

WTO 회원국들은 결정된 모든 예비 또는 최종조치들에 관해 지체없이, 그리고 상세하게 반덤핑관행위원회(Committee on Anti-dumping Practices)에 통보해야 한다. 또한 WTO 회원국들은 모든 반덤핑조사에 관하여 일년에 두 번씩 반덤핑관행위원회에 통보해야 한다.[11]

한편 반덤핑조치에 관하여 분쟁이 발생한 경우 우선 회원국들은 당사국들간의 협의를 통하여 문제를 해결하도록 한다. 그러나 당사국들간의 협의를 통해서도 문제의 해결이나 합의도출이 쉽지 않은 경우, WTO의 분쟁해결절차를 통한 문제해결을 시도할 수 있다.[12]

10) 1994년도 관세 및 무역에 관한 일반협정 제6조의 이행에 관한 협정, 제11조 3항.
11) 1994년도 관세 및 무역에 관한 일반협정 제6조의 이행에 관한 협정, 제16조 1항.

분쟁해결기구(Dispute Settlement Body: DSB)는 이 문제를 해결하기 위하여 패널(panel)을 구성할 수 있다. 분쟁당사국은 패널구성에 참여할 수 없고 패널위원은 당사국이 따로 5명으로 합의하지 않는 한 3명으로 구성된다. 분쟁패널은 객관적 평가를 바탕으로 분쟁당사자가 상호 만족할 만한 해결책을 찾을 수 있도록 관련 당사자에게 분쟁해결절차와 관련된 모든 부분에서 적절한 기회를 제공한다.

분쟁패널은 조사활동을 바탕으로 하여 패널보고서를 작성하여 관련당사자들에게 배포한다. 분쟁해결기구는 패널보고서가 배포된 날로부터 60일 이내에 패널보고서를 채택한다. 만약 패널보고서에 이의가 있는 당사국은 분쟁해결기구내의 상설 상소기구에 상소할 수 있으며, 상소대상은 패널보고서에 제기된 법적 문제 및 패널의 법적 해석으로 국한된다.

분쟁해결기구는 패널보고서나 또는 상소기구의 보고서 채택으로 그 보고서상의 권고사항 및 유권해석을 집행하고 그 이행여부를 감시하게 된다. 분쟁해결기구는 반덤핑관세의 소급적 취소 혹은 장래적 취소, 보상 등의 형식으로 집행한다. 그런데 권고사항을 전달받은 회원국이 이에 불응하거나 이를 국내적으로 집행하지 않을 경우에는 WTO 협정의 부속협정사의 양허 및 기타의무의 이행을 중지할 수 있는 권한을 제소국에게 허용한다.

5.2 보조금 및 상계관세 협정

1. 보조금의 정의 및 특정성

WTO 보조금 및 상계조치에 관한 협정(Agreement on Subsidies and Countervailing Measures)은 동경라운드에서 채택된 보조금협정을 기초로 하

12) 1994년도 관세 및 무역에 관한 일반협저 제6조의 이행에 관한 협정, 제17조 4하.

고 있다. 하지만 WTO 보조금 및 상계조치에 관한 협정은 이전의 협정과는 달리 보조금에 관한 정의를 포함하고 있으며[13] 또한 보조금에 있어서 "특정성(Specificity)"의 개념도 도입하고 있다.

보조금이란 회원국의 영역내에서 정부 또는 공공기관의 재정적인 기여가 있거나 또는 GATT 제16조(보조금)[14]에서 정의하고 있는 소득지지 또는 가격지지가 어떤 형태로든 존재하고 또한 이로 인하여 이익이 부여되는 경우를 말한다. 여기서 회원국의 영토 내에서 정부 또는 공공기관의 재정적인 기여가 있는 경우라는 말의 의미는 다음과 같다.

- 정부의 관행이 자금의 직접이전(예를 들어 무상지원, 대출 및 지분참여), 잠재적인 자금 또는 채무부담의 직접이전(예를 들어, 대출보증)을 수반하는 경우
- 정부가 받아야 할 세입을 포기하거나 징수하지 아니하는 경우(예를 들어 세액공제와 같은 재정적 유인)
- 정부가 일반적인 사회간접자본 이외의 상품 또는 서비스를 제공하거나 또는 상품을 구매한 경우
- 정부가 자금공여기관에 대하여 지불하거나 일반적으로 정부에 귀속되는 앞의 세 항목에 예시된 기능의 유형 중 하나 또는 둘 이상을 민간기관으로 하여금 행하도록 위임하거나 지시하며, 이러한 관행이 일반적으로 정부가 행하는 관행과 실질적으로 상이하지 아니한 경우

---

13) 보조금 및 상계조치에 관한 협정 제1조: 정부 또는 공공기관의 재정적인 기여가 있는 경우와 소득 또는 가격지지가 어떤 형태로든 존재하면 보조금이 존재하는 것으로 간주한다. 정부의 재정적인 기여는 정부의 관행이 자금이나 채무의 직접이전을 수반하거나, 정부 세입을 포기하거나, 정부가 일반적인 사회간접자본 이외의 상품 또는 서비스를 제공하거나 구입하는 것을 의미한다.

14) 제16조에서는 국가가 수출입을 직·간접적으로 증대시키거나 수입을 감소시키기 위한 목적으로 제공하는 어떠한 유형의 국내보조금이라도 이를 제공할 경우 ① 당해 보조금의 정도 및 성격, ② 영향받는 상품에 대한 보조금의 예상효과, ③ 보조금이 필요한 상황에 관하여 문서로서 체약국단에 통보하도록 하고 수입대체를 위한 보조금 지급을 금지하도록 규정하였다.

보조금은 특정적인(specific) 경우에 한하여 금지되거나, 조치 가능하거나 또는 상계조치가 취해질 수 있다. 보조금이 특정성이 있는지의 여부는 이 협정에 구체적으로 명시되어 있는 특정성의 원칙에 따라 결정된다. 특정 보조금이란 보조금의 지급이 국가내의 특정 기업, 산업, 기업군, 산업군에만 지급되는 것을 의미한다. 또한 공여기관의 관할지역 내에 위치하는 특정기업에 한정된 보조금은 특정적이라고 본다.

하지만 보조금의 수혜요건 및 금액을 규율하는 객관적인 기준 또는 조건이 법률에 근거하여 설정되고, 수혜요건이 자동적이며 이러한 기준과 조건이 엄격히 준수되는 경우, 특정성은 존재하지 않는다고 본다. 그리고 이러한 기준과 조건은 검증이 가능하도록 법률·규정 또는 그 밖의 공식문서에 의해 명백하게 규정되어야 한다.

하지만 이러한 보조금의 특정성에 관한 외견상 특정성이 없음에도 불구하고 보조금이 사실상 특정적일 수 있다고 믿을 만한 이유가 있는 경우에는 다른 요소들이 고려될 수 있다. 이때 고려되는 요소들은 제한된 숫자의 특정기업에 의한 보조금 계획의 사용, 특정 기업에 의한 압도적 사용, 특정 기업에 대해 불균형적으로 많은 금액과 보조금의 지금 및 보조금 지급 결정에 있어서 공여기관의 재량권 행사방식과 같은 것 등이다. WTO 협정의 규정들은 모두 특정 보조금에만 적용되는데, 이는 국내보조금이거나 또는 수출보조금일수도 있다. 그리고 금지보조금은 모두 특정적인 것으로 간주된다.

2. 보조금의 종류

보조금 및 상계조치에 관한 협정은 보조금을 금지보조금(Prohibited Subsidies)[15], 조치가능보조금(Actionable Subsidies)[16], 허용보조금(Non-actionable Subsidies)[17]의 세 범주로 나누어 규율하고 있다. 동 협정은 농업협정에 따른

15) 보조금 및 상계조치에 관한 협정, 제2부, 제3조 내지 제4조.

16) 보조금 및 상계조치에 관한 협정 제4조 분쟁해결양해에 따라 적용가능한 금지보조금에 관한 분쟁의 진행을 위한 기간은 동 양해에 규정된 기간의 절반이 된다.

17) 보조금 및 상계조치에 관한 협정, 제4부, 제8조 및 제9조

보조금인 경우를 제외하고는 공산품과 농산물 모두에 적용된다.

1) 금지보조금

금지보조금이란 사실상 수출실적에 따라 지급되거나 또는 수입품 대신 국내 상품의 사용을 조건으로 지급되는 보조금을 의미한다. 여기서 사실상 수출 실적에 따라 지급되는 보조금이란 보조금 지급이 법률적으로는 수출실적을 조건으로 이루어지는 것은 아니지만 실제로는 실제 또는 예상되는 수출이나 수출·수입과 결부된다는 것이 사실에 의해 증명되는 경우를 의미한다. 이는 수출하는 기업에게 보조금이 지급된다는 단순한 시실만으로는 이러한 보조금이 수출보조금으로 간주되지는 않는다는 의미이다. 이러한 보조금은 국제무역을 왜곡시켜 다른 국가의 무역에 대한 피해를 발생시킬 가능성이 높기 때문에 금지되어야 한다.

한편 다른 회원국에 의해서 금지보조금이 지급 또는 유지되고 있다고 믿을 만한 사유를 가진 회원국은 금지보조금을 유지하고 있는 다른 회원국에게 협의를 요청할 수 있다. 그리고 이러한 협의 요청은 당해 보조금의 존재 및 성격에 관한 입수 가능한 증거에 관한 진술을 포함하고 있어야 한다.

하지만 협의 요청으로부터 30일 이내에 상호 합의된 해결책에 도달하지 못하는 경우 이러한 협의 당사국은 동 사안을 분쟁해결기구에 회부할 수 있다. 분쟁해결 패널의 설립요청은 분쟁해결기구가 컨센서스를 통해 패널을 설치하지 않기로 결정하지 아니하는 한 즉시 허용된다.

만약 분쟁해결절차에 의하여 문제의 보조금이 금지보조금인 것으로 판명되면 동 보조금은 즉시 철폐되어야 하며, 그렇지 않은 경우 제소국은 이에 대한 대응조치를 취할 수 있다. 만약 국내 생산자가 보조금을 받은 상품의 수입으로 인하여 피해를 입게 되면 상계관세가 부과될 수 있다.

2) 조치가능보조금

조치가능보조금은 제소국이 해당 보조금이 제소국의 이익에 부정적 효과

(Adverse effect)를 미친다는 것을 입증하지 못하면 허용하게 되는 보조금을 의미한다. 여기서 부정적 효과란 일반적으로 다른 회원국 국내산업에 대한 피해와 다른 회원국이 직·간접적으로 향유하는 혜택, 특히 양허혜택의 무효화 또는 침해, 다른 회원국의 이익에 대한 심각한 손상을 의미한다.

여기서 다른 회원국의 이익에 대한 심각한 손상이란 상품의 종가기준으로 총 보조금의 지급이 5%를 초과한 경우나 또는 특정산업이나 기업이 입은 영업손실을 보전하기 위한 보조금을 지급하는 경우를 의미한다. 하지만 해당기업에 의해 비 반복적이거나 또는 되풀이 될 수 없으며, 단지 장기적인 해결책 강구를 위한 시간을 제공하고 심각한 사회적 문제를 피하기 위해 부여되는 일회적인 조치는 제외된다.

하지만 직접적인 채무감면 즉, 정부보유채무의 면제 및 채무상환을 위한 교부금은 심각한 손상으로 간주한다. 이러한 심각한 손상이라도 다음과 같은 효과를 발생시켰다는 것을 당사국이 입증하는 경우 심각한 손상이 존재하는 것으로 판정된다.

- 보조금으로 인하여 보조금 지급회원국 시장으로 다른 회원국 동종 상품의 수입을 배제 또는 방해하는 효과가 발생하는 경우
- 보조금으로 인하여 제3국 시장으로부터 다른 회원국 동종 상품의 수출을 배제 또는 방해하는 효과가 발생하는 경우
- 보조금으로 인하여 동일시장에서 다른 회원국의 동종 상품의 가격에 비해 보조금 혜택을 받은 상품의 현저한 가격인하 또는 동일시장에서의 현저한 가격인상 억제, 가격하락 또는 판매 감소를 초래하는 효과가 발생하는 경우
- 보조금으로 인하여 보조금을 받는 특정 일차상품 또는 산품에 있어서 보조금지급 회원국의 세계시장 점유율이 이전 3년간의 평균 점유율과 비교하여 증가하고, 이 같은 증가가 보조금이 지급된 기간에 걸쳐 일관성 있는 추세로 나타나는 효과가 발생하는 경우

회원국은 다른 회원국에 의해서 지급 또는 유지되는 보조금이 자국의 국내산업에 대하여 피해와 침해, 무효화, 또는 심각한 손상을 초래한다고 믿을

만한 이유가 있는 경우에는 언제나 관련 회원국에 대하여 협의를 요청할 수 있다. 당사국 간의 협의를 통하여 60일 이내에 상호 합의된 해결책에 도달하지 못하는 경우, 동 사안을 분쟁해결기구가 컨센서스로 패널을 설치하지 아니하기로 결정하지 아니하는 한 패널이 즉시 설치된다.

한편, 조사절차를 통해서 보조금이 다른 회원국의 이익에 부정적 효과를 초래하였다는 판정이 내려진 패널보고서나 또는 상소보고서가 채택된 경우, 보조금을 지급하거나 유지하고 있는 회원국은 이러한 효과를 제거하기 위한 적절한 조치를 취하거나 또는 해당 보조금을 철폐해야 한다.

분쟁해결기구가 패널보고서 또는 상소기구보고서를 채택한 날로부터 6개월 이내에 회원국이 부정적 효과를 제거하기 위한 적절한 조치를 취하지 아니하거나 보조금을 철폐하지 아니하거나, 또한 보상에 관한 합의가 없는 경우 분쟁해결기구는 컨센서스에 의하여 대응조치 요청을 거절하지 않는 한 제소회원국이 보조금 부과에 의해 존재한다고 판정된 부정적 효과의 정도와 성격에 상응하는 대응조치를 취하도록 승인한다.

3) 허용보조금

허용보조금은 보조금이 지급되더라도 WTO 협정이나 수입국의 제재조치를 받지 아니하는 보조금을 의미한다. 이는 보조금이 특정적이지 않거나, 산업연구와 경쟁 전의 개발활동을 위한 특정보조금, 낙후된 지역에 대한 지원, 새로운 환경법·규정에 기존 시설의 적응을 촉진하기 위한 지원의 경우를 의미한다.[18]

허용보조금은 WTO의 분쟁해결절차의 제소대상이 될 수 없다. 따라서 상계관세도 허용보조금을 지급 받은 수입품에 대하여 부과할 수 없는 것이다. 그러나 허용보조금으로 인정되기 위해서는 다음과 같은 엄격한 조건을 충족시켜야만 허용된다.

첫째, 보조금 중에서도 기업 또는 기업과 계약을 체결한 고등교육기관이나 연구기관이 행하는 연구 활동에 대한 지원으로서, 이러한 지원이 산업적 연

18) 보조금 및 상계조치에 관한 협정, 제8부.

구비용의 75%, 또는 경쟁전 개발활동비용의 50%를 초과하지 않는 보조금을 ① 인력비용, ② 영구적으로 연구 활동을 위해 사용되는 장치나 설비, 토지, 건물 등의 비용, ③ 구입된 연구 · 기술지식 · 특허권 등을 포함하여 연구 활동만을 위하여 이용되는 자문 및 이에 상응한 서비스의 비용, ④ 연구 활동의 결과로서 직접적으로 발생하는 추가 경상비용, ⑤ 연구 활동의 결과 직접적으로 발생하는 다른 운영비용(재료, 공급품 등과 같은 비용)으로 사용하는 경우 허용된다.

둘째, 이 밖에도 보조금 중에서 지역개발의 일반적인 틀에 따라 회원국 영토내의 낙후지역에 제공되는 지원이며, 수혜대상 지역내에서 특정적이지 아니한 보조금은 허용된다. 지역개발보조금은 지역의 발전 정도에 따라서 사업별로 지원 상한액을 별도 정하여야 하며, 이들 기준은 입증이 가능한 법령, 규정 또는 공식문서에 명백하게 규정되어야 한다. 또한 지원대상을 지역 내에 광범위하게 분포시킴으로써 특정산업이나 특정지역이 수혜대상이 되지 않도록 하여야 한다.

셋째, 환경보조금은 공장이나 건물과 같은 기존설비를 개 · 보수하여 새로운 환경관련 법규나 규정에 맞추기 위하여 무상으로 지원하는 보조금은 허용된다. 환경보조금이 충족되기 위해서는 비반복적인 1회의 조치이어야 하고, 총 적응비용의 20% 이내이어야 하며, 기업이 전적으로 부담해야 할 설비투자의 운용 또는 대체비용은 제외되고, 기업의 오염감축계획에 직접적으로 연계되고 감축수준에 비례하여야 하며, 새로운 설비나 공정을 채택하는 모든 기업이 이용 가능하여야 한다.

하지만 허용보조금이라고 하더라도 어떠한 제약도 없이 지급할 수 있는 것은 아니다. 각국은 통보양식에 따라 연구개발 등의 허용보조금을 시행전에 보조금 · 상계조치위원회에게 통보하고 총 지출액과 변경된 내용도 매년 통보해야 한다.

타국의 보조금 지급으로 인하여 해당국 산업에 존립문제가 발생하고, 이에 대한 치유가 곤란한 피해가 발생할 경우에 회원국은 보조금을 지급한 국가에 대하여 협의를 요청할 수 있다. 당사국 간의 협의가 협의 시작 후 60일 이내에 해결책에 도달하지 못할 경우 보조금 · 상계관세위원회에 제소할 수 있다.

보조금 · 상계관세위원회는 제소된 내용을 검토하여 120일 이내에 결정을 발표하고 관련국의 보조금 계획에 대한 수정을 권고할 수 있다. 만일 보조금 지급국가가 위원회의 권고를 6개월 이내에 받아들이지 않을 경우, 협의 요청국에게 적절한 대응조치를 취할 수 있는 권한이 부여된다.

3. 상계관세

WTO 보조금 및 상계조치에 관한 협정(Agreement on Subsidies and Countervailing Measures)은 보조금의 사용과 보조금의 효과를 상쇄시키기 위하여 회원국들이 취할 수 있는 조치에 관하여 규정한 협정이다. 동 협정에서는 WTO 회원국이 보조금의 철회나 또는 보조금의 부정적 효과(adverse effects)를 제거하기 위하여 WTO 분쟁해결절차를 이용할 수 있음을 규정하고 있다.[19] 회원국은 자국의 조사절차에 의해서 국내 생산자에게 피해를 초래한다고 판명된 보조된 수입품에 대해 '상계관계(Countervailing duty)'로 알려진 추가 관세를 부과할 수 있다.[20]

상계관세란 생산이나 수출 측면에서 정부에 의하여 직접적으로나 간접적으로 보조금을 받아 생산된 제품이 국내로 수입되어 수입국의 국내산업이 피해를 받았거나 받을 우려가 있는 경우, 이를 상쇄할 목적으로 해당품목에 대하여 부과하는 관세를 의미한다. 따라서 상계관세는 기본관세 이외에 보조금에 상당하는 금액의 범위 내에서 부과되는 관세를 의미한다.

GATT 1947의 제6조(상계관세) 및 제16조(보조금)와 1979년 동경라운드 이후에도 보조금의 지원과 상계관세의 발동을 둘러싼 국제간의 분쟁은 계속되어 왔다. 주요 선진국들은 각종 형태의 산업지원금 등을 지급함으로써 상계관세제도를 자국산업의 보호수단으로 남용하여 왔다. 하지만 이러한 보조금은 규제대상 보조금의 범위와 상계관세조치의 기준 및 절차 등이 명확하지 않아 분쟁이 증가하였던 것이다.

기존의 1947 GATT 제6조(상계관세)에서는 수출국의 보조금을 상쇄할 목

19) 보조금 및 상계조치에 관한 협정 제7조 4항.
20) 보조금 및 상계관세에 관한 협정 제19조.

적으로 상계관세를 일방적으로 부과할 권한을 부여하고 있으나, 보조금이 허용보조금인지 또는 금지보조금인지를 구분하고 있지 않아서 국내보조금과 수출보조금의 구별이 이루어지지 않았다.

동경라운드에서는 이러한 보조금과 상계관세에 대한 규정을 보완하여 국내보조금과 수출보조금을 구분하고, 1차 산품에 대한 보조금과 기타 제품에 대한 보조금을 비교적 명확하게 구별하여 규정하였으며, 수출보조금의 유형들도 제시되었다. 하지만 동경라운드의 보조금 및 상계관세에 관한 협정은 모든 GATT 회원국에게 적용되는 것이 아니라, 동 협정에 가입한 국가에게만 적용되는 것이어서 제한적 의미만을 가질 뿐이었다.

보조금과 상계관세의 부과에 대한 국가간의 마찰은 이러한 이유로 해서 지속되었기 때문에 우루과이라운드 협상에서는 보조금의 정의와 범위, 발동절차를 구체화하는 부분에 대해 주로 논의를 진행하였다. 이러한 논의의 결과에 따라 채택된 WTO 보조금 및 상계관세협정은 농업협정에 달리 규정된 것을 제외하고는 WTO 회원국 모두에게 적용되는 규정이 된 것이다.

4. 부과절차

부과된 보조금의 존재 · 정도 · 효과를 판정하기 위한 조사는 원칙적으로 국내산업의 제소에 의해 시작된다. 반보조금에 관한 조사는 국내산업 또는 국내산업을 대표하는 자가 동종상품의 국내생산자가 제소한 것에 대한 지지나 반대의 정도에 관한 검토에 근거하여 개시된다.

제소자 적격의 여부는 제소신청에 대해 지지를 표명한 국내산업이 생산한 동종상품 생산이 국내총생산의 50%를 초과하는 경우에 인정된다. 그러나 신청을 명시적으로 지지하는 국내생산자들의 총생산이 국내산업의 총생산의 25% 미만인 경우에는 조사가 개시되지 아니한다. 그러나 특별한 상황하에서 관계 당국은 직권으로 조사를 개시할 수도 있다.

한편 반보조금 조사는 다음과 같은 경우에는 즉각 종결된다.

- 상품이 원산지국으로부터 직접 수입되지 않고 중개국을 거쳐 수입국으로 수출되는 경우

- 원산지국과 수입국간의 거래로 받은 수입품의 실제적 또는 잠재적 수량 또는 그 피해가 무시할 정도로 적은 경우

상계관세 부과를 위한 조사는 덤핑의 경우와 마찬가지로 보조금이 부여되었다는 사실에 근거하여 시작된다. 하지만 이러한 보조금이 수입국의 국내산업에 실질적인 피해를 야기하거나 또는 실질적인 피해의 우려가 있는 경우 혹은 새로운 국내산업의 확립에 대해 실질적인 지연을 야기할 경우에만 상계관세의 발동이 인정된다.

보조금이 부여되었고 이 보조금이 국내산업에 피해를 야기했다는 긍정적 예비판정이 내려진 경우에는 현금 예치 또는 유가증권에 의한 담보 설정 등의 방법을 통한 잠정 상계관세를 부과할 수 있다. 이 잠정조치는 4개월을 초과해서는 안 된다. 그리고 이러한 잠정조치나 상계관세의 부과는 수출국 정부가 보조금을 중단 또는 삭감하기로 하거나 또는 수출업자가 보조금의 피해를 제거할 수 있는 방식으로 가격을 수정하는 경우에는 조사절차가 정지 또는 종료될 수 있다.

상계관세는 보조금을 받은 수입품이 피해를 야기하고 있다고 최종판정이 내려진 경우 부과된다. 그러나 상계관세의 부과는 그 원산지가 어디이든 관계없이 문제의 보조금을 수령한 모든 제품에 대해 적용되며, 차별적으로는 적용되어서는 안 된다.

반보조금 조치의 발동을 위한 조사는 특별한 상황을 제외하고 1년 이내에 종결되며 어떠한 경우에라도 개시 후 18개월을 초과할 수는 없다. 상계관세의 종료로 인하여 보조금 지급과 피해의 지속 혹은 재발을 초래할 가능성이 있는 경우에는 상계관세는 그 부과일로부터 5년까지 지속될 수 있다. 물론 상계관세에 관한 판정은 공개되어야 하고 설명되어야 한다.

5. 개발도상국 우대제도

WTO 보조금 및 상계조치에 관한 협정에서는 개발도상국에 대한 특별 및 차등 대우를 규정하고 있다. 이는 보조금이 개발도상국의 경제개발계획에 중

요한 역할을 한다는 것을 인정하는 것이다. 그러므로 최빈개도국은 수출실적에 따라 지급되는 보조금을 금지할 필요는 없다. 개발도상국들은 WTO 협정 발효일로부터 8년 동안 이러한 보조금 제도를 단계적으로 폐지하면 된다. 수입품 대신 국내상품의 사용을 조건으로 지급되는 보조금의 경우 개발도상국은 WTO 발효일로부터 5년, 최빈개도국은 8년 동안 지급할 수 있다.

계획경제에서 시장경제로 전환과정에 있는 체제전환 회원국에 대해서도 특별대우가 인정된다. 이들 국가들은 금지보조금을 WTO 협정 발효일로부터 7년내에 단계적으로 폐지하면 된다. 그리고 예외적으로 필요하다고 인정되는 경우 보조금 폐지 계획을 통보해온 체제전환국의 한시적인 이탈을 허용하고 있다.

6. 반덤핑관세와 상계관세

WTO 보조금 및 상계조치에 관한 협정의 일부 규정들은 WTO 반덤핑 협정의 규정들과 유사하다. 반덤핑관세와 대칭되는 의미인 상계관계는 반덤핑조치 조사와 유사한 절차가 있은 후에만 부과될 수 있는 것이다. 그래서 전문가들은 이 두 가지 조치를 함께 언급하기도 한다.

이러한 이유 때문에 많은 국가들은 반덤핑조치와 반보조금조치를 동일한 법규 아래서 다루며 유사한 절차를 적용하기도 한다. 또한 두 문제에 대한 처리를 위해서도 단일 기구를 설치하여 조사책임을 맡기기도 한다. 실제로도 WTO의 반덤핑위원회와 보조금 및 상계조치위원회는 함께 소집되기도 한다.

이 두 조치는 유사한 점이 매우 많다. 덤핑과 보조금에 대한 조치는 일반적으로 특별상쇄 수입관세(보조금의 경우에는 상계관세)의 형태를 갖는다. 그리고 상계관세도 반덤핑관세와 마찬가지로 특정국의 수입품에 부과되므로 GATT의 관세양허 원칙 및 모든 무역상대국에 대등하게 적용된다는 무차별 원칙에 위배된다. 두 협정 모두는 회피조항(Escape Clause)을 갖고 있으나, 이들 또한 관세를 부과하기 전에 수입국 국내산업의 피해를 입증하기 위한 충분한 조사를 기초로 하고 있다.

하지만, 양 협정에는 근본적으로 다른 점이 있다. 덤핑은 개별 기업에 의한 행위이지만, 보조금은 기업에게 직접적으로 보조금을 지급하거나 또는 기업의 요청에 따라서 특정 주체(소비자)를 보조하는 형태를 띤 정부나 또는 공공기관의 행위이다.

사실 WTO는 회원국과 회원국 정부로 구성된 기구이기 때문에 사기업이나, 덤핑행위와 같은 사기업의 행위를 규율할 수는 없다. 그러므로 반덤핑협정은 단지 정부가 사기업의 덤핑행위에 대해 취할 수 있는 조치에 관해서만 규정하는 것이다.

WTO 보조금 및 상계관세에 관한 협정에서는 일국 정부가 보조금을 지급하는 방법과 다른 국가의 보조금 지급에 대하여 대응하는 조치에 대해 규정하고 있다. 따라서 WTO 보조금 및 상계조치에 관한 협정은 보조금과 그 대응조치 모두를 규율하고 있다고 볼 수 있다.

5.3 긴급수입제한조치에 관한 협정

1. 긴급수입제한조치의 정의

긴급수입제한조치(Safeguard)란 넓게 해석하면 한 국가가 수입으로부터 발생하는 국제수지의 악화 및 국내산업의 피해를 방지하기 위하여 사용하는 모든 무역제도상의 장치를 의미한다. 즉, 수입의 급격한 증가로 인하여 일국의 국내 산업이 심각한 피해를 입게 되거나 또는 피해의 우려가 있는 경우 해당 제품의 수입을 일시적으로 제한하기 위하여 취할 수 있는 관세 및 비관세조치를 의미한다.

그러나 국제무역에서 일반적으로 사용되는 좁은 의미의 세이프가드는 특정물품의 수입이 급격히 증가해서 수입국의 전반적인 경제여건이나 수입국내 경쟁산업에 피해를 주거나 또는 피해를 줄 우려가 있는 경우에 WTO의

GATT 1994 제19조 및 세이프가드 협정에 근거하여 실시되는 WTO 회원국의 대응조치를 의미한다.

WTO협정에서는 국가 간의 무역자유화를 촉진하기 위하여 모든 회원국에게 수량제한을 일반적으로 금지하는 의무를 부과하고 관세장벽은 인정하되 점차 인하하는 것을 원칙으로 정하고 있다. 그러나 다른 한편으로는 특수한 상황하에서 국내산업을 보호할 수 있도록 많은 예외조항을 두고 있는데, 그 중에서 대표적인 조항이 '특정 물품의 수입에 대한 긴급수입조치(emergency action on imports of particular products)'를 규정하고 있는 GATT 제19조의 세이프가드 조항이다.

GATT 제19조 1항에서는 "GATT 가맹국이 관세양허를 포함하여 GATT의 의무를 성실히 준수한 결과 예기치 않은 사태의 발생으로 당해 물품이 국내생산에 비해 절대적 또는 상대적으로 증가된 수량이 수입됨으로써 수입국의 경쟁상품(동종 또는 직접적 경쟁관계를 상품)을 생산하는 국내 생산업자에게 심각한 피해를 주거나 줄 우려가 있는 경우 수입국은 동 상품에 대해 피해를 방지 또는 구제하는 데 필요한 한도 내에서 일정기간 동안 GATT 의무를 전부 또는 일부를 유보하거나 관세양허를 철회 및 수정할 수 있다"라고 규정되어 있다.

2. 긴급수입제한조치의 의의와 성격

긴급수입제한조치는 수입을 일시적으로 제한하여 피해를 입은 국내경쟁산업에게 적절한 조정기회를 부여함으로써 해당산업의 경쟁력을 향상시키고 자원의 효율적 이동을 촉진시키는데 그 의의가 있다. 긴급수입제한조치는 국제무역장벽이 낮아짐에 따라 상이한 체제 간에 무역으로 발생할 수 있는 급격한 개혁을 방지하는 국경조치로 사용함으로써 특정 산업과 노동자들을 불가피한 심각한 피해로부터 보호하고 자유무역경쟁에 적응할 수 있는 적절한 시간을 부여하고자 하는 조치이다.

하지만 경제학적 관점에서 보면 이러한 긴급수입제한조치는 몇 가지 문제점을 가지고 있다. 긴급수입제한조치는 WTO협정에 부합하는 공정경쟁의 관행을 통해 무역을 하였음에도 불구하고 수입국의 특수한 상황 때문에 해당 상품의 수입에 대한 제제를 가하는 조치이다. 결국 긴급수입제한조치는 경제학적 측면에서 보면 국가 간 비교우위에 기초한 효율적인 생산활동을 제약할 수 있는 조치로 자유무역과 공정무역의 원칙에 위배되는 조치라고 볼 수 있다.

긴급수입제한조치는 수입급증에 따른 수입국의 산업구조 조정비용의 부담을 감소시켜 주는 정책수단이지만 수출국이나 관련 기업의 입장에서 보면 그 댓가가 너무 크다는 측면이 있다. 또한 장기적 측면에서 보면 경쟁력이 약한 기업이나 산업이 동 조치로 인한 보호를 통하여 생산을 계속할 수 있도록 장려하는 것이기 때문에 국가경제 전체적인 자원배분과 효율성 측면에서 보면 유해한 결과를 초래할 수 있다.

실제로 기업은 기술개발과 새로운 사업영역 개척, 효율성 증대 등과 같은 일련의 활동을 통하여 기업경쟁력을 강화함으로써 끊임없이 변화하는 기업경영환경에 적응하여야 한다. 수입급증도 이러한 여러 가지 기업경영환경 중의 하나이다. 따라서 정상적인 기업은 이러한 상황변화에 대해서도 적극적으로 대응하고 적응하여 극복해 나가야 하는 것이다.

하지만 긴급수입제한조치는 이러한 경제적 문제점에도 불구하고 정치적인 차원에서 타당성을 가지고 있다. 일국의 정책변화로 야기되는 산업피해에 대해서는 해당국의 정치부분에서 관심을 기울여야 하며, 이에 대한 적절한 조치를 취해지는 것은 당연하다는 의미이다. 결국 긴급수입제한조치는 일국의 정책변화로 인해 야기되는 수입의 급증에 따른 피해를 정치·경제적인 차원에서 어느 정도 완화시키는 측면에서 시행되는 조치라고 볼 수 있다.

3. 긴급수입제한조치 부과절차

1) 조사의 개시

산업 또는 개별 기업은 자국 정부에게 긴급수입제한조치의 발동을 요구할 수 있다. WTO 긴급수입제한조치에 관한 협정에서는 제소자의 신청자격에 대한 규정을 별도로 두고 있지 않아 각국의 실정에 맞게 정할 수 있도록 하고 있다. 동 협정에서는 다만 긴급수입제한조치와 관련된 조사가 개시된 경우에는 이러한 개시 사실 및 그 이유를 WTO 세이프가이드위원회 통보하도록 하고 있다.

예를 들어 미국의 경우에는 관계 당사자의 청원이나 대통령 또는 ITC의 발의에 따라 긴급수입제한조치 발동을 위한 조사를 개시한다. EU의 경우 생산자의 제소는 인정하지 않고, 회원국 정부를 통하거나 집행위원회의 직권으로 조사를 개시한다. 한국의 경우 긴급수입제한조치의 발동과 관련된 조사는 당해 국내산업에 이해관계가 있는 자 및 당해 국내산업을 관장하는 관계행정기관의 장이 신청하거나 무역위원회의 직권으로 조사할 수 있다.

긴급수입제한조치 발동을 위한 조사는 투명성을 바탕으로 자의적 판정을 회피하기 위하여 규정과 관행을 통하여 이루어진다. 긴급수입제한조치 발동을 위한 조사당국은 관련 공청회의 일정을 공표해야 하며, 이해당사자가 증거를 제출할 수 있는 적절한 기회를 제공해야 한다. 물론 이러한 증거에는 긴급수입제한조치의 적용이 공공의 이익에 부합하는 것인지에 관한 의견을 포함하여야 한다.[21)]

2) 발동요건

긴급수입제한조치의 발동은 ① 특정상품의 수입이 국내생산에 비해 절대적(absolute)으로나 상대적(relative)으로 증가되고, ② 동종 또는 직접 경쟁적인 상품을 생산하는 국내산업에 심각한 피해를 초래하거나 초래할 우려가 있고, ③ 이러한 수입증가와 국내산업의 피해 간에 인과관계가 충족되는 경우에 이루어진다.

긴급수입제한조치의 발동을 정당화시키는 수입의 급격한 증가는 수입에 있어서 실질적인 증가(절대적 증가: absolute increase)나 또는 수입물량이 증가하지는 않은 시장점유율상의 증가(상대적 증가: relative increase)를 의미할 수 도 있다.

---

21) 긴급수입제한조치에 관한 협정 제3조 1항.

국내산업에 대한 심각한 피해(serious injury)란 국내산업에 중대하고도 전반적인 손상(a significant overall impairment in the position of a domestic industry)을 입히는 것을 의미한다. 그리고 심각한 피해의 우려(threat of serious injury)는 명백히 임박한 심각한 피해(serious injury that is clearly imminent)를 의미한다.

조사당국은 국내산업의 피해발생 또는 발생우려의 여부를 조사함에 있어 당해 산업상황에 영향을 미치는 모든 객관적이고 계량가능한 성격의 요인을 조사하고 평가해야 한다. 국내산업의 피해발생에 대하여 조사할 때 고려되는 주요 지표로는 당해 물품의 절대적・상대적인 수입증가율 및 증가량, 수입품의 국내시장 점유율, 판매, 생산, 생산성, 가동률, 이윤 및 손실, 고용 등이다. 회원국은 국내산업의 심각한 피해를 방지하거나 또는 구제하고, 구조조정을 촉진하는데 필요한 범위내에서만 긴급수입제한조치를 적용하여야 한다.

마지막으로 긴급수입제한조치가 발동되기 위해서는 해당 상품의 수입증가가 국내산업의 심각한 피해 또는 그 우려와 인과관계가 존재해야만 한다. 이는 결국 해당 상품의 수입급증 이외의 요인이 국내산업에 피해를 준 경우 긴급수입제한조치는 발동될 수 없다는 것을 의미한다.

인관관계의 입증을 위한 WTO 패널의 검토기준은 ① 수입증가 추세와 피해지표 악화 추세간에 동시성에 있는지의 여부, ② 국내시장에서 수입품과 국산품간의 경쟁상태가 객관적인 증거에 기초하여 수입과 피해 간의 인과관계가 입증되는지의 여부, ③ 수입이외의 다른 요소들에 의하여 야기된 피해를 수입 탓으로 돌렸는지의 여부 등을 검토한다.

3) 잠정조치

긴급수입제한조치의 발동이 지연될 경우 국내산업에 회복하기 어려운 손상을 초래할 중대한 상황에서 증가된 수입품이 심각한 피해를 초래하거나 심각한 피해를 초래할 우려가 있다는 긍정적 예비판정이 내려진 경우 WTO 회원국은 잠정 긴급수입제한조치의 발동을 명령할 수 있다.

이러한 잠정조치의 발동은 향후의 조사결과가 국내산업의 심각한 피해나

피해 위협의 원인이 해당 상품의 수입급증에 의한 것이 아니라는 판정이 있는 경우, 즉시 환급할 수 있는 형태인 관세인상의 형태로 취해져야 한다. 잠정조치는 존속기간은 200일을 초과해서는 안 된다.

4) 구제조치

WTO 긴급수입제한조치에 관한 협정을 통해 수입국이 취할 수 있는 피해구제조치는 잠정조치를 제외하면 관세인상, 수입수량제한 및 구조조정 등이 있다. WTO 긴급수입제한조치에 관한 협정에서는 긴급수입제한조치의 발동은 국내산업의 심각한 피해를 방지하거나 또는 구제에 필요한 정도내에서 발동되어야 한다고 규정하고 있다. 동 협정에서는 가장 일반적인 피해구제수단으로 관세조치를 중심으로 한 주요 피해구제수단에 대하여 규정하고 있다.

피해구제를 위해 수량제한(쿼터)을 부과하는 경우, 심각한 피해의 방지 또는 구제를 위하여 수입제한량을 변화시킬 필요가 있다는 명백한 정당성이 제시되지 않는 한, 수입량을 입수 가능한 통계치를 사용한 최근 기준으로 과거 3년간의 대표적 평균수입량 이하로 감소시켜서는 안 된다.[22)]

수입국은 국내산업의 구조조정을 촉진하기 위하여 '구조조정지원조치(Structural Adjustment Assistance Measures)'를 취할 수 있다. WTO 긴급수입제한조치에 관한 협정에서는 수입국에게 심각한 피해를 방지하거나 구제하고 구조조정을 촉진하는데 필요한 범위 내에서만 긴급수입제한조치를 취할 수 있도록 하고 있다. 산업구조조정을 위한 조치로 관세인상, 수량제한조치는 물론 국내산업에 대한 금융 및 세제상의 지원을 행할 수 있다.

하지만 산업구조조정조치가 WTO 보조금 및 상계조치협정, 그리고 WTO 농산물협정과의 관계에서 금지보조금 또는 조치가능보조금 등이 긴급수입제한조치의 일환으로 산업구조조정조치로 사용될 수 있는지에 관해서 WTO 세이프가드협정에서는 규정되어 있지 않다.

22) 긴급수입제한조치에 관한 협정 제5조 1항.

5) 발동 기간

긴급수입제한조치는 동 조치가 계속 필요하며, 산업이 조정 중에 있다는 증거가 있어 수입국의 주무당국이 동 조치의 존속기간을 8년간으로 연장하지 않는 한 4년 내에 소멸된다. 그리고 1년 이상 계속 부과된 긴급수입제한조치는 점진적으로 자유화되어야 한다.[23)]

4. 보상 및 보복

긴급수입제한조치는 수입국의 국내사정을 이유로 수출국의 정당한 수출행위에 대하여 제약을 가하는 조치이다. WTO 긴급수입제한조치에 관한 협정에서는 긴급수입제한조치의 발동으로 인하여 관련 수출국이 받을 손해를 보상하도록 하고 있다. 이러한 보상에 관한 협의가 이루어지지 않는다면, 수출국은 동일한 수준의 보복 조치를 취할 수 있도록 하고 있다.

긴급수입제한조치를 발동하는 수입국은 해당국과 긴급수입제한조치와 관련된 보상협상을 진행해야 한다. 이러한 보상을 위한 협의를 개시한 후 30일 이내에 합의에 도달하지 못할 경우, 수출국은 수입국이 긴급수입제한조치를 발동한 이후 90일 이내에 그에 상응하는 보복조치를 취할 수 있다.

그러나 긴급수입제한조치가 수입품의 절대적 증가의 결과로서 취해지고 그러한 조치가 이 협정의 규정에 합치하는 경우에는, 수출국은 보복조치를 취하기 위해서는 긴급수입제한조치가 도입된 뒤 3년을 기다려야 한다.[24)]

5. 긴급수입제한조치위원회

긴급수입제한조치위원회는 동 협정의 운영을 감독하며 회원국의 약속이행 여부를 감시할 책임을 갖고 있다. 회원국의 정부는 긴급수입제한조치와 관련된 조사와 의사결정, 정책 등에 관하여 각 단계별로 긴급수입제한조치위원회

---

23) 긴급수입제한조치에 관한 협정 제7조 각 항.
24) 긴급수입제한조치에 관한 협정 제8조 3항

에 서면으로 보고하면, 동 위원회는 이 보고서를 검토한다.[25)]

6. 개발도상국에 대한 우대

개도국의 수출품은 긴급수입제한조치로부터 어느 정도는 보호된다. 수입국은 개도국이 원산지인 상품이 수입국에서 차지하는 점유율이 3%를 초과하고 있거나, 또는 3% 미만의 수입 점유율을 가진 개발도상국들이 차지하는 점유율의 합이 관련 상품 총 수입의 9%를 초과하는 경우에만, 개도국으로부터의 수입에 대하여 긴급수입제한조치를 부과할 수 있다.

개도국에게는 긴급수입제한조치의 발동기간으로 최대 8년에 2년을 추가하여 최장 10년까지 적용기간을 연장할 수 있도록 하고 있다.[26)]

7. 대중국 특별긴급수입제한조치

2001년 11월 15일(중국의 WTO 가입의정서의 WTO 본회의 통과일)부터는 WTO의 긴급수입제한조치 중 기존의 조치와는 다른 발동기준을 가지는 세이프가드조치가 활용될 수 있게 되었다. 이는 '대중국 특별긴급수입제한조치'로 중국의 WTO 가입의정서에 포함되어 있으며 2013년까지 한시적으로 적용된 조치였다.

중국의 입장에서 WTO 가입은 새로운 시장에 대한 더 많은 접근기회를 제공하고 있다. 하지만, 기타 회원국, 특히 중국과 치열한 경쟁을 하고 있는 국가의 입장에서는 중국의 WTO 가입은 WTO 회원국으로써 특혜를 받는 가장 무서운 경쟁국이 등장하는 것이다. 이러한 이유 때문에 많은 개발도상국이나 관련 선진국들은 중국의 WTO 가입에 대해 소극적인 입장을 보였던 것이다. 대중국 특별긴급수입제한조치는 기존의 WTO 회원국들이 중국에 대해 가지는 이러한 생각을 극복하기 위하여 제안한 것이다. 따라서 대중국 특별긴급

25) 긴급수입제한조치에 관한 협정 제13조

26) 긴급수입제한조치에 관한 협정 제9조 1항.

수입제한조치는 중국의 입장에서 보면 WTO에 가입하지 않았을 때에는 당하지 않아도 되는 국제통상상의 핸디캡이라고 볼 수 있다.

'대중국 특별긴급수입제한조치'의 내용을 살펴보면 다음과 같다.

첫째, 대중국 특별긴급수입제한조치는 그동안 WTO 회원국 모두에게 적용되던 최혜국대우(MFN) 원칙을 무너뜨린 중국에 대해서만 적용되는 "특별조치"이다. '대중국 특별긴급수입제한조치'는 다른 나라에서의 중국제품에 대한 수입증가의 정도를 고려할 필요가 없는 조치이다. 이는 결국 무섭게 성장하고 있는 중국산에 대한 세계 각국들의 위기감을 반영한 것으로, 세계경제는 중국의 WTO 가입을 인정하기는 하되 어느 정도의 충격완화장치를 둔 것이라고 볼 수 있다.

둘째, 대중국 특별긴급수입제한조치의 발동기준은 기존의 긴급수입제한조치보다도 많이 완화되었다는 특징을 가진다. 대중국 특별긴급수입제한조치의 발동기준은 '실질적 피해'(material injury) 기준을 적용하고 있다. 따라서 기존의 WTO 세이프가드 발동요건인 '심각한 피해'(serious injury) 보다는 많이 완화된 기준이라고 볼 수 있다. 이는 중국의 WTO 가입으로 인해 급증할 수 있는 중국산 제품 때문에 어려움을 겪을 수 있는 많은 국가들에게 상당한 정도의 정책운용상 유용성을 제공할 것이다.

셋째, 대중국 긴급수입제한조치는 관련 당사국의 보복조치사용이 불가능하다는 특징을 갖고 있다. 대중국 특별긴급수입제한조치가 발동된 경우 수출국인 중국은 절대적인 수입증가의 경우에는 3년간 보복조치를 행할 수 없고, 상대적 수입증가인 경우에는 2년간 보복조치를 행할 수 없다. 이로 인해 긴급수입제한조치의 발동과 이로 인한 보복관계로 이어졌던 통상분쟁은 상당히 줄어들었다.

이러한 대중국 긴급수입제한조치는 2013년까지 한시적으로 적용되는 조치이지만 향후 중국과 같은 통상대국이 WTO에 신규가입하게 되는 충분히 원용될 수 있는 조치로 중요한 의미를 가진다.

Chapter 6

상품외 거래 관련협정

6.1 서비스무역에 관한 일반협정

6.2 무역관련 지적재산권에 관한 협정

6.3 무역관련 투자조치에 관한 협정

6.4 정부조달 협정

상품외 거래 관련협정

Chapter 06

6.1 서비스무역에 관한 일반협정

1. 논의의 시작

1970년 이전까지 만 해도 서비스무역은 국내에서 만 주로 이루어지던 거래로 인식되어 왔다. 그리고 서비스무역에 관한 규제도 국제규범보다는 각국의 국내법규에 의하여 규율되어 온 것이 사실이다. 이는 서비스무역이 국제규범의 밖에서 규율되어 왔다는 것을 의미하는 것이다.

서비스무역에 관한 국제적 논의의 출발은 서비스무역과 관련된 양국간의 쌍무협상에서 그 기원을 찾아볼 수 있다. 즉, 투자보장협정이나 또는 우호통상항해협정 등의 형태를 띤 양국 간 쌍무협상에서 서비스무역에 관한 국제적 논의가 시작되었던 것이다.

서비스무역에 관한 국제적인 차원에서의 공식 논의는 OECD에서 처음으로 시작되었다. 이렇게 볼 때 OECD는 서비스무역을 다자간 통상협정의 주요 의제로 채택했던 최초의 국제기구라고 볼 수 있다. 하지만 OECD는 선진국의 입장에서 서비스무역의 자유화 문제를 주로 다루었다는 비판을 받고 있다.

서비스무역에 관한 또 다른 논의는 UNCTAD에서 이루어졌다. UNCTAD는 개도국의 이익과 입장을 반영하기 위하여 노력하는 UN의 산하기구로 서비스 무역에 관한 국제규범의 제정에 있어서도 개도국의 이익을 많이 반영하려고 노력했던 기구라고 볼 수 있다. UNCTAD에서 서비스무역에 관한 논의를 시작한 것은 서비스무역에서 개도국이 차지하는 비중은 그리 크지 않지만, 향후 개도국이 지속적인 경제발전을 하기 위해서는 서비스 무역의 확대와 발전이 반드시 필요하다는 이유 때문이다.

하지만 서비스무역에 관한 국제적 논의 중 가장 의미 있는 접근은 GATT에서 이루어졌다. 서비스무역에 관한 국제적 논의는 GATT내의 다자간 무역협상인 UR 협상을 통하여 서비스무역에 관한 최초의 국제협정인 WTO 서비스무역에 관한 일반협정(General Agreement on Trade in Service : GATS)이 제정되게 된 것이다.

지금까지 서비스무역은 대부분 항공협정, 통신협정, 금융협정, 투자보장협정 등과 같은 양국간 협정이나 양해협력, 복수국가간 협약이나 협정 등을 통해 복잡하고 다양한 형태로 규율되어 왔다. 그러나 WTO GATS의 제정으로 인하여 여러 개별 협정의 적용을 받던 서비스무역은 단일 국제규범의 적용을 받게 되었다.

GATT에서 서비스무역에 관한 논의와 진전이 미미할 수밖에 없었던 이유는 선진국과 개도국의 입장차이가 컸기 때문이다. 선진국들은 GATT가 선진국 뿐 아니라 개도국 등 세계 대다수 국가들로 구성되어 있고, GATT에서 의결된 사항들은 다른 국제기구의 의결사항보다 회원국에 대한 실효성을 확보할 수 있다고 보았다. 따라서 선진국들은 상품무역 위주의 GATT 구조를 약간 수정 보완함으로써 서비스 무역까지 쉽게 규율할 수 있다는 점에서 GATT내에서 서비스무역에 관한 논의를 찬성하였다. 하지만 개도국들은 선진국의 이러한 주장에 대해 반대적 입장을 가지고 있었다.

그 후 1988년 몬트리올 각료회의를 계기로 GATT 내에서도 서비스무역에 관한 논의를 진행하자는 주장이 탄력을 받기 시작하여 일반협정, 분야별 부속서, 양허협상 등의 분야에서 협상이 진행되게 된 것이다.

2. 서비스의 정의 : 협정의 적용범위

WTO 서비스무역에 관한 일반협정은 국제간에 교역되는 모든 서비스에 적용된다. GATS가 관할하고 있는 국제간 서비스 무역은 다음과 같은 4가지 방법의 서비스 공급으로 정의된다.[1)]

- 국경횡단 공급(cross-border supply) : 한 회원국의 영토로부터 그 밖의 다른 회원국 영토 내로의 서비스 공급(예 : 국제전화).
- 해외소비(consumption abroad) : 한 회원국의 영토 내에서 다른 회원국의 서비스 소비자나 기업에 대한 서비스 공급(예 : 관광여행, 해외유학).
- 상업적 주재(commercial presence) : 한 회원국의 서비스 공급자가 다른 회원국 영토 내에서 상업적 주재를 통해 행하는 서비스 공급을 의미한다. 대표적인 예로 외국기업이 다른 국가 내에서 사회사나 지점을 개설하여 서비스를 공급 하는 것(예 : 일국 내에서의 외국은행 경영).
- 자연인의 주재(presence of natural persons) : 한 회원국의 서비스 공급자가 다른 회원국 영토 내 머물며 행하는 서비스의 공급을 의미한다. 대표적인 예로 한 국가의 서비스 공급자가 다른 국가에 서비스를 제공하기 위하여 서비스 수요국으로 이동하여 서비스를 공급하는 것(예 : 패션모델 또는 외국계 컨설턴트)

3. GATS의 구성과 목적

GATS도 GATT와 마찬가지로 협정본문과 부속서, 시장접근에 관한 약속의 3단계 외형으로 구성된다. 협정본문(Articles of Agreement)에서는 일반적인 원칙과 의무를 다루고 있고, 그 외 8개 부속서(Annexes)와 결정 및 양해각서(Decisions & Understanding)에서는 특정 부문의 규범을 다루고 있다. GATS의 마지막 단계로는 시장접근에 관한 개별국가들의 약속표(National Schedule)들로 구성된다.

하지만 GATS는 GATT와는 달리 무차별대우 원칙인 최혜국대우의 적용을

1) 서비스무역에 관한 일반협정 제1조.

일시적으로 면제할 수 있게 하는 '면제 목록(Lists of Exemptions)'을 가지고 있다는 특징이 있다.2) 이러한 면제목록은 GATT 체제하의 관세양허표와 같은 약속으로 GATS의 타결을 위해서는 꼭 필요했던 부분이다. GATS에서는 이 목록을 근거하여 최혜국대우의 적용을 일시적으로 면제했다.

〈표 6-1〉 GATS의 기본 구성

GATS 협정본문 (Articles of Agreement)	• 제Ⅰ부 ~ 제Ⅳ부(합계 29조)
부속서(Annexes) 8 개	• GATS 제2조 면제에 관한 부속서 • 협정하에서 서비스를 공급하는 자연인의 이동에 관한 부속서 • 금융서비스 부속서 • 해운서비스협상 부속서 • 금융서비스에 관한 제2부속서 • 항공운송서비스 부속서 • 기본통신협상 부속서 • 통신부속서
결정(Decisions)	• GATS를 위한 제도적 장치에 관한 결정 • GATS를 위한 특정 분쟁해결절차에 관한 결정 • 서비스무역과 환경에 관한 결정 • 자연인의 이동에 관한 결정 • 금융서비스에 관한 결정 • 해운서비스에 관한 결정 • 기본통신협상에 관한 결정 • 전문직서비스에 관한 결정
양해각서 (Understanding)	• 금융서비스의 자유화약속에 대한 양해
국별 약속표 (National Schedule)	

서비스무역의 경우 해운, 항공, 금융, 보험 등과 같이 서비스 분야별로 상호주의에 입각한 양자협정체제가 지배적으로 적용되었기 때문에 최혜국대우

2) 서비스무역에 관한 일반협정 제2조 및 제2조의 면제에 관한 부속서

의 원칙을 무조건적으로 적용할 경우 관련 서비스분야를 개방하지 않은 국가가 무임승차(free ride)하는 불공정한 경우가 발생할 수 있다. 이러한 이유 때문에 GATS에서는 광범위한 예외를 인정한 것이다.

GATS에서는 각 국의 서비스시장 자유화가 그 나라의 경제발전수준에 맞추어 개방해야 하는 "점진적 개방주의"를 지향하고 있다. 또한 GATS는 국가정책목표의 달성을 위해 "서비스분야에 대한 각국의 신규 규제를 도입할 권리를 존중"하며 "선진국과 개도국간의 서비스무역에 따른 이익의 균형주의" 등을 지향하고 있다.

4. GATS의 일반적 의무 및 규율

GATS의 29개 조항은 정부의 공공 서비스[3])를 제외한 모든 서비스 부문을 포괄하여 규정하고 있으며, 모든 회원국에 적용하여야 하는 일반적인 의무를 규정하고 있다. GATS의 일반의무와 기본원칙은 GATT의 기본원리와 별로 다른 것이 없다.

서비스무역은 상품무역과 거래형태가 다른 것은 사실이나 한 나라의 국경을 넘나든다는 사실과 그런 경제주체에 대한 정부의 간섭원리는 같다고 볼 수 있다. 그러므로 서비스에 관해 적용되는 일반 원칙도 결국 GATT와 같은 원칙이 적용되는 것이다.

GATS에서도 적용되는 기본원칙을 살펴보면 다음과 같다.

1) 최혜국대우

GATS에서도 GATT와 마찬가지로 최혜국대우(Most-Favoured-Nation Treatment: MFN)가 적용된다. 최혜국대우란 한 회원국이 다른 회원국의 서비스와 서비스 공급자에게 그 밖의 회원국의 동종 서비스와 서비스공급자에 대하여 부여

3) 서비스무역에 관한 일반협정 제1조의 "정부의 권한을 행사함에 있어서 공급되는 서비스"란 상업적 기초에서 공급되지 아니하며, 하나 또는 그 이상의 서비스 공급자와 경쟁하에 공급되지 아니하는 모든 서비스를 의미한다.

하는 대우보다 불리하지 않는 대우를 즉시 그리고 무조건적으로 부여하여야 한다는 것을 의미한다. 즉, 한 회원국이 어떤 서비스의 한 분야에서 외국과의 경쟁을 허용한다면 이 분야에서 경쟁기회는 동 분야가 자국의 약속표에 기재되어 있지 않았더라도 다른 모든 회원국들의 서비스 공급업자에게도 동등하게 부여된다는 의미이다.

하지만 최혜국대우는 한 회원국이 자국에서 생산 및 소비되는 서비스를 인접 접경지대에 국한된 교환을 촉진하기 위하여 인접국에 혜택을 부여하거나 허용하는 것을 금지한다는 것을 의미하지는 않는다. 즉, 국경지대에 대한 서비스 교환촉진을 위한 혜택의 부여는 허용된다는 의미이다.

하지만 최혜국대우의 적용에도 예외는 인정된다. 비록 최혜국대우의 원칙이 모든 서비스무역에 대해서 적용되어야 하지만 특수한 경우에 대해서는 최혜국대우의 일시적인 면제를 허용하게 끔 한 것이다.

2) 최혜국대우의 면제

GATS의 '제2조의 면제에 관한 부속서(Annex on Article II Exemptions)'에서는 최혜국대우(MFN) 원칙의 예외목록을 별도로 첨부하고 있다. 최혜국대우에 대한 예외인정은 서비스무역 분야에서 인정하는 중요한 자유화 조치는 GATT 체제에서 중요하게 인정하는 기본정신과 상당히 다른 측면에서 접근되고 있다는 것을 의미한다.

GATT의 기본정신은 상품무역과 관련된 장벽을 관세로 일원화하여 관세장벽의 감소 및 철폐를 통하여 무역자유화를 도모하는 것이다. 하지만 서비스무역은 서비스의 국경간 이동, 소비자의 이동, 서비스 공급자의 상업적 주재, 노동자의 주재 등을 통해 이루어지기 때문에 관세의 부과는 크게 의미가 없고 오히려 시장접근과 내국민대우의 원칙이 더욱 중요하다. 예를 들어 금융부분에서 자유화에 대한 기준은 일반적으로 상대국 시장에 현지법인의 설립 등을 통하여 진입이 가능한지의 여부(시장진입)와 시장접근 후 진출국가의 금융기관과 비교하여 차별조치를 받고 있는지의 여부(내국민대우) 등에 따라 결정되기 때문이다.

최혜국대우 면제에 대한 예외목록이 만들어진 또 다른 이유로는 기존에 존재하고 있던 특혜협정의 잠정적 존속이 필요했기 때문이다. GATS가 발효되었지만 이미 많은 국가들은 서비스 분야에 대한 쌍무 또는 일부 다국간 특혜협정을 갖고 있었다. 따라서 WTO GATS의 시작을 위해서는 이러한 기존의 특혜협정에 대한 인정이 꼭 필요했기 때문이다.

하지만 GATS에서 최혜국대우의 면제는 최혜국대우라는 기본원칙의 보호를 위하여 단 한번만 인정된다. 이러한 이유때문에 최혜국대우 면제목록에는 어떠한 단서조항도 덧붙일 수 없게 규정되어 있는 것이다. 5년 이상의 기간 동안 부여되는 모든 면제조치는 재검토되어야 한다. 면제는 일반적으로 10년을 초과할 수 없다. 최혜국대우 면제목록[4]은 GATS 협정의 일부로 WTO 협정에 첨부되어 있다.

3) 투명성

WTO GATS가 발효됨에 따라 회원국 정부는 서비스무역에 영향을 미치는 모든 관련 법규 및 규제, 그리고 회원국이 서명국으로 참여하는 서비스 무역과 관련되거나 서비스 무역에 영향을 미치는 국제협정을 공표해야 한다. 그리고 이러한 공표가 불가능할 경우도 다른 방법을 통하여 관련 정보를 공개함으로써 다른 회원국들이 입수 가능하도록 해야 한다. 또한 WTO 회원국들은 서비스의 무역에 대해 중대한 영향을 줄 수 있는 모든 관련 규정의 수정과 제정에 대해서 신속하게 WTO에 통보해야 한다.[5]

각 회원국은 자국에서 시행되는 모든 조치 또는 국제협정에 대한 다른 회원국의 특정 정보제공요청에 대하여 신속하게 응답해야 한다. 이를 위해 회원국은 행정・관료제도내에 문의처(Inquiry Points)를 하나 이상 설치해야 한다. 해외 기업과 정부는 서비스분야에 관한 특정 정보를 취득하기 위하여 문의처를 활용할 수 있다. 개도국은 이러한 문의처의 설치에 대한 시간제한에 융통성을 부여받는다.

---

4) 제2조의 면제에 관한 부속서(Annex on Article II Exemptions) 제3조 및 제6조.
5) 서비스무역에 관한 일반협정 제3조 1항.

4) 국내규제

서비스무역에 대한 국내규제(domestic regulation) 규정은 GATT에는 없는 독특한 규정이다. 서비스무역에 대한 국내규제는 상품무역과는 달리 국내규제 관련 조항의 존재와 강도 여부에 따라 서비스 무역에 영향을 미칠 수 있는 중요한 무역장벽으로 작용할 수 있다. WTO GATS에서는 이러한 이유때문에 서비스무역에 영향을 미치는 개별 국가의 국내규제가 객관적이고 투명한 기준하에서 합리적이고 객관적이며 공평한 방식으로 집행되도록 요구하고 있는 것이다. 구체적으로 국내규제를 위한 자격요건과 취득절차, 기술표준 및 인가요건 등은 불필요한 무역장벽이 되지 않도록 해야 한다.

각 회원국은 서비스무역에 영향을 끼치는 행정결정에 대해 서비스 공급자가 이러한 행정결정을 신속하게 재검토하고, 이에 대한 적절한 구제를 제공받을 수 있는 사법, 중재, 또는 행정재판소를 유지하거나 설치하여야 한다. 따라서 이는 서비스무역에 대한 정부의 행정결정에 대해 재검토 할 수 있다는 것을 의미하는 것이다.[6)]

5) 자격의 인정

자격의 인정(Recognition)은 한 회원국에서 취득한 전문직 자격에 대해서 다른 회원국에서 인정하는 것을 의미한다. 자격의 인정과 관련하여 GATS에서는 2개국 이상의 정부가 서로 상대 국가의 자격[7)]을 인정해주는 협정을 맺을 때, 다른 회원국에게도 이와 동등한 협정이나 약정에 가입하거나 또는 협상할 적절한 기회를 제공하도록 하고 있다.[8)] 또한 GATS에서는 한 회원국이 자율적으로 특정 자격을 인정하는 경우 다른 회원국의 서비스공급자들에게도 학력, 경험, 면허, 자격 등이 인정받을 수 있는 충분한 기회가 보장되도록 하고 있다.

상대국에 대한 자격인정은 차별적이어서 안 되고, 자격인정제도 자체가 자

6) 서비스무역에 관한 일반협정 제6조 2항.
7) 예를 들어, 서비스 공급자의 승인, 면허 또는 증명에 관한 표준 등을 의미한다.
8) 서비스무역에 관한 일반협정 제 7조 2항.

유무역을 가장한 보호주의 수단이 되어서도 안 된다. GATS에 따른 자격인정방법으로는 ① 어느 국가가 자발적으로 외국의 자격증을 인정해 주는 일방적인 방법, ② 상대국이 자국의 자격증을 인정해주는 조건으로 상대국의 자격증을 인정해 주는 방법, ③ 각국의 자격인증제도를 통일시키는 방법 등이 있다.

GATS는 자격인증에 대한 문제가 국내문제의 성격이 강하기 때문에 강제적이거나 의무적으로 규정하고 있지는 않지만, 전문 직업인의 자격에 대한 상호인정, 일방적 인정, 자격인증제도의 통일 등의 추진에 관한 근거를 제공하고 있다. 그리고 자격에 대한 인정은 다자적으로 합의된 기준에 기초하여야 하며, 이와 관련된 자격인정 협정은 WTO의 서비스무역 이사회에 통보되어야 한다.

6) 국제지급과 이전

GATS는 한 회원국 정부가 외국 경쟁사에게 서비스부문의 개방을 약속한 이상, 해당 서비스부문에서의 서비스공급('경상거래') 대가인 지불금이 국외로 유출되는 것을 제한해서는 안 된다고 명시하고 있다. 각 회원국은 국제수지와 관련된 긴급수입제한의 경우를 제외하고는 경상거래에 대한 지급제한을 하지 않기 위하여 자유화 분야에서 발생하는 서비스의 대가에 대한 지급, 급료송금, 영업이익의 송금을 제한하지 않아야 한다. 그리고 국제수지관련 긴급수입제한이나 IMF의 요청이 있는 경우를 제외하고는 자회사나 지사 설립을 위하여 필요한 자본금을 반입하거나 기업청산에 따라 자본금을 반출하는 경우 이러한 자본이동을 제한하지 못한다.[9)]

하지만 GATS의 어떠한 규정도 국제통화기금(International Monetary Fund : IMF)협정에 따른 IMF 회원국의 권리와 의무에 대해 영향을 미칠 수 없다. 이 밖에도 WTO 회원국은 국제수지 보호를 위해서나 또는 IMF의 요청에 의한 경우 자본거래에 관한 자국의 구체적 약속과 합치되지 않는 제한을 가할 수도 있다. 하지만 이러한 제한은 반드시 일정한 조건하에서 일시적

9) 서비스무역에 관한 일반협정 제11조.

으로 이루어질 수 있다.

경제개발이나 체제전환 과정에 있는 회원국이 국제수지 상의 곤란을 겪을 경우 자국의 경제개발이나 체제전환계획의 수행하기 위한 적정 외환보유고를 유지하기 위하여 국제지불과 이전에 관한 제한을 가할 수 있다.[10)]

5. 구체적 약속

1) 시장접근

GATS하에서 각종 서비스의 공급형태를 통한 시장접근과 관련하여 모든 회원국은 다른 회원국의 서비스 및 서비스 공급자에 대하여 자기 나라의 양허표상에 합의되고 명시된 제한 및 조건하에서 규정된 대우보다 불리하지 아니한 대우를 부여하여야 한다.

WTO GATS에서 말하는 시장접근(Market Access)이란 서비스나 서비스 공급자들에게 시장개방을 허용하는 것으로 시장접근 양허표에 기재된 조건에 의하여 이루어지는 것이다. 양허분야에 대한 기재방법으로 양허하는 업종만 기재하고 기재하지 않은 분야는 양허하지 않은 것으로 간주하는 포지티브(positive) 방식을 채택하고 있다.

시장접근에 있어서 WTO 회원국들은 다른 회원국들의 서비스 및 그 공급자에게 자국의 양허계획서에 기재된 자국의 조건 및 제한보다 불리한 대우를 해서는 안 된다. 시장접근이 양허된 분야에 대해 양허계획서에 달리 규정되어 있지 않은 이상 각 회원국은 다음의 조치를 취하거나 유지하지 말아야 한다.[11)]

- 서비스 공급자의 수에 대한 제한
- 서비스 총 거래액 및 총 자산에 대한 제한
- 숫자단위로 표시된 총 영업 횟수 및 총 산출액에 대한 제한
- 특정 서비스 분야에 고용되거나 서비스 공급자가 공급하는 자연인의 총

10) 서비스무역에 관한 일반협정 제12조.
11) 이춘삼, 『국제통상론』, 법문사, 1999. pp.256-257.

수에 대한 제한
- 특정 형태의 법인이나 합작회사를 제한하거나 요구하는 조치
- 외국인 지분이나 투자 총액에 대한 제한

2) 내국민대우

구체적 약속에서 내국민대우는 매우 중요한 기본원칙으로 자리하고 있다. 이는 자기 나라의 양허표에 명시된 분야와 조건을 기준으로 WTO 회원국들은 그 밖의 회원국 서비스 공급업자가 자국 내의 서비스 공급과 관련하여 부여하는 모든 조치에 대하여 자기 나라의 동종 서비스와 서비스 공급자들에게 부여하는 대우보다 불리하지 않는 대우를 부여해야 한다는 것을 의미한다..

이에 따라 각국 정부는 각 회원국이 약속한 구체적 약속에 대하여 내국민대우의 원칙에 입각하여 외국 업체의 국내시장 접근을 차별 없이 보장해야 한다. 그리고 이러한 내국민대우는 형식적 내국민대우가 아닌 실질적 내국민대우(내국인과 동일한 보장)를 원칙으로 한다. 구체적 약속에 대한 내국민대우의 적용을 위하여 회원국은 자국의 서비스나 서비스 공급자에게 취해지는 조치와 형식적인 측면에서 다른 조치를 취할 수 있으나, 이러한 조치들이 국내경쟁조건을 변화시키지 않아야 한다.[12)]

서비스무역에 대한 내국민대우의 적용은 다른 분야와는 조금 다르게 적용된다. 상품무역(GATT)과 지적재산권(TRIPs) 부문에서의 내국민대우는 일반원칙으로 적용되지만, 서비스무역(GATS)에서의 내국민대우는 회원국이 구체적 약속을 행한 분야에 대해서만 적용된다.

하지만 GATS에서 내국민대우에 관한 구체적 약속이 있었다 하더라도, 관련 서비스 또는 서비스 공급자가 외국 서비스 또는 외국인이기 때문에 발생하는 내재적인 경쟁상의 불리함은 어쩔 수 없다.

12) 서비스무역에 관한 일반협정 제17조.

3) 추가적 약속

회원국은 자격, 표준 또는 면허사항에 관한 조치를 포함하여 시장접근과 내국민대우와 관련된 구체적 약속에 관한 양허표 기재사항은 아니더라도 서비스 무역에 영향을 미치는 조치와 관련하여 추가적인 약속에 관한 협상을 할 수 있다. 그리고 이러한 약속은 회원국의 양허표에 추가로 기재된다.

6. 점진적 자유화

1) 구체적 약속에 관한 협상

서비스무역의 경우 우루과이라운드는 시작에 불과하였다. GATS는 1995년의 WTO 출범 이후 더욱 완전한 서비스무역에 관한 협정을 도출하기 위한 새로운 협상을 5년 내로 시작해야 하며, 이러한 협상은 향후 계속해서 주기적으로 진행된다. DDA도 이러한 협상의 하나로 서비스 무역에 관한 협정의 보강과 서비스 분야에서의 자유화 개선을 위해 계속 진행된다.

서비스무역에 관한 새로운 협상의 목표는 양허표상에 기재된 약속수준을 증가시켜 서비스무역의 자유화를 더욱 촉진하는 것이다. 하지만 이러한 자유화의 과정은 전반적 또는 개별적 분야에서 개별 회원국의 정책목표 및 경제개발 단계를 적절하게 고려해서 점진적으로 이루어진다.13)

이러한 점진적 자유화의 과정은 협정에 따라 회원국이 행하는 구체적 약속의 일반적 수준을 진행시키는 방향으로 진행되는 양자간, 복수국가간 또는 다자간 협상을 통하여 매 협상마다 진전된다.

2) 구체적 약속에 관한 양허표

각 회원국은 자국이 GATS 제3부 (구체적 약속)에 따라 행한 구체적 약속을 양허표에 명시한다. 그러한 약속이 행해진 서비스분야에 대해 각 양허표

---

13) 서비스무역에 관한 일반협정 제19조, 구체적 약속에 관한 협상.

는 이 협정의 불가분의 관계를 형성하며, 구체적으로 다음과 같은 사항이 명시된다.

- 시장접근에 대한 제한 및 조건
- 내국민대우에 대한 조건 및 제한
- 추가적 약속과 관련된 조치들
- 적절한 경우 이러한 약속의 이행을 위한 시간계획
- 이러한 약속의 발효일

3) 양허표의 수정

회원국은 구체적 약속의 발효일로부터 3년이 경과하면 언제라도 자국 양허표상의 약속을 수정 또는 철회할 수 있다. 약속의 수정을 원하는 회원국들은 동 약속의 수정이나 또는 철회로 인하여 "영향을 받는 회원국(affected Member)"의 요청에 의하여 여러 가지 필요한 보상과 함께 양허내용의 조정에 관한 협상을 개시한다.

구체적 약속들에 대한 이러한 변경 방법은 WTO 회원국들과 관련된 서비스무역에 관한 구체적 약속의 양허변경(unbinding)을 상당히 어렵게 만들었다. 이러한 양허수정의 어려움은 서비스 관련 수출업자나 수입업자, 투자자들에게 서비스무역 안정성을 보증하는 것이나 마찬가지의 역할을 하였다.

한편, 양허표에 대한 수정협상을 통해서도 합의가 도출되지 않는 경우 관련 당사국은 해당 사안을 중재(arbitration)에 회부할 수 있다. 서비스와 관련된 양허 약속을 수정하려는 회원국은 중재판정을 통한 보상조정이 완료하되기 전까지는 자국의 약속을 수정 또는 철회할 수 없다. 그리고 중재에 참여한 모든 회원국들은 중재 판정을 준수하지 않고 약속을 수정하려는 회원국에 대해서 그 판정에 따라 실질적으로 동등한 수준의 혜택을 수정하거나 철회할 수 있다.[14]

14) 서비스무역에 관한 일반협정 제21조 1항, 양허표의 수정.

7. 제도관련 규정

1) 분쟁해결

각 회원국은 GATS의 운영에 영향을 미치는 모든 사항과 관련하여 그 밖의 회원국이 제기할 수 있는 주장과 관련한 협의를 위한 호의적인 고려와 적절한 기회를 제공한다. 서비스 분야에 대한 분쟁해결의 시작은 이러한 협의로부터 시작된다. 서비스무역이사회 또는 분쟁해결기구도 협의과정에서 만족스런 해결책을 발견할 수 없었던 문제에 관해 회원국의 요청에 따라 다른 회원국과 협의할 수 있다.

다른 회원국이 GATS에 따른 자신의 의무나 구체적 약속을 수행하지 않고 있는 경우, 한 회원국은 상호 만족스러운 해결책에 이르기 위한 분쟁해결절차를 이용할 수 있다. 분쟁해결기구는 상황이 충분히 심각하다고 간주되는 경우 한 회원국이 다른 회원국에 대하여 WTO 협정상의 의무와 구체적 약속의 적용을 중지하도록 허가할 수 있다. 또한 다른 회원국이 구체적 약속에 따라 자기 나라에 귀속될 것이라고 합리적으로 기대할 수 있었던 혜택이 무효화되거나 침해되고 있다고 간주하는 경우에도 분쟁해결절차를 이용할 수 있다.

2) 서비스무역이사회

WTO 서비스무역이사회(Council for Trade in Services)는 WTO 서비스무역에 관한 일반협정의 운영을 감독한다.[15] 물론 서비스무역이사회는 이 협정의 운영을 촉진하고 그 목적을 증진하기 위하여 자신에게 부여된 기능을 수행한다. 이사회는 자신의 기능을 효과적으로 수행하는데 적절하다고 간주하는 보조기관을 설치할 수 있다. 이사회가 달리 결정하지 않는 한 그 보조기관은 모든 회원국 대표의 참여를 위하여 개방되고 이사회 의장은 회원국에

15) 서비스무역에 관한 일반협정 제24조: 이사회의 의장은 회원국에 의하여 선출된다 그리고 이사회와 그 보조기관은 모든 회원국 대표의 참여를 위하여 개방된다.

의해 선출된다.

8. 분야별 부속협정

상품무역은 상품의 이동이 국가간에 이루어지는 것으로 비교적 이해하기 쉽다는 특정을 갖고 있다. 하지만 서비스무역은 이보다 훨씬 더 복잡하고 다양하게 이루어진다. 통신기업, 은행, 항공사, 회계법인 등은 전적으로 자신만의 독특한 방법을 통해 서비스를 제공하고 있는 것이다.

GATS 부속서에서는 이러한 상이한 서비스 분야들을 잘 반영하고 있다. GATS 부속서에 언급되고 있는 서비스 분야는 모두 8개로 다음과 같은 분야의 포괄적 내용을 담고 있다.

- 제2조(최혜국대우) 면제 부속서
- 자연인 이동에 대한 부속서
- 항공운송서비스 부속서
- 금융서비스 부속서
- 통신 부속서
- 기본통신협상 부속서
- 해상운송서비스협상 부속서

1) 자연인의 이동

GATS 산하의 자연인 이동에 관한 부속서는 서비스활동에 종사하는 사람의 국가간 이동에 관련된 부속서이다. 동 부속서는 서비스의 공급과 관련하여 회원국의 서비스 공급자인 자연인이나 또는 회원국의 서비스공급자에 의해 고용된 회원국의 자연인에게 영향을 미치는 조치에 대해 적용된다. 결국 동 부속서는 서비스 제공을 목적으로 한 국가에 입국하거나 일시적으로 머무를 수 있는 개인의 권리에 대하여 적용되는 부속서이다. 구체적으로 동 부속서는 서비스 공급자인 자연인과 서비스 공급자에 의하여 고용되는 자연인에 대하여 적용되는 부속서이다.

각 회원국은 자국의 노동시장을 보호하고 노동인력의 질서 있는 노동이동 등을 확보하기 위하여 자연인의 입국과 일시적 체류 등을 규제하는 국내조치를 허용하고 있다. 그러나 이러한 국내조치는 자연인의 이동에 대한 해당국의 시장접근 약속을 무효화하거나 침해하지 않아야 한다. 하지만 동 부속서는 시민권, 영구적 거주 또는 고용을 추구하고 있는 자연인에 대해서는 적용되지 않는다.[16)]

2) 금융서비스

금융서비스(Financial Services)는 금융거래라는 말로 더 많이 사용되며 내용상으로 볼 때에는 금융서비스거래와 자본거래, 외환거래로 구분된다. 하지만 GATS에서는 기존의 금융거래라는 용어와 금융서비스거래라는 용어를 구별하지 않고 금융서비스로 사용한다.

GATS와 관련된 금융서비스에 관한 규정은 결국 금융서비스의 자유화 논쟁과 관련이 있다. 금융서비스의 자유화에 대한 논의에서 통상전문가들과 금융전문가들의 자유화 방안은 다르게 나타난다. 통상전문가는 금융서비스 분야도 상품이나 다른 서비스 분야와 마찬가지로 가급적이면 정부규제의 수준을 낮추어서 완전한 자유화를 이룩하여야 한다는 입장이다. 하지만 금융전문가는 금융부문에서 규제를 완전히 제거한다는 것은 현실적으로 불가능할 뿐 아니라 바람직하지도 않다고 주장하고 있다.[17)]

GATT체제 하에서 서비스 협상은 통상전문가와 금융전문가의 의견 차이와 마찬가지로 금융서비스 분야의 개방을 확대하려는 선진국의 입장과 이를 저지하려는 개도국의 입장차이가 존재한다. 따라서 금융서비스 분야에서의 합의 도출도 여전히 쉽지 않았다. 이러한 경향은 UR협상 과정에서도 그대로 적용되어 서비스무역과 관련된 협상을 잠정적인 수준에서 타결하고 후속협상을 통해 더 나은 결과를 도출한다는 미봉책의 방향으로 나타났다.

---

16) 서비스협정에 따라 서비스를 공급하는 자연인의 이동에 관한 부속서(Annex on Movement of Natural Persons Supplying Services under the Agreement)

17) 이춘삼, 전게서, p.260

GATS 금융서비스 부속서에 나타난 내용은 다음과 같다. 첫째, 금융서비스에 관한 부속서는 금융서비스 공급자가 제공하는 모든 금융서비스의 공급에 영향을 미치는 조치에 적용된다. 둘째, 회원국 정부들은 투자자, 예금보유자 그리고 보험계약자들을 위한 보호 조치를 취할 수 있는 권리와 금융시스템의 통합과 안정을 보장하는 조치를 취할 수 있는 권리를 가진다. 셋째, 중앙은행의 서비스와 같은 금융시스템 전반에 걸친 정부의 권한을 행사할 때 제공하는 서비스[18]는 본 부속서의 적용으로부터 제외된다.[19] 넷째, 본 부속서의 어떠한 규정도 다른 회원국의 고객과 관련된 사적인 정보나 공공기관이 보유한 비밀정보 및 재산적 가치가 있는 정보를 요구할 수 없다.

한편 각 회원국이 다른 국가의 금융서비스와 관련된 조치를 어떻게 적용할지를 결정하는 방법은 다음과 같다.

- 다른 국가의 합리적 조치를 인정
- 관련국가와의 협정이나 약정에 기초
- 자율적인 자격부여

한편 금융서비스에 관한 협상은 우루과이라운드가 종료된 이후에도 계속 진행되다가 1997년 12월이 되어서야 완전 타결되었다.

3) 통신

통신서비스 분야는 특히 경제활동이 한 독립된 분야이면서 다른 경제활동을 뒷받침하는 전달수단이라는 이중적 역할을 가지고 있다. 따라서 GATS 통신에 관한 부속서(Annex on Telecommunications)는 회원국의 공중통신전송망 및 공중통신전송서비스에 대한 접근과 이의 이용에 영향을 미치는 조치

18) 금융부문에서 "정부권을 행사할 경우 공급되는 서비스"는 다음의 세 가지를 의미한다.
① 중앙은행이나 통화당국 혹은 그 외의 공공기관이 통화 또는 환율정책의 추진을 위하여 수행하는 활동, ② 법정 사회보장제도 또는 공공 퇴직제도의 일부를 구성하는 제반활동, ③ 공공기관이 정부계정을 위하여 또는 정부 보증하에 또는 정부 재원을 사용하여 수행하는 다른 활동

19) 금융서비스에 관한 부속서(Annex on Financial Services) 2항.

에 관한 협정의 규정을 구체화할 목적으로 만들어진 회원국간의 약속이다.

결국 GATS 통신에 관한 부속서는 공중통신전송망 및 공중통신전송서비스에 대한 접근 및 이의 이용에 영향을 미치는 회원국의 모든 조치에 적용된다. 하지만 본 부속서는 라디오 또는 TV 프로그램의 유선방송 또는 무선방송에 대해 영향을 미치는 조치들에 대해서는 적용되지 아니한다.

그리고 이 부속서의 어떠한 규정도 회원국에게 자기나라의 양허표에 규정되어 있는 것을 제외하고는 그 밖의 회원국 서비스 공급자의 통신전송망 또는 통신전송서비스의 설치하거나 건설, 취득, 임차, 운영 또는 공급하는 것을 허가하도록 요구하는 것으로 해석되지 않는다. 또한 본 부속서의 어떠한 규정도 회원국이(또는 회원국이 자기 나라의 관할권 아래에 있는 서비스 공급자들을 강제하여 서비스 공급자로 하여금) 대중에게 일반적으로 제공되지 않는 통신전송망 또는 통신전송서비스를 설치하거나 건설 또는 취득, 임차, 운영, 공급하도록 요구하는 것으로 해석되지 않는다.

GATS 통신에 관한 부속서상에 나타나 있는 통신(Telecommunications)의 의미는 모든 전자자기적 수단(Electromagnetic Means)에 의한 신호의 전달 및 수신을 의미한다. 그리고 공중통신전송서비스에는 회원국에 의하여 명시적으로 또는 사실상 일반적으로 공중에게 제공되도록 요구된 모든 통신전송서비스를 의미한다. 공중통신전송서비스에는 특히 고객정보의 형태 또는 내용이 한쪽 끝에서 다른 쪽 끝까지 변경됨이 없이 2개 이상의 지점 사이에서 고객이 제공한 정보를 실제시간 전송을 수반하는 전신, 전화, 텔렉스 및 데이터 전송이 포함될 수 있다.[20] 공중통신전송망은 명시된 망 종단점간에 통신을 할 수 있게 하는 공중통신 기반시설을 의미한다.

사실 통신서비스 부문은 경제활동에 있어서 하나의 독립된 분야이면서 다른 경제활동을 지원하는 전달수단(예를 들면, 전자화폐 전송)이라는 이중적 역할을 수행하는 부문으로 그 경제적 파급효과도 막대하다. 이러한 이유 때문

20) 전기통신서비스는 음성전화서비스, 패킷교환데이터 전송서비스, 회로교환 데이터 전송서비스, 텔렉스, 전보, 팩스, 사설 리스회선 서비스, 전자사서함(e-mail), 음성사서함(v-mail), 온라인 정보검색서비스, 전자자료 교환, 고도 팩시밀리, 코드 및 프로토콜 변환, 온라인 정보 및 데이터처리 서비스, 기타 등으로 구분된다.

에 UR 타결 이후에 계속된 통신서비스에 관한 WTO 기본통신협상에서는 기본통신의 정의에 대한 국가간의 차이를 인정하고 부가가치를 수반하지 않는 모든 공공통신서비스에 대해서만 협상하였던 것이다. 통신분야에서의 구체적 약속에 관한 WTO 협상은 우루과이라운드가 끝난 이후 재개되어 1997년 2월 새로운 일괄타협안이 타결되었다.

부속서에서는 WTO 회원국은 합리적이 고 무차별적으로 다른 회원국의 모든 서비스 공급자에게 공중통신 전송망(Public Telecommunications Networks)과 공중통신 전송서비스에 대한 접근 및 이용을 보장해 주도록 규정하고 있다.[21] 이때 접근 및 이용이 보장되는 통신망은 회원국의 양허표에 규정되어 있는 것이어야 하며 자국의 일반 대중에게 보편적으로 제공되는 통신망이라야 한다.[22]

GATS 통신에 대한 부속서에서는 통신서비스에 대한 GATS 적용을 위하여 각 회원국은 공중통신전송망 및 공중통신전송서비스에의 접근 및 이의 이용에 영향을 미치는 제반조건에 대한 관련정보가 대중에게 입수가능하도록 규정하고 있다. 관련정보의 범위에는 서비스의 요금 및 다른 조건, 공중통신 전송망 및 공중통신전송서비스의 기술적 상호연결장치 사양, 동 접근 및 이의 이용에 영향을 미치는 표준을 준비하고 채택하는 책임을 지는 기관에 대한 정보, 단말장비 또는 다른 장비의 부착에 적용되는 조건, 그리고 해당되는 경우 통보, 등록 또는 면허요건 등이 포함된다.

하지만 이러한 조치에도 불구하고 회원국은 메시지의 안전과 비밀을 보장하기 위해 필요한 조치를 취할 권리를 인정하고 있다. 그러나 이러한 조치가 서비스무역에 대한 자의적 또는 부당한 차별의 수단 또는 위장된 제한을 구성하는 방식으로 적용되어서는 안 된다.

4) 항공운송서비스

GATS 항공운송서비스에 관한 부속서(Annex on Air Transport Services)

21) 통신에 관한 부속서(Annex on Telecommunications) 5.
22) 통신에 관한 부속서 2

는 정기 또는 비정기 여부에 관계없이 항공운송서비스와 보조서비스의 무역에 영향을 미치는 제반조치에 적용된다. 하지만 본 부속서에 따라 행해진 구체적 약속이나 의무는 WTO 협정 발효일을 기점으로 유효한 양자간 또는 다자간 협정에 따른 회원국 의무를 감소시키거나 영향을 미치지 않는다.

항공운송서비스는(Air Transport Services)는 상호주의가 인정되어 양자간 또는 복수국가간 협정체제로 운영되고 있기 때문에 원칙적으로는 WTO GATS의 적용을 받지 않는다. 따라서 운수권(traffic rights)[23] 및 운수권과 직접적으로 관련된 활동들은 GATS의 적용범위에서 배제되었다. 이러한 서비스는 다른 쌍무협정에 의해 다루어진다.

항공운송서비스는 크게 운항서비스와 항공보조서비스로 구분된다. 여기서 운항서비스는 여객과 화물의 정기·부정기 운송서비스를 의미한다. 그리고 항공보조서비스는 항공기 수리 및 유지서비스, 운송서비스의 판매 및 마케팅 서비스, 컴퓨터 예약서비스 등을 의미한다. 하지만 항공운송서비스중 운항서비스는 서비스무역협정의 적용을 받지 않으며 항공보조서비스는 적용받게 된다. GATS 항공운송서비스에 영향을 미치는 조치는 항공기 수리 및 정비서비스, 항공운송서비스의 판매 및 시장 확대, 컴퓨터 예약제도 등의 서비스에 영향을 미치는 조치에 적용된다.

서비스무역 이사회는 항공운송분야에서 GATS의 추가적인 적용 가능성을 고려하기 위하여 항공운송 분야 및 동 부속서의 운영에 대하여 주기적으로, 그리고 최소한 매 5년마다 검토한다.

9. DDA 서비스 협상

DDA 협상에서 서비스분야는 농업 및 비농산물시장접근(Non Agricultural

23) '운수권'은 정기 및 부정기서비스를 제공하기 위해 한 회원국의 영토로부터 영토로, 영토내 에서, 또는 영토상공으로 대가나 사용료를 목적으로 운항 또는 여객, 화물 및 우편을 운송 할 권리를 의미하며, 여기에는 운항지점, 취항항로, 운송대상의 형태, 운송능력, 부과운임 및 조건, 그리고 항공사의 수, 소유권 및 지배를 포함한 항공사의 지정에 관한 기준이 포함 된다.

Market Access : NAMA) 분야와 함께 가장 중요한 분야 중 하나로 취급되고 있다. 서비스 분야에서 가장 중요하게 취급되고 있는 분야는 주로 시장접근(Market Access), 국내규제(Domestic Regulation), GATS 규범(GATS Rules), 최빈개도국 의제(Implementation of LDC Modalities) 등에 관한 의제이다.24)

DDA 서비스 협상은 농업과 NAMA 협상의 진전에 따라 많은 영향을 받는 등 다른 분야 협상과 밀접하게 연계된 양상을 보여 왔다. 따라서 서비스 분야에서의 협상 부진은 기존의 농업과 NAMA 분야에서의 협상부진의 결과라고도 볼 수 있다. 그동안 WTO 홍콩 각료선언 이후 서비스 협상분야는 다른 분야들 보다 활발한 협상이 진행되어 왔음에도 불구하고 관련 쟁점에 대한 국가간 · 그룹간 입장 수렴이 부진한 상황이다.

서비스 분야는 DDA 시장접근 협상에서 가장 빠른 진전을 보인 분야로 대다수의 회원국들이 2003년과 2005년에 각각 1차 양허안(Initial Offer)과 수정양허안(revised offer)을 제출하는 성과를 거두었다. 특히 2011년 1월 한국이 서비스 시장접근 협상 로드맵(A Roadmap for Completion of the Service Market Access Negotiations)을 제안 · 회람하면서 서비스 시장접근에 관한 양허협상이 본격화되었다. 그 후 2011년 3월말까지 서비스분야에 관한 집중 양허협상이 진행되는 등 가시적인 성과를 도출하고 있는 상황이다.

지금까지 WTO 회원국 간에 서비스 분야별 시장접근을 개선하기 위한 양자 및 복수 국가간 협상은 활발하게 진행되고 왔으나 선진국과 개도국 간의 대립은 지속되고 상황이다. 구체적으로 미국, EU 등 선진국들은 개도국에 대해 Mode 3(상업적 주재)에 대한 개방을 요구하고 있는 반면 개도국들은 선진국들에 대해 Mode 4(자연인의 이동)에 대한 개방을 요구하면서 서로 대립하고 있는 상황이다. 또한 서비스분야에서 개도국의 양허수준에 대해 선진국과 개도국 간의 대립 또한 지속되고 있는 상황이다.

서비스분야의 국내규제 및 GATS 규범과 관련된 협상은 시장접근 분야에 비해 부진한 진전을 보이고 있는 상황이다. 서비스 국내규제 분야에서는

24) 이하의 내용은 성한경 외 6, "DDA 협상 의장보고서의 주요 내용과 향후 전망", KIEP 오늘의 세계경제, Vol. 11, No. 15, 2011, pp.8-9내용 참고.

2009년 3월 제시된 의장텍스트를 바탕으로 스위스의 제안, 미국의 수정 제안, 프렌즈 그룹의 문안(수정문안 포함) 등의 검토를 통하여 국내규제에 관한 의장 텍스트 조항에 대한 문안협의가 집중적으로 이루어지고 있다. 국내규제 분야에서의 쟁점은 상당부분 해소되기는 하였지만, 필요성 심사(Necessity Test) 등에 관한 주요 쟁점에 대한 합의가 이루고 있지 못하다.

GATS 규범에 관한 협상의 경우 GATS 규범작업반(WPGR)을 중심으로 긴급세이프가드(ESM), 서비스 정부조달, 서비스 보조금 등과 같은 3대 주요 문제에 대한 논의가 진행되고 있다. 하지만 GATS 규범과 관련된 협상은 관련 규범 제·개정을 위한 전문가 의견 청취, 통계 수집, 각국의 정보교환 단계에 머물러 있는 수준이다.

기타 분야로 서비스 보조금에 관한 분야는 여타 이슈에 비해 상대적으로 논의의 진전이 많은 분야이다. 서비스 보조금에 관한 분야는 각국의 제안서(스위스 제안서, 미국의 질문서, 인도·칠레·멕시코 공동 제안서)를 검토하는 단계에 있다.

2011년 4월 21일 의장보고서 형태로 공개된 분야별 DDA 경과보고서[25]에서는 서비스 분야의 협상은 일부 진전이 있기는 하지만 전반적으로 2008년의 Signaling Conference 이후 별다른 진전이 없는 상황이라고 보고 있다. 이러한 서비스 협상의 부진은 여타 다른 주요 분야의 협상교착의 영향이 큰 것으로 평가된다.

결과적으로 DDA 서비스분야 협상에서는 규범분야에 대한 기술적인 작업을 지속하고 있으나 3개의 주요 이슈에 대한 최종 합의를 도출하고 있지 못하다. 국내규제 분야에서도 상당한 진전이 이루어졌으나 핵심 이슈에 대해 회원국 간의 입장 대립이 해소되고 있지 못하다.

하지만 장기적인 측면에서 볼 때 DDA에서 농업 및 NAMA 협상의 연내 타결 가능성이 상당히 낮은 상황이다. 따라서 DDA에서는 서비스 협상 또한

---

25) 의장경과보고서에서는 시장접근의 경우 전반적인 협상 진전사항과 회계, 항공운송, 건축 등 엔지니어링, 시청각, 컴퓨터 관련 서비스, 건설, 유통, 에너지, 환경, 금융, 법률, 물류 및 관련 서비스, 해운, 우편·쿠리어·특급배송, 사교육(Private Education Services), 농업 관련 서비스, 통신, 관광, 국경간 공급, Mode 3, Mode 4, MFN 면제 등의 분야에서 협상 현황을 제시하였다.

당분간 합의 도출보다는 국가간 또는 그룹간 이견 대립이 지속될 수밖에 없을 것으로 예상된다. 하지만 서비스 분야 또한 여타 분야를 포괄한 일괄 타결을 시도할 때 조정의 매개 역할을 할 가능성도 있고, 주요 WTO 회원국들의 정치적인 결단에 따라 서비스 협상 속도가 달라질 수도 있을 수 있다.

6.2 무역관련 지적재산권에 관한 협정

1. 협정의 필요성

1) 협정의 필요성

인간의 정신적 · 지적 창조물인 아이디어(Ideas)와 지식(Knowledge) 등 고갈되지 않는 원천적 자원인 지적재산권(Intellectual Property Right)이 국제무역상에서 차지하는 비중이 점차 증가하고 있다. 여기서 지적재산권이란 산업적 발명과 예술적 · 상업적 시장가치를 갖는 인간의 지적 · 정신적 창작물을 지칭하는 것으로, 인간의 창의적 정신활동으로 인한 새로운 물질의 발견, 새로운 제조기술의 발명, 새로운 용도의 개발, 상품의 새로운 기능의 개발, 새로운 상품의 디자인 등의 산업적 발명과 문학 · 미술 · 음악 · 연출 · 공연 · 제작 · 방송 등의 창작물을 포함한 지적생산물 등에 관한 권리의 총칭이다.

세계지적재산권기구(WIPO : World Intellectual Property Organization) 협약에서는 지적재산권을 "문학 · 예술 · 과학작품, 연출, 예술가의 공연 · 음반, 방송, 인간이 노력하는 모든 분야에서의 발명, 과학적 발견, 공업의장 · 등록상표 · 서비스 마크 · 상호 · 기타 명칭, 부당 경쟁에 대한 보호 등에 관한 권리, 공업 · 과학 · 문학 · 예술분야의 지적 활동에서 발생하는 그 밖의 모든 권리"로 규정하고 있다.[26)]

WTO 무역관련 지적재산권에 관한 협정(Agreement on Trade-related Aspects of Intellectual Property Rights)은 국제무역에 대한 왜곡과 장애를 줄이는 것을 목적으로 지적재산권의 효과적이고 적절한 보호를 증진할 필요성을 고려하여 지적재산권을 시행하는 조치 및 절차가 그 자체로 정당한 무역에 대한 장벽이 되지 않도록 보장하기 위해 만들어진 협정이다.

WTO TRIPs 협정에서는 다음과 같은 5가지 새로운 규칙과 규율의 필요성에 따라 만들어진 협정이다. 5가지 새로운 규칙과 규율의 필요성은 ① 무역제도의 기본원칙과 국제 지적재산권협정이 적용되는 방법, ② 지적재산권의 보호방법, ③ 자국 내에서의 지적재산권에 관한 협정의 적용과 이행방법, ④ WTO 회원국사이의 지적재산권에 관한 분쟁을 해결하는 방안, ⑤ 새로운 제도가 도입되는 기간 동안의 특별 경과조치(Special Transition와 Arrangements) 등이다.

이 밖에도 WTO TRIPs 협정에서는 위조상품의 국제무역을 다룰 원칙, 규칙 및 규율의 다자간 틀의 필요성을 인정하며, 지적재산권이 사적 권리임을 인정하며, 개발 및 기술목표를 포함한 지적재산권의 보호를 위한 국가적 제도의 기본공공정책적 목표를 인정한다. 특히 WTO TRIPs 협정은 다자간 절차를 통한 무역관련 지적재산권 문제의 분쟁을 해결한다는 강화된 약속의 달성을 통한 긴장완화의 중요성을 강조한다.

2) 국제적 논의의 필요성

지적재산권 보호와 관련된 제도의 시행은 국가마다 다소 차이가 있다. 지적재산권의 보호는 지적재산권에 대한 제3자의 불법적 사용을 방지함으로써, 많은 위험과 노력이 수반되는 발명과 창작활동에 대한 의욕을 고취시켜 경제발전에 이바지 하고자 하는데 그 목적이 있다.

지적재산권에 대한 논의가 국제적 차원에서 시작된 것은 국제무역에서 지적재산권이 차지하는 비중이 증대되었기 때문이다. 지적재산권의 경제적 비중이 날로 중요해지는 상황에서 국가별 제도의 차이는 결국 지적재산권 관련

26) WIPO 설립협약 제2조 7항.

산업과 국가경쟁력의 차이로 나타났다.

하지만 지적재산권의 보호에 관한 문제는 기존의 GATT 체제에서 다루고 있던 분야가 아니었다. 지적재산권의 보호와 관련된 기존의 국제협약에서 적용되던 보호 수준과 내용도 그리 만족할 만한 수준은 못 되었다. 그리고 이러한 과정에서 지적재산권의 배타적 소유권을 최대한 보장하고자 하는 선진국들과 지적재산권의 공공재적 역할을 강조하는 개발도상국간에는 극심한 무역마찰현상이 발생하게 되었다.

지적재산권에 관한 국제적 논의는 지적재산권의 보호를 위한 국가별 입장 차이를 조정하고 효과적으로 지적재산권을 보호하며, 국제무역상의 왜곡과 장애를 완화시키려는 노력에서 시작되었다. 국제적 논의의 또 다른 이유로 국제간 합의를 바탕으로 무역관련 지적재산권제도의 투명성과 예측가능성을 제고시켜 국제간 분쟁을 쉽게 해결하자고 하는 의도도 있다.

UR 협상은 그동안 개별국가 또는 소규모 차원에서 행해지던 지적재산권 보호에 관한 논의를 국제적인 차원으로 확대시켜 전 세계적인 합의를 도출하였다는 부분에서 커다란 의미가 있다. UR 협상의 결과 도출된 WTO 무역관련 지적재산권에 관한 협정은 세계 정부들 간의 지적재산권 보호와 관련된 제도적 차이를 줄이고, 공통적 국제규범 하에서 지적재산권의 보호를 논의할 수 있게 만들었다는 점에서 의의가 있다. 이밖에도 WTO TRIPs 협정은 지적재산권에 관한 분쟁을 WTO의 분쟁해결 제도를 통하여 해결할 수 있게 만들었다는 점에서도 의의를 가진다.

2. 기본 원칙

WTO TRIPs협정에서는 GATT나 GATS와 마찬가지로 몇 가지 핵심 기본 원칙을 찾아 볼 수 있다. TRIPs협정에서도 내국민대우와 최혜국대우와 같은 무차별주의가 나타나고 있다. 이 밖에도 TRIPs 협정에서 강조되는 또 다른 기본원칙들은 최소보호의 원칙과 권리소진의 원칙, 투명성의 원칙 등이 있다. TRIPs 협정에서 적용되는 몇 가지 기본원칙들을 간략하게 살펴보면 다음과 같다.[27)]

1) 내국민대우

내국민대우란 지적재산권의 보호와 관련하여 WTO 회원국들이 다른 회원국 국민에게 자국의 국민보다 불리한 대우를 부여하여서는 안 된다는 것을 규정한 원칙이다.[28] 하지만 TRIPs 협정에서 나타나고 있는 내국민대우의 원칙도 다음의 경우에는 예외가 인정되고 있다.

- 각 회원국이 다른 나라 국민에게 파리협약, 베른협약, 로마협약, 지적재산권조약(IPIC) 상의 예외조항들을 적용한 경우
- 각 회원국이 다른 회원국의 관할권 내에 있는 주소지의 지정(송달을 위함)이나 또는 대리인의 선임 등과 관련된 사법 및 행정절차인 경우
- WIPO가 주관하고 있는 지적재산권의 취득과 유지를 위한 다자간 협정의 경우

2) 최혜국대우

지적재산권의 보호와 관련된 최혜국대우란 일방 회원국에 의해 다른 회원국의 국민에게 부여되는 이익, 혜택, 특권, 면제가 즉시 그리고 무조건적으로 다른 모든 회원국 국민에게도 부여된다는 것을 의미한다.[29] 최혜국대우는 GATT 협정에서는 일반적인 원칙으로 볼 수 있으나 지적재산권의 체계에서는 도입된 적이 없던 원칙이다. 실제로 지적재산권에 관한 다른 국제협약에서는 내국민대우만이 존재하고 최혜국대우의 원칙은 존재하지 않는 것이 일반적이다.

하지만 WTO TRIPs 협정은 무역관련 협정이기 때문에 최혜국대우의 원칙이 도입된다. 지금까지 지적재산권의 보호는 속지주의의 원칙 하에서 이루어져 왔고, 지적재산권을 무역의 대상으로도 인식하지 않았다. 하지만 지적재산권이 무역상품의 국제경쟁력을 결정짓는 요소로 그 중요성이 더욱 커져감에 따라 최혜국대우의 원칙이 TRIPs 협정에 도입된 것이다.

---

27) 사법연수원, 『WTO통상법』, 1999, pp.229-232, 적의인용 및 요약.
28) WTO 무역관련 지적재산권에 관한 협정 제3조 1항 1문 후단.
29) WTO 무역관련 지적재산권에 관한 협정 제4조.

하지만 최혜국대우의 적용에 대한 예외는 다음과 같은 경우 인정된다.

- 한 회원국이 부여하는 이익, 혜택, 특권, 면제가 지적재산권의 보호에 한정되지 아니하는 일반적 성격의 법률 집행에서 비롯되는 경우
- 한 회원국이 부여하는 이익 혜택 특권 면제가 내국민대우가 아닌 상호주의원칙에 따른 로마협약 또는 베른협약의 규정에 따른 경우
- 한 회원국이 부여하는 이익, 혜택, 특권, 면제가 동 협정에 규정되어 있지 않은 실연자, 음반제작자, 방송기관의 권리에 관련된 경우
- 한 회원국이 부여하는 이익, 혜택, 특권, 면제가 WTO 설립협정의 발효 이전에 발효된 지적재산권 보고관련 국제협정으로부터 비롯된 경우[30)]
- 지적재산권의 취득과 유지에 관해 WTO 주관하에 체결된 다자간 협정에 규정된 절차의 경우

3) 최저보호의 원칙

최저보호의 원칙이란 기존에 존재하는 국제협정을 최저보호수준으로 하여 그 이상의 수준으로 지적재산권을 보호하자는 원칙이다. 실제로 WTO 지적재산권에 관한 협정(TRIPs)은 '국제협정 플러스방식'을 채택함으로써 국제협정을 최저보호수준으로 하여 각국의 재량에 따라 보호수준을 강화할 수 있도록 하고 있다.

TRIPs 협정에서는 협정에 위배되지 않는 한 회원국은 자국의 국내법을 통해 협정이 요구하는 것보다 더 광범위한 지적재산권의 보호를 실시할 수 있다고 규정하고 있다. 그러나 반드시 그렇게 할 의무를 지지는 아니한다고 규정함으로써 회원국은 자국의 고유한 법제도와 관행의 범위 내에서 TRIPs 협정의 적절한 이행을 도모할 수 있도록 하고 있다.

30) 단, 이러한 협정은 TRIPs 이사회에 통보되어야 하며 다른 회원국 국민에 대하여 자의적이거나 부당한 차별을 구성하지 아니한 경우.

4) 권리소진의 원칙

권리소진의 원칙(Exhaustion Doctrine)은 적법하게 만들어진 복제본(특허상품 포함)을 일반 판매하면 제1의 판매로써 (특허권, 저작권 등의) 권리자가 가진 권리는 소진됨으로써 원권리자는 다시 자신의 권리를 주장할 수 없다는 원칙이다. 결국 이는 복제본의 권리자는 원권리자의 독점적인 배포권에도 불구하고 다른 방법으로 자신이 가진 복제본을 처분할 수 있다 것을 설명하는 원칙이다. 이 권리소진의 원칙은 원권리자로부터 실시권을 받은 타국의 실시권자가 상품을 생산하여 원권리자의 국가로 수출하는 병행수입(Parallel Import)과 관련되어 적용되는 원칙이다.

병행수입

병행수입제란 국내 독점판매권을 갖고 있는 업체 외에 다른 유통경로로도 같은 상품의 수입이 전면 허용되는 제도이다. 우리나라에서는 1995년 9월부터 수입공산품의 가격인하를 위해 시행됐다. 따라서 국내 독점판매권자나 수입상표의 전용사용권자는 단지 위조품에 대해서만 그 권리를 보호받게 된다.

병행수입의 허용기준을 보면 원칙적으로 상표의 고유기능인 출처표시 및 품질보증 기능을 해치지 않는 범위 내에서 모든 수입품에 대한 병행수입을 허용된다. 이에 따라 국내외 상표권자가 동일인이거나 같은 계열사 또는 본·지사 관계, 독점 수입대리점 등 자본거래가 있는 특수관계의 경우에는 상표권이 소진된 것으로 간주, 다른 수입업자가 이 상품을 수입해 판매할 수 있다. 그러나 외국상품의 국내 상표권자가 국내에서 독자적인 제조 및 영업망을 갖고 있는 경우에는 기존의 영업권을 보호한다는 차원에서 병행수입이 허용되지 않는다.

이는 수입상품에 대해서도 가격파괴 경쟁이 본격화될 수 있는 풍토를 만들어 과도한 유통마진을 축소하고 가격인하를 유도하겠다는 방침에서 시행되는 것이다. 그러나 관련업계에서는 독점계약상품의 판매 촉진을 위해 광고 등 많은 비용을 부담하고 있는데, 다른 수입업체가 무임승차할 수 있도록 허용하는 것은 부당하다며 강력히 반발하고 있다.

권리소진의 원칙에 대해서는 선진국과 개도국간의 격렬한 입장대립으로 인하여 TRIPs 협정 내에서는 어떠한 국제적 표준을 제시하는데 실패하였다. 실제로 TRIPs 협정 제6조에서 "이 협정에 관계된 분쟁해결에 있어 …… 이 협정의 규정은 지적재산권의 소진에 관한 문제를 다루기 위해서는 사용될 수 없다"고 규정하고 있다.

5) 투명성의 원칙

투명성은 국제통상관계에서 일반적으로 인정되는 원칙으로 개별 회원국의 법이나 제도의 운영이 투명해야 한다는 원칙을 의미한다. 이를 위해 TRIPs 협정은 협정의 집행을 감시하고 실효성을 기하기 위해 제5부(분쟁의 방지 및 해결) 제63조와 제3부(시행) 각 조에서 공개성, 투명성, 공정성, 검증가능성 등에 대한 규정을 두고 있다.

제63조를 중심으로 한 투명성 원칙의 내용을 살펴보면 다음과 같다. WTO TRIPs 협정에서 투명성을 증대시키기 위한 방법으로 첫째, 관련 정보의 공표를 들 수 있다. 이는 지적재산권과 관련된 법(협정 포함), 규정, 제도 및 관련 정보 등에 대하여 회원국 정부와 권리자가 그 내용을 알 수 있도록 공표하거나 공개함으로써 공개적으로 입수 가능하게 하여야 한다는 의미이다. 둘째, 통보이다. 각 회원국은 자국의 지적재산권과 관련된 법과 규정을 TRIPs 이사회에 통보해야 한다. 마지막으로 TRIPs 협정의 투명성을 제고하기 위한 방법으로 정보제공의 의무를 들 수 있다. 이는 타당한 사유에 의해 공표대상 정보를 요청하는 자가 있는 경우에는 요청을 받은 회원국은 대상 정보를 제공해야 한다는 것이다.[31)]

31) 그러나 각 회원국은 자국의 법률집행을 방해하거나 또는 공익에 반하거나, 특정 공기업 또는 사기업의 정당한 이익을 저해할 수 있는 비밀정보의 공개를 거부할 수 있다(WTO 무역 관련 지적재산권에 관한 협정 제63조 4항).

3. 분야별 보호방법

WTO TRIPs 협정 제2부에서는 여러 유형의 지적재산권과 이러한 지적재산권의 취득가능성, 범위 및 사용에 관한 기준을 제시하고 있다. 제2부의 목적은 적절한 지적재산권의 보호기준이 전체 회원국에게도 존재하고 있다는 것을 확신시키는 것이다. 이 WTO TRIPs 협정의 출발점은 세계지적재산권기구(World Intellectual Property Organization : WIPO)와 일부 지적재산권 관련 국제협정의 주요 의무에서 출발한다. WTO TRIPs 협정의 적용을 받는 주요 국제협정과 관할 분야는 다음과 같다.

- 특허(Patents)와 의장(Industrial Designs) 등의 산업재산권 보호를 위한 파리협약(Paris Convention for the Protection of Industrial Property)
- 문학적 · 예술적 저작물의 보호를 위한 베른협약(Bern Convention for the Protection of Literary and Artistic Works)
- 신지적재산권(New Intellectual Property)의 보호를 위한 워싱턴조약을 포함한 국제협약[32)]

TRIPs협정에 의하여 보호되는 분야

- 저작권과 저작 인접권(Copyrights and Related Rights)
- 서비스상표를 포함한 상표(Trademarks, including Service Marks)
- 지리적 표시 (Geographical Indications)
- 의장(Industrial Designs)
- 특허 (Patents)
- 집적회로 배치설계 (Layout-designs of Integrated Circuits)
- 영업비밀을 포함한 미공개 정보 (Undisclosed Information, including Trade Secrets)

32) 신지적재산권으로는 진종식물의 권리를 보호하기 위한 국제신종식물동맹, 미생물 및 생명공학 기술분야의 특허를 통일하기 위한 부다페스트조약, 반도체 직접회로의 회로배치설계를 보호하기 위한 위싱턴 조약이 있다.

1) 저작권

저작권(Copyrights)이란 법에 의해 저작물의 저작자에게 부여되는 배타적인 권리로서, 자신의 창작물을 공표하고, 이를 통하여 어떠한 방법으로든 공개 · 배포 · 전달하며, 다른 사람에게 저작권자의 저작물을 특정의 방법으로 사용하도록 허락할 수 있는 권리를 의미한다. 저작물을 이용하려면 저작권자의 이용허락을 받아야 하는데, 이용허락을 위해서는 사용료를 지급하는 것이 보통이나 저작권자가 아무런 대가를 받지 않고서 이용허락을 할 수도 있다. 저작권에 대한 이용 허락은 저작재산권자와 저작물 이용자 간의 채권적 법률관계에 해당한다.33)

TRIPs의 저작권보호에 관한 내용은 기본적으로 국제조약인 베른협약을 기초로 한다. 저작권의 보호대상으로는 어문 및 예술저작물, 번역, 번안, 편곡, 기타 문학적, 예술적 저작물의 개작물 등 소위 2차적 저작물, 백과사전이나 전집 등 문예저작물 등의 저작물 등이다. 그러나 공식문서나 사실상의 전달에 불과한 시사보도, 정치연설이나 법적 절차과정에서 행해진 연설, 특정 강연이나 연설 등의 보호는 각 국의 국내입법에 위임되어 있다.

한편 WTO TRIPs 협정에서 저작인격권은 보장되지 않는다. 저작인격권(Moral Right)은 저작물의 공표권, 저작자의 지위를 주장할 수 있는 권리, 저작자의 성명을 표시할 수 있는 권리, 승낙없이 저작물을 변경 또는 삭제하는 것을 금지할 수 있는 권리 등을 의미한다. 저작인격권은 저작재산권에 대응되는 개념으로 지작지는 인격보호의 법리를 근거로 보호된다. 베른협약에서는 저작인격권이 저작권의 양도 이후에도 지속되고 저작자의 사망 후에도 보장되도록 규정하고 있다. 하지만 WTO TRIPs 협정에서는 이러한 베른협약의 저작인격권조항을 적용받지 않도록 규정하고 있다.

사전저작물 또는 응용저작물이 아닌 저작물의 보호기간은 베른협약과 같이 저작권자가 개인인지 공동인지에 관계없이 원칙적으로 저작자의 생존기간과 사망 후 50년으로 한다. 그러나 영화저작물과 무명 · 익명 저작물은 이용 가능일로부터 50년, 사진저작물과 응용저작물에 대해서는 제작일로부터

33) 야후 검색 시사상식(http://kr.search.yahoo.com/)

25년의 특혜가 인정된다.

하지만 WTO TRIPs 협정에서는 베른협약상의 저작권 보호대상 외에도 컴퓨터프로그램도 문학적 저작물(literary Works)로 보호하고 있다.[34] 하지만 인터페이스(Interface)나 알고리즘(Algorithm) 등 비문학적 요소가 보호대상에 포함되는지에 대한 여부는 규정하고 있지 않다.

WTO TRIPs 협정에서는 국제저작권 규범이 대여권(rental rights)에도 적용된다고 규정하고 있다. 이는 결국 컴퓨터프로그램의 저작자와 음반제작자가 자신의 저작물이 일반 대중에게 상업적으로 대여되는 것을 방지할 수 있는 권리를 가진다는 것을 의미한다. 이와 비슷한 배타적인 권리로는 상업적 대여가 영상저작물 의 저작권자에 대한 잠재적 소득에 영향을 미칠 수 있는 광범위한 복제를 초래하는 경우의 영상저작물(Films)에도 적용된다.[35]

2) 저작인접권

저작인접권(Neighboring Right)은 저작권에 인접한 저작권과 유사한 권리로 저작물의 실연자, 음반제작자, 방송사업자 등이 소유하는 권리로 역사적으로 로마협약의 규율을 받아왔다. 여기서 실연자는 자신의 실연을 녹음 · 녹화하거나 사진으로 촬영할 권리를, 음반제작자는 음반을 복제 · 배포할 권리를, 방송사업자는 그의 방송을 녹음 · 녹화 · 사진 등의 방법으로 복제하거나 동시중계 방송할 권리를 가진다.

실연자와 음반제작자 및 방송사업자는 저작물을 직접 창작하는 사람은 아니지만 일반인이 창작물을 온전하고 풍부하게 누릴 수 있도록 하는 매개 역할을 한다. 실연자와 음반제작자 및 방송사업자는 저작물의 해석과 재현에 기여할 뿐만 아니라, 이들의 이런 행위가 없다면 비록 완벽한 저작물이라도 일반 이용자에게 충분히 전달될 수 없기 때문에 보호되는 것이다.[36]

저작인접권에 대한 권리는 전통적인 저작물에 기술적인 요소가 합치되는

34) 무역관련 지적재산권에 관한 협정 제10조.
35) 지적재산권에 관한 협정 제11조.
36) 야후 검색 시사상식(http://kr.search.yahoo.com/)

것이기 때문에 별도의 독자적인 보호가 필요하다. UR협정에서 북유럽국가, 스위스, EC의 입장을 반영하여 저작인접권의 보호를 도입하였다.[37] 저작인접권 보호의 내용을 간략하게 살펴보면 다음과 같다.[38]

① 실연자(Performers)는 승인되지 않은 공연의 레코딩과 그 작품의 복제 그리고 공연의 중계를 최소 50년간 방지할 수 있는 권리를 가진다. ② 음반제작자는 승인되지 않은 음반의 복제를 50년간 방지할 수 있는 권리를 가진다. ③ 방송 또한 고정물의 복제, 무선수단에 의한 재방송과 TV 방송을 통한 대중전달 행위가 방송기관의 승인이 없이 실시될 경우 이를 금지할 수 있는 권리를 가지는데, 그 보호기간은 방송이 실시된 해의 말로부터 20년간 지속된다.

이 밖에도 WTO TRIPs 협정에서는 컴퓨터 프로그램의 대여권(Rental Right)에 관한 규정을 음반제작자와 기타 회원국의 법에 정해진 음반관련 권리자에게 준용하고 있다. 다만, 동 협정에서는 예외적으로 1994년 4월 15일 기준으로 회원국이 음반의 대여와 관련하여 권리자에 대한 적절한 보상제도를 확립하고 있는 경우 또는 음반의 상업적 대여가 권리자의 복제에 대한 배타적인 권리를 실질적으로 침해하지 않는 경우에는 음반의 상업적 대여제도를 유지할 수 있다고 규정하고 있다.[39]

3) 상표

상표(Trademarks)란 상품을 생산, 제조, 가공 또는 판매하는 자가 자기의 상품을 다른 업자의 상품과 식별하고자 그 상품에 대해 사용·표시하는 기호나 문자, 도형 등을 의미한다. 상표권은 생산자 또는 상인이 그 상표를 특허청에 출원 등록함으로써 부여받는 전용권을 말한다. 즉, 지정상품에 대한 등록상표를 독점적으로 사용할 수 있는 권리를 의미한다.[40]

상표권의 가장 중요한 내용은 지정상품에 대하여 그 등록상표를 사용하는

37) 지적재산권에 관한 협정 제14조.
38) 지적재산권에 관한 협정 제14조 5항.
39) 사법연수원, 『WTO통상법』, 1999, p.237.
40) 야후 검색 시사상식(http://kr.search.yahoo.com/)

것이다. 그 외에도 상표권은 재산권의 일종으로서 특허권 등과 같이 담보로 제공될 수 있으며, 지정 상품에 대한 영업과 함께 이전될 수도 있다. 상표와 관련된 TRIPs 협정은 일반적으로 공업소유권의 보호를 위한 파리협약을 준용하고 있다.

TRIPs 협정은 어떤 유형의 표시(Sign) 또는 그 결합이 상표로서 보호의 대상이 되는가와 또한 그러한 상표의 소유자에게 부여되는 최소한의 권리가 무엇인지에 대해 정의를 내리고 있다. 즉, 특정 사업자의 상품이나 서비스를 다른 사업자의 상품이나 서비스로부터 구별할 수 있는 표시(sign)나 그 결합은 상표를 구성할 수 있으며, 이러한 표시(sign), 특히 성명을 포함하는 단어, 문자, 숫자, 도형과 색채의 조합 및 이러한 표시의 결합은 상표로서 등록될 수 있다.[41)]

등록상표의 소유자는 소유자의 동의 없이 등록상표의 상품 또는 서비스[42)]와 동일하거나 또는 이와 유사한 동일 또는 유사 표시(sign)의 사용으로 혼동을 일으킬 가능성이 있는 경우에는 거래과정에서 이의 사용을 금지시킬 수 있는 배타적 권리를 가진다.[43)]

한편, 회원국은 파리협약 제6조 제2항에 따라 유명상표(Well-known Mark)를 보호해야할 의무를 가진다. '유명상표'란 등록 또는 사용 사실이 당해 국가에서 잘 알려진 상표를 의미한다. 유명상표를 판단하기 위하여 회원국은 상표의 홍보결과 당해 회원국내에서 얻어진 지명도 즉, 관련분야에 있어서 일반인에게 알려진 정도 등을 고려해야 한다.

회원국은 시각적으로 인지 가능한 상표만을 등록요건으로 할 수 있다. 하지만 등록출원이 상표의 실제사용을 조건으로 해서는 안되고, 출원일로부터 3년 이내에 사용되지 않았다는 이유로 출원이 거절되어서도 안된다. 회원국은 등록 전 또는 등록 후 모든 등록상표를 신속히 공개하며, 등록취소 청구를 위하여 합리적인 기회도 제공해야 하며 상표등록에 관한 이의신청 기회를

---

41) 지적재산권에 관한 협정 제15조 1항.

42) 서비스마크 역시 TRIPs에서 인정하는 하나의 상표권 보호대상이라는 것을 의미한다.

43) 지적재산권에 관한 협정 제16조 1항

제공하여야 한다.

상표권 부문에서 기본적으로 적용되는 원칙으로는 내국민대우의 원칙 외에도 우선권 주장의 원칙과 상표독립의 원칙이 있다. 우선권주장의 원칙은 일국에서 정식으로 상표등록을 먼저 출원한 자는 타 동맹국에서도 최초의 출원일로부터 6개월간은 출원에 대해 우선권을 가진다는 것을 의미한다. 상표독립의 원칙은 일국에서 정식으로 등록된 상표는 다른 국가에서 등록된 상표와 독립적인 것으로 간주한다는 의미이다.[44)]

서비스 상표에 대한 보호도 일반 상표의 보호방법과 동일하게 실시된다. 그리고 특정 국가에서 잘 알려진 상표는 추가적인 보호를 받는다. 상표의 최초 등록과 갱신은 7년 이상 유지되며, 상표의 등록은 무한정 갱신이 가능하다. 그러나 정당한 사유 없이 상표를 3년간 계속하여 사용하지 않으면 상표권의 등록이 취소될 수 있다.[45)]

한편 상표의 사용권 설정과 양도에 관한 조건은 회원국이 자체로 결정할 수 있다. 하지만 상표의 강제실시권은 인정되지 않는다. 상표의 등록권자는 영업의 이전과 동시에 상표를 양도할 수 있고, 상표만을 양도할 수도 있다.

4) 지리적 표시

특정 지역에 대한 고유 명칭은 때로는 상품을 구별하는 기준으로도 작용한다. 삼페인(Champagne), 스카치(Scotch), 데킬라(Tequila) 같은 포도주(Wine)와 주류 (Spirits) 생산자들은 상품을 식별하기 위하여 지역의 고유명칭을 주로 사용한다. TRIPs 협정에서는 이렇게 지역적 고유명칭을 사용하는 상품에 대한 특별 규정들을 가지고 있다.

WTO TRIPs 협정에서는 상품의 품질, 명성, 그 밖의 특성이 본질적으로 지리적 근원에서 비롯되는 경우, 회원국의 영토 또는 지역이나 지방을 원산

44) 파리협약 제6조.

45) 그러나 이 경우에도 상표에 의해 보호되는 상품이나 서비스에 대한 수입제한조치 또는 그 밖의 요건으로 인해 상표권자의 의사와 무관하게 발생하는 상표의 사용장애 상황은 불사용에 대한 정당한 사유로 인정된다(지적재산권에 관한 협정 제19조 제1항).

지로 하는 상품임을 명시하는 표시를 지리적 표시(Geographical Indication : GI)로서 보호하고 있다.[46)]

전통적인 측면에서 볼 때 지리적 표시에 관한 용어는 2가지 개념으로 받아들여지고 있다. 첫째는 '지리적 원산지'의 개념인데, 이는 상품이나 서비스가 특정의 국가, 지역에서 생산되었음을 알리는 표지를 의미한다. 둘째는 상품의 특성을 설명하는 개념으로, 생산제품의 특징적인 품질이 생산지의 지리적 환경에 의하여 밀접한 영향을 받을 경우 그 생산지의 지리적 명칭을 사용하는 것을 의미한다.

TRIPs 협정에서 사용하는 지리적 표시의 개념은 이 두 가지를 포괄하는 개념으로 후자에 조금 더 가까운 것으로 받아들여지고 있다. 예를 들어, WTO TRIPs 협정에서는 포도주와 주류의 경우 이 지리적 표시를 근거로 엄격한 수준의 보호를 제공함으로써 일반 대중이 오도할 위험이 없는 경우에도 지역적 표시(명칭)의 사용을 엄격히 금지하고 있다.[47)]

그러나 지역명칭이 이미 상표로서 보호받고 있거나 또는 일반적 용어로 인정된 경우에는 예외가 인정된다. 예를들면 특정 형태의 치즈를 지칭하는 '췌더(Cheddar)'치즈는 췌더 지방이 아닌 지방에서 만들어지더라도 췌더라는 상표를 부착할 수 있다는 것이다.

지리적 표시가 대중의 오인을 유발하는 방법으로 원산지가 아닌 지역을 원산지로 표시하거나 암시하는 방법으로 상품을 명명하거나 소개 수단으로 사용하는 경우 해당국은 이러한 특정한 지리적 명칭의 사용 금지를 요청할 수 있다. 이 밖에도 WTO TRIPs 협정에서는 상품의 표시사용이 대중에게 원산지에 대한 오인을 유발할 우려가 있는 경우 자국의 법이 허용하는 한도내에서 직권으로 또는 이해관계자의 요청에 따라 상표의 등록을 거부하거나 무효화할 수 있도록 하고 있다.[48)]

한편, WTO TRIPs 협정에서는 포도주와 주류의 지리적 표시에 관한 추가적 보호를 규정하고 있다.[49)] 이는 각 회원국이 특히 포도주나 주류에 대한

46) 지적재산권에 관한 협정 제22조 1항.
47) 지적재산권에 관한 협정 제23조 1항.
48) 지적재산권에 관한 협정 제22조 2항, 3항.
49) 지적재산권에 관한 협정 제23조.

허위의 지리적 표시 사용을 금지하도록 요구한 것이다. 또한 TRIPs 협정에서는 포도주와 주류의 지리적 표시 통보와 등록을 위한 다자간 제도를 확립하기 위하여 WTO내에서 계속 협상할 것을 규정하고 있다.

5) 의장권

의장권(Industrial Designs)이란 산업적 물품이나 또는 제품의 독창적이고 장식적인 외관 형상의 보호를 위하여 등록을 통하여 허용된 권리이며 산업재산권의 하나이다. 의장이란 물품에 표현되어 눈으로 보아 미적 감각을 일으키게 하는 디자인을 의미한다. 이는 기술과는 무관하게 물품의 미적 외관을 시각적인 관점에서 파악하는 것으로 반드시 특정된 물품에 표현되어야 한다. 우리나라 의장법 제2조 제1호에서는 『의장이라 함은 물품의 형상, 모양이나 색채 또는 이들을 결합한 것으로서 시각을 통하여 미감을 일으키게 하는 것을 말한다.』고 규정하고 있다.[50)]

의장제도는 물품의 미적 외관에 대한 재산적 가치를 인정하여 참신하고 우수한 기능을 주는 디자인 창작자의 노력을 보호하기 위하여 창작자에게 일정기간 동안 창작된 디자인에 대해 독점적인 권리를 부여하는 제도이다. 결국 의장권은 물건의 형상, 모양, 색채 또는 이들을 결합한 것을 산업에 이용할 수 있도록 새로운 고안을 한 자가 그 고안에 대해 향유하게 되는 독점적이고 배타적인 권리를 의미한다. 의장권은 동 권리를 등록함으로써 발생하며, 의장권자는 그 등록의장으로 된 물건을 생활수단으로 제작, 사용, 판매할 권리를 독점한다. 의장권은 최소한 10년간 보호된다. 의장권의 소유자는 자신의 디자인을 복제한 디자인을 사용하거나 유형화(Embodying)한 상품의 제작, 판매, 또는 수입을 금지시킬 수 있다.[51)]

WTO TRIPs 협정에서는 회원국으로 하여금 새롭거나 독창성 있고 독립적으로 창작된 의장에 대해 보호할 것을 규정하고 있다. 그리고 의장의 보호요건으로서 신규성과 독창성을 요구하고 있다. 따라서 공지된 의장 또는 공지

50) 야후 검색 시사상식(http://kr.search.yahoo.com/)
51) 지적재산권에 관한 협정 제26조.

된 의장의 형태 결합과 현저하게 다르지 않는 의장, 미적 외관이 아닌 기술적 또는 기능적 고려에 의하여 요구되는 의장 등은 보호대상에서 제외된다.[52]

이 밖에도 TRIPs 협정에서는 직물의장 보호를 위한 획득요건(특히 비용, 심사, 공표와 관련된 요건)에 의하여 직물의장의 보호가 부당하게 저해되어서는 안 된다고 규정하고 있다. 그러나 회원국이 이러한 규정 의무를 의장법이나 저작권법을 통해 이행할 것인지의 여부는 회원국의 재량에 맡기고 있다.

6) 특허권

특허권(Patents)이란 협의의 의미로는 특허법에 의하여 발명을 독점적으로 이용할 수 있는 권리, 광의의 의미로는 특허법 · 실용신안법 · 의장법 및 상표법에 의하여 발명 · 실용신안 · 의장 및 상표를 독점적으로 이용할 수 있는 권리(상표의 경우에는 지정상품에 한함)를 의미한다. 광의의 특허권은 공업소유권이라고도 불리나, 국제공업소유권 보호동맹조약에서는 광의의 특허권 외에 농업 · 공업에 관한 것도 공업소유권으로 보고 있다.[53]

WTO TRIPs 협정에서는 파리협약을 근거로 발명품에 대한 특허권은 최소 20년간 보호하고 있다.[54] 공업소유권 보호를 위한 파리협약에는 내국민대우의 원칙뿐 아니라 1국 1특허의 원칙[55], 우선권주장의 원칙[56] 등이 포함되어 있다. 따라서 파리협약에서 제시되어 있는 이러한 원칙은 결국 TRIPs 협정에서도 그대로 적용된다고 볼 수 있다.

특허의 보호는 거의 모든 기술분야에서의 상품(Product)과 공정(Process)에 대해 유효하다. 하지만 회원국 정부는 발명품의 상업적 이용이 공공질서와 도덕상의 이유로 금지된 것이라면 해당 발명품의 특허 발행을 거절할 수도 있다. 회원국 정부는 진단방법(Diagnostic Methods), 수술방법(Surgical Methods),

52) 지적재산권에 관한 협정 제25조.
53) 야후 검색 시사상식(http://kr.search.yahoo.com/)
54) 지적재산권에 관한 협정 제33조.
55) 동맹국의 국민이 동일한 발명에 대하여 여러 동맹국 또는 비동맹국에 출원한 특허는 각각 독립성을 가진다.
56) 어떠한 동맹국에서 정식으로 특허출원을 한 자나 그 승계인은 타 동맹국에서 출원을 목적상 1년간 우선권을 가진다.

치료방법(Therapeutic Methods), 미생물 이외의 동・식물, 그리고 미생물학적인 공정 이외의 식물 또는 동물의 생산을 위한 생물학적인 제법은 특허대상에서 제외할 수 있다.[57]

그러나 식물변종(Plant Varieties)에 대한 보호는 특허권자 또는 신 식물변종의 보호를 위한 국제연합(International Union for the Protection of New Varieties of Plants : UPOV) 협약의 육종가(breeder)의 권리 등과 같은 특별한 제도에 의하여 보호된다.

WTO 지적재산권에 관한 협정에서는 특허권자가 누릴 수 있는 최소한의 권리를 규정하고 있다.[58] 그러나 특허권자의 권리에 대한 예외 또한 허용된다.[59] 즉, 회원국 정부는 특허권자의 허가 없이도 경쟁자로 하여금 상품을 생산하거나 또는 제법을 이용하도록 하는 '강제면허(Compulsory Licences)'를 발행할 수 있는 것이다. 그러나 이러한 강제면허의 발행은 특허권자의 정당한 이익을 보호하려는 목적에서 특정 조건[60]하에서만 발행되어질 수 있다.

특허가 공정특허(Process Patents)[61]인 경우 사법당국은 특허권자의 권리침해에 관한 민사소송절차를 통하여 피고인에게 동일물질을 취득하는 공정이 이미 특허된 공정과 다르다는 사실을 증명하도록 명령할 수 있다. 따라서 동일한 물질이 특허권자의 동의없이 생산된 경우 반대의 증거가 없는 한, 이미 특허된 제법에 의해서 취득된 것으로 간주한다.[62]

7) 집적회로 배치설계

집적회로 배치설계(Integrated Circuits Layout Designs)는 반도체 회로기판 위에 회로소자 및 배선을 평면적 또는 입체적으로 배치하는 방법인 배치설계로써 반도체산업의 발달로 인하여 나타난 새로운 지적재산권이다. TRIPs 협

57) 지적재산권에 관한 협정 제27조 3항.
58) 지적재산권에 관한 협정 제28조 1항.
59) 지적재산권에 관한 협정 제30조.
60) 구체적인 예로 사용예정자가 합리적인 상업적 조건하에 권리로부터 승인을 얻기 위하여 노력하고, 이러한 노력이 합리적 기간내에 성공하지 못한 경우를 의미한다.
61) 특정물질을 생산하는 생산공정을 보호하기 위하여 부여된 특허를 의미한다.
62) 지적재산권에 관한 협정 제34조.

정에서 집적회로 배치설계를 보호하는 근거는 세계지적재산기구에서 합의된 집적회로의 지적재산에 관한 워싱턴조약(Washington Treaty on Intellectual Property in Respect of Integrated Circuits)이다. 이는 결국 TRIPs 협정이 워싱턴조약 플러스방식으로 구성되어 있다는 것을 의미한다. 워싱턴조약은 1989년에 채택되었으나 아직까지 발효되지는 않았다.

WTO TRIPs 협정에서는 배치설계와 이러한 배치설계가 포함된 집적회로는 직접회로 배치설계권의 보호대상으로 보고 있다. 따라서 권리자의 승인이 없이 불법적으로 복제된 배치설계를 포함한 집적회로가 내장된 제품이 상업적 목적으로 수입 또는 판매·유통되는 행위도 불법으로 간주하고 있다.[63)]

그러나 동 협정에서는 불법적으로 복제된 배치설계를 포함하는 집적회로 또는 이러한 집적회로를 포함하는 품목을 수입, 판매, 배포하거나 이를 지시하는 자가 취득 당시 불법적으로 복제된 배치설계가 포함되었음을 알지 못했거나 또는 알고 있었다고 하는 합리적인 이유나 증거가 없는 한 적법한 것으로 본다. 그러나 불법 복제품의 사용자는 자신이 사용하는 제품이 불법복제품이라는 사실을 안 이후에는 제품의 권리자에게 합리적인 제품의 사용료를 지급하여야만 동 제품을 다시 사용할 수 있다.

집적회로에 대한 권리는 최소 10년 이상 보호된다. 하지만 워싱턴조약에서는 제3자가 정상적인 상업관행에 따라 최선을 다했으나 권리자로부터 사용승낙을 받아내지 못할 경우 국가는 목적달성을 위해 필수적이라고 판단될 때 강제실시권을 부여할 수 있도록 하고 있다. 하지만 WTO TRIPs 협정에서는 워싱턴조약의 강제실시권을 배제하고 독자적인 강제실시권제도를 규정하고 있다. 집적회로 배치설계에 대한 구체적인 강제실시권의 내용은 특허권에서 언급된 내용과 동일하다.

8) 미공개 정보

미공개 정보(Undisclosed Information)는 특정기업이 비밀로 보유하고 있는 기술상·경영상의 정보로써 경제적 가치를 가지는 것을 영업비밀(Business

---

63) 지적재산권에 관한 협정 제36조.

Secrets) 또는 노하우(Know-how)라고 한다. WTO TRIPs 협약에서는 파리협약을 근거[64]로 재산가치가 있는 미공개 정보인 영업비밀(Business Secrets) 또는 노하우의 보호를 규정하고 있다.

이는 영업비밀의 소유자가 건전한 영업적 관행에 위배되는 방식으로 미공개 정보가 공개되어 사용되는 것을 방지할 수 있다는 것을 의미한다. 여기서 영업비밀이라 함은 공연히 알려져 있는 정보가 아니며(비공지성), 독립된 경제적 가치를 가지는 것으로서(경제성) 상당한 노력에 의하여 비밀로 유지된(비밀유지성) 생산방법, 판매방법, 기타 영업활동에 유용한 기술상, 경영상 정보(정보성)를 의미한다.

각 회원국은 미공개 정보와 정부 또는 정부기관에 제출된 자료들이 비밀누설과 정직한 거래관행에 반하는 범법 행위들로부터 보호해야 한다. 그리고 새로운 의약품 또는 농약품의 판매를 허가받기 위해 정부에 제출된 미공개 실험결과나 자료는 불공정한 상업적 사용으로부터 보호되어야 한다.[65]

9) 사용허가 계약에 있어서 반경쟁적 관행의 통제

WTO TRIPs 협정에서는 무역과 기술이전에 역효과를 초래하는 사용허가 관행과 조건을 국내법으로 규제할 수 있도록 하고 있다.[66] 사용허가 계약에서는 계약의 체결 시 반경쟁적 행위나 관행이 계약조건으로 포함되는 경우가 많다. 여기서 반경쟁적 관행은 일반적으로 ① 사용자(Licensee)가 사용허가 계약을 이행하는 과정에서 개량 발명한 부분에 대한 권리를 허가자(Licensor)에게 사용 허가토록 하는 그랜트 백(Grant Back), ② 특허의 효력을 다투지 않겠다는 부쟁조항 삽입, ③ 특허대상기술을 비대상 기술이나 불필요한 특허와 함께 끼워 판매하는 행위, ④ 특허사용시 필요한 자재를 특정 업자에게 구입하도록 하는 행위, ⑤ 사용허가 계약으로 생산된 제품을 일정지역이나 일정 고객의 범주내에서 판매하게 강요하는 행위 등을 의미한다.

---

64) 파리협약 제10조(부정경쟁행위방지).
65) 지적재산권에 관한 협정 제39조.
66) 지적재산권에 관한 협정 제40조.

UR 협상 과정에서 반경쟁적 사용허가 계약(Anti-competitive Licensing Contracts)의 통제분야에 대하여 선진국과 개도국간의 의견이 대립되었다. 개도국의 입장은 라이선스 계약시 선진국의 지적재산권 소유자가 개도국 기업에게 각종 제한 조항을 붙이게 되면, 개도국의 기업활동은 저해되므로 이를 규제하는 조항을 제정해야 한다고 주장한다. 하지만 미국을 포함한 선진국은 라이선스에 관한 경쟁제한조항이 무역을 저해하는 효과를 갖는다는 부분이 아직까지 논증되지 않았고, GATT가 국가의 행위를 규율하는 것이므로 사기업의 라이선스 활동에 대해 규제하는 것은 부적절하다는 입장이었다. WTO TRIPs 협정에서는 타협안으로서 개도국의 입장이 일부 반영된 규정을 첨가한 형태로 만들어졌다.

한편, 반경쟁적 사용허가를 통제함에 있어서 각 회원국은 관련 당사국의 협의 요청을 받아들여 협의를 위한 충분하고 호의적이며 적절한 고려의 기회를 제공하여야 한다. 그리고 협의요청을 받은 국가는 협의과정에서 당해 문제와 관련된 공개된 입수가능 정보와 기타의 정보를 제공하여야 한다.

4. 지적재산권 보호절차

1) 일반적 의무

지적재산권의 보호가 국제법이나 또는 국내법을 통하여 인정되고 있지만, 그 권리의 실현을 위한 절차가 완비되어 있지 않으면, 지적재산권의 보호는 불충분하고 공허한 것이 되고 만다. 그러므로 지적재산권 협정이 의미를 가지려면 반드시 지적재산권의 보호를 위한 협정이 현실에서 적용되고 집행되어야만 한다.

WTO TRIPs 협정 제3부에서는 지적재산권법의 시행에 관하여 규정하고 있다.[67] TRIPs 협정에서는 지적재산권의 보호가 각국의 법률에 의해 강화될 수 있고, 지적재산권 침해에 대한 규제조항은 범법행위를 막기에 충분할 정도로 강력하다는 것을 회원국 정부가 보장하여야 한다고 규정하고 있다.

67) 지적재산권에 관한 협정 제41조에서 제61조.

회원국의 지적재산권 보호와 관련된 시행절차는 지적재산권의 침해방지를 위한 즉각적인 구제조치가 되어야 함은 물론이고 지적재산권 침해행위에 대한 지속적인 억제효과도 가지고 있어야 한다. 그리고 이러한 지적재산권의 보호를 위한 시행절차 자체가 정당한 무역에 대한 위장된 장애가 되어서는 안 되며 남용을 조장해서도 안 된다. 이를 위해 지적재산권 보호제도의 시행절차 남용에 대한 세이프가드 조치가 마련되어야 한다. 하지만 지적재산권 제도의 시행 절차에 관한 불합리한 시한을 만들거나 또는 예고 없는 연기를 하여서도 안 된다.

물론 이러한 절차는 합법적인 무역에 장애가 되지 아니하고 남용에 대한 보호장치를 제공하는 방법으로 적용되어야 한다. 물론 이러한 지적재산권 보호의 시행절차가 공정하고 형평성을 가져야하며 필요 이상으로 복잡하거나 비용이 추가되어서는 안 된다.

지적재산권의 보호에 관한 시행절차는 공정하고 형평성을 가져야 한다. 시행절차가 복잡하거나 비용이 많이 들지 않아야 하며 시간이 지연되지 않아야 한다. 그리고 회원국은 시행절차상의 투명성을 유지해야 한다. 지적재산권 보호에 관한 결정은 결정사유와 함께 분쟁당사자들에게 지체없이 서면으로 통지되어야 한다. WTO TRIPS 협정은 회원국의 시행절차와 다른 별도의 시행절차를 마련하도록 요구하지 않을 뿐 아니라 회원국의 법집행에도 영향을 미치지 않는다.

소송당사자는 지적재산권 시행절차에 관한 최종적인 행정결정 및 최초 사법결정의 법적측면에 대해 사법당국에 의한 검토기회를 가진다. 그러나 회원국은 상업적 상용을 위해 고의로 상표와 저작권 을 침해한 형사사건에 있어서 석방에 대한 심사기회를 부여할 의무는 없다.

2) 민사 · 행정상의 절차

회원국은 지적재산권 보호에 관련된 민사적 · 행정적 절차를 공정하고 형평성 있게 유지하여야 한다. 회원국은 권리자에게 이 협정이 규정한 지적재산권의 시행에 관한 민사적 사법절차를 보장하여야 한다.

3) 잠정조치

일국의 사법당국은 지적재산권의 침해를 예방하고, 특히 통관 직후의 수입상품을 포함한 침해상품의 시중 유통을 방지하기 위해 지적재산권 침해와 관련된 증거보전을 위해 신속하고 효과적인 잠정조치를 명령할 권한을 가지고 있다. 이에 따라 법원은 불법복제품이나 위조된 상품을 폐기 또는 처분할 수 있는 권한을 가진다. 하지만 이 조치는 보통 근무일 기준으로 20일이나 또는 달력기준으로 31일 중 긴 기간 내에 이 사안에 관한 절차가 개시되지 않으면 피고측의 청구로 철회 또는 효력이 중지될 수 있다.

사법당국은 지적재산권 침해발생의 방지, 특히 통관 직후의 수입품을 포함한 침해상품이 관할권 내로 유입되는 것을 방지하고 침해 협의에 관한 관련 증거의 보전을 목적으로 신속하고 효과적인 잠정조치를 명령할 권한을 갖는다. 사법당국은 특히 지연으로 인해 권리자에게 회복할 수 없는 피해를 초래할 가능성이 있거나 또는 증거가 훼손될 입증할 만한 위험이 존재하는 경우에 일방절차에 의해 잠정조치를 취할 권리를 가진다.

그리고 잠정조치에 대한 피고인의 보상문제와 관련하여 ① 잠정조치가 철회된 경우, ② 청구인의 행위나 부작위로 잠정조치가 소멸될 경우, ③ 추후에 침해행위 또는 침해의 위협이 없었음이 확인된 경우 사법당국은 피고의 청구에 의해 적절한 피해 보상을 명령할 수 있다.[68)]

4) 국경조치

국경조치(Border Measures)란 침해상품으로부터 지적재산권을 보호하기 위하여 통관과정에서 침해상품에 대한 유통을 금지시키는 조치를 의미한다. 지적재산권 침해상품에 대한 대표적 국경조치로는 세관에 의한 통관보류조치와 공탁금제도, 침해물품에 대한 폐기 및 처분조치 등이 있다.

먼저, 세관에 의한 통관보류조치는 지적재산권 침해에 대한 신속한 방지를 위하여 국경에서 수출입에 대한 통관보류조치를 취하는 것이다. 이러한 통관

68) 지적재산권에 관한 협정 제50조.

보류조치는 일반적으로 상표권과 저작권의 침해물품에 대해 많이 취해지고 있다. TRIPs협정에서는 특허권이나 집적회로 배치설계 등과 같은 기타 지적재산권의 경우에 대해서는 회원국들이 통관보류에 대한 절차를 채택할 수 있다고만 규정되어 있어, 회원국의 재량권이 인정되고 있다고 볼 수 있다.

또 다른 국경제한조치로 TRIPs협정에서는 수출업자와 세관 등을 보호하고 통관보류조치의 남용을 방지하기 위하여 통관보류 신청인으로 하여금 공탁금(Security or Equivalent Assurance)을 기탁할 수 있도록 하고 있다. 하지만 이러한 공탁금의 요구가 세관절차의 운용에 부당한 장애요인이 되지 않아야 한다. 그리고 이러한 공탁금의 기탁은 수출업자나 수입업자 모두에게 허용하고 있다.

이밖에도 TRIPs 협정에서는 관할기관이 침해물품의 폐기나 또는 기타의 처분을 행할 수 있다고 규정하고 있다. 폐기 등의 처분은 형사처벌적 성격을 가지고 있기 때문에 국내법으로 세관에 대하여 그러한 처분권한을 부여하기 어려운 경우 관할기관에게 이러한 권한을 부여하기도 한다.

5) 형사절차

회원국은 적어도 상표나 저작권을 고의로 침해하거나 또는 영업상 이득을 얻을 수 있는 규모로 침해한 경우 적용될 수 있는 형사절차와 처벌규정을 마련해야 한다. 형사절차에는 침해상품 뿐만 아니라 침해상품의 제조를 위하여 중요하게 사용된 부품이나 또는 장치에 대한 압수와 몰수, 폐기처분이 포함되어있어야 한다.

5. 분쟁의 방지 및 해결

TRIPs 협정에서는 지적재산권 보호와 관련된 자체 규정을 두고 있을 뿐 아니라 국제규범의 이행확보 및 국가간 분쟁의 예방과 해결에 관한 규정도 두고 있다. 회원국간의 분쟁예방을 위하여 지적재산권 관련 법령과 판결 또는 행정처분, 회원국간에 체결된 관련 협정은 자국어로 공표하거나 발간함으로써 일반인의 자유로운 접근이 가능하도록 해야 한다. 지적재산권 보호나 제도운영과 관련된 사후적인 분쟁해결절차로는 GATT 분쟁해결절차에 준하는 분쟁해결 규칙 및 절차를 이용할 수 있다.

6. 협정의 의의

TRIPs 협정은 지적재산권의 국제적 조화(Harmonization)나 통상정책의 관점에서 획기적인 선례를 제공하고 있다. 즉, TRIPs 협정은 지적재산권의 권리수준에 관해 국제적인 표준을 확립하였고, 또한 권리행사의 법적 절차에 관해서도 각 국이 지켜야 할 기준을 설정했다는 부분에서 큰 의의를 가진다.

WTO TRIPs 협정은 지적재산권제도에 대한 국제적 조화를 시도한 것이지만, 앞으로 WTO에서 행해질 것으로 전망되는 다른 분야에서의 조화관련 협상에서 문제해결을 위한 선례가 될 것으로 전망된다. 현재 DDA에서 논의하고 있거나 또는 향후 WTO의 신의제로 지속적인 논의를 하여야 할 환경과 무역, 투자와 무역, 경쟁과 무역 등과 같은 분야에서의 조화문제는 지적재산권 제도의 조화문제 이상의 문제를 발생시킬 것이다. 따라서 지적재산권 분야에서의 합의도출경험은 향후 WTO에서 논의될 여러 가지 신의제 분야에서 어느 정도까지의 조화를 이루어야 하는가에 대한 지침으로서의 의미를 갖게 된 것이다.

6.3 무역관련 투자조치에 관한 협정

1. 논의배경

무역관련 투자조치(Trade-Related Investment Measures : TRIMs)란 외국인 투자와 관련하여 무역의 흐름을 제한 · 왜곡시키는 투자유치국의 규제나 인센티브를 지칭하는 용어이다. 이중 내국민대우에 위배되는 대표적 TRIMs로는 ① 기업으로 하여금 국산품 또는 국내 공급제품을 구매 · 사용하도록 하거나 또는 ② 수입 제품의 구매 · 사용을 국산품의 수출과 연계시키는 조치가 있다.69)

이밖에도 수량제한금지원칙에 위배되는 TRIMs로는 ① 기업의 국내생산에 필요한 제품의 수입을 제한하거나 또는 제품의 수입을 수출과 연계시키도록 하는 조치나, ② 기업의 외환취득을 기업이 벌어들인 외환의 액수로 제한함으로써 국내생산에 필요한 제품의 수입을 제한하거나 혹은 제품의 수출이나 수출을 위한 판매를 제한하는 조치, ③ 기업의 제품수출이나 수출을 위한 제품의 판매를 특정제품, 제품의 수량, 또는 자국의 국내생산량, 또는 금액에 대한 비용 등을 기준으로 제한하는 조치 등이 있다.70)

UR에서 TRIMs가 논의되기 시작한 이유로는 미국 등 선진국들이 자국의 해외투자를 보호하고 무역을 확대하기 위하여 무역제한을 가져올 수 있는 투자조치를 방지할 수 있는 다자간 규범을 제정할 것을 주장하였기 때문이다. 비록 선진국의 입장과 자국산업을 보호해야 한다는 개도국의 입장이 대치되고 있었지만 UR에서는 무역관련 투자조치에 대한 타협을 성공적으로 도출하였다.

결국 WTO TRIMs협정은 특정한 투자조치가 무역을 제한하거나 왜곡하는 효과를 초래할 수 있다는 점을 인식하고, 세계무역의 확대와 자유화를 증진

69) 이상 두 가지 사례는 내국민우대원칙에 위배되는 투자조치.
70) 이상의 세 가지 사례는 수량제한금지원칙에 위배되는 조치.

하는 방향으로 투자를 촉진함으로써 자유경쟁을 보장하는 동시에 각국의 경제성장을 증진하는 것을 목적으로 만들어 졌다고 볼 수 있다.

하지만 UR에서는 국제투자문제 자체를 협상의 대상으로 한 것은 아니고, 무역의 자유로운 흐름을 왜곡하는 투자조치만을 일종의 비관세장벽의 차원에서 다루었을 뿐이다. 그럼에도 불구하고 UR에서는 제한된 범위나마 국제투자가 공식적으로 최초로 거론되었다는 측면에서 의의를 가진다. 또한 개도국도 기존의 소극적인 태도에서 벗어나 TRIMs협정의 체결에 동의하였다는 부분에서 의의가 있다.

제3조(내국민대우원칙)에 배치되는 TRIMs의 금지조치의 예

• 구매의무제도 :

국내부품 산업의 보호를 위해 자동차의 부품 중 10%이상을 국내제품을 사용하게 하는 정부의 고시 등이 여기에 해당 됨

• 수입품 연계제도 :

국내생산을 위하여 해외에서 부품을 조달하는 경우, 그 물량을 수출과 연계하여 허용하는 것으로 수출입간의 균형을 유지하기 위한 제도(원료의 수입을 전량 수출 등을 전제로 허용)

제11조(수량제한 철폐의무)에 배치되는 TRIMs의 금지조치의 예

• 기업에 대하여 국내생산에 사용되거나 국내생산과 관련된 제품의 수입을 전반적으로 제한하거나 또는 동 기업이 수출하는 국내생산량 또는 금액과 관련된 수량만큼만 수입하도록 제한하는 조치
• 기업의 외환취득을 기업이 벌어들인 외환과 관련된 액수로 제한함으로써 기업이 국내생산에 사용되거나 국내생산과 관련된 제품을 수입하는 것을 제한하는 조치(금융조치)
• 기업의 제품수출이나 수출을 위한 제품의 판매를 특정제품, 제품의 수량 또는 자국의 국내생산량 또는 금액에 대한 비용을 기준으로 제한하는 조치

2. 주요내용

WTO TRIMs 협정은 세계무역의 확대와 점진적 자유화, 투자촉진을 통한 자유경쟁의 촉진, 개도국 경제성장의 촉진 등과 같은 세 가지 목표를 가지고 제정되었다. TRIMs 협정은 상품무역과 관련된 투자조치에 한정되어 적용된다. 그러므로 은행, 학교, 병원 등에 대한 투자와 같은 다른 서비스무역과 관련된 투자조치는 개별 서비스 개방협상을 통하여 논의된다.

이 밖에도 본 협정의 적용대상에서 무역왜곡효과와 무관한 일반투자조치에 대해서는 제외된다. 그리고 외국인의 자산투자는 외국인이 국내의 유가증권 등 금융상품을 매입하는 방법으로 투자하는 것으로, 외국인 직접투자와는 다른 것으로 본협정의 적용대상이 아닌 개별 금융협정의 적용대상이다.

보조금 등과 같은 인센티브는 투자관련 조치의 일종이나 TRIMs협정이 아닌 보조금 및 상계관세에 관한 협정에서 처리한다. 이 밖에도 간접적인 무역관련 투자조치의 형태는 TRIMs 협정의 적용에서 제외된다. 간접적인 무역관련 투자조치로는 ① 수량자체에 제한을 두는 등과 같이 영업활동을 직접 규제하는 조치와 ② 정책자금을 활용할 수 없게 만든다거나 또는 외국자본의 경우 업종 변경시 까다로운 허가절차를 새롭게 받도록 하는 등과 같이 내국법인과 차별을 하는 간접규제조치 등이 포함된다. WTO TRIMs협정에서는 자국의 국내산업을 보호하려는 개도국의 의견을 받아들여 직접규제조치를 제외하였다.

WTO 회원국은 WTO협정이 발효된 후 이루어진 신규투자에서 본 협정에 위배되는 무역관련 투자조치는 사용할 수 없다. 기술이전 의무는 투자유치협정에서 투자유치국에 의하여 가장 빈번히 사용되고 마찰이 심한 부분이지만 TRIMs의 대상에서는 제외된다. 이 밖에도 외국인지분 참여제한제도는 일종의 시장접근 자체에 대한 제한으로 각국이 개방업종을 정하는 것과 같은 차원으로 보기 때문에 WTO에서는 이를 개별국가의 정책결정에 맡겨 두고 있다.

WTO TRIMs협정에서는 내국세 및 규제에 관한 내국민대우(GATT 제3조)와 수량제한의 일반적 철폐의무(GATT 제11조)에 합치하지 아니하는 무역관련 투자조치를 금지하고 있다. 그리고 WTO 협정 발효 이후에 만들어진 신규투자에 대하여 국제무역을 왜곡시키는 TRIMs는 시행할 수 없다. 이에 따라 WTO 회원국들은 TRIMs협정 발효 이후 본 협정에 위배되거나 합당하지 않은 신규투자조치를 실시할 수 없고, 만약 시행되었다고 하더라도 일정기간 이후에 철폐하도록 하여야 한다.

WTO TRIMs협정에서도 협정적용의 예외는 인정된다. 대표적인 GATT 규정상의 예외로 일반적 예외와 안전보장을 위한 예외가 있다. GATT에서는 다음과 같은 조치를 채택하기 위하여 취하는 TRIMs조치는 무역을 방해하지 않는 일반적 조치로 해석된다.

- 공중도덕을 보호하기 위하여 필요한 조치
- 인간, 동물·식물의 생명 또는 건강을 보호하기 위하여 필요한 조치
- 금·은의 수출입에 관한 조치
- 본 협정에 반하지 않는 법령 및 규칙
- 제소자 노동상품에 관한 조치
- 미술적·역사적 또는 고고학적 가치가 있는 국보의 보호를 위하여 적용되는 조치
- 유한 천연자원의 보존을 위한 조치
- 정부간 상품협정의 의무에 따라 취하는 조치
- 국내원료가격이 낮은 가격으로 유지되고 있는 가운데 국내가공산업에 불가결한 수량의 확보를 위하여 국내원료의 수출에 제한을 가하는 조치
- 일반적으로 또는 지역적으로 공급이 부족되는 생산품의 획득 또는 분배를 위하여 불가결한 조치

GATT 규정상의 예외 이외에도 WTO TRIMs협정에서는 개발도상국 우대조치의 일환으로 개발도상국에 대한 예외조치를 인정하고 있다. 개발도상국에 대해서는 GATT 제18조(경제개발에 대한 정부의 지원), 국제수지규정에 관한 양해각서, 국제수지 목적의 무역조치에 관한 선언 등에 의거하여 여타 체약국들의 양해 하에 내국민대우 및 수량제한금지를 규정한 본 협정상의 의무 면제가 일시적으로 허용된다. 하지만 개도국에 대한 예외의 허용은 일시

적인 것으로 수시로 재검토되며, 궁극적으로는 예외를 축소하여 경쟁을 촉진시키는 것이 목표가 되어야 한다.

3. 통보 및 경과 규정

각 회원국들은 WTO TRIMs협정 발효 후 90일 이내에 협정에 상치되는 자국의 모든 TRIMs에 대해 그 주요 특징과 내용을 상품무역이사회에 통보해야 한다. 이렇게 통보된 TRIMs는 WTO 설립협정 발효 후 선진국의 경우 2년, 개도국의 경우 5년, 최빈개도국의 경우 7년 이내에 철폐하여야 한다.

하지만 특별한 곤란(경제개발 및 재정상, 무역상 어려움)을 겪고 있는 개도국 및 최빈개도국의 요청이 있는 경우 상품무역이사회는 TRIMs의 철폐를 위한 경과기간을 연장할 수도 있다. 다만 신규 투자된 상품이 기존기업의 상품과 동종인 경우와 그리고 신규투자와 기존기업간의 경쟁왜곡을 시정할 필요가 있는 경우, 이러한 경쟁관계에 있는 신규투자에 대해서도 경쟁관계의 왜곡을 피하기 위해 경과기간 중에 동일한 TRIMs를 부과할 수 있도록 하고 있다.

4. 무역관련 투자조치위원회

TRIMs협정은 동협정과 관련된 약속의 이행여부를 점검하기 위하여 무역관련투자조치위원회의 설립을 규정하고 있다.[71] 상품무역이사회는 WTO 발효 후 5년 내에 본 협정의 운영을 검토하고, 필요한 경우 각료회의에서 협정문의 개정을 제안할 수 있다. TRIMs에 대한 검토과정에서 상품무역이사회는 WTO 협정이 투자정책 및 경쟁정책에 관한 규정에 의하여 어떻게 보완되어야 할 것인지의 여부를 검토해야 한다.[72]

71) WTO 무역관련 투자조치에 관한 협정, 제7조.
72) WTO 무역관련 투자조치에 관한 협정, 제9조.

6.4 정부조달 협정

1. 배경과 협상과정

원래 정부조달분야는 GATT 내국민대우 원칙의 예외분야(GATT 제3조 제8항, 제17조 제2항)로 국제무역의 자유화가 이루어지지 않았던 분야였다. 하지만 1960년대 이후 각 국에서 차지하는 정부조달규모가 점차 증가함에 따라 세계무역의 자유화를 확대하기 위한 노력의 일환으로 동 분야의 자유화가 추진되어 왔다.

그동안 정부조달시장은 공공기관의 특성상 최종수요자로서의 정부 기관의 물품구매에 있어서는 내국민대우와 무차별주의의 원칙적용을 면제했던 분야였다. 각국의 정부나 정부기관들은 기본 생필품에서 하이테크 설비에 이르기까지 전 부문의 상품을 구입하는 최대 구매자 중의 하나인 동시에 국내공급자에 대해 정치적 압력을 강하게 행사할 수 있는 압력주체가 된다. 이 때문에 각국 정부는 정부조달분야에 대하여 법률이나 정책 관행상 자국산 상품이나 서비스의 우선구매원칙[73] 등과 같은 차별적 무역조치를 시행함으로써 자국의 산업 특히 국제경쟁력이 취약한 중소기업을 보호・육성하고 있다.

이에 따라 1979년 동경라운드에서 제정(시행은 1981년부터)된 정부조달협정은 가능한 많은 정부조달 사업분야를 개방함으로써 국제경쟁이 가능하도록 하는 것이 목표였다. 동 협정에서는 GATT의 기본원칙인 최혜국대우 및 내국민대우의 원칙이 협정가입국간의 조달분야에 동일하게 적용된다는 점과 협정의 적용대상이 중앙정부기관의 물품구매에 한정되고 서비스, 수도, 전기, 운송, 통신 등은 적용 대상에서 제외한다고 규정하고 있다. 그리고 15만 SDR[74] 이상의 조달계획에 대해서만 적용되었다.

동경라운드에서 논의된 정부조달 협정에 관한 내용은 우루과이라운드에서

73) 예를 들면, 미국의 Buy American Act, EC의 EC내 상품 우선구매원칙 등
74) 1988년의 정부조달수정협정에서는 13만 SDR로 인하되었다.

좀더 세밀하게 논의되어졌다. 우루과이라운드에서 논의된 정부조달과 관련된 내용으로는 더 많은 정부기관에 대한 협정의 대상 확대와 서비스 계약에 대한 협정의 범위 확대, 협정의 개선 등에 초점이 맞추어져 있었다.

정부조달의 확장과 관련된 협상은 1987년도에 실시된 다른 UR 협상의제들과 마찬가지로 자유화의 대상을 확대시키기 위해 시작되었다고 볼 수 있다. 동 협상에서는 자유화 대상을 기존의 『중앙 지방정부기관 및 통신, 전력기관 등 정부 영향력하의 공공기관의 물품, 서비스 및 건설구매』까지 확대시키는 것을 목표로 하였다.

WTO체제에서는 정부조달협정을 포함한 기타의 4개 다자간 협정을 별도의 복수국간 협정 (Plurilateral Trade Agreements)으로 취급하고 있다. 정부조달협정은 실질적인 시장접근을 위해 양허된 조달기관에 대하여는 GATT의 기본원칙인 내국민내우를 원칙으로 하고 있으며, 이에 더하여 양허의 실효성을 확보하기 위한 국제 공개경쟁입찰을 또 다른 원칙으로 하고 있다.

우리나라는 지난 1993년 12월 정부조달협정 (Agreement on Government Procurement)에 가입함으로써 우리나라의 조달시장이 개방되어 국내조달제도가 개선되었고 우리 기업이 여러 선진국 조달시장에 진출할 수 있는 기반이 조성되었다. 정부조달협정은 1996년 1월 1일 부터 발효되었으나 우리나라의 경우 1997년 1월 1일 부터 적용되었다.[75)]

2. 주요내용

WTO 회원국은 타 가입국의 물품이나 서비스의 공급자의 정부조달 참여에 대해서도 자국의 사업자와 마찬가지로 조건 없이 즉시 내국민대우와 최혜국대우원칙을 적용하여야 한다. 그리고 WTO 정부조달협정에서는 조달계약에 대한 가액평가시에는 프리미엄과 요금계약가(fee), 수수료(commission), 이자(interest) 등 모든 형태의 보수를 다 포함하여 평가하도록 하고 있으며 리스, 임차, 할부구매의 경우와 기타의 경우에 대해서는 계약가액의 평가에

75) 이로 인해 한국은 정부기관에서 발주하는 일정금액 이상의 구매가 모두 국제경쟁입찰을 통해 이루어지게 된다.

관한 상세한 규정을 두고 있다. 그리고 회원국들은 본 협정의 적용범위에 속하는 정부조달에 대하여 타 회원국으로부터 수입하는 물품이나 서비스의 일반적인 교역이나 또는 동일 회원국에서 동일물품이나 서비스를 수입시할 때 적용되는 원산지규정과 다른 원산지규정을 적용하여서는 안된다.

WTO 정부조달협정에서는 선진국이나 기타 회원국들에게는 개도국, 특히 최빈국의 개발, 재정, 무역상의 어려움을 고려하여 정부조달에 영향을 미치는 법률과 규칙, 절차의 제정과 적용에 있어서 최빈개도국과 경제적 저개발 단계 상태의 국가가 안고 있는 특별한 문제들을 배려하여 개도국으로부터 수입증대를 촉진시킬 것을 규정하고 있다.

선진국은 자국의 조달기관 리스트를 작성할 때 개발도상국이 관심을 가지는 조달기관이 포함되도록 노력해야 한다. 개발도상국도 각국의 특수한 여건을 감안하여 자국의 조달기관 리스트에 게재된 특정조달기관, 제품 또는 서비스에 대해 내국민대우원칙의 적용배제에 관한 상호 수용 가능한 조건을 다른 협상 참여국들과 협상할 수 있어야 한다.

WTO 정부조달협정에서는 교역장벽으로 작용할 수 있는 기술사양(Technical Specification)의 부과를 금지하고 있다. 그리고 필요시 부과되는 기술사양에 대해서는 디자인보다 성능위주로, 국제규격에 맞는 것이 중심이 되어야 한다고 규정하고 있다.

WTO 정부조달협정에서의 입찰절차는 완전경쟁입찰(Open Tendering) 혹은 지명경쟁입찰(Selective Tendering)절차만 허용된다. 하지만 예외적인 경우에는 상당히 엄격한 조건하에 제한입찰(Limited Tendering)을 할 수 있도록 하고 있다.[76] 제한입찰절차에 대해서는 가능한 한 최대한 경쟁을 회피하기 위하여, 또는 외국공급자나 서비스 제공자간의 차별수단이나 국내 생산자나 서비스제공자의 보호수단으로 사용되지 않는 조건하에 다음과 같은 몇가지 특정한 경우에는 허용하고 있다.

① 공개입찰 또는 선택입찰에 붙였으나 응찰이 없는 경우, 또는 제출된 입

---

76) 이를 위해 WTO 정부조달협정에서는 공급자 및 서비스제공자의 자격심사, 입찰참가초청, 참가자 선정절차, 입찰시 제출시한 및 납품기한, 입찰설명서, 입찰서의 제출, 접수, 개찰 및 낙찰, 협상, 제한입찰절차를 각각 별개의 조항으로 규정하고 있다.

찰서가 담합되었거나 입찰의 필수요건을 따른 입찰서가 없는 경우, 또는 본 협정에 부합되지 않는 공급자나 서비스 제공자가 입찰한 경우

② 미술품이나 독점권으로 보호되는 제품과 같이 특정공급자만 조달이 가능하고 타당한 대안이나 대체물이 존재하지 않는 경우

③ 긴급 상황의 경우

④ 기존 공급물 또는 설비의 확장, 부품교체의 목적으로 원공급자에 의한 추가 납품이 요구되는 경우

⑤ 연구, 실험, 조사 혹은 독자개발을 위한 특별계약상 또는 그 계약을 위하여 개발된 시제품의 구매가 요구되는 경우

⑥ 예측할 수 없었던 사유로 인해 당초 입찰서류상 범위내에서 추가 건설서비스가 필요하게 되고, 또한 기술적이나 경제적으로 처음의 건설에 추가건설을 분리하는 것이 불가능한 경우

⑦ 최초의 계약이 체결되었던 기본 사업과 유사한 건설서비스가 반복될 때

⑧ 원자재구매의 경우

⑨ 청산이나 파산기업의 처분자산을 구입하는 경우처럼 극히 단기간에 예외적으로 유리한 조건이 발생하여 구입하는 경우

⑩ 디자인 경연대회 우승자에게 낙찰하는 경우

조달기관들은 잠재적 공급자, 서비스제공자, 물품, 서비스에 대한 자격심사 과정에서 또는 입찰서의 평가나 낙찰과정에서 상쇄구매(Offset)를 부과하거나 모색 또는 고려해서는 안 된다. 정부조달에서 상쇄구매란 국산화비율 지정, 기술, 라이센싱, 투자요건, 연계무역 또는 이와 유사한 유건들을 통해 국내산업의 발전을 장려하거나 국제수지의 개선을 꾀하기 위해 취하는 조치를 의미한다. 개도국의 경우 조달협정 가입 시 국산비율 조건의 적용 등과 같은 상쇄구매에 대한 사용조건을 협상할 수 있으나 입찰참여 자격심사에만 사용되어야 한다는 등의 제약을 부속서(Annex)에 명시하도록 규정하고 있다. 그리고 조달기관은 낙찰 후 72일 이내에 일정한 범위의 출판물을 통해 낙찰 결정시 고려되었던 최저 및 최고가의 입찰금액을 공고하여야 한다.

한편, 회원국들은 특정 조달에 대해 이해관계를 가졌거나 또는 가지고 있

는 공급자와 서비스 제공자들이 조달과정에서 발생할 수 있는 협정의 위반여부에 대해 이의를 제기할 수 있다. 하지만 이러한 이의신청에 이르기 전에 불만이 있는 해당 공급자나 서비스의 제공자는 조달기관과 협의하여야 한다.

회원국은 정부조달에 대한 이의제기를 위한 비차별적이고, 투명하며 신속하고 효과적인 절차를 마련하여야 한다. 그리고 이러한 이의 신청절차는 서면화하여 일반에 공개되어야 한다. 정부조달에 대한 이의 신청은 법원이나 해당조달결과에 대해 아무런 이해관계가 없는 공정하고 독립적인 심사기구에 제기해야 하며, 이러한 기구의 구성원은 재임기간동안 외부의 영향을 받지 않아야 한다.

정부조달협정에 가입한 회원국은 다른 회원국이 시행한 특정조치의 결과로 말미암아 본 협정 하에서 자국에게 생길 이익이 직·간접적으로 무효화 또는 침해되었거나 본 협정의 목적달성이 방해되었다고 생각하는 경우 당해 사안에 대해 상호 만족할 만한 해결에 도달하기 위하여 관련된 다른 회원국에게 서면으로 신청 또는 제안을 할 수 있다. 그리고 이는 즉시 분쟁해결기구에 통보되어야 한다.

분쟁해결패널은 문서 등을 통해 분쟁해결기구에 제소한 사안을 조사하고 분쟁해결기구가 당해 사안에 권고를 하거나 판결을 내리는데 도움이 될 사실을 발견하는 권한을 위임받는다. 분쟁해결기구는 위임범위가 합의된 날로부터 4개월 이내에, 또는 지연되는 경우라도 7개월 이내에 회원국에게 최종보고서를 제출한다.

3. 평가

정부조달협정의 체결은 우리나라를 포함한 24개국만을 그 서명국으로 하고 있어 외형적으로 많이 왜소하다는 한계를 갖고 있지만 우루과이라운드 측면에서 보면 또 다른 의의를 가지고 있다. 즉 정부조달협정의 체결로 인하여 UR협정은 협정의 범위를 안보관련 분야를 제외한 모든 분야로까지 확대하였고, 관련 분야의 이행절차 또한 실질적으로 개선하였다는 점에서 높게 평가받고 있는 것이다.

그러나 이러한 정부조달 협정에서도 몇 가지 문제점이 발견되고 있다. 정부조달협정의 문제점을 구체적으로 제시해 보면 다음과 같다.

첫째, 정부조달협정 자체는 선진국 중심의 제도로 비록 개도국 우대 조항이 존재하고 있지만 실질적으로 운용되지 않고 있어 개도국들의 가입이 부진한 상황이다. WTO 정부조달협정에서는 개도국을 위한 규정들이 많이 있긴 하지만 그 내용이 추상적일뿐만 아니라 일단 가입이 이루어져야 누릴 수 있는 조항이 많다. 게다가 동 협정에서 대한 실질적인 가입과정에서 개도국 우대가 거의 이루어지지 않기 때문에 개도국 우대조항은 사실상 사문화되었다고 볼 수 있다.

둘째, 중앙집중조달제도를 채택하고 있는 국가와 분산조달제도를 채택하고 있는 국가들 간의 불균형 문제가 발생한다. 중앙집중조달제도를 채택하고 있는 국가의 경우 조달하한선 이상에 해당되는 조달계약이 분산조달제도 채택 국가보다 비교적 많고, 정보청구의 단일화 및 기타 입찰절차의 단순통일 등에 의해서 외국입찰이나 조달이 보다 용이하게 됨으로써 분산조달제도를 채택하는 국가보다도 불이익을 받게 되는 경향이 있다.

셋째, 협정의 의무규정이 불명확하기 때문에 가입국의 의무를 회피할 수 있는 방법이 여전히 존재한다. 즉, WTO 정부조달협정의 적용을 회피하기 위하여 조달계약을 세분, 축소함으로써 하한선 이상에 해당되는 계약을 극소화하거나 입찰절차에서의 공고기간을 짧게 하는 등의 방법으로 사실상 외국으로부터 조달을 회피할 수 있다.

넷째, 양허범위 자체가 협소함으로 해서 가입국들이 자국우위가 확실하거나 자국내에서 생산이 안 되는 품목에 한하여 양허범위를 한정하는 경우에는 본 협정이 본래의 목적을 달성하기 어렵다. 또한 정부조달협정에서는 조달시장의 개방이 대상기관을 열거하는 방식의 양허협상을 통해 이루어지기 때문에 근본적인 개선을 기대할 수는 없다.

다섯째, 제한입찰(수의)계약에 대한 발동사유를 비교적 상세히 하였으나 여전히 문제가 존재함으로써 제한입찰계약이 빈번히 사용된다는 문제가 존재한다.

4. 개정협상과 개정안

WTO 정부조달 협정문 개정 및 각국의 조달시장 개방 확대를 목적으로 1997년부터 계속되어 왔던 WTO 정부조달협정(GPA)의 개정 협상이 제8차 WTO 각료회의 기간 중 제네바에서 개최된 정부조달위원회 각료급회의에서 공식 타결되었다.

이번 개정 협상은 협정문 개선을 중심으로 지난 1997년 시작되었으며, 2004년부터는 양허를 확대하는 협상도 병행하여 추진되었다. 개정안에서는 전자조달 등 조달 관련 기술의 발전상을 반영하였고, 조달절차 및 양허의 변경절차, 개도국 우대조항 등을 명확히 하였다. 또한 조달대상기관으로 각국 양허기관을 추가했으며, 양허 하한선을 인하하는 등 양허의 확대를 주 내용으로 하고 있다. (개정안의 주요내용의 변화는 뒤에 첨부된 대한민국 정부조달협정 부속서를 통해 유추해 볼 수 있다.)

개정안의 타결로 인해 약 8백억~1천억 달러 규모에 달하는 정부조달시장이 추가로 개방(사무국 추산)되었다. 현재 WTO 정부조달협정의 회원국으로는 우리나라를 포함해 총 42개국이다.[77)]

이번 GPA 협상에서는 학교급식을 포함한 모든 급식 프로그램에 대한 정부조달을 정부조달협정문의 적용 예외로 인정받는 것이 특징이다. 이는 학교급식에 대한 우리 농산물 우선구매 등과 같이 내외국산 차별조치에 대해 국제법적 근거를 마련하였다는 점에서 의의가 크다.

이번 WTO GPA 개정협상 타결을 계기로 정부조달분야에서는 향후 중국 등 국가의 GPA 가입협상에 중점을 두고 논의가 진행될 것으로 전망된다. 이는 세계 최대의 시장중 하나인 중국의 정부조달시장이 42개 회원국에게 개방된다는 의미로 세계무역의 자유화를 획기적으로 확대시키는 계기가 될 것이다. 참고로 중국은 2007년부터 정부조달협정 가입협상을 시작했으며, 2011년 11월 30일에는 제3차 수정 양허안을 제출한 상태이다.

---

77) 구체적으로 GPA 회원국은 한국, 미국, EU 및 27개 EU 회원국, 일본, 캐나다, 홍콩, 대만, 싱가포르, 아루바(네덜란드령), 아이슬란드, 노르웨이, 스위스, 리히텐슈타인, 이스라엘, 아르메니아 등이다.

Chapter 7

분쟁해결제도

Chapter 07

분쟁해결제도

7.1 분쟁의 원인과 분쟁해결제도의 필요성

1. 통상분쟁의 원인

WTO 협정에서는 다른 회원국이 다자간 통상규범을 위반하고 불공정 무역조치를 시행하고 있다고 판단하는 경우 일방적인 조치를 취하기 보다는 다자간 분쟁해결제도를 이용하여 분쟁을 해결하도록 요구하고 있다. 이는 관련 회원국으로 하여금 회원국간에 합의된 절차에 따를 것과 WTO 분쟁해결절차의 판정을 존중해야 한다는 것을 의미하는 것이다.

통상분쟁은 일반적으로 볼 때 특정 회원국들이 WTO 협정을 파기하는 것과 같은 영향을 가지는 조치를 취하거나 또는 WTO 협정상의 의무를 이행하지 않는 무역정책수단이나 또는 특정의 조치를 취할 때 발생한다. 그리고 분쟁해결절차의 진행과정 중에는 분쟁당사국이 아닌 제3국도 관련분쟁에 대한 해당국의 이해와 권리를 공표할 수 있다.[1)]

---

1) 분쟁해결 규정 및 절차에 관한 양해 제10조 패널에 회부된 사안에 실질적인 이해관계를 갖고 있으며, 자국의 이해관계를 분쟁해결기구에 통보한 회원국인 제3국은 자국의 입장을 패널에 서면 제출할 기회를 갖는다. 만일 제3국이 이미 패널과정에서 문제가 되어 있는 조치로 인하여 자국에 발생하는 이익이 무효화 또는 침해되었다고 간주되는 경우, 그 회원국은 정상적인 분쟁해결절차에 호소할 수 있으며, 이러한 분쟁은 가능한 경우에는 언제나 패널에 회부된다.

WTO 분쟁해결제도의 또 다른 특징으로는 GATT규정의 위반이 아니라 GATT에 근거해 얻을 수 있는 '이익의 무효나 침해'에 대해서도 분쟁의 원인으로 보는 것이다.[2] WTO분쟁해결제도에서는 분쟁을 "회원국이 대상협정에 따라 직접적 또는 간접적으로 자국에게 발생하는 이익이 다른 회원국의 조치로 인하여 침해되고 있다고 간주하는 상황"[3]이라고 정의하고 있다. 결국 이는 WTO분쟁해결제도가 적용되기 위해서는 특정 회원국의 조치가 WTO 협정에 위반하였을 뿐만 아니라, 이로 인하여 자국의 이익이 무효화 혹은 침해되었다는 것을 증명하여야 한다는 것을 의미한다.[4]

WTO에서는 일국의 협정위반이 대상협정에 따라 부담해야 할 의무에 대한 위반이라고 보고, 이러한 의무위반이 있게 한 행위는 제소국의 이익에 있어서 명백한 무효화나 또는 침해 사례를 구성하는 것으로 간주하고 있다. 그러나 협정위반 사실이 없는 상황에서 회원국이 자국의 이익이 무효화되거나 또는 침해되었다고 제소한 경우에는 이러한 무효화에 대한 의미를 밝혀야 한다. 이때 무효화는 부정적 효과와 합리적 기대의 좌절이라는 두 가지 기준에 의하여 판단된다.

2. 분쟁해결제도

1) 배경

WTO 분쟁해결규칙 및 절차에 대한 양해(Understanding on Rules and Procedures Governing the Settlement of Disputes: 이하 '분쟁해결제도')는 WTO 회원국 간에 발생하는 다양한 무역·투자·서비스·지적재산권 분쟁에 대한 통합된 분쟁해결절차를 제공한다.

만약 분쟁해결을 위한 합의된 절차가 존재하지 않는다면 국제통상규범이 강제될 수 없기 때문에 규범중심의 다자간 무역체제 또한 정착될 수 없을 것

2) 법무부, UR협정의 법적 고찰(상), 1994, p.540.
3) 분쟁해결규칙 및 절차에 관한 양해 제3조 3항.
4) 회원국들은 이러한 분재해결제도에도 불구하고 대상협정에 따른 결정을 통하여 대상협정의 규정에 대한 유권해석(Authoritative Interpretation)을 구할 수 있는 권리를 가진다.

이다. 모든 WTO 절차는 회원국들의 합의를 근거로 만들어진 규범을 근거로 집행된다. WTO 분쟁해결제도도 이러한 규범을 바탕으로 진행되기 때문에, 동 제도는 다자간 무역체제를 보다 예측 가능하고 안정적으로 만드는 핵심구조가 되는 것이다.[5)]

WTO 분쟁해결제도에서는 통상분쟁의 발생에서 부터 종결시점 까지의 모든 절차를 분명히 하고 있다. 분쟁해결절차의 진행 중에 예비판정은 분쟁해결패널(Panel)에 의해 제시되며, 최종판정은 WTO 전체 회원국들에 의해 승인 또는 거부되어질 수 있다. 그리고 이러한 최종 판정에 대한 상소(Appellate)도 가능하다.

WTO 분쟁해결제도에 대한 신뢰

만약 법원이 취급하고 있는 형사사건들이 점차 증가하고 있다면, 이는 법과 질서가 붕괴되고 있음을 의미하는가?

반드시 그렇지는 않다. 이는 사람들이 법원이나 법규들에 더 깊은 믿음을 가지고 있다는 것을 뜻하기도 한다. 사람들은 자기 자신이 직접 법을 집행하기보다는 법의 집행을 법원에 맡기고자 하는 것이다.

이는 결국 규범에 대한 의존이 WTO에서 일어나고 있다는 것을 간접적으로 보여주고 있는 것이다. 통상분쟁이 발생하는 것을 좋아하는 국가는 없다. 하지만 만약 국가간의 통상분쟁이 발생하면, 분쟁이 국제적으로 합의된 규정을 통해 해결되는 것이 더 바람직할 것이다.

결론적으로 WTO 분쟁해결제도에 대한 신뢰가 점차 증가하고 있다는 점을 의미하는 것이라고도 볼 수 있을 것이다.

1995년 WTO 출범 이후 지금까지 471건(2013년 말 기준)의 통상분쟁 사례가 WTO에 제소되었다. 이중 최종 패널리포트가 채택된 것이 182건이었고,

5) 분쟁해결규칙 및 절차에 관한 양해 제3조. 분쟁해결기구의 권고와 판정은 WTO 협정들에 규정된 권리와 의무를 증가시키거나 축소시킬 수 없다.

그중 상소기구에 제소된 것이 121건이었다. 평균 제소 건수는 년간 약 25건 정도로 많은 제소를 기록하고 있다.[6] 이러한 통계변화는 WTO 내에서 획기적으로 개선된 WTO의 분쟁해결제도에 대한 회원국들의 신뢰를 나타내는 증거이다.[7]

2) 목적

WTO 분쟁해결제도에서는 통상분쟁의 신속한 해결이 WTO의 효과적인 기능 수행과 회원국의 권리와 의무 간의 적절한 균형의 유지하는데 필수적인 요소라고 밝히고 있다. WTO 분쟁해결제도의 목표는 분쟁에 대한 긍정적인 해결책을 확보하는 것이다.[8]

WTO 분쟁해결제도의 핵심은 분쟁에 대한 최종판정에 있지 않고 가능한 당사국간의 협의를 통해 분쟁을 해결하는데 있다. 실제로 2011년 7월까지 분쟁해결기구에 제소된 사안 중 98건은 전체패널 절차를 거치지 않고 분쟁 당사국간의 협의(consultation)를 통하여 분쟁이 해결되었다.[9]

만약 분쟁 당사국간의 상호 협의를 통한 해결이 불가능하다면 분쟁해결제도의 첫 번째 목표는 '대상협정(Covered agreements)'[10] 위반으로 판정된 피제소국의 통상조치의 철회를 확보하는 것이다. 하지만, 이 조치의 즉각적인 철회가 비현실적인 경우 위반조치가 철회될 때까지의 잠정조치를 통한 손해보상을 받도록 수단을 강구해야 한다.

WTO 분쟁해결절차를 진행하는 과정중에 제소국이 의지할 수 있는 최후의 구제수단은 다른 회원국에 대한 차별적인 대상협정상의 양허 또는 그 밖의 의무 적용을 정지시키는 것이다. 하지만 이러한 경우도 반드시 분쟁해결

---

6) http://www.wto.org/english/tratop_e/dispu_e/dispu_e/stats_e.htm.,(2014년 1월 방문)
7) WTO의 전신이라 할 수 있는 GATT에는 지난 48년간(1947~1994) 약 300여 건의 무역 분쟁이 접수되었으니, 연간 약 6건이 GATT의 분쟁해결제도에 접수되었음을 의미한다.
8) 분쟁해결규칙 및 절차에 관한 양해 제3조 3항 및 7항.
9) WTO Disputes reach century mark, WTO Focus(Newsletter), No. 21, pl.
10) '대상협정(Covered Agreements)'이란 분쟁해결규칙 및 절차에 관한 양해의 부록 I (Appendix I)에 열거된 협정을 가리키는 것으로, WTO 설립협정, GATT, GATS, TRIPs, 분쟁해결규칙 및 절차에 관한 양해, 복수국가간 무역협정 등이 포함된다.

기구의 승인이 있어야 한다.11)

7.2 분쟁해결제도와 분쟁해결절차

1. 분쟁해결제도

1947 GATT에서도 분쟁해결제도는 존재하지만, 절차에 대한 확정된 일정표가 없었고 최종 판성 또한 쉽게 이행되지 않았다. 그래서 GATT내에서 발생한 많은 분쟁들은 명확한 최종판정도 없이 오랜 시간을 끌었던 것이다. UR 협상에서는 기존의 GATT가 가지는 이러한 문제점을 고려하여 명확하게 정의된 단계에 따라 체계화된 분쟁해결제도를 만들었던 것이다.

UR 협정에서는 분쟁해결제도의 단계별 시한 적용에 대해 더 많은 융통성을 부여하였고, 신속한 사건해결을 위한 많은 규정도 만들었다. 이러한 과정을 통해 도출된 WTO 분쟁해결제도는 WTO가 효과적으로 기능하기 위해 필요한 즉각적인 분쟁해결과 분쟁해결과정에서 필요한 상세한 절차와 일정을 규정하였다.12)

WTO에서 진행되는 분쟁해결절차에 걸리는 시간은 일반적으로 1년 미만이다. 상소가 있는 경우 분쟁해결의 전체 소요기간은 15개월 정도이다.13) 하지만 분쟁해결절차에 소요되는 시한은 탄력적으로 운영될 수 있기 때문에 긴급한 분쟁의 경우(예를 들어 부패하기 쉬운 상품이 포함되어 있을 경우) 3개월도 소요되지 않을 수 있다.14)

11) 분쟁해결규칙 및 절차에 관한 양해 제3조 7항.
12) 분쟁해결규칙 및 절차에 관한 양해 제12조.
13) 분쟁해결규칙 및 절차에 관한 양해 제21조. 패널 또는 상소기구가 보고서 제출기간을 연장하기로 한 경우에도, 분쟁당사자가 예외적인 상황이 존재한다고 합의하지 아니하는 한 총 기간은 18개월을 초과하지 아니한다.

WTO 분쟁해결절차에서는 패소국이 패널 판정에 대한 최종보고서 채택을 봉쇄하는 것은 불가능하다. 사실 1947 GATT에서는 어느 한 회원국의 반대만으로도 최종판정에 대한 보고서의 채택을 봉쇄될 수 있는 만장일치(Consensus) 제도가 채택되었다. 이러한 이유 때문에 1947 GATT에서는 분쟁패널의 최종판정에 대한 이행여부가 불확실했다.

하지만 WTO분쟁해결제도에서 분쟁패널의 최종 패널보고서는 분쟁당사자가가 분쟁해결기구(Dispute Settlement Body : DSB)에 대해 최종판정에 대한 상소결정을 정식으로 통지하지 않거나 또는 분쟁해결기구가 총의(Consensus)로 패널보고서를 채택하지 않기로 결정하지 않는 한 자동적으로 채택된다.[15] 이는 분쟁상대국 중 일국이 패널의 최종보고서에 대한 최종판정을 봉쇄시키고자 한다면 관련 분쟁상대국을 포함한 모든 회원국의 동의를 받아내어야 한다는 의미이다.

패널(Panel)의 구성

패널은 사법재판소와 비슷한 부분이 존재하기도 하지만 좀 특수한 부분도 지니고 있다. 패널리스트의 구성은 일반적으로 분쟁 당사국들의 협의를 통하여 결정된다. 단 분쟁의 양 당사자가 패널리스트의 선정에 대한 합의에 도달하지 못하는 경우 예외적으로 WTO 사무총장이 패널리스트를 임명할 수 있다.

패널은 서로 다른 국가의 3명 또는 5명의 전문가로 구성된다. 이렇게 구성된 분쟁패널은 협정위반의 증거를 조사하여 관련분쟁에서 누가 옳고 누가 잘못되었는지에 대해 결정한다. 이렇게 작성된 패널보고서는 분쟁해결기구에서 총의(Consensus)에 의해서만 거부되어 질 수 있다.

분쟁해결을 위한 패널리스트들은 상설명단(Permanent List)에 등재된 적격자들 중에서 선출되는 것이 일반적이나 그 밖의 다른 곳에서 선출되기도 한다. 패널리스트들은 독립된 자격으로 근무하며, 그 어떤 정부로부터도 명령이나 지시를 받지 않는다.

---

14) 분쟁해결규칙 및 절차에 관한 양해 제12조.
15) 분쟁해결규칙 및 절차에 관한 양해 제16조.

WTO 분쟁해결제도는 여러가지 부분에서 법원이나 또는 중재재판소의 절차와 유사한 측면이 있다고 할지라도, WTO내에서 발생하는 통상분쟁의 최우선 해결책은 분쟁당사국들이 스스로 자신의 문제를 논의하고 해결한다는 측면이 일반적인 사법제도와 다르다. 이런 이유 때문에 WTO 분쟁해결절차의 첫 단계는 분쟁당사국 정부 간의 협의(Consultation)가 되는 것이다. 물론 분쟁해결절차의 진행 중에도 협의와 중재(Mediation)는 언제나 가능하다.

2. 분쟁해결절차

분쟁해결기구(DSB)의 주된 임무는 분쟁해결이다. 분쟁해결을 위하여 분쟁해결기구(DSB)는 제소된 분쟁에 대한 심의를 위하여 관련 분야의 전문가로 구성된 "패널"을 설치한다. DSB는 설치된 패널의 최종판정 또는 상소기구의 보고서에 대한 채택 및 거부을 결정할 수 있고, 그 판정에 근거한 양허 및 그 밖의 의무 정지를 허가하는 독점적인 권한을 가진다.[16]

분쟁해결기구는 패널과 상소기구를 통하여 채택된 WTO의 '권고와 판정'의 이행을 지속적으로 감시하며,[17] 회원국이 이러한 판정을 이행하지 않을 경우 보복조치를 허가할 수 있는 권한을 가지고 있다. WTO의 분쟁해결절차를 단계별로 살펴보면 다음과 같다.

1) 첫 번째 단계 : 협의(Consultation, 60일 이내)

분쟁해결절차의 시작은 앞에서 살펴본 바와 같이 분쟁당사국간의 입장 차이를 그들 스스로 조종 또는 해결할 수 있는지 알아보기 위한 단계에서 시작된다. 이러한 단계를 당사국간 협의단계라고 한다.[18] 이는 WTO가 회원국간

16) 분쟁해결규칙 및 절차에 관한 양해 제2조. 복수국가간 무역협정인 대상협정에 따라 발생하는 분쟁과 관련, 이 양해에서 회원국이라는 용어는 당해 복수국가간 무역협정의 당사자인 회원국만을 지칭한다.
17) 분쟁해결규칙 및 절차에 관한 양해 제21조 6항.
18) 분쟁해결규칙 및 절차에 관한 양해 제4조. 협의요청이 있고, 협의요청을 접수한 회원국이 10일 이내에 답변하지 않거나 30일 또는 상호 합의한 기간 내에 협의에 응

의 합의를 바탕으로 국제경제에 관한 질서를 만들어가는 조직이라는 특징을 반영한 것이다. 즉, 이는 사법절차나 또는 중재절차와 유사한 효과를 가지는 패널절차에 들어가기에 앞서 회원국간 상호 호혜의 원칙하에서 분쟁해결을 위한 협의를 자발적으로 시도해 본다는 의미이다.

회원국간의 협의는 각 회원국은 자국의 영토 내에서 취해진 조치로서 대상협정의 운영에 영향을 미치는 조치에 관하여 다른 회원국이 표명한 입장에 대하여 호의적인 고려(Sympathetic Consideration)를 하여야 한다는 원칙에 입각한 것이다. 따라서 WTO 회원국은 공식적인 분쟁해결절차에 들어가기 전에 당사국간의 상호 호의적인 고려를 할 수 있는 적절한 협의기회를 부여하여야 한다.

분쟁당사국의 협의 요청은 분쟁해결기구 및 관련 이사회와 위원회에 통보된다. 모든 협의요청은 서면으로 제출되며, 이러한 협의 요청서에는 문제가 된 조치를 명시하고, 제소와 관련된 법적 근거를 포함한 협의요청 사유를 제시하여야 한다.

당사국간의 협의 과정은 일반적으로 비공개로 진행된다. 협의과정은 분쟁해결제도에 따른 다음 단계의 조치를 취하기 위해 회원국이 반드시 거쳐야 되는 단계이다. 협의단계에서 협의 당사국들은 만족할만한 조정을 시도해야 하지만 이 과정에서 다음 단계에서 행사될 수 있는 당사국의 권리가 침해되어서는 안 된다.

협의요청 접수일로부터 60일 이내에 협의를 통한 분쟁해결에 실패한 경우 제소국은 분쟁과 관련된 패널의 설치를 분쟁해결기구에 요청할 수 있다. 만약 이 기간 내에 주선(Good Offices), 조정(Conciliation), 또는 중재(Mediation) 등의 절차가 개시되는 경우, 제소국은 협의요청 접수일로부터 60일 이후에 패널의 설치를 요구할 수 있다.[19)]

하지만 부패성 상품과 관련된 분쟁과 같이 분쟁과 관련된 처리가 긴급을

하지 않는 경우, 협의개최를 요청한 회원국은 직접 패널의 설치를 요구할 수 있다.

19) 분쟁해결규칙 및 절차에 관한 양해 제5조 주선, 조정 및 중개는 언제든지 개시되고 종료될 수 있다. 일단 이 절차가 종료되고 나면 제소국은 패널의 설치를 요구할 수 있다. WTO 사무총장은 회원국이 분쟁을 해결하는 것을 돕기 위하여 직권으로 주선, 조정 또는 중재를 제공할 수 있다.

요하는 경우, 회원국은 요청접수일로부터 10일 이내에 협의를 개시할 수 있다. 제소국은 만약 협의 요청 접수일로부터 20일내에 협의를 통하여 분쟁이 해결되지 아니 하는 경우 분쟁해결을 위한 패널의 설치를 요구할 수 있다.[20]

WTO 분쟁해결절차의 소요기간

분쟁해결절차상 각 단계별 예상 소요기간은 목표수치에 불과하다. 따라서 WTO 분쟁해결절차에 소요되는 분쟁해결기간은 탄력적이라 할 수 있다. 물론 분쟁당사국 스스로 합의를 통하여 어느 단계에서든 분쟁을 해결할 수 있다.

60일	협의, 중개,… 등
45일	패널 설치 및 패널리스트 임명
6개월	당사국에 패널 최종보고서를 보냄
3주	WTO 회원국에 최종보고서를 보냄
60일	DSB에서 패널 최종보고서 채택(상소가 없는 경우)
종합(1년)	분쟁해결절차 종료(상소가 없는 경우)
60–90일	상소보고서
30일	DSB의 상소보고서 채택
종합 (1년 3개월)	분쟁해결절차 종료(상소가 있는 경우)

20) 분쟁해결규칙 및 절차에 관한 양해 제4조 8항.

2) 두 번째 단계 : 패널 설치 (45일 이내에 패널 임명, 패널이 판정을 내리기까지 6개월)

협의를 통한 분쟁해결에 실패한다면, 제소국은 분쟁해결을 위한 패널의 설치를 요청할 수 있다. 관련 당사국들의 패널설치 요청은 한 번은 막을 수 있다.21) 하지만 분쟁해결기구의 두 번째의 모임이 개최되면 패널의 설치요청을 더 이상 막을 수 없다.22) 선진회원국과 개발도상회원국간의 분쟁시 개발도상회원국이 요청하는 경우, 패널위원 중 적어도 1인은 개발도상회원국의 인사를 포함한다.23)

패널은 분쟁당사자가 분쟁해결기구에 제기한 문제를 조사하고 분쟁의 사실부분에 대한 객관적인 조사와 평가, 관련 대상협정의 적용가능성 분석 및 관련 대상협정과 합치성을 등을 포함하여 회부된 사안에 대한 객관적인 판정을 내린다. 이러한 과정을 통하여 패널은 분쟁해결기구가 관련 분쟁에 대한 최종 판정이나 권고를 내리는데 도움이 되는 조사결과를 작성한다.24)

패널 보고서는 분쟁해결기구의 총의(Consensus)에 의해서만 거부될 수 있다. 따라서 패널의 최종판정이 바뀌기는 쉽지 않다. 물론 이러한 패널의 판정은 인용된 협정에 기초를 두어야 한다. 패널의 최종보고서는 일반적으로 활동시작 후 6개월 이내에 분쟁당사국들에게 제출된다. 하지만 부패상품을 포함한 긴급을 요하는 사건의 경우, 제출 시한은 3개월 이내로 줄어든다.

다음은 WTO 분쟁해결제도에서 패널이 어떻게 임무를 수행하는가에 대한 주요 단계별 내용을 기술하고 있다.25)

- 첫 심리 이전 : 분쟁 당사국은 패널에게 사건의 개요를 서면으로 제출한다. 패널이 분쟁당사자와 협의 후 분쟁당사자가 동시에 서면입장을 제출해야 한다고 결정하지 않는 한 제소국은 피소국보다 먼저 1차 서면입장

---

21) 첫 번째 분쟁해결기구 회의에서 패널설치 요청은 총의(Consensus)로서 채택된다. 따라서 관련 당사국 일국의 반대로서도 거부되어질 수 있는 것이다.
22) 분쟁해결규칙 및 절차에 관한 양해 제6조.
23) 분쟁해결규칙 및 절차에 관한 양해 제8조 10항.
24) 분쟁해결규칙 및 절차에 관한 양해 제7조 및 제11조.
25) 패널의 작업을 위한 제안된 일정표는 "분쟁해결규칙 및 절차에 관한 양해"의 [부록 3]을 참조하시오.

서를 제출한다. 그 후에 제출되는 모든 서면 입장은 동시에 제출된다.[26]

- **첫 심리** : 패널은 제소국과 피소국, 그리고 해당 사건에 대해 이해관계가 있다고 사전에 입장을 제시한 회원국인 제3국(third country)과 함께 첫 번째 심리를 가진다. 분쟁당사국과 이해당사자는 패널의 출두요청을 받은 경우에 한하여 회의에 참석한다.
- **반박**(Rebuttals) : 패널의 두 번째 모임에서 관련 당사국들은 서면 반박문을 제출하고 구두변론을 할 수 있다. 피소국은 반박을 위한 구두변론의 단계에서 제소국보다 먼저 발언할 권리를 갖는다.
- **전문가 그룹** : 분쟁당사국중 일방이 과학적 또는 기술적 문제를 제기할 경우, 패널은 전문가들과 협의하거나 또는 '권고보고서'를 제시할 수 있는 전문가 검토그룹을 지정할 수 있다.[27] 예외적인 상황을 제외하고는 분쟁당사자간의 합의가 없이 분쟁당사국은 전문가검토단의 업무를 담당할 수 없다. 전문가 검토단의 구성원은 모두 개인 자격으로 참여한다. 전문가검토단의 최종보고서는 권고적 성격만을 갖는다.[28]
- **보고서 초안** : 패널은 잠정보고서에 게재될 서술적 부분(사실과 주장)을 분쟁당사국에게 제시해야 한다. 각 분쟁당사국은 패널이 설정한 기간(2주) 이내에 제시된 서술 부분에 대한 논평을 서면으로 제출하여야 한다.[29] 하지만 이때 제시되는 보고서 초안에는 판정이나 어떠한 결론을 포함하고 있지는 않다. 패널의 잠정보고서는 제공된 정보 및 진술내용을 반영하여 분쟁당사자의 참석없이 작성되며, 개별 패널위원이 보고서에 표명한 의견은 익명으로 행해지거나 제시된다.
- **잠정보고서** : 패널은 담당 사건에 대한 판정과 결론이 포함된 잠정보고서를 각국에게 제출한다. 분쟁당사국은 일정기간(일반적으로 패널이 정하며, 보통 1주일)내에 잠정보고서의 특정부분을 패널이 최종보고서가 회원국들에게 배포되기 전까지 잠정 검토해 줄 것을 서면으로 요청할

---

26) 분쟁해결규칙 및 절차에 관한 양해 제12조 6항.
27) 분쟁해결규칙 및 절차에 관한 양해 제13조.
28) 분쟁해결규칙 및 절차에 관한 양해의 '부록 4, 전문가검토단(Expert review groups)' 참조.
29) 분쟁해결규칙 및 절차에 관한 양해 제15조.

수 있다.[30)]

- **패널의 재검토** : 분쟁당사국의 잠정검토 요청에 대해 패널은 재검토를 한다. 이러한 재검토 기간은 절대 2주를 초과해서는 안 된다. 이 기간 동안 분쟁당사자 일방이 요청하는 경우, 패널은 서면 논평에 명시된 문제에 관하여 분쟁당사국과 추가적인 회의를 가질 수도 있다.
- **최종보고서** : 최종보고서가 분쟁당사국에게 제시되고 3주 후에 해당 최종보고서는 WTO의 모든 회원국들에게 회람된다. 패널은 패널절차를 통하여 분쟁을 유발한 관련 무역조치가 WTO 협정이나 의무에 반하는 것이라고 결정한다면, 그 조치를 WTO 협정에 일치시키도록 권고할 수 있다. 물론 해당 패널은 이러한 권고를 이행할 수 있는 방법을 제시하기도 한다.[31)]
- **최종판정으로 채택된 보고서**[32)] : 패널보고서가 회원국에 배포된 후 20일 이내에는 DSB의 심의의 대상이 되지 않는다. 배포된 패널보고서에 이의가 있는 회원국은 패널보고서 심의를 위한 DSB가 개최되기 10일 이전에 서면이의서를 제출해야 한다. 이때의 패널보고서는 관련 분쟁당사국이 상소결정을 DSB에 통보하지 않거나, 분쟁해결기구의 총의로서 거부되지 않는 한, 회원국에게 배포된 후 60일 이내에 DSB의 판정이나 권고로 채택된다. 분쟁당사국은 보고서 결정에 대해 상소할 수 있다. 일부 분쟁에서는 분쟁당사국 모두가 상소하기도 한다. 상소의 경우 패널보고서는 상소절차 종료될 때까지 DSB에서 논의되지 아니한다.[33)]

---

30) 분쟁해결규칙 및 절차에 관한 양해 제15조.
31) 분쟁해결규칙 및 절차에 관한 양해 제19조 1항.
32) 채택된 패널보고서가 GATT 규정의 해석에 있어서 선례구속의 원칙이 적용되는가 하는 의문이 있을 수 있다. 그러나 패널은 단지 분쟁당사국에 의하여 제기된 문제에 근거하여 판정과 권고를 하기 때문에 패널보고서의 해석은 분쟁당사국에만 적용되는 것이 타당하다 하겠다. 따라서 '분쟁해결규칙 및 절차에 관한 양해'에서 채택된 패널보고서가 선례로서 구속력을 가진다는 규정은 포함되지 않는다.
33) 분쟁해결규칙 및 절차에 관한 양해 제16조.

[통상분쟁해결 과정]

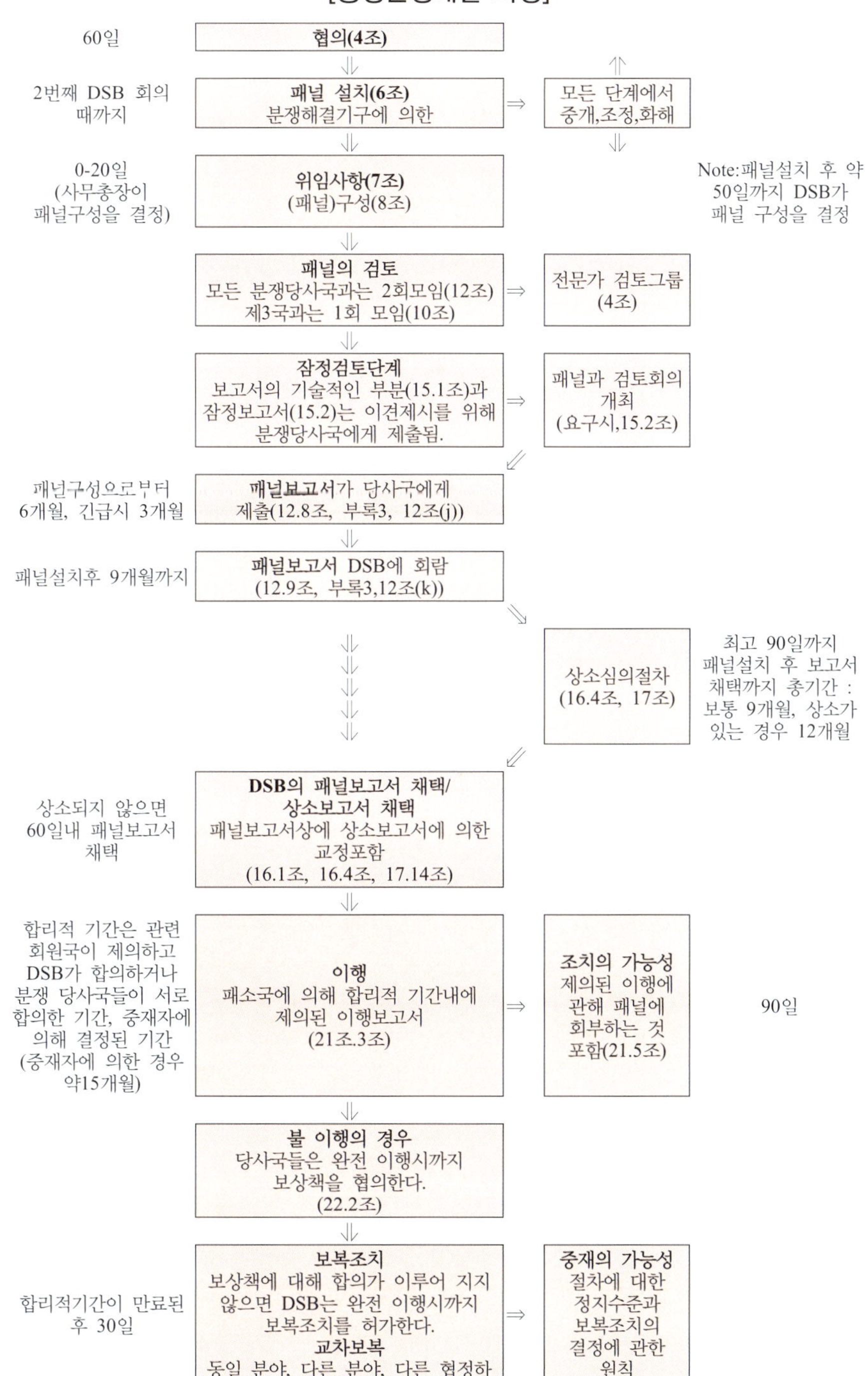
60일
협의(4조)
2번째 DSB 회의 때까지
패널 설치(6조)
분쟁해결기구에 의한
모든 단계에서 중개,조정,화해
0-20일
(사무총장이 패널구성을 결정)
위임사항(7조)
(패널)구성(8조)
Note:패널설치 후 약 50일까지 DSB가 패널 구성을 결정
패널의 검토
모든 분쟁당사국과는 2회모임(12조)
제3국과는 1회 모임(10조)
전문가 검토그룹 (4조)
잠정검토단계
보고서의 기술적인 부분(15.1조)과 잠정보고서(15.2)는 이견제시를 위해 분쟁당사국에게 제출됨.
패널과 검토회의 개최 (요구시,15.2조)
패널구성으로부터 6개월, 긴급시 3개월
패널보고서가 당사국에게 제출(12.8조, 부록3, 12조(j))
패널설치후 9개월까지
패널보고서 DSB에 회람 (12.9조, 부록3,12조(k))
상소심의절차 (16.4조, 17조)
최고 90일까지
패널설치 후 보고서 채택까지 총기간 : 보통 9개월, 상소가 있는 경우 12개월
상소되지 않으면 60일내 패널보고서 채택
DSB의 패널보고서 채택/
상소보고서 채택
패널보고서상에 상소보고서에 의한 교정포함
(16.1조, 16.4조, 17.14조)
합리적 기간은 관련 회원국이 제의하고 DSB가 합의하거나 분쟁 당사국들이 서로 합의한 기간, 중재자에 의해 결정된 기간 (중재자에 의한 경우 약15개월)
이행
패소국에 의해 합리적 기간내에 제의된 이행보고서
(21조.3조)
조치의 가능성
제의된 이행에 관해 패널에 회부하는 것 포함(21.5조)
90일
불 이행의 경우
당사국들은 완전 이행시까지 보상책을 협의한다.
(22.2조)
합리적기간이 만료된 후 30일
보복조치
보상책에 대해 합의가 이루어 지지 않으면 DSB는 완전 이행시까지 보복조치를 허가한다.
교차보복
동일 분야, 다른 분야, 다른 협정하
중재의 가능성
절차에 대한 정지수준과 보복조치의 결정에 관한 원칙

7.3 상소제도

1. 상소절차

분쟁당사국 중 누구든지 패널의 판정에 대해 상소할 수 있다. 때로는 제소국과 피소국 모두가 상소하는 경우도 있지만, 분쟁당사국만이 상소할 수 있지 제3자는 상소할 수 없다. 그러나 해당 절차에 이해관계를 가지고 있는 회원국인 제3자는 상소기구에서 자신의 입장을 개진하는 기회를 가질 수 는 있다.[34] 상소기구에서의 심의는 패널보고서에서 다루어진 법률적 해석 등과 같은 법적인 문제에 기초한다. 즉, 기존의 증거를 재심하거나 새로운 증거를 재심의 할 수 는 없다.

상소기구는 DSB에 의하여 설치되며, WTO 전체 회원국을 대표하는 7인 상설위원 중 3인이 각 상소사건을 심리한다. DSB는 4년 임기의 상소기구 위원들을 임명하며, 상소기구의 위원은 1차에 한하여 연임할 수 있다. 상소위원은 법률 또는 국제무역 등의 분야에서 독립적이며 공인된 전문가들이며, 어떠한 국가의 정부와도 제휴해서는 안 된다.

상소절차의 소요기간은 분쟁당사국 일방이 자국의 상소결정을 공식적으로 통지한 날로부터 상소기구가 상소보고서를 배포하는 날까지로 계산된다. 상소절차는 최고 90일까지 진행 될 수 있으나 일반적으로 60일 이상을 지속해서는 안 된다.

2. 상소보고서의 채택

상소기구는 DSB의 의장 및 WTO 사무총장과의 협의를 거쳐 상소의 진행절차를 결정하며, 결정된 상소의 진행절차는 회원국에게 통보된다. 상소기구의 심의과정은 패널의 심의과정과 마찬가지로 비공개로 진행되며, 개별 상소

34) 분쟁해결규칙 및 절차에 관한 양해 제17조 4항.

기구 위원의 견해 역시 익명으로 표기된다. 상소기구는 패널의 판정이나 결론을 확정(Uphold), 수정(Modify), 또는 파기(Reverse)할 수 있다.

분쟁해결기구는 제시된 상소보고서에 대해 30일 이내 채택 또는 거부를 결정하여야 한다. 상소보고서의 거부는 오직 총의(Consensus)에 의해서만 가능하다.

국제무역에 대한 WTO만의 공헌

"여러 측면에서 보아 다자간 무역제도의 중심이며, 세계경제의 안정화를 위한 WTO만의 공헌은 분쟁해결제도를 제외하고는 말할 수 없다. 새로운 WTO 체제는 이전 체제인 GATT 체제보다 더 강하고 자동적이며, 더 신뢰할 수 있는 시스템이 되었다. 이것은 WTO 체제를 이용하는 국가의 수가 증가하고 있고, 최종판정에 이전에 분쟁을 해결하려는 경향이 높아지고 있는 것을 보아도 잘 알 수 있다. WTO 분쟁해결제도는 분쟁에 대한 어떤 구체적인 판정을 내리기보다는 분쟁의 해결을 위한 수단으로 의도된 범위 내에서 잘 작용하고 있다. 그리고 WTO의 분쟁해결제도는 강대국의 일방적 조치에 대한 사용 범위를 축소시킴으로써 약소국에 대한 공정무역을 보장해 주는 중요한 제도로서 자리잡고 있다.

Renato Ruggiero

1997.4.17

7.4 판정 이후의 절차

한 회원국이 다른 회원국의 이익을 직·간접적으로 침해하거나 또는 무효화시키고 있다면, 이러한 침해나 무효화 관련 조치들은 신속하게 개선되어야 한다. 만약 WTO 회원국이 관련 협정에 대한 위반 또는 의무 등을 불이행한다면 이에 대한 보상을 하거나 적절한 처벌을 감내해야 한다.

1. 패널 및 상소기구의 권고

관련 분쟁에 대한 판정이 내려진다 하더라도 무역제재조치(전통적인 방식의 처벌)가 발동되기 전에 행해져야 하는 절차가 더 남아 있다. 패널이나 또는 상소기구는 특정 회원국이 조치가 대상협정에 일치하지 않는다고 최종적으로 결론이 난 경우, 관련 회원국의 불일치 조치를 대상협정과 일치시키도록 권고할 수 있다.[35)]

패소국이 우선적으로 해야 할 일은 자국의 정책을 패널 또는 상소기구의 판정이나 권고에 맞추는 것이다. WTO 분쟁해결절차에서도 "모든 회원국에 대해 이익이 되는 효과적인 분쟁해결을 실현시키기 위해 모든 회원국은 DSB의 권고와 판정에 즉각적으로 따르고 이행하는 것이 필수적이다"[36)]라고 규정하고 있다.

피소국이 분쟁해결절차상 과정에서 패소하는 경우 패널보고서나 또는 상소보고서의 권고에 따라야만 한다. 패소국은 보고서가 채택되고 난 후 30일 이내에 개최되는 DSB 회의[37)]에서 자국의 의도를 밝혀야만 한다. 만약 권고

35) 분쟁해결규칙 및 절차에 관한 양해 제19조. 이때, 패널이나 상소기구는 자신의 권고에 추가하여 관련 회원국이 권고를 이행할 수 있는 방법을 제시할 수 있으며, 여기서 관련 회원국이라 함은 패널이나 상소기구의 권고의 대상이 되는 분쟁당사국이다.

36) 분쟁해결규칙 및 절차에 관한 양해 제21조.

37) 분쟁해결기구 회의가 이 기간 중에 계획되어 있지 아니한 경우, 동 목적을 위하여 분쟁해결기구 회의가 소집되어야 한다.

에 대한 즉각적인 이행이 비현실적이라면 권고이행을 위한 "합리적인 기간"[38]을 부여받을 수 있다.[39] 또한 패소국이 동기간 내에 DSB에서 제시한 권고를 이행하지 못하는 경우 제소국의 특정한 이익이 존재하는 분야에서의 관세인하 등과 같은 상호 수용 가능한 보상책을 마련하기 위한 협상을 개시해야 한다.

한편 DSB의 권고 및 판정에 대한 패소국의 이행준수를 위한 조치가 취해지고 있는지의 여부와 이와 관련된 조치가 대상협정에 합치하는지의 여부에 대해서도 분쟁이 다시 발생할 수 있다. 이러한 분쟁도 가능한 한 패널에 회부하는 것을 포함하여 WTO 분쟁해결절차의 이용을 통하여 해결된다.

2. 무역제재조치

1) 보상 및 양허의 정지

분쟁해결절차에서 패소한 회원국이 합리적인 기간 내에 대상협정의 위반으로 결정된 조치를 WTO 협정에 합치시키지 않거나 또는 권고 · 판정을 이행하지 아니하는 경우 제소 회원국은 이에 대한 보상협상을 요청할 수 있다. 이때 요청을 받은 회원국은 분쟁당사자와 상호 수용가능한 보상의 마련을 위한협상을 개시하여야 한다.

만약 합리적인 기간이 종료된 날부터 20일이 지난 후에도 만족할 만한 보상합의가 이루어지지 않는다면, 제소국은 피소국에 대하여 제한된 무역제재조치(보상 및 양허 또는 그 밖의 의무의 정지)를 취할 수 있도록 분쟁해결기구(DSB)에 요청할 수 있다.[40]

---

38) '합리적 기간(Reasonable Period)'은 다음과 같다. ① 분쟁해결기구의 승인을 받는 조건으로 관련 회원국이 제의하는 기간 또는 ② 이러한 승인이 없는 경우 권고 및 판정이 채택된 날로부터 45일 이내에 상호 합의하는 기간. 또는 ③ 이러한 합의가 없는 경우에는 권고 및 판정이 채택된 날로부터 90일 이내에 지속적인 중재를 통하여 확정되는 기간.

39) 분쟁해결규칙 및 절차에 관한 협정 제21조.

40) 분쟁해결규칙 및 절차에 관한 양해 제22조 2항. 보상이나 양허 또는 그 밖의 의무의 정지는 관련 조치를 대상협정에 합치시키도록 하는 권고의 완전한 이행(제21

보상 및 양허 그리고 그 밖의 의무의 정지는 DSB의 권고 및 판정이 합리적인 기간 내에 이행되지 아니하는 경우 취할 수 있는 잠정조치이다. 따라서 패널과 상소기구의 권고 또는 판정은 대상협정에 규정되어 있는 회원국의 권리와 의무를 증가 또는 감소시킬 수 없다. 보상이나 양허 또는 그 밖의 의무의 정지와 관련된 결정이나 조치는 권고 및 판정의 완전한 이행에 우선하지 아니한다. 이는 WTO 협정상의 권리와 의무가 DSB 패널 또는 상소기구의 권고나 판정에 우선하며, DSB의 권고나 판정은 보상 및 양허의 정지와 관련된 조치에 우선한다는 의미이다.

DSB는 합리적 기간이 경과한 이후 30일 이내에 총의(Consensus)로서 양허 정지에 대한 허가요청을 거절하지 아니하는 한, 양허정지를 허가하여야 한다.[41)]

2) 보복조치

① 동일한 분야나 또는 협정상의 보복

원칙적으로 분쟁해결절차에 따른 제재(Sanction)는 분쟁이 발생한 동일 분야에서 발동되는 것이 원칙이다. 제소국은 패널 또는 상소기구가 대상협정위반 또는 그 밖의 무효화나 침해가 있었다고 판정을 내린 분야와 동일한 분야에 대하여 양허 정지 또는 그 밖의 의무의 정지를 침해가 발생한 수준에 근거해서 우선적으로 추구할 수 있다.

보복조치와 관련된 동일한 분야란 상품과 관련된 제재에서는 가능한 동일한 상품 분야를 대상으로 한다. 서비스와 관련된 제재에서는 현행 '서비스분야별 분류표'에 명시된 11개 분야의 동일 분야를 대상으로 한다. 그리고 무역관련 지적재산권과 관련한 제재에서는 저작권 및 저작인접권(제2부 1절), 상표권(제2부 2절) 지리적표시권(제2부 3절), 의장권(제2부 4절), 특허권(제2

조)에 우선하지 아니한다.

41) 분쟁해결규칙 및 절차에 관한 양해 제22조 6항. 분쟁해결기구가 승인하는 양허 또는 그 밖의 의무의 정지의 수준은 무효화 또는 침해의 수준에 상응하여야 하며, 대상협정이 양허 또는 그 밖의 의무의 정지를 금지하고 있는 경우, 이를 승인해서는 안 된다.

부 5절), 집적회로 배치설계(제2부 6절), 미공개정보의 보호(제2부 7절), 지적재산권의 이행(제3부), 지적재산권의 취득, 유지 및 관련 당사국간의 절차(제4부) 등의 동일분야를 대상으로 한다.[42)]

만약 동일분야에 대한 제재를 부과하는 것이 비현실적이고 비효과적인 경우, 제재는 동일 분야의 다른 상품으로도 이동될 수 있다. 여기서 말하는 협정이란 상품과 관련해서는 WTO 협정 부속서 1A에 열거된 협정 전체와 관련 분쟁당사자가 그 회원국인 경우 복수국가간 무역협정, 서비스무역에 관한 일반협정, 무역관련 지적재산권 협정 등을 의미한다.[43)]

원칙으로 제재는 분쟁이 발생한 분야와 동일한 분야에 대하여 취해져야 한다는 원칙과 제재의 강도를 단계적으로 높혀 나가는 제재부과의 원칙에 따른다. 동 원칙들이 적용되는 이유는 취해진 조치가 관련 없는 분야로까지 확대되는 것을 방지하는 동시에 제재조치의 효과를 극대화시키기 위함이다.

② 교차보복

동일 협정하의 다른 분야에 대한 제재를 부과하는 것도 비현실적이거나 비효과적이며 상황이 매우 심각하다면 다른 대상협정하의 양허나 기타 의무에 대한 정지와 같은 조치가 부과될 수 있다.[44)] 이를 교차보복(Cross-Retaliation)이라고 한다. 교차보복의 허용은 선진국의 자의적 해석으로 인하여 대상협정에 대한 위반조치에 대한 개선이 어려움에 직면할 경우 교차보복은 선진국에 대한 매우 효과적인 보복 수단으로 작용할 수 있다는 측면에서 의의가 있다.

DSB는 채택된 결정이나 판정이 관련국들에 의해 어떻게 이행되는지를 지속적으로 감시해야 한다. 그리고 분쟁해결과 관련된 어떤 미해결 사건이나 과제가 WTO 내에서 남아 있는 경우 DSB는 그 문제가 해결될 때까지 향후 의제로 남겨 해결을 시도하여야 한다.[45)]

---

42) 분쟁해결규칙 및 절차에 관한 양해 제22조 3항의 (a) 및 (f).
43) 분쟁해결규칙 및 절차에 관한 양해 제22조 3항의 (b) 및 (g).
44) 분쟁해결규칙 및 절차에 관한 양해 제22조 3항의 (c).
45) 분쟁해결규칙 및 절차에 관한 양해 제21조 6항.

7.5 비위반제소와 개도국에 대한 배려

1. 비위반제소

WTO 회원국은 일방 분쟁당사자가 특정 회원국 조치의 결과로 인하여 동 조치의 특정 대상협정에 대한 위반여부와 관계없이 동 협정에 따라 직·간접적으로 자국이 향유하는 이익이 무효화 또는 침해되고 있다고 간주하거나, 또는 동 대상협정의 목적달성이 저해되고 있다고 간주하는 경우 패널 또는 상소기구의 판정 및 권고를 요청할 수 있다.

비위반제소(Non-Violation Complaints)의 경우 제소국은 대상협정과 상충하지 아니하는 조치에 대한 정당한 제소이유를 제시해야 한다. 패널 또는 상소기구에 의하여 특정 회원국의 조치가 대상협정에는 위반되지 않지만 협정에 따른 이익을 무효화나 침해를 발생시키거나 또는 동 협정의 목적달성을 저해한다고 판정된 경우에도 피소국은 동 조치를 반드시 철회해야 하는 의무는 없다.

패널 또는 상소기구는 비위반제소와 관련된 회원국에게 상호 만족할만한 조정을 행할 수 있도록 권고한다. 일방 당사자의 요청이 있는 경우에는 중재를 통하여 무효화 또는 침해된 이익의 정도에 대한 결정을 내릴 수 있으며, 상호 만족할만한 조정에 이르기 위한 수단 및 방법을 제의할 수도 있다. 그러나 이러한 제의는 법적 구속력을 갖지는 못한다. 자발적 성격을 띠는 보상은 분쟁의 최종 해결책으로 상호 만족할만한 조정의 일부가 될 수 있다.[46]

대상협정상의 의무를 이행함으로써 제소국의 이익을 침해한 경우도 아니지만 어떤 상황의 결과로 인해 어느 한 회원국이 협정에 따라 직·간접적으로 향유할 수 있는 이익이 무효화되거나 또는 침해되고 있다고 판단될 수도 있다. 또한 이러한 상황으로 인해 동 협정의 목적달성이 저해되고 있다고 간주될 수도 있다. 만약 침해를 받는다고 판단하는 회원국은 DSB에게 비위반

46) 분쟁해결규칙 및 절차에 관한 양해 제26조 1항.

제소를 제기할 수 있다. 이러한 경우 DSB는 패널 또는 상소기구를 통하여 이와 관련된 판정 및 권고를 내릴 수 있다.

기타의 상황과 관련된 분쟁에서 그 분쟁에 기타의 상황 이외의 사항이 포함되어 있다고 판정되는 경우 패널은 이러한 '이외의 상황'에 대한 보고서와 기타의 상황에 관한 별도의 보고서를 DSB에 제출해야 한다.[47)]

2. 개도국에 대한 배려

개도국에 대한 배려는 WTO 분쟁해결절차에 관한 양해의 전 규정을 통해서 잘 나타나 있다. 개도국이 선진국을 상대로 제소하는 경우, 제소국은 WTO 분쟁해결절차상의 협의(세4조), 주선, 조정 및 중개(제5조), 패널 설치(제6조) 및 패널절차(제12조)에 포함된 규정 대신 1966년도의 절차를 적용받는 것을 선택할 수 있다.[48)] 그리고 모든 WTO 회원국들은 분쟁과 관련된 협의 과정에서 개발도상국의 문제점과 이익에 관하여 특별한 배려를 하여야 한다.

패널구성과 관련하여 선진국과 개도국 간의 분쟁에서 개도국이 요청하는 경우 패널위원 중 적어도 1인은 개도국의 인사를 포함시켜야 한다.[49)] 또한 개도국이 취한 조치와 관련된 협의의 경우 분쟁당사국간 협의기간은 합의에 의해 연장될 수 있다. 개도국에 대한 제소에서 패널은 개도국이 자국의 주장을 정리하고 제시하기위해 필요한 충분한 시간을 부여하여야 한다. 하지만 이러한 배려가 전체적인 분쟁해결 기한을 초과할 수 있다는 의미는 아니다.

개도국이 분쟁당사국인 경우 패널은 대상협정에 명시되어 있는 개도국 우대에 관한 관련 규정이 분쟁해결절차에 어떠한 형태로 고려되었는지를 패널 보고서에 명시하여야 한다.[50)]

보복조치와 관련해서 당해 사안이 개도국에 의하여 제소된 사안인 경우 분쟁해결기구는 상황에 비추어 어떠한 적절한 조치를 추가로 취할 것인지를

47) 분쟁해결규칙 및 절차에 관한 양해 제26조 2항.
48) 분쟁해결규칙 및 절차에 관한 양해 제3조 12항.
49) 분쟁해결규칙 및 절차에 관한 양해 제8조 10항.
50) 분쟁해결규칙 및 절차에 관한 양해 제12조 11항.

검토해야 한다. 그리고 어떠한 적절한 조치를 취할 것인지를 고려함에 있어서도 제소대상조치의 무역대상 범위뿐만 아니라 그러한 조치가 당해 개도국의 경제에 어떠한 영향을 미치는지도 고려해야 한다.[51)]

7.6 분쟁해결제도의 평가

WTO 분쟁해결절차에 대한 평가를 정리해 보면 다음과 같다. 첫째, WTO DSU는 WTO 설립협정에 부속된 모든 협정에 대한 통합적이고 규칙지향적인 분쟁해결절차로서 작용한다. WTO DSU는 기존의 GATT가 규율하던 전통적 상품무역분야에 대한 분쟁뿐 아니라 서비스, 무역관련 지적재산권, WTO설립협정 및 DSU 자체에 관한 분쟁까지도 규율함으로써 WTO와 관련된 모든 협정으로까지 그 관할권이 확대되었다. 이는 과거 약 200개에 달하던 GATT의 기존협정과 약 30개의 우루과이라운드 관련협정이 하나의 법적인 틀로 통합되었다는 것을 의미한다.

예를 들어, 1947 GATT의 분쟁해결패널은 패널에 대한 위임사항을 검토할 때 위임사항 이외의 분야에 대한 검토를 할 수 없었다.[52)] 하지만 WTO DSU에서는 패널에 대한 위임사항을 표준(Standard)과 특별(Special) 위임사항으로 구분하여 제소국의 요청사항에 대한 조사뿐 아니라 분쟁당사국과의 협의를 통해 DSB의장이 정한 사항도 패널의 위임범위로 정할 수도 있게 되었다. 이러한 과정을 통해 분쟁해결절차의 DSB는 분쟁당사자가 인용하는 모든 대상협정의 관련 조항을 검토할 수 있게 되었다.[53)]

---

51) 분쟁해결규칙 및 절차에 관한 양해 제21조 8항.

52) 이러한 경우의 대표적인 사례로 *Airbus*사건을 들 수 있는데, 이 사건에서 미국은 보조금 코드(Subsides Codes)에 의거하여 패널을 신청하였기 때문에 EC는 자신을 방어하기 위한 수단으로 항공기코드(Airbus Code)에 근거한 자신의 주장을 제시할 수 없었다.

둘째, 역총의(Reversed Consensus) 방식의 채택을 통해 분쟁해결절차의 진행에 대해 소극적인 회원국들의 방해움직임을 상당부분 제거했다. 총의(Consensus)에 의한 의사결정방식은 회원국이나 체약국이 불참하거나 기권하는 경우 안건이 부결되는 만장일치(Unanimity) 방식과는 다르지만 출석한 회원국이 안건통과에 대해 거부권을 행사할 수 있다는 점에서 만장일치와 유사한 점이 있는 의사결정방식이다.[54]

WTO의 출범 이전에는 만장일치의 의사결정방식 때문에 체약국이 패널설치를 자체를 봉쇄할 수 있었고 이러한 봉쇄 가능성으로 인해 분쟁해결절차의 진행이 지연되는 경우가 적지 않았다. 그리고 불리한 판정을 받은 체약국도 총의를 파괴함으로써 패널보고서의 채택을 봉쇄할 수 있는 큰 무기도 가지고 있었다. 따라서 이러한 총의에 의한 의사결정방식이 분쟁해결절차의 가장 큰 문제점으로 대두되기도 했다.[55]

WTO체제에서도 총의에 의한 의사결정 방식은 여전히 존중되고 선호된다. 하지만 분쟁해결절차의 진행에 있어서는 의사결정방식은 다른 부분에서의 방식과는 달리 역총의(Reversed Consensus) 방식이 채택되었다. 즉, 총의에 의하여 DSB에 제기된 안건에 대해 불채택을 결정하지 않는 한 해당 안건은 채택되는 의사결정의 방식이 도입된 것이다.[56]

DSU에 회부된 분쟁은 당사자 간의 합의를 바탕으로 분쟁이 해결되지 않는 한 패널이나 또는 상소보고서는 채택되게 된다. 또한 더 나아가 DSU 제21조와 제22조에 의하여 관련조치의 이행과 보상 및 양허정지조치로 진행되게 된다. 역총의 방식의 도입은 분쟁해결절차의 신속한 진행을 바라는 제소자측의 입장을 충분히 반영한 것으로 피해자에 대한 신속한 구제가 가능해졌다는 것을 의미한다. 이로 인해 WTO DSU 제도의 효율성이 새로운 차원으

53) DSU 제7조.

54) Norio Komuro, "The WTO Dispute Settlement Mechanism - Coverage and Procedures of the WTO Understanding," *Journal of International Arbitration*, 12(3), 1995, pp.94-95.

55) Edwin Vermulst, "An Overview of the WTO Dispute Settlement System and its Relationaship with the Uruguay Round Agreement - Nice on Paper but Too Much Stress for the System?," *Journal of World Trade*, 29(2), 1995, pp.134-135.

56) DSU 제16조 제4항, 제17조 제14항.

로 제고되었다.

셋째, DSU의 최대 성과물 중의 하나로 상소심의(Appellate Review) 제도가 도입되었다. 상소제도는 역총의 방식의 도입에 따라 패널보고서 채택시 분쟁당사국에 의한 거부권 행사가 인정되지 않게 됨에 따라 이에 대한 보상적 대안으로 도입된 제도이다. 상소제도는 사실관계의 시비를 가려 사안에 대한 재심을 진행하는 절차가 아닌 패널의 법적 판단과 결론에 대한 확인과 수정, 파기를 위한 절차이다.[57)]

상소제도의 도입은 패널에 의한 법률적용과 해석오류에 대한 시정기회를 제공함으로써 WTO 규범에 대한 해석상의 통일성을 추구한다. 상소제도는 불리한 판정을 받은 회원국에게는 다시 한번 법적 판정을 받을 수 있는 기회를 제공한다. WTO의 상소제도는 결국 단심제로 적용되는 기존의 국제분쟁해결절차에 대한 예외[58)]로 작용하여 다자간무역체제의 정착에 기여하였다.

그러나 상소제도는 상소에 따른 분쟁해결 소요시간의 장기화의 문제점도 발생시켰다. 물론 상소제도는 패소국이 패소에 따른 국내반발을 무마하기 위한 방편으로 남용될 수 있다는 우려도 존재한다.[59)]

넷째, WTO DSU는 DSB의 권고(Recommendations) 및 판정(Rulings)에 대한 이행이 어느 정도 보장된 제도이다.[60)] WTO DSU에서는 대상협정에 대한 위반조치의 수정이나 또는 철회를 위해 DSB의 권고나 판정을 신속하게 이행하게 했다.

DSB는 권고나 판정의 신속한 이행이 불가능할 경우 차선책으로 보상의 제공을 잠정조치로서 인정하고 있다. 양허나 그 밖의 의무에 대한 적용정지는 보상에 대한 합의가 이루어지지 않는 경우에만 비로서 최후의 구제수단으로써 발동할 수 있게 했다. 또한 보상이나 양허, 그 밖의 의무적용의 정지에

---

57) Pierre Pescatore, William J. Davey & Andreas F. "Lowenfeld, Drafting and Analyzing Decisions on Dispute Settlement," in *Handbook of WTO/GATT Dispute Settlement*, Transnational Publishers, Inc. 1991, p.29.

58) 박덕영, "WTO 분쟁해결제도에 관한 소고," 「연세법학연구」, 연세법학회, 10(1), 2003, p.202.

59) 이재형, "세계무역기구 분쟁해결제도의 운용상 문제점에 대한 비판적 고찰," 「국제거래법연구」, 제12호, 국제거래법학회, 2004, p.290.

60) DSU 제21조, 제22조

대해서도 그 허용여부를 역총의 방식으로 결정되게 함으로써 실질적인 보복조치가 자동적으로 허용되게 하였다. DSU는 이러한 방식을 통해 DSB의 권고나 판정, 결정 등에 대한 이행의 강제성을 어느 정도 보장하였다.

다섯째, WTO DSU는 분쟁해결절차에 단계별 시한제도를 도입함으로써 소송의 적시성이나 또는 신속·능률화(Streamlining)를 강화하였다. 과거 1947 GATT에서는 단계별 시간제한 규정을 두지 않아 패널구성이나 또는 패널보고서의 채택 등이 지연되는 경향이 많이 나타났다. 하지만 WTO DSU에서는 각 단계별로 엄격한 시간제한을 둠으로써 절차의 각 단계에서 발생하는 시간적 비효율성을 어느 정도 제거할 수 있었다.

WTO DSU에서는 기본적으로 60일간의 당사국간 협의기간, 6개월간의 패널절차기간, 2개월간의 항소심 기간, 최장 15개월까지 인정되는 이행단계 등과 같이 절차진행에 따른 시간제한을 엄격히 규정하고 있다.[61] 이러한 시간구속적 분쟁해결절차는 지금까지 나타난 다른 어떤 국제분쟁해결제도에서 찾아보기 힘든 사례라고 볼 수 있다.

7.7 통상분쟁사례

1. 미국과 베네수엘라의 가솔린 분쟁

1995년 1월 23일, 베네수엘라는 미국이 가솔린 수입품에 대해 차별적인 법률 적용을 행하고 있다고 분쟁해결기구에 정식 제소하였으며, 그 후 미국과의 협의를 요청하였다. 1년 간의 패널절차 기간을 거쳐 1년 후인 1996년 1월 29일, 최종 패널보고서를 완성하였다.

하지만 베네수엘라가 분쟁해결기구에 패널구성을 요청한 후, 1995년 4월

61) DSU 제20조.

브라질도 미국을 제소하면서 이 사건에 합류하게 되었다. 동일한 패널은 이 두 개의 사안 모두를 고찰하였다.62) 미국은 패널 과정을 통해 패소하자 상소를 하였고, 상소과정을 통해 상소보고서가 완성되었다. DSB는 동 사건에 대해 소송이 처음 제기된 후 1년 4개월 만인 1996년 5월 20일에 최종 보고서를 채택할 수 있었다.

최종보고서 채택후 미국과 베네수엘라는 미국이 이행해야할 조치에 대한 의견을 조정하는데 6개월 반이 걸렸다. 합의안에 대한 이행 기간은 소송이 종결된 날로부터 15개월이었다.(1996년 5월 20일~1997년 8월 20일) 분쟁해결기구는 미국이 1997년 1월 9일과 2월 13일에 제출한 '상황 보고서'에 따라 미국의 이행조치에 대한 진행상황을 주목하였다.

<table>
<tr><th>시간</th><th>실제
시간</th><th>날짜</th><th>조치</th></tr>
<tr><td>5년 전</td><td></td><td>1990</td><td>US Clean Air 법이 수정됨</td></tr>
<tr><td>4개월 전</td><td></td><td>1994. 9</td><td>동 법에 따라 가솔린 수입규제</td></tr>
<tr><td>제소일</td><td rowspan="2">"60일"</td><td>1995. 1. 23</td><td>베네수엘라가 DSB에 소송제기 미국과 협의 요구</td></tr>
<tr><td>1개월 후</td><td>1995. 2. 24</td><td>협의개시. 실패</td></tr>
<tr><td>2개월 후</td><td></td><td>1995. 3. 25</td><td>베네수엘라는 패널설치 요구</td></tr>
<tr><td>2개월 반 후</td><td>"30일"</td><td>1995. 4. 10</td><td>DSB는 패널설치 동의. 미국은 패널 설치에 대해 거부하지 않음(브라질도 미국과의 협의 요구하면서 제소)</td></tr>
<tr><td>3개월 후</td><td rowspan="2">9개월
(목표 :
6-9
개월)</td><td>1995. 4. 28</td><td>패널 구성</td></tr>
<tr><td>6개월 후</td><td>1995.7.10~12
1995.7.13~15</td><td>패널회의</td></tr>
</table>

62) 분쟁해결규칙 및 절차에 관한 양해 제9조. 2개국 이상의 회원국이 동일한 사안과 관련된 패널의 설치를 요청하는 경우, 이러한 복수의 제소내용을 조사하기 위하여 모든 관련된 회원국의 권리를 고려하여 단일 패널을 설치할 수 있다. 이러한 복수의 제소내용을 조사하기 위해서 가능한 경우에는 언제나 단일 패널이 설치되어야 한다.

11개월 후		1995. 12. 11	패널은 미국·베네수엘라·브라질에게 잠정보고서 제출
12개월 후		1996. 1. 29	패널이 DSB에 최종보고서 제출
13개월 후	"60일"	1996. 2. 21	미국 상소
15개월 후		1996. 4. 29	상소기구 보고서 제출
16개월 후	"30일"	1996. 5. 20	DSB는 패널 및 상소보고서 채택
22개월 반 후		1996. 12 .3	미국과 베네수엘라는 이행사항에 대해 동의(이행기간은 상소보고서 채택일로 부터 15개월)
23개월 반 후		1997. 1. 9	미국은 DSB에 제출할 이행사항에 대한 월례보고서를 서면으로 작성
31개월 후		1997. 8. 19~20	미국 : 새 규정에 대해 서명

이 사건은 미국이 국내 정련 가솔린보다 수입 가솔린의 화학적 특질에 대해 더 엄격한 기준을 적용했기 때문에 발생하였다. 베네수엘라(또는 그 후의 브라질)는 수입 가솔린이 미국의 가솔린과 동일한 기준을 적용받지 않기 때문에 이 기준은 불공평하다고 주장하였다.

베네수엘라 가솔린에 대한 차별적인 기준의 적용은 GATT 제3조 "내국민대우"의 원칙에 대한 위반이라고 볼 수 있다. 그리고 이러한 조치는 건강과 환경보호를 위한 통상적인 WTO 규칙의 예외규정 하에서도 정당화될 수 없다.

패널은 본 안에서 베네수엘라와 브라질이 주장한 의견과 뜻을 같이 하였다. 상소 보고서에서는 기존의 패널이 결정한 법률적 해석을 거의 대부분 받아들임으로써 패널의 판정을 지지하였다. 분쟁해결절차를 거쳐 미국은 15개월 내에 자국의 규정을 개정할 것을 동의하였고, 1997년 8월 19일자로 새 규정이 서명되었다고 DSB에 보고하였다.

2. 한국과 EU의 주세분쟁

EU는 1996년 일본과의 'WTO 주세분쟁'에서 승소한 후 1997년 초부터는 한국과 주세에 관한 양자협상을 시작하였다. 하지만 EU는 우리나라 측의 협상안(주세율의 알코올 도수 비례방안)을 거부하고 1997년 4월 9일 한국의 주세제도를 WTO에 제소하였다.[63)]

WTO 분쟁해결기구는 EU의 요청을 받아 들여 1997년 10월 16일 한국의 주세문제를 검토하기 위한 패널의 설치를 결정하였다. 이는 1995년 1월 WTO가 출범한 이후 처음으로 한국을 상대로 한 분쟁해결패널의 설치였다.

EU와 미국은 국산 소주와 수입 위스키 등에 대한 한국내의 주세와 교육세의 세율차이가 WTO GATT 협정의 내국민대우 조항에 위배된다고 판단하여, 동 사건을 WTO에 제조하였다. EU는 1997년 9월 25일 DSB에 대해 동 사건에 대한 패널설치를 최초로 요청하였다. 하지만 이때의 패널설치 요청은 한국측의 반대로 실패하였다. 이에 따라 패널구성은 연기되었고, 10월 16일 개최된 두 번째 DSB에서 동 사건에 대한 패널설치가 재요청됨에 따라 패널설치가 결정된다.

당시 한국의 주세제도를 보면 종가세의 구조하에 같은 증류주에도 차별적인 조세가 부과되고 있는 상황이었다. 국내산 주류의 경우 알코올 도수가 25도인 희석식 일반소주의 경우 주세 35%와 주세의 10%에 해당하는 교육세가 부과되어 전체 38.5%의 조세가 부과되었다. 또한 알콜도수 40도인 안동소주, 문배주 등과 같은 증류식 소주와 인삼주 같은 주류의 경우에는 주세 50%와 주세의 10%에 해당하는 교육세를 부과하여 전체 55%의 조세가 부과되었다.

하지만 양주인 위스키, 브랜디 등은 주세100%와 주세의 30%에 해당하는 교육세를 부과하여 전체 130%의 조세가 부과되었다. 그리고 보드카와 같은 일반 증류주의 경우에는 주세 80%와 주세의 30%에 해당하는 교육세를 부과하여 전체 104%의 조세가 부과되고 있었다.

사실 우리나라는 EU의 WTO 분쟁해결절차 제소를 계기로 EU나 미국과

63) 그 후 5월 28일 미국도 우리나라의 주세제도를 WTO에 제소하였다.

의 양자협의과정에서 알코올 도수 1도당 일률적으로 2.5%씩의 주세를 부과하며, 교육세는 20% 또는 30%로 단일화 한다는 안을 마련하였다. 그리고 주세와 교육세의 조정은 향후 3~4년간의 이행기간을 두어 실시한다는 타협안을 제시하였다. 하지만 EU와 미국은 우리나라 국내에서 국산 술과 양주의 주세율 격차에 대한 완전 철폐를 주장함으로써 합의에 도달할 수 없었다.

WTO 분쟁해결기구는 패널에서의 논의를 바탕으로 1998년 7월 31일 한국이 소주보다 위스키에 대해 높은 주세율을 부과하는 것은 WTO 내국민대우의무에 위반이라는 판정을 내렸다. 패널에서는 "소주와 위스키 간에는 직접경쟁 또는 대체관계가 존재하기 때문에 양자간 상이한 주세적용은 WTO 협정에 위배된다"고 판정하였다. 이는 그동안 한국이 주세류 등의 수입품에 대한 차등과세를 통해 국내생산과 산업을 보호하고 있었다는 것을 의미하는 것이다.

패널판정에 대해 한국은 주류시장의 특성상 소주와 위스키는 가격이나 음주장소 등에서 현저한 차이가 발생하여 위스키에 대해 상대적으로 높은 세금을 부과하고 있는 것으로 패널의 판정은 받아들일 수가 없다고 판단하였다. 이에 따라 한국은 패널의 관련 판정이 사실관계를 '객관적으로 평가하도록' 규정한 DSU 제11조를 준수하지 않았으며, 부당한 입증책임의 배분과 법리적 해석의 오류를 들어 1998년 10월 20일 상소기구에 제소하였다.

그러나 상소심에서도 WTO 주세관련 패널의 법리적 해석과 심의기준이 적절하였다고 판결하였다. 이에 따라 1999년 2월 17일, WTO DSB에서는 한국의 주세법과 교육세법을 GATT 규범에 일치하도록 개정할 것을 권고하는 권고안을 공식 채택하였다. 이후 1999년 6월 4일, WTO DSB는 2000년 1월 31일까지 WTO 권고사항을 이행하도록 최종 판결을 내렸다.

한국의 경우 당시 소주소비가 주류소비의 약 70%를 차지하고 있었다. 즉 소주는 서민 술인 반면 양주는 고가의 고급술로 인식되어 왔다. 당시 당국의 고민은 소주와 양주의 주세를 동일하게 하는 경우 소주값이 올라가서 IMF 외환위기로 힘들어하는 일반 서민들의 부담을 가중시키는 결과를 초래할 수 있다는 것이었다. 그렇다고 양주의 가격을 내리자니 수입급증을 우려하지 않을 수 없는 상황이었다.

물론 소주와 양주를 둘러싼 주류의 가격과 세금을 변동시키는 경우 소비 부분에서 대체관계에 있는 맥주를 비롯한 다른 주류의 주세 또한 조정이 필요했다. 이러한 주세 조정은 주류업계나 소비자의 이해관계뿐 아니라 국가재정수입과도 직결되는 문제였다. 따라서 한국 정부로서는 심각한 고민을 하지 않을 수 없는 부분이었다.64)

한국은 1999년 정기국회를 통하여 2000년부터 위스키의 주세율이 기존의 100%에서 정부안(80%)보다 낮은 72%로 낮추었고, 소주(희석주)의 주세율을 현행 출고가격 35%에서 72%대로 높여 소주와 위스키의 주세율을 일치시켰다. 반면 맥주의 경우 저알콜주임에도 불구하고 높은 세율로 과세되고 있는 점과 재정여건을 고려하여 주세율을 현행 130%에서 2000년 115%로 낮추고, 그 후 2001년부터는 다시 100%로 단계적으로 낮추기로 결정하였다.65)

한 · EU 주세분쟁 진행과정

- 1997년 초 : EU와 미구과 소주주세에 관한 양자협상 시작
- 1997년 4월 9일 : 주세제도에 대한 EU의 WTO 분쟁해결기구 제소
- 1997년 9월 25일 : EU의 1차 분쟁해결 패널 설치 요청 (우리나라의 거부)
- 1997년 10월 16일 : EU의 2차 분쟁해결 패널설치 요청, 패널의 설치
- 1998년 7월 31일 : WTO 분쟁해결기구의 패널 판정 (EU의 승소)
- 1998년 10월 20일 : 우리나라의 WTO 상소
- 1999년 2월 17일 : WTO 상소기구의 판정 (EU의 승소)

64) 조영정, 『국제통상법의 이해』, 무역경영사, 2000, p.23. 적의 참조.
65) 중앙일보, 1999년 11월 29일.

Chapter 8

국제통상의 신의제

8.1 지역주의와 WTO

8.2 무역과 환경

8.3 무역과 투자

8.4 무역과 경쟁정책

8.5 무역과 노동기준

국제통상의 신의제

Chapter 08

8.1 지역주의와 WTO

1. 지역주의의 대두

지역주의(Regionalism)란 원래 정치적으로 독립되어 있으면서 지리적 인접성과 문화적 공통성, 역사적 동질성, 경제적 상호의존성 등이 높은 국가들이 경제적 동맹이나 통합을 이룩하여 역내 국가에게 특혜를 부여함으로써 관련국 상호간의 이익과 협력을 도모하는 동시에 역외 국가에게는 차별적 조치를 취하는 노력이나 경향을 의미한다. 따라서 지역주의란 지역경제공동체 또는 지역경제협력체를 형성하려는 노력이나 경향을 포괄적으로 지칭하는 용어를 의미한고 볼 수 있다.

지역주의란 그동안 지리적 인접성(Geographic Proximity)과 지역적 특수성을 기반으로 하고 있었다. 하지만 오늘날의 지역주의는 이러한 요인을 고려하지 않고 원격지 간의 경제협력, 즉 개별 국가의 정책적 선택(Policies Choices)에 의한 인위적 통합과 협력을 포함하는 경향으로 나타나고 있다.[1]

최근에 나타난 지역주의의 이러한 경향을 신지역주의(New Regionalism)라고 하며, 주로 경제적 동기의 지역통합을 의미하는 용어로 인식되기도 한다. 최근에 나타나고 있는 신지역주의는 ① 개방적 지역주의, ② 선후진국간

1) 노택환, 국제통상정책론, 박영사, 2008, p.365.

의 통합, ③ 원격지간의 경제통합, ④ 금융 및 자본의 통합, ⑤ 경제통합체간의 경쟁 등을 특징으로 가지고 있다.

지역주의(Regionalism)의 강화경향은 유럽연합(European Union), 북미자유무역협정(North-American Free Trade Agreement), 동남아시아국가연합(Association of Southeast Asian Nations), 지역협력을 위한 남아시아 협정(South Asian Association for Regional Cooperation), 남미공동시장(Common Market of the South America : MERCOSUR), 호주·뉴질랜드 경제 협력협정(Australia-New Zealand Closer Economic Relations Agreement) 등의 사례를 통하여 잘 나타나고 있다.

GATT 제24조에 따라 지역무역협정의 당사국들은 WTO 지역무역협정위원회에 이러한 협정의 체결을 통보해야만 한다. 2013년 까지 체결된 지역무역협정(RTAs)은 575건이 WTO에 통지되었고 이중 385건이 발효되었다. 이 중 지역무역협정(FTA)이 223건으로 가장 많고, 그 다음이 경제통합협정(Economic Integration Agreement)으로 121건, 개도국간 특혜협정이 15건, 관세동맹(Customs Union)이 26건으로 집계되었다.

그러나 이러한 지역무역협정의 체결은 1995년 이후 급증하면서 발효된 385건 중 349건(약 89%)이 WTO의 출범 이후에 발효되었다. 이러한 통계를 기준으로 판단해 보면 WTO의 출범을 전후로 지역무역협정의 체결이 그 수나 또는 적용범위의 면에서 괄목할 만한 증가를 보여고 있다는 것을 확인할 수 있다. 그리고 이러한 지역주의의 확산 경향은 각국의 경제에서 무역이 차지하는 비중이 높아지면 질수록 더욱 심화되어 갈 것으로 전망되고 있다.

〈표 8-1〉 기간별 지역무역협정 발효 현황

<table>
<tr><th>구분</th><th>1958-94</th><th>1995-2000</th><th>2001-2005</th><th>2006-2013</th><th>계</th></tr>
<tr><td>발효 건수</td><td>43</td><td>53</td><td>87</td><td>202</td><td>385</td></tr>
<tr><td rowspan="2">비중(%)</td><td>11.0</td><td>13.8</td><td>22.6</td><td>52.5</td><td>100.0</td></tr>
<tr><td>11.0</td><td colspan="3">88.9</td><td>100.0</td></tr>
</table>

2. 신지역주의

지역주의의 한 형태인 관세동맹이나 지역무역협정의 체결은 모든 교역상대국에 대해 동일한 대우를 규정하고 있는 WTO의 기본원칙인 최혜국 대우원칙에 위반되는 것이다. 하지만 WTO에서는 이러한 지역무역협정이나 관세동맹의 체결도 엄격한 기준의 충족을 전제로 최혜국대우의 적용에 대한 예외조건으로 인정하고 있다.(GATT 24조)

WTO는 역외국과의 무역에 대해 무역장벽의 강화가 발생하지 않는다면 지역무역협정과 같은 지역주의의 추구가 역내 국가간 교역흐름을 보다 자유롭게 만들어 줄 것이라 믿고 있다. 결국 WTO는 지역경제통합 또는 지역무역협정을 다자간 무역체제를 보완하는 관계이지 걸림돌은 아니라고 보는 것이다.

지역무역협정을 규율하는 WTO 협정에는 여러 가지 조항이 존재하고 있다. WTO 협정 중 지역무역협정과 관계되는 가장 중요한 조항으로는 GATT 제24조와 이에 관한 양해 및 허용조항, GATS 제5조 등을 들 수 있다. GATT 제24조는 자유무역지대나 또는 관세동맹이 형성될 경우 역내무역에서 관세와 기타 비관세장벽이 축소되거나 제거되어야 한다고 규정하고 있다. 그리고 GATT 제24조 제5항에서는 지역무역협정의 체결이 비회원국들과의 무역을 지역무역협정 체결전보다 저해하거나 제한해서는 안 된다고 규정하고 있다.

한편 GATS 제5조에서도 '지역서비스무역협정'은 무역촉진적 이어야 하고 실질적으로 모든 서비스무역을 포함하고 있어야 한다고 규정하고 있기 때문에 GATT 제24조와 상당히 유사한 성격을 갖고 있는 규정이라고 볼 수 있다. 또 다른 WTO 협정에서도 개도국간의 교역에 대해 관세나 비관세 장벽의 축소나 제거를 목적으로 하는 지역적 또는 범세계적 협정의 체결을 허용하고 있다.

1996년 2월 6일 WTO는 일반이사회의 결정을 근거로 지역무역협정위원회가 상설기구로 설치되었다. 지역무역협정위원회의 목적은 일반이사회의 권한위임을 근거로 WTO에 통보된 개별 지역무역협정에 대한 검토 및 평가를 실시하고, 동 협정이 WTO 규범과 일치하는지를 평가한다. 또한 지역무역협정위원회에서는 지역무역협정이 다자간 무역체계에 어떠한 영향을 주는가와 지역협정과 다자간 협정들 사이의 관계가 무엇인가에 대해서도 분석한다.

지역무역협정에 대한 WTO의 결론은 다음과 같다. "지역적 또는 다자간 통합 움직임은 광범위한 범위에서 무역자유화를 추구하는 대안이기보다 보완책이다.(To a much greater extent than is often acknowledged, regional and multilateral integration initiatives are complements rather than alternatives in the pursuit of more open trade.)"2)

WTO는 다자간 협상을 통해 타결할 수 없었던 자유무역을 향한 규범과 약속 이행을 지역무역협정의 체결을 통하여 달성할 수 있다고 보고 있다. 실제로 서비스와 지적재산권과 관련된 분야에서 지역무역협정상의 일부 규정들은 UR협정에서 많은 도움을 주었다. 일부 지역협정에서는 환경기준 · 투자 · 경쟁정책에 대한 협정들을 가지고 있었기 때문이다.3)

지금까지 다루었던 WTO 내에서 지역무역협정이나 또는 관련 협정에 대한 처리 내용을 종합해볼 때, WTO에서 인정하는 지역주의는 차별성에 대한 부정을 지향하고 있다는 것을 알 수 있다. 결국 이는 WTO가 추진하는 세계화, 즉 국제적인 자유 · 다자 · 호혜 · 무차별은 일거에 성립될 수 있는 것이 아니고, 이를 진척시키기 위한 제도적 · 기능적인 개선이 필요하고, 이는 다시 지역경제협정 또는 지역무역협정과 같은 과도기적 조치의 도입을 통해 이룩될 수 있다는 것이다.

이는 결국 지역경제통합으로 대표되는 지역주의가 세계화에 대립되는 개념으로 작용하는 것이 아니라 오히려 세계화로 가는 길을 용이하게 만든다는 측면을 강조한 것이라고 볼 수 있다. 그러므로 지역경제협정이나 무역협정은 경제단위의 세계화를 위한 확대과정에서 존재하는 과도적 체제라고 볼 수 있는 것이다.

이러한 내용은 현재까지의 WTO는 지역무역협정에 대한 인정을 통하여

---

2) WTO, Regionalism and the World Trading System, Geneva: WTO, 1995, p.62.

3) 이 세 가지 의제는 최종 UR협정에 언급되어 있으며 WTO의 새로운 의제로써 계속 논의되고 있다.

형식적인 측면에서 무차별과 평등을 중요시하는 것이 아니라 세계화를 향한 실질적인 측면에서 무차별과 평등을 지향하고 중시한다는 사실을 간접적으로 보여주고 있는 것이다. 지역주의의 이러한 경향을 '개방 지역주의(Open Regionalism)' 또는 '신지역주의'라고 표현한다.

3. 신지역주주의 특징

최근 나타나고 있는 지역주의의 특징을 제시해 보면 다음과 같다.[4)]

1) 경제적 동기의 지역 통합

1960년대의 지역주의가 미국과 소련으로 대표되는 체제대결 과정에서 촉발된 지역주의인 반면 1980년대 이후에 나타나고 있는 지역주의는 서구 중심의 자본주의체제 내에서 일국의 경제적 이익을 극대화하기 위한 목적으로 확산되고 있는 지역주의라고 볼 수 있다.

1980년대 중・후반부터 舊사회주의 국가들이 대거 자본주의 시장경제체제에 편입되면서 동・서 간 이데올로기의 대립이 종말을 고하게 되었다. 이에 따라 국제경제관계의 패러다임 또한 체제대결로부터 국가적・지역적 이익의 극대화 경쟁으로 변화되게 되었다. 따라서 1980년대 이후 새롭게 나타난 신지역주의는 GATT/WTO가 주도해 온 무역 및 자본자유화를 특정국가나 특정지역으로 집중시키고자 하는 국가적・지역적 이기주의를 표방하고 있다.

따라서 신지역주의는 시장의 수요변화에 신축적으로 적응하기 위한 새로운 국제분업체제의 개편과정 속에서 급속히 나타나고 있다고 볼 수 있다. 1980년대 이후 산업체제는 소품종 대량생산에서 다품종 소량생산으로 빠르게 변모되었다. 시장의 역학구도 또한 생산자중심에서 소비자중심으로 급속히 이동했다.

따라서 경제권역 별로 이러한 변화에 적응할 수 있는 높은 경제적・산업적 신축성을 갖춘 체제가 필요하게 되었다. 새로운 변화속에서 필요한 체제

4) 노택환, 국제통상정책론, 박영사, 2008, pp.371-374.

는 생산요소의 국제적 이동성을 제고시키고, 차별화된 소비수요에 부응할 수 있는 가변적 국제분업체제가 필요하였던 것이다. 신지역주의는 이러한 체제를 구축하기 위하여 나타난 지역주의의 한 형태라고 볼 수 있다.

2) 개방 지역주의

신지역주의는 이른바 개방 지역주의적 성격을 띠고 있다. 개방 지역주의(Open Regionalism)란 역내자유화가 역내국에게만 적용되는 것이 아니고 역외국에게도 적용됨으로써 범세계적 자유화를 확대하는데 일조하는 지역주의를 의미한다.

종래의 지역주의는 역내외간 차별을 가장 중요한 특성으로 하는 역내우선주의와 역외차별주의를 채택하고 있다. 지역적으로 통합된 특정지역은 배타적 경제권역이기 때문에 일반적으로 경제블록(Block)이라고 명칭된다. 하지만 신지역주의는 이러한 배타적인 요소들을 가능한 배제하고 개방적인 모습을 보여주고 있다.

개방 지역주의란 아시아태평양경제협력체(APEC)의 현자그룹(Eminent Persons Group)이 1980년대 후반 이후 나타난 다자주의와 지역주의의 공존 현상을 극복하기 위한 방안으로 처음 제창한 개념이다. 개방 지역주의의 개념은 그 후 WTO와 같은 국제기구들로부터 주목받기 시작하였다. 특히 지역경제통합체를 대표하는 유럽연합(EU)이 개방 지역주의를 대외전략의 주요 대안으로 인식하기 시작하고, 1996년에 출범한 아시아 · 유럽정상회의(ASEM)에서 개방 지역주의가 표방되면서 국제사회에서 점차 확립된 개념으로 자리잡기 시작하였다.

WTO에서 개방지역주의는 지역주의를 지향하는 국가가 다자간 무역협정에 적극적으로 참여하면서 다른 모든 WTO 회원국에 대한 무차별적 관세인하(양허관세의 적용)를 허용하는 형태로 나타나기 시작했다. 개방 지역주의는 지역주의를 추진하는 국가가 WTO 체제에 적극적으로 참여하는 정도에 그치지 않고 다른 지역경제통합체와 상호협력을 강화함으로써 개방의 정도와 심도를 확대하는 형태로 나타나고 있다.

EU의 경우 EFTA와 APEC 등과 협력관계를 유지하거나 또는 EFTA 참여국을 새로운 회원국으로 참여시키고 있다. 또한 ASEAN의 경우에도 중국·일본·한국을 포함하는 경제협력을 도모하는 한편 브루나이와 베트남을 새로운 회원국으로 참여시킨 바 있다.

따라서 신지역주의는 역내우선주의를 근간으로 하고 있지만 역외지역에 대한 협력가능성과 개방성의 확대를 병행하는 체제라고 볼 수 있다.

3) 선·후진국 간의 통합증대

1960년대의 경제통합이 주로 선진국간의 통합이나 개도국의 통합을 중심으로 하고 있었던 것과는 달리 신지역주의는 종전과 유사한 선진국 간 통합 및 개도국 간 통합은 물론 선진국과 개도국 간의 통합이 많이 추신되고 있다.

WTO체제와 같은 다자간 무역체제하에서 주요 강대국들은 국제무역분쟁 등과 같은 상황에서 적극적인 정치 경제적 역할을 수행하고 있다. 구체적으로 선진국이나 또는 강대국들은 지역무역협정 등을 통하여 각 회원국들의 경제뿐 아니라 정치 분야에 대한 개혁을 지원하고 감시하고 있는 것이다. 그러므로 최근에 나타나는 신지역주의는 선진국과 개도국 간의 상호의존성에 그 기초를 두고 있다고 볼 수 있는 것이다.[5)]

4) 원격지간의 경제협력

전통적 지역주의가 지리적 인접성과 지역적 특수성을 기반으로 경제통합을 시도해 온 반면 신지역주의는 지리적 요인과 지역적 요인을 고려하지 않는 원격지간의 경제협력'이 빈번하게 시도되고 있다. EEC(1957년), EFTA(1960년), LAFTA(1960년) 등의 예에서 보듯이 전통적 지역주의는 지리적 인접성과 지역적 특수성을 기반으로 형성되었다. 그러나 신지역주의는 한국-칠레 간의 자유무역지역협정(2004년)이나 일본-멕시코 간의 자유무역지역협

5) C. Perroni and John Whally, "How Severe is Global Relation Risk under Increasing Regionalism?", American Econominc Review 86.2 (1996).

정(2005년) 등과 같이 지리적 인접성이나 지역적 특수성이 고려되지 않은 형태로 이루어지고 있다. 이에 따라 지리적 경계가 경제통합의 전제조건이라는 말은 점점 그 의미를 잃어가고 있다.

이러한 현상은 2000년대 이후 더욱 두드러지게 나타나고 있다. 원격지간의 자유무역협정이 광범위하게 타결되는 이유로는 ① 정보·통신기술이 급속히 발전함으로써 원격지간 무역에 대한 공간적·물리적 장애요인이 크게 완화되었다는 점과 ② 많은 개별국가들이 개방 경제통합을 선호하고 있기 때문이다.

최근에 나타났던 유럽 통화통합의 예에서 볼 수 있듯이 지역통합 참여 국가들은 다양한 정치·경제·사회적 상황들을 고려하여 경제력이 약한 나라나 또는 신규 참여 신규회원국에게 경제적 부담을 경감시켜주기 위한 조치를 취한다. 따라서 신지역주의는 결국 지역적으로 명확하게 경계를 그을 수 있는 인접지역보다는 오히려 지역적으로 인접되지 않는 국가들 사이에서 지역통합이 효과적으로 이루어질 수 있는 것이다.

5) 금융 및 자본의 통합

종래의 지역경제통합은 무역정책, 특히 관세정책과 밀접한 관련을 가졌다. 그러나 새로운 지역주의는 자본의 이동이나 다국적기업의 형태가 매우 중요한 역할을 담당하고 있다. 자본의 자유로운 이동의 가장 대표적인 다국적 기업을 중심으로 하는 생산자본의 자유로운 이동을 들 수 있다. 최근의 새로운 지역주의는 이러한 생산자본의 자유로운 이동을 위해 여러 가지 이동장벽을 제거함으로써 자유화와 통합도가 증진되는 형태로 진행되었다는 사실은 부인할 수 없는 사실이다. 결론적으로 자본의 자유로운 이동은 유럽의 지역통합을 촉진시켰지만, 반대로 유럽통합의 심화 또한 자본의 이동을 더욱 자유롭게 하는 상승작용을 일으키고 있는 것도 사실이다.

또한 신지역주의에서 나타나는 또 하나의 새로운 양상은 금융시장의 통합이 상당한 정도의 수준에서 이루어지고 있다는 점이다. 자본이동의 자유화와 함께 금융서비스의 국제거래가 증대되면서 금융통합이 자연적으로 증대되었다. 이러한 금융통합은 두 가지 형태로 나타난다. 하나는 업무영역에서의 통합이고 다른 하나는 통화의 통합을 의미한다.

금융통합의 대표 형태인 업무영역 부분에서의 통합은 구체적으로 은행, 보험, 제2금융권을 제외한 나머지 상품이나 업무가 증권업이나 증권상품의 형태나 범위로 통합하는 것이다. 이러한 업무의 통합 또는 증권회사화는 대형투자은행을 설립을 추진하는 과정에서 나타난 것으로 투자의 대형화와 국제화, 세계화를 추구하는 과정에서 나타난 지역주의의 새로운 특징인 것이다.

또 다른 금융통합은 지역주의를 추진하는 협력체에서 새로운 역내 단일통화를 창출하는 형태로 나타나고 있다. EU는 이미 EURO라는 단일 통화를 창출하였고, 아세안도 유럽 재정위기의 여파로 추진동력은 많이 줄었지만 아세안 단일통화의 창설을 구체화하고 있는 상황이다. 이 밖에도 현재까지 추진되고 있는 많은 대형 지역경제통합체에서는 대부분 아시아단일통화, 걸프만 단일통화, 남아메리카 단일통화 등과 같은 많은 역내통화의 창실을 위한 노력들이 나타나고 있다. 이러한 지역통합과 역내통화 창설움직임은 새롭내 나타나고 있는 신지역주의 한 형태라고 볼 수 있는 것이다.

6) 경제통합체간 경쟁체제

신지역주의는 주요 통상현안에 대하여 개별 국가적 차원보다는 지역적 경제통합체간의 집단적 차원에서 접근하면서 집단적 경쟁현상이 나타나고 있다. 미국은 전통적으로 통상현안과 관련된 분쟁에 있어 쌍무협정을 선호해 왔고 이러한 쌍무적 접근을 통해 반도체·자동차·쇠고기 등의 관심분야에서 일본·한국 등의 국가들과 성공적인 교섭성과를 도출해 왔다.

경제통합체간 경쟁체제의 기원은 80년대 후반 이후 EC 가맹국들이 미국과의 협상에서 EC라는 집단 차원에서 협상에 임함으로써 미국과 대등한 수준의 협상력을 견지하면서 대두되었다. 지역주의를 중심으로 한 집단적 경쟁체제는 UR협상과정에서 잘 표출되었다. EC는 보조금과 관련된 농산물 협상에서 최소한의 양보를 하는 수준에서 자신들의 주장을 반영하여 미국과 협상을 타결하였다.

EC에서 채택된 집단적 문제해결방식은 이후 다른 분야에서도 널리 활용되었고,[6] 이러한 경향은 지역경제통합이 확대되면서 더욱 확산되는 모습이다. 최근에는 이러한 지역주의의 집단적 경쟁현황은 이미 설립된 지역통합체를 하나의 단위로 하는 경쟁과 함께 이러한 지역통합체간의 연계를 통한 협력과 경쟁의 강화가 더욱 확산되고 있다. 구체적인 예로 1996년 3월 EU 15개국과 동아시아 10개국을 회원으로 하는 아시아 · 유럽회의(ASEM)가 출범하였고, 북미 · 유럽간 범대서양 자유무역지역(TAFTA), 유럽-남미간 자유무역지역(FTAA) 등이 구상되거나 추진되는 상황이다.

4. 평가

WTO 내에서 지역주의가 어떤 의미를 가지고 어떠한 방향으로 발전해 갈지 생각해 볼 필요가 있다. 이는 지역무역협정이 WTO를 중심으로 하는 다자간 무역체제에 도움을 줄 것인지 아니면 장애를 초래할 것인가, 또는 향후 어떻게 변화될 것인가를 살펴보자는 것이다.

지역주의가 지역내 및 지역간 경제활동의 여러 형태로 구체화되면서, 지역주의는 지역내 무역을 촉진시키는 측면과 지역내 무역을 방해하는 측면으로 나타나고 있다. 지역주의가 이러한 2가지 경향을 나타내는 이유는 지역주의가 지역내 무역자유화의 증진과 역외 경제에 대한 차별을 목표로 하기 때문이다.

하벌러(Harberler, 1936)는 지역무역협정은 비교우위를 통한 생산비 절감 및 소비증가 부분에서 정(+)의 효과를 가진다고 주장하였다. 바이너(Viner, 1950)는 지역무역협정의 무역창출(trade creation) 효과에 따른 협정 당사국 간의 후생 증대가 무역전환(trade diversion) 효과에 따른 협정 당사국 이외의 국가

6) EU는 오래 전부터 미 · 일과의 R&D경쟁을 위해 ESPRIT, EUREKA 등 다수의 공동 R&D프로그램을 추진해왔는데, 이중 최초로 EU공동의 R&D 프로그램인 ESPRIT(European Stategic Programme for R&D in Information Technology)는 EU의 주요 전자업체가 중심이 되어 마이크로일렉트로닉스, 소프트웨어, 첨단 컴퓨터기술 등의 공동기술개발을 목적으로 1984-94년간 추진된 프로젝트이다. EURKA는 1986년 HD-TV의 기술개발을 목적으로 필립스, 보슈, 톰슨, 트론EMI 4개사가 참여하여 공동개발 1년 만에 거의 일본의 하이비전 수준의 HD-TV를 선보였다.

에 대한 후생 감소보다 크면 전 세계적인 후생증가 효과를 가져올 수 있다고 보았다.

지역주의로 인한 협정당사국의 후생증대는 비협정 당사국의 희생을 토대로 이루어진다고도 볼 수 있다. 이는 지역주의에 참여하지 못한 비회원국은 지역무역협정 체결과 이에 따른 역내 협정당사국의 시장지배력 강화로 인해 피해가 막대하게 증가할 수밖에 없기 때문이다. 지역무역협정에 대한 부정적인 측면을 강조하는 학자들은 차별적인 관세, 특혜 원산지규정, 역내산 부품사용 의무규정 등과 같은 조치들이 지역주의의 무역전환효과(Trade Diversion Effect)가 무역창출효과(Trade Creation Effect)를 초과하게 만들 수 있다고 보고 있다.

지역주의가 가지는 또 다른 문제점으로 WTO를 중심으로 하는 다자간 무역체제가 지역을 중심으로 하는 '지역주위'에 의존하는 시스템으로 선환됨에 따라 다자간 무역체제에 대한 관심을 감소시킨다는 문제점도 발생시킨다.

이 밖에도 국제관계에 있어서 지역주의의 확산은 그 지정학적 영향(Geopolitical Impact)의 증대로 인해 갈등의 증대될 수 있다는 문제점도 발생시킨다. 국제사회에서는 지역주의가 가지는 이러한 지정학적 갈등요소 등을 근거로 지역주의 확산을 반대하고 있다.

하지만 지역주의가 다자간 무역체제의 자유화를 강화하는 수단인지 아니면 방해하는 수단인지에 대한 논의는 아직도 합의를 도출하지 못하고 있다. 다만, 지역주의를 대표하는 지역무역협정에 대한 일관적이고 효율적인 검토와 규율의 필요성이 인정되어 '지역무역협정위원회(Committee on Regional Trade Agreements)'가 1996년에 설치되었다. 지금까지 지역무역협정위원회의 활동을 근거로 해서 많은 지역주의의 사례에 대한 검토와 지역무역협정이 갖고 있는 근본적인 문제점 등에 관한 활발한 논의가 진행되고 있다.

결론적으로 WTO는 지역무역협정과 경제통합이 세계화와 자유무역의 강화에 도움을 준다고 보고 있다. 그러나 지역무역협정 체결에 참여하지 않은 국가들의 무역이익에 해를 끼칠 수도 있다는 사실 또한 인식하고 있다.

경제통합의 발전단계

- 자유무역지대(Free Trade Area) : 역내무역은 비관세이나, 각 회원국은 비회원국으로부터의 수입에 대해 각자 재량에 따라 자체의 관세율을 설정할 수 있음(예 : 북미자유무역협정, 아세안 자유무역지역).
- 관세동맹(Customs Union) : 모든 회원국은 비회원국들로부터의 수입에 대해 동일한 관세를 적용.(예 : 2차대전 이후의 베네룩스 관세동맹 등)
- 공동시장(Common Market) : 회원국 간에 상품뿐 아니라 서비스 및 생산요소에 대한 자유로운 이동을 허용함.(예 : EEC)
- 경제동맹(Economic Union) : 공동시장을 더욱 발전시킨 형태로 역내 상품 및 생산요소의 자유이동과 역외 공동관세를 실시하며, 집단적 경쟁강화를 위해 가맹국간의 경제정책에 대한 조정과 협력이 추구되며 공동경제정책이 수립되고 수행되는 형태의 통합(예 : EU)
- 완전한 경제통합(Complete Economic Union) : 가맹국 상호간에 초국적 기구를 설치하여 그 기구로 하여금 각 가맹국의 사회 · 경제정책을 조정, 통합, 관리하는 형태의 통합을 의미한다. 경제통합의 형태중 가장 발전된 형태의 통합으로 각국은 사실상 하나의 단일경제로 통합되는 것을 의미함.

〈표 8-2〉 경제통합의 단계별 특징

	제1단계 자유무역지대	제2단계 관세동맹	제3단계 공동시장	제4단계 경제동맹	제5단계 완전 경제통합
역내 공동관세					
쿼터제 철폐					
역외 공동관세					
생산요소 이동의 자율성보장					
경제정책 조정					
초국가기구설립					

8.2 무역과 환경

1. WTO와 환경

WTO 협정 속에는 무역과 환경을 다루는 독립된 규정은 없다. 그러나 UR 최종협정문 속에는 환경과 관련된 내용이 명시적으로 포함됨으로써 국제무역규범이 환경보전 측면을 고려해야 한다는 국제사회의 요구가 반영되었다.

WTO의 설립협정 전문에서 보면 "……상이한 발전단계에 있는 개별 국가는 자국의 필요와 우선순위에 따라 환경을 보호·보전하도록 노력하고, 이를 위한 수단을 강구하며, 지속 가능한 개발(Sustainable Development)이라는 목표에 부합되도록 자원을 적절히 이용……" 라고 명시하고 있다. 결국 이러한 설립협정 전문의 무역과 환경에 관한 명시적인 언급을 근거로 해서 WTO에서는 환경보호와 지속 가능한 개발과 관련된 논의를 시작할 수 있었다.

WTO협정 중에는 무역에 관한 기술장벽에 관한 협정(TBT협정), 위생 및 검역조치에 관한 협정(SPS협정), 보조금 및 상계조치에 관한 협정, 서비스무역에 관한 일반협정(GATS협정) 등에서 무역과 환경과 관련된 문제를 다루고 있다.

무역과 환경과 관련된 부분에 대한 관심이 증가하기 시작된 것은 비교적 최근의 일이다. UR 타결을 전후로 협상참가국의 통상장관들은 WTO에서 무역과 환경에 대한 폭넓은 프로그램을 논의할 필요가 있다는 부분에서 공감대를 형성하였다. 이러한 공감대를 토대로 지속적인 논의를 거쳐 1994년 4월 15일, 마라케시 각료회의에서는 '무역과 환경에 관한 결정(Decision on Trade and Environment)'이 채택되었다.

이 결정에 따라 각료회의 산하에 '무역·환경위원회(WTO Committee on Trade and Environment)'가 만들어졌다. 무역환경위원회는 환경보전과 지속 가능한 개발이라는 의제를 WTO내부의 영역으로 가져오는 실무작업을 하는 기구라고 볼 수 있다.

WTO내의 환경규정

WTO 협정에서 환경과 관련된 규정은 다음과 같다.

- GATT 제20조 : 인간과 동・식물의 생명 혹은 건강을 보호하기 위해 상품무역에 대해 영향을 주는 조치나 정책들은 일정한 조건하에서는 통상의 GATT 규율(Discipline)의 적용으로부터 면제된다.
- 무역에 대한 기술장벽(TBT) 협정과 위생과 검역조치(동식물 위생과 검역조치 ; SPS)협정 : 환경목표에 대한 명백한 인식하에서 무역관련 조치를 시행하며, 국제환경협정상의 무역조치에 대한 시행에 대해서도 투명성을 확보할 수 있는 메커니즘을 확보해야 한다.
- 농업 : 환경 프로그램은 보조금의 삭감으로부터 면제된다.
- 보조금과 상계관세 : 새로운 환경법에 적응하기 위한 기업비용의 20%까지 보조금이 허용된다.
- 지적재산권 : 회원국의 정부는 인간 및 동・식물의 생명 혹은 건강, 안전에 위협을 주거나 환경에 심각한 피해를 줄 수 있는 위험에 대해서는 특허출원을 거절할 수 있다.
- GATS 제14조 : 인간 및 동・식물의 생명 혹은 건강, 안전을 보호하기 위하여 서비스 무역에 대해 영향을 주는 조치 및 정책들은 일정한 조건하에서 통상의 GATS 규율(discipline) 적용으로 부터 면제된다.

2. 무역・환경위원회

무역・환경위원회는 상품과 서비스, 지적재산권 등의 다자간 무역체제의 모든 분야에 대해 포괄적인 관리 책임을 지고 있다. 무역환경위원회의 업무는 무역과 환경 사이의 관계에 대해 연구하고 무역협정에 필요한 환경관련 문제들에 대한 분석과 권고를 결정한다.

무역·환경위원회가 환경과 무역에 관한 여러 가지 문제를 분석하고 권고를 결정할 때 근거가 되는 2가지 주요 원칙은 다음과 같다.

첫째, WTO의 역할과 기능은 무역관련 문제에로 한정된다. 바꾸어 말하면 환경과 관련된 문제에 대해 WTO의 역할과 기능은 무역과 관련된 환경문제에 국한된다는 의미이다. 즉, WTO는 회원국의 환경정책 등이 무역에 대해 현저한 영향을 미칠 때 발생하거나 또는 발생할 수 있는 문제를 연구하는 기구이다.

둘째, WTO는 환경관련기구가 아니며 WTO 회원국 또한 국내외 환경정책에 대해 WTO가 간섭하거나 또는 환경기준을 마련하는 것을 원하지 않는다. 그리고 대부분의 WTO 회원국들은 국제환경문제를 포함하여 각종 환경문제는 환경전문기구를 통해서 관련 문제의 해결을 모색하는 것이 옳다고 판단하고 있다.

무역환·경위원회가 무역과 관련된 환경문제를 처리하는 경우 최종 판정이나 행동의 근거는 WTO 무역체제의 원칙을 기준으로 한다. 무역과 환경에 관련한 최초의 인식은 1992년에 리오에서 개최된 환경과 개발에 관한 UN회담(UN Conference on Environment and Development)인 '지구정상회담(Earth Summit)'에서 이루어졌다. 현재 WTO 회원국들은 개방적이고 공평하며 무차별적인 다자간 무역체제가 환경자원을 더 잘 보호하고 보존할 수 있으며, 지속 가능한 개발을 증진시키려는 국내·외의 노력에 대해서도 중대한 공헌을 할 수 있다고 확신하고 있다.

무역·환경위원회의 작업 프로그램은 10개 분야의 의제에 중점을 두고 있다. WTO 회원국 사이의 핵심이슈로 대두되고 있는 무역·환경위원회의 10대 의제는 다음과 같다.

WTO 무역환경위원회의 의제

1. 국제환경협약상의 무역조치를 포함하는 환경과 관련된 무역조치
2. 현저한 무역효과를 동반하는 환경정책 및 조치
3. • 환경목적의 부과금, 조세
   • 표준, 기술규정, 환경마크, 포장요건, 재활용 요건 등의 환경관련 제품 요건
4. 환경목적의 무역조치와 환경조치의 투명성에 관한 국제무역규범
5. 국제무역규범과 국제환경협약의 분쟁해결절차
6. • 환경조치의 시장접근(특히, 개도국과 후진국의 시장접근)
   • 무역에 대한 제한과 왜곡을 제거함에 따른 환경효과
7. 국내 판매금지 물품의 수출문제
8. 지적재산권(TRIPs) 협정의 환경관련 조항
9. 서비스에 관한 일반협정의 환경관련 조항
10. 민간단체와의 관계와 문서배포와 관련된 투명성 증진방안

3. WTO 출범 이후 무역과 환경 관련 협상 동향

WTO체제 출범 이후 환경관련 논의의 동향은 다음과 같다.7) 2001년 11월 도하에서 개최된 각료회의에서는 무역과 환경 관련된 특정이슈에 대한 협상을 개시를 결정하였다. DDA와 관련된 환경관련 이슈는 크게 협상의제와 검토의제로 구분된다. 이중 협상의제는 무역환경위원회 특별회의(Committee on Trade and Environment Special Session, CTESS)에서 논의되며, 검토의제는 무역환경위원회 정례회의(Committee on Trade and Environment Regular,

7) 최태현, "WTO 신통상의제에 대한 논의 동향과 시사점", http://www.mke.go.kr/common/download.do?fid=bbs&bbs_cd_n=36&bbs_seq_n=936&file_seq_n=1, (2013. 9. 10 방문)

CTE Regular)에서 논의된다.

도하 각료선언(2001.11) 제31항에 규정되어 있는 협상의제를 살펴보면 다음과 같다. ① WTO규범과 다자간환경협약(Multilateral Environmental Agreement: MEA)상 특정 무역의무(Specific Trade Obligation, STO)와의 관계, ② WTO와 MEA 사무국간 정보교환의 정례화 및 옵저버 지위 부여기준의 마련, ③ 환경상품 및 서비스에 대한 관세장벽·비관세장벽 감축 또는 철폐 등 3가지이다.

그리고 도하각료선언 제32항에 규정되어 있는 검토의제는 다음과 같다. ① 시장접근에 대한 환경조치의 효과 및 무역·환경·개발 모두에 도움이 되는 win-win-win 상황, ② 지적재산권 협정(TRIPS Agreement)의 환경 관련 규정, 그리고 ③ 환경목적이 라벨링 요건 등이 포함된다.

무역·환경 분야의 의제중 가장 대표적인 의제로 첫 번째, WTO와 다자간 환경협정(MEA) 규범간의 관계설정과 관련된 의제이다. 지금까지 WTO 내에서 이루어졌던 WTO와 MEA 규범간의 관계에 대한 협상은 EC·스위스와 미국·호주 간의 첨예한 대립으로 인해 합의 도출이 쉽지 않은 상황이다.

사실 그동안 체결된 다자간환경협약은 비당사국과의 수출입 제한, 라벨링, 에너지세 부과, 환경 보조금 등과 같은 무역규제와 관련되는 내용이 포함되어 있다. 따라서 이러한 MEA와 WTO 규범과의 합치성 문제가 발생할 가능성이 존재한다.

DDA에서는 이러한 이유 때문에 회원국들과의 무역과 환경에 관한 협상의 진행을 통해 WTO규범과 특정무역의무(STO)를 포함하는 MEA와의 관계를 명료화하기로 합의하였다. 이에 따라 DDA에서는 MEA에 나타나고 있는 STO를 분명히 하는 작업이 진행되고 있다. 하지만 현재까지 DDA에서 이 작업은 MEA의 협상 및 MEA상 STO의 이행과정에 대한 자국 경험의 소개를 위주로 진행되고 있어 큰 진전을 보지 못하고 있는 상황이다.

WTO와 MEA 규범간의 관계에 대한 논의에서 미국·호주·개도국은 ① 무역과 환경의 상호지지 강화의 중요성, ② 담당자간 대화의 중요성, ③ MEA이행시 경험공유의 중요성 등을 확인하는 텍스트를 채택하는 선에서 합의결과를 도출하자고 주장하고 있다. 하지만 EC·스위스는 ① WTO와

MEA 규범간 상호지지성 및 동등성을 확인하는 일반원칙 규정의 제정, ② 분쟁해결시 패널이 MEA의 전문적 의견을 존중할 것 등을 지시하는 각료결정문안 채택을 주장하고 있는 상황이다.

무역·환경 분야에 대한 두 번째 의제로 WTO와 MEA 사무국간 정보교환의 정례화 및 옵저버 지위부여에 관한 기준 마련 부분을 들 수 있다. WTO는 MEA규범과 WTO 규범간의 마찰 가능성을 사전에 축소시킬 수 있도록 관련 기구간 정보교환의 정례화 및 옵저버 국가의 지위를 부여하기 위한 기준 마련을 위한 절차적 문제를 논의하고 있는 상황이다.[8)]

무역·환경 분야에 대한 세 번째 의제로 환경상품 및 서비스의 자유화에 관한 문제를 들 수 있다. 환경상품의 자유화에 관한 협상에서는 환경상품에 대한 정의와 일반상품 보다 상대적으로 큰 관세인하 및 무관세화를 목표로 진행되고 있는 상황이다.

환경상품에 대한 논의는 미국이 환경상품목록 제출방식에 관한 제안서를 제출(2003.7)하면서 본격화되었다. 우리나라는 2005년 2월 '최종용도'와 '실제적 적용가능성'이라는 기준에 의해 환경상품 리스트를 제출하였다. 또한 한국은 2007년 4월에 미국, EC, 일본, 대만, 스위스, 노르웨이, 캐나다, 뉴질랜드와 공동으로 이미 제안된 리스트를 바탕으로 153개 상품군의 리스트(Potential Convergence Set)를 제출하였다.

환경상품의 자유화에 관한 논의는 현재 미국과 인도, 브라질의 제안을 중심으로 이루어지고 있다. 미국은 환경상품의 자유화 방안으로 먼저 환경상품에 대한 리스트를 제출하고, 그 후 이 리스트를 기초로 합의리스트에 대한 합의를 도출하는 접근방법을 제안했다. 하지만 인도는 환경 프로젝트의 수요에 따라 환경상품을 일시적으로 자유화하자는 프로젝트 접근방법을 제안하였다. 브라질은 특정국가가 자국의 리스트를 바탕으로 개방을 제안하면 타방국가가 이를 수락하고 MFN에 기초해 여타 국가들에게도 적용되는 요청과

---

8) 그동안의 회원국간 논의를 반영하여 의장텍스트 초안을 위한 기본요소(elements of a draft text)에 대한 논의를 위주로 협상이 진행 중이다. 회원국들은 텍스트 초안의 기본요소에 대해 유연한 입장임을 표명하면서도 EC·스위스는 14개 MEA에 대한 옵저버 지위 자동부여 조항을 포함할 것을 주장하는 반면, 개도국 등 다수의 회원국들이 자동조항 포함에 반대한다는 입장을 표명하고 있다.

제안(Request and Offer, R/O) 방식의 접근법을 제안하였다.

2009년 9월, WTO는 각 회원국에게 관심 환경상품의 목록 제출을 제안하였고, 그리고 이 목록을 바탕으로 공통 분모를 모색하기 위한 작업을 계획하고 있다. 하지만 소수의 국가들(환경 프랜즈 그룹 ; 사우디 아라비아, 일본, 필리핀 등)만이 의장이 제안한 환경상품에 대한 목록을 제출하였을 뿐 다른 국가들은 아직 제출하지 않았다는 부분에서 볼 때 환경상품의 자유화 확대를 위한 논의는 차질이 불가피한 상황이다.

4. 환경관련 주요 논의의 내용

1) 국제환경협정에 대한 WTO 입장

WTO 무역체제와 '환경' 관련 무역조치는 서로 어떤 관련이 있으며, 그리고 WTO 협정과 여러 국제환경협정(Agreements) 이나 협약(Conventions) 들 사이에는 어떤 관계가 있는지를 살펴볼 필요가 있다. 국제사회에서 지구환경 보호에 대한 관심이 높아지면서 다수의 다자간 환경협정(Multilateral Environmental Agreements : MIEAs)이 만들어졌다.

지금까지 WTO 이외에서 만들어진 국제사회의 환경문제를 다루는 다자간 환경협정(Multilateral Environmental Agreements : MEAs)은 약 200여 개가 만들어 졌다. 그리고 이들 중 약 20여 개의 환경협정들은 무역에 영향을 줄 수 있는 규정을 포함하고 있다. 예를 들어, 많은 MEA에서는 특정물품에 대한 무역을 금지하거나 또는 특정한 경우 제한할 수 있도록 규정하고 있다.

대표적 MEA로는 오존층(Ozone Kayer)의 보호를 위한 몬트리올 의정서(Montreal Protocol), 지구온난화(Global Warming) 문제를 해소하기 위한 기후변화협약, 위험폐기물의 국가간 교역이나 수송에 관한 바젤협약(Basel Convention), 그리고 멸종우려가 있는 야생 동·식물의 국제거래에 관한 협약(Convention on International Trade in Endangered Species : CITES) 등이 존재한다.

WTO 무역환경위원회에서는 다자간 환경협정 하에서 환경보호를 위하여 만들어진 무역조치들은 WTO의 기본원칙인 무차별주의(Non-Discrimination)와 투명성(Transparency) 원칙과 위배되지 않는다고 보고 있다. WTO 상품·서비스·지적재산권에 관한 협정에서도 환경정책에 대한 우선권을 해당국 정부에게 주고 있다. 따라서 WTO가 환경문제에 대해 미칠 수 있는 영향은 제한적일 수밖에 없다.

WTO에서는 국제환경 문제를 다루는 가장 효과적인 방법이 다자간 환경협정을 통한 문제의 해결이라고 생각하고 있다. 그리고 다자간 환경협정을 통한 문제해결 방식은 WTO의 기능을 보완해 줄 것이라고 믿고 있다. 이는 결국 회원국이 자국의 환경정책에 대한 변화를 통하여 스스로 문제해결을 시도하거나 또는 국제환경협정의 규정들을 이용하여 문제 해결을 시도하는 것이 WTO 체제하에서 무역과 관련된 환경협정을 제정하는 것보다는 낫다는 것을 의미한다.

그리고 WTO는 무역이 환경문제 발생의 직접 원인이 되는 경우에도 다자간 환경협정들을 이용하여 문제의 해결을 시도하는 것이 WTO에 의한 문제해결보다 효과적일 수 있다고 본다. 그러나 WTO는 환경보호나 보전을 위해 사용하는 조치 중 무역제한조치가 유일한 조치는 아니며, 이들이 가장 효과적인 것만도 아니라는 것도 인정하고 있다.

WTO는 무역과 환경을 조화시키는 방안으로 국제사회에서 환경 친화적인 기술(Environmentally-Friendly Technology)을 획득·개발하는 것을 지원해야 한다고 보고 있다. 특히 저개발 개도국이 환경 친화적인 기술을 개발하도록 재정지원을 하는 것과 동시에 각종 훈련을 제공하는 것이 좋다고 보고 있다.

지금까지 채택되어진 무역제한효과를 가지는 어떠한 국제환경협정과 조치들도 GATT/WTO에 도전한 적은 없다. WTO는 환경협정에 가입한 국가들이 국제환경협정을 근거로 발동한 조치들에 대해서는 내부적으로 큰 문제가 되지 않는다고 보고 있다. WTO는 환경협정에 가입한 국가가 환경협정에 가입하지 않는 국가에 대해 관련 환경협정을 근거로 무역제한조치를 발동했을 때 어떤 일이 발생할 지에 관해 관심을 갖고 있는 것이다.

환경과 무역에 관한 논의

일국의 무역행위가 다른 국가의 환경분야에 대해 피해를 발생시킬 경우, 피해국은 어떤 조치를 취할 수 있을까? 일국은 다른 국가의 무역거래를 제한하거나 또는 어떤 조치들을 사용할 수 있을까? 만약 이러한 조치들의 사용이 가능하다면 어떠한 방법과 절차를 통해 가능한지 생각해 보자.

이 문제에 대한 명확한 답변이나 법적 해석이 내려진 적은 없다. 지금까지 WTO 내·외부 어디에서도 이러한 문제에 대하여 법적 검증을 한 적이 없다. 하지만 이 문제에 대해 WTO 협정과 여러 가지 환경협정들은 다음과 같은 제안을 하고 있다.

1. 먼저 협력하라 : 환경피해의 방지를 위하여서는 먼저 관련국들 간의 상호 협력을 통해 최선의 노력을 기울여야 한다.
2. 환경의 보호를 위해 해당국 제품에 대한 수입제한조치를 취할 수 있다. 하지만 이러한 경우 발동되는 조치는 무차별적으로 적용되어져야 한다. 타국의 무역행위로 인해 환경문제가 발생하는 경우에 일국이 무역제한조치를 취하는 경우에도 다른 국가에 대한 최혜국대우와 내국민대우를 보장해 주어야 한다는 것이다.
3. 환경관련 분쟁이 발생한 경우 관련 국가가 국제환경협정의 체약국이라면 해당 사건은 WTO의 관심대상이 될 수 없다.
4. 환경피해를 발생시킨 무역행위의 발동 국가가 환경협정의 비체약국인 경우 해당 국가를 어떻게 처리할 것인지에 대한 부분은 아직까지 논의 중에 있다. 일부 환경협정에 대한 체약국은 해당 협정을 비체약국으로부터 수입되는 상품과 서비스에 대해서도 적용할 수 있다고 주장하고 있다. 하지만 이러한 종류의 분쟁은 WTO내에서 아직 다루어지진 적이 없다. 따라서 일부 환경협정의 입장이 WTO 협정을 위반했는지에 대한 여부는 아직까지 검증되지 않았다.

환경협정의 체약국들은 비체약국 국가들과의 무역에 대해 영향을 미치는 조치를 발동할 때 일정한 조건하에서 체약국의 환경협정을 인용할 수 있도록 하는 방법을 모색하고 있다. 하지만 이러한 방법은 특정 국가가 다른 국가에게 그들의 환경기준을 강요하도록 허용하는 것과 같은 것이기 때문에 비판을 받고 있다.

5. 이 문제가 환경협정에 의해 다루어지지 않는 경우 WTO 협정이 적용될 수 있다. WTO 협정이 환경과 관련된 사건을 다룰 때에는 WTO 규범을 적용한다. WTO 협정이 환경과 관련된 사건을 다룰 때에는 다음과 같은 2개의 핵심기준이 적용된다.

   첫째, 상품의 제조 방식만을 근거로 해서 무역제한 조치가 부과되어질 수 없다.

   둘째, 한 국가는 자국의 영역을 벗어나서 자국의 환경기준을 다른 국가에 부과할 수는 없다.

2) 무역관련 환경분쟁

일국이 WTO 체제 밖의 환경협정에 따라 무역조치(예를 들면, 관세부과 또는 수입제한)를 발동했고 이에 대해 교역상대국이 반발하여 무역분쟁이 발생했다고 가정해 보자. 그렇다면 이러한 환경관련 무역분쟁은 WTO 내에서 다루어지는 것이 맞는가 아니면 다른 협정을 통해 다루는 것이 맞는가 고려해 보자.

환경협정 하에서 발동된 무역행위와 관련된 분쟁에서 분쟁 당사국 모두가 환경협정에 대한 체약국인 경우 WTO는 분쟁해결을 위해 환경협정을 이용하려고 노력해야 한다. 하지만 분쟁의 일방이 환경협정에 가입하지 않은 회원국일 경우 WTO는 분쟁해결을 위한 논의의 장(Forum)을 제공할 수 있다.

하지만 이는 환경문제가 WTO 분쟁해결절차에서 무시된다는 것을 의미하는 것은 아니다. 이러한 경우 WTO 협정에서는 무역관련 환경분쟁을 조사하는 패널들이 환경문제에 대해 전문가의 조언을 받는 것을 허용하고 있다.

3) 환경마크제도

환경친화상품에 대해 환경마크를 부착하는 것은 매우 중요한 환경정책의 수단이다. 환경마크제도는 소비자에 대한 정보제공 수단으로 사용이 점차 증가하고 있는 추세이다. 그러나 환경마크의 부착요건과 관행이 무역상대국에 대한 차별로 작용해서는 안 되며 국내에서 생산된 상품 및 서비스와 수입품을 차별하는 기준이 되어서도 안 된다.

WTO는 환경마크의 부착과 관련해서도 최혜국대우 및 내국민대우가 적용되어야 한다고 보고 있다. 구체적으로 WTO 내에서는 환경마크의 범위와 환경마크 부여를 위한 내용적 절차기준에 초점을 맞추어 논의를 진행하고 있다. 하지만 이러한 부분에서의 논의는 지금까지 별 다른 진전을 보이고 있지 않다. WTO TBT 협정에서는 환경마크제도가 제품 그 자체와는 무관하게 단지 제품의 생산방법이 환경친화적인지 아닌지를 설명하는데 사용되는 부분이 어떤 방식으로 변경될 수 있는가에 대한 부분을 무역·환경위원회를 통해 논의하도록 하고 있다.

4) 투명성

투명성은 무차별 원칙과 함께 WTO의 중요한 원칙중의 하나이다. WTO 회원국들은 자국이 채택하고 있는 환경정책과 조치들이 무역에 대해 현저한 영향을 미치는 경우, 이러한 환경정책과 조치들에 관하여 가능한 한 많은 정보를 공개해야 한다. 그러나 이러한 분야에 대한 정보공개업무가 무역에 영향을 미치는 다른 정책을 WTO에 통보하는 업무보다 과중해서는 안 된다.

하지만 WTO는 환경정책에 대한 정보공개를 위하여 WTO의 규정을 변경할 필요까지는 없는 것으로 본다. WTO는 사무처는 회원국이 제출한 무역관련 환경조치에 관한 모든 정보를 중앙통보등록실(Central Registry of Notification)에 수집·정리하고 있다. 그리고 이 정보들은 모든 WTO 회원국이 접근할 수 있는 데이터베이스에 기록된다.

5) 지적재산권 · 서비스무역과 환경문제

다자간 무역체제 내에서는 지적재산권과 서비스무역 분야에서의 규범들이 해당분야의 환경정책에 얼마나 영향을 주고 있는지에 대한 이해가 부족하였다. 이에 따라 WTO에서는 이 문제를 검토의제 중 하나로 상정하여 논의를 지속하고 있다.

무역 · 환경위원회는 서비스무역에 관한 일반협정(GATS)과 환경보호정책 간의 관계에 대한 더 많은 조사와 연구가 필요하다고 보고 있다. 그리고 무역관련 지적재산권 협정(TRIPs)은 각 국가들의 환경친화적 기술과 상품의 획득에 많은 기여를 할 것이다.

현재 WTO에서는 TRIPs 협정과 생물다양성 협약(Convention of Biological Diversity) 사이의 관계 등에 대해 살펴보고 있다. 구체적으로 이 두 협정의 특정조항과의 정합성 등에 대한 부분을 중심으로 논의를 진전하고 있으나 별다른 진척은 없는 상황이다.

5. 참치-돌고래 분쟁

참치-돌고래 분쟁(Tuna-Dolphin Dispute)은 1947 GATT에서 설치된 분쟁해결절차에서 다루어진 사건이다. 하지만 이 참치-돌고래 분쟁은 무역과 관련된 환경분쟁에 대한 의미 있는 시사점을 국제사회에 주는 사건으로 많은 주목을 받고 있는 사례이다.

분쟁의 개요와 분쟁해결패널의 결정이 의미를 가지는 부분은 다음과 같은 두 가지 측면에서의 GATT 해석이었다. 한 가지 측면은 일국이 다른 국가에게 환경관련 규제가 어떠해야 한다고 강요할 수 있는가하는 부분이다. 또 다른 측면의 문제는 상품자체의 품질보다 오히려 상품의 생산방법에 대하여 취해진 무역제한조치를 무역규범으로 인정할 수 있는가 하는 부분이다.

1) 분쟁개요

동태평양 열대지역에서 황색지느러미의 참치 무리는 보통 돌고래 무리 아래에서 서식하고 있다. 따라서 건착망(유자망) 그물로 참치를 잡을 때에는 돌고래도 함께 잡히게 되는 것이다. 따라서 참치를 잡을 때 잡힌 돌고래는 다시 놓아주지 않는 한 죽게 되는 것이 일반적이다.

'미국의 해양포유동물보호법(US Marine Mammal Protection ACT)'에서는 동태평양 열대지역 부근에서 황색지느러미 참치를 잡고 있는 자국 및 외국어선에 대한 '돌고래 보호기준'을 규정하고 있었다. 이 법에서는 對미참치 수출국은 그들이 잡은 참치가 미국법에서 설정한 돌고래 보호기준에 합치하는 과정과 방법으로 잡혔다는 것을 미국에 증명할 수 없다면 미국 정부는 이들 국가로부터 어류수입을 전면 금지할 수 있도록 규정하고 있었다.

참치-돌고래 분쟁에서 미국정부는 자국의 해양포유동물 보호법에서 제시된 돌고래 보호기준을 근거로 하여 미국으로 수출되던 멕시코산 참치의 수출을 금지하였다. 하지만 멕시코 정부는 1991년 2월 미국의 이러한 수입금지조치가 GATT 규정에 위배된다고 하여 동 조치를 GATT 분쟁해결절차에 제소하였다.

돌고래 보호기준을 근거로 한 미국의 수입금지조치는 멕시코에서 수출된 참치가 미국으로 수입되기까지의 중간과정에서 멕시코산 참치를 취급하는 '무역중개국(Iintermediary Countries)'에게도 적용되었다. 멕시코산 참치는 대부분 이러한 중개국에서 통조림으로 가공되어졌기 때문이다.

분쟁을 통하여 미국의 멕시코산 참치의 수출금지에 직면한 '무역중개국'은 코스타리카, 이탈리아, 일본, 스페인이었으며, 그 전에는 프랑스, 네덜란드령 앤틸리스 제도(Netherlands Antilles), 영국이 대상이었다. 그리고 캐나다, 콜롬비아, 한국, 동남아국가연합의 회원국들을 포함한 다른 여러 국가들을 포함한 다른 여러 국가들 또한 '무역중개국'으로 거명된다.

2) 패널

1991년 2월 멕시코는 GATT에 대해 분쟁해결패널의 설치를 요청하였고, 이에 대해 많은 '무역중개국'들이 관심을 표명하였다. 패널은 조사과정을 통하여 1991년 9월 GATT 회원국들에게 다음과 같은 결과를 보고하였다.

- 참치가 생산되는 방법에 관한 멕시코의 규정이 미국의 규정을 만족시키지 못한다는 것만을 이유로 미국이 멕시코산 참치의 수입을 금지할 수 없다. 그러나 미국은 수입된 참치의 품질이나 내용물을 근거로 규제를 행할 수는 있다."[9]
- GATT에서는 일국이 동물의 위생 또는 고갈되는 천연자원의 보호를 위한 조치를 발동했더라도 자국의 국내법을 자국의 영토 밖(Extra-Territoriality)의 국가에게 적용할 의도로 취해지는 것을 허용하지 않는다.

이러한 패널 판정의 근거는 무엇인가? 만약 미국의 주장이 받아들여진다면 일국은 타국(수출국)이 자국과 다른 환경, 보건위생, 사회정책을 가지고 있다는 것만을 이유로 타국 상품의 수입을 금지할 수 있게 되는 것이다.

이러한 판단은 일방적 무역제한조치를 통하여 자국의 산업을 보호하려는 국가에게 무제한적인 무역제한을 가할 수 있는 실질적인 힘을 제공할 것이다. 이는 단지 자국법을 국내적으로만 강제하는 것이 아니라 다른 국가들에게도 자국의 법기준을 강요함으로서 일방적인 무역제한조치가 될 수 있다. 이러한 판단의 결과는 보호주의적 무역제한조치의 남용으로 연결될 것이다. 이러한 환경의 조성은 무역규범을 통해 예측 가능한 무역환경을 조성하려는 다자간 무역체제의 목적과도 어긋난다.

동 분쟁에서 패널은 GATT 규범이 이 문제에 대해 어떻게 적용되었는지에 대해 조사하였지 특정 정책이 환경적으로 옳은가 또는 그렇지 않은가에 대한 결정을 내리지는 않았다.

또한 패널은 (참치 제품을 구입할 것인가 또는 구입하지 않을 것인가를 소비자들의 선택에 맡기면서) 참치제품에 '돌고래 안전(Dolphin-Safe)'이라는

9) 이것은 '상품(product)' 대 '과정(prcess)' 문제로서 알려지게 되었다.

표시가 부착되도록 요구하는 미국의 정책에 대해서도 판정을 내렸다. 라벨부착은 국내에서 생산되거나 또는 수입되거나 간에 모든 참치제품에 대한 사기광고관행을 방지할 목적으로 시행되었기 때문에 이것은 GATT 규범을 위반하는 것이 아니라고 판정하였다.

3) 결론 : 패널 보고서는 결코 채택되지 않았다

WTO 협정에서는 분쟁해결기구에 패널 보고서가 제출되고 60일 이내에 패널보고서를 만장일치(consensus)로 거부하지 않는다면 이 보고서는 자동적으로 채택되게 된다. 이 점이 1947 GATT의 분쟁해결제도와 다른 점이다. 비록 일부 '무역중개국'이 보고서의 채택을 위하여 압력을 행사했으나, 패널보고서는 결국 채택되지 못했다. 멕시코와 미국은 GATT 밖에서 협상을 타결할 목적으로 쌍무협상의 가졌다.

1992년 EU가 불만을 호소하였으며, 1994년 중엽, 두 번째 패널보고서가 만들어졌다. 동 보고서는 첫 번째의 패널보고서의 일부 판정이 지지되었고 또 다른 일부 판정에 대해서는 조금의 수정을 가해졌다. EU와 일부 국가들은 패널보고서의 채택을 위하여 압력을 행사하였음에도 불구하고, GATT 이사회(Council)와 GATT 체약국단(Contracting Parties) 회의 등에서는 미국의 불채택 움직임[10]에 의하여 동 보고서는 채택되지 못했다. 이러한 이유는 과거의 GATT체제에서 보고서 채택을 위한 요구조건인 만장일치가 이루어질 수 없었기 때문이다.

10) 동 보고서에 대하여 미국은 검토할 시간적인 여유가 없음을 주장하였다.

8.3 무역과 투자

1. 논의의 시작

무역과 투자에 관한 논의는 제2차 세계대전 이후부터 시작되었다. 1940년대 후반 GATT의 설립이 준비될 때에도 GATT 설립목표 중의 하나가 상품무역의 자유화를 위한 규범의 제정과 함께 투자에 관한 규범을 제정하는 것이었다. 실제로 국제무역기구(International Trade Organization) : ITO)를 설립하기 위한 하바나 헌장(Havana Charter)의 제11조와 제12조에서도 외국인 투자간 차별적 대우의 금지를 규정하고 있었다.

그러나 국제무역기구(ITO)를 설립하려는 시도가 미국의 반대로 실패함으로써 무역과 투자에 관한 협정은 만들어질 수 없었다. 이러한 과정에서 외국인직접투자에 관한 내용은 개별 국가의 주권적 규제사항으로 남게 된 것이다. 하지만 현대사회에서 외국인직접투자에 대한 중요성이 점차 커져감에 따라 쌍무협정이나 또는 지역통합협정의 방식으로 국제투자규범을 만들려는 노력은 시작된 것이다.

1980년대에 접어들면서 GATT는 국제투자규범에 대한 문제를 거론하면서 UR 협상에서 무역과 투자에 관한 논의를 시작하였다. 그 결과 WTO는 무역관련 투자협정을 비롯한 여러 협정들 속에서 투자와 관련된 규정들을 포함시킬 수 있었다. 하지만 이는 국제투자를 하나의 독립된 문제로 인식한 것이 아니라 무역과 관련된 문제로서 인식하면서 시작된 것이다. 즉, 무역의 흐름을 왜곡하는 투자조치를 무역장벽의 차원에서 규제하기 위해서 시작된 것이다.

따라서 WTO 협정에서는 투자보호나 투자유인, 기업행동 등의 투자 자체와 관련된 문제와 정책에 대해서는 규정하지 못했다. 하지만 투자문제는 1994년 마라케시 각료회의를 통하여 WTO에서 논의될 수 있는 기반을 마련하였다. 그리고 이러한 문제를 다루기 위해 1996년 WTO 제1차 각료회의의 결과에 따라 무역과 투자간의 연계작업반(Working Group on the Relationship between Trade and Investment)이 설치되게 되었다.

2. WTO의 투자관련 규범

국제투자가 GATT 차원에서 본격적으로 시작된 것은 1986년에 시작된 UR협상 이후부터이다. UR 협상의 출범을 알린 1986년 푼타 델 에스테 선언에서는 무역의 흐름을 제한 또는 왜곡시킬 수 있는 투자조치를 규제하는 규범에 대해 논의한다는 내용을 포함하고 있었다. 이 선언에 따라 투자와 관련하여 무역의 흐름을 제한하거나 왜곡시키는 효과를 가져 오는 투자유치국의 규제조치나 인센티브를 규제하는 규범을 제정하기 위한 협상이 만들어졌다. 그 결과 무역관련 투자조치(Trade-Related Investment Measures : TRIMs)에 관한 협정이 만들어졌다.

TRIMs 협정은 무역흐름을 제한하거나 왜곡시키는 효과를 가지는 투자조치에 대한 규제를 목적으로 한다. 이 협정은 GATT 제3조(내국세 및 규제에 대한 내국민대우)와 제11조(수량제한의 일반적 금지)에 위배되는 투자조치를 금지하고 있다.

이러한 투자조치로는 ① 국산품이나 국내에서 조달된 제품의 사용이나 구매를 강제하는 조치, ② 수입품의 구매나 사용을 수출과 연계하여 제한하는 조치, ③ 국내생산에 필요한 제품수입을 제한하거나 제품수입을 최종재 수출과의 연계하는 조치, ④ 외환조달상의 규제를 통하여 국내생산에 필요한 제품수입을 제한하는 조치 등이 여기에 해당된다.

TRIMs 협정은 상품무역과 관련된 투자조치만을 대상으로 한다. 모든 회원국들은 협정 발효 후 90일 이내에 협정에 저촉되는 모든 무역관련 투자조치를 상품무역이사회에 통보할 것을 의무화하고 있다. 그리고 이렇게 통보된 투자조치는 일정기간 내(선진국 : 2년 이내, 개도국 : 5년 이내, 최빈개도국 : 7년 이내)에 철폐된다. 단, 개도국은 특별한 경제적 곤란이 있을 경우 경과기간 연장을 신청할 수 있다.

국제투자와 관련하여 UR협정이 가지는 또 다른 의의는 규율의 범위가 상품무역뿐만 아니라 서비스무역으로까지 확대되었다는 것이다. 실제로 서비스무역은 국제투자와 매우 밀접한 분야로서, 서비스무역의 상당 부분이 사실상 국제투자의 성격을 지니고 있다. 따라서 UR 협정의 결과 제정된 서비스무역에 관한 일반협정(GATS)은 투자를 직접적인 대상으로 한 것은 아니지만 투자와 관련된 규정을 포함하고 있어 서비스관련 투자의 자유화에 있어서도 중요한 전기를 마련하였다고 평가할 수 있다.

GATS의 투자관련 주요내용을 보면 투명성, 최혜국대우, 내국민대우 및 시장접근의 기본원칙이 서비스무역에도 일반적으로 적용된다. 그리고 설립권, 송금 및 투자의 자유화, 투자보호규정 등도 포함되어 있다. 이렇게 GATS에서는 투자관련 규정이 다소 포함되어 있으나, 이를 일반적인 투자규범으로 보기는 미흡하다. 그리고 투자심사나 이행조건에 대한 사항도 포함되어 있지 않으며, 투자보호규정 또한 미흡한 상황이다.

TRIPs 협정에서는 외국인투자기업이 보유하고 있는 지적재산권의 보호를 규정하고 있다. 그리고 TRIPS 협정에서는 보조금 및 상계조치 협정중 보조금에 관한 규정에는 투자인센티브와 관련된 내용이 포함되어 있다. 이 밖에도 복수국가협정인 정부조달협정에서는 국내기업과 외국투자기업의 차별을 금지하고 있다.

3. 다자간 투자협정(MAI)

경제활동의 세계화가 빠르게 진전되면서 외국인직접투자가 크게 증대되었고 이와 함께 투자관련 통상마찰이 빈번하게 발생됨에 따라 외국인투자에 관한 포괄적인 다자간 규범의 필요성이 대두되었다. WTO TRIMs 협정이나 GATS에서는 무역을 제한하거나 왜곡하는 효과를 가진 투자조치를 규제하는 조항이 포함되어 있으나 투자의 보호를 위해서는 많이 미흡하고, 규정의 포괄성도 결여되어 있었다. 이러한 이유 때문에 우루과이라운드 협정의 발효 직후부터 국제투자 분야에 대한 구속성과 포괄성을 모두 갖춘 새로운 다자간 투자규범(Multilateral Agreement on Investment : MAI)의 추진이 요구되어 왔다.

경제개발협력기구(Organization for Economic Coorperation and Development : OECD)에서는 1995년 9월부터 다자간 투자협정(MAI)에 대한 협상을 시작하였다. MAI는 기존의 직접투자뿐만 아니라 주식, 채권, 계약상의 권리, 대금 및 이행청구권, 동산 및 부동산과 관련된 재산권 등 사실상의 모든 유형 및 무형자산까지도 논의의 대상으로 하고 있다. 또한 MAI는 내국민대우, 최혜국대우, 그리고 투명성을 기본원칙으로 투자보호의 강화, 기업설립 및 영업활동과 관련된 실질적인 투자자유화의 달성, 구속력의 확보, 효율적인 분쟁해결절차의 마련 등에 초점을 맞추고 있다.

이렇게 볼 때 MAI는 투자보호, 투자자유화 및 분쟁해결 등 3대 주요부문에 대하여 광범위하고 포괄적이면서도 현재의 수준보다 높은 기준의 규범이라고 볼 수 있다. WTO에서도 무역투자작업반을 중심으로 OECD 다자간 투자협정의 내용을 반영한 WTO 다자투자협정의 제정가능성에 대해 논의하고 있는 상황이다.

이러한 과정에서 개도국은 'WTO 다자투자협정'에 대한 이해도를 높이고, 향후 협상내용을 파악하기 위한 '기술이전과 능력배양' 활동의 중요성을 주장하고 있다. 개도국들은 이러한 기술이전 및 능력배양이 WTO 다자간 투자협정의 체결을 위한 협상력 제고차원을 넘어 인력양성 및 기구설립, 정책개발·지원으로 확대해야 한다고 주장하고 있다.

4. WTO에서의 주요 논의

한편 무역과 투자와 관련된 의미 있는 논의의 과정은 다음과 같다.[11] 무역과 투자와 관련된 최초의 의미 있는 결정은 2001년 도하 각료회의에서 이루어졌다고 볼 수 있다. 동 각료회의에서 결정된 도하 각료선언문 22항에서는 「무역과 투자작업반」이 다자간 투자협정에 포함될 수 있는 7개 핵심요소의 집중검토를 지시하였다.[12]

---

11) 최태현, "WTO "신통상의제"에 대한 논의동향과 시사점", 산업통상자원부, 2003, pp.2-6.

12) 22. In the period until the Fifth Session, further work in the Working Group on

이에 따라 검토되고 있는 7가지 핵심 요소는 ① 범위와 정의, ② 투명성, ③ 무차별원칙, ④ positive list 방식에 의한 설립 전단계 Modality, ⑤ 개발조항, ⑥ 예외 및 국제수지 조항, ⑦ 협의 및 회원국간 분쟁해결 등이다. 이러한 상황에서 일부 회원국은 이러한 7개 핵심 검토요소는 예시에 불과한 것으로 '이행의무'(performance requirement) 까지 포함시킬 것을 요구하고 있다. 이 밖에도 도하 각료선언문 제22항에서는 개도국과 최빈국의 개발 · 무역 · 금융상의 요구가 다자협정의 일부로서 고려되어야 하며, 다자협정은 회원국이 각국의 여건에 맞도록 의무와 양허를 허용해야 한다고 규정하고 있다.

지금까지 무역투자작업반에서 검토되고 있는 주요 내용을 항목별로 정리해보면 다음과 같다.

1) 범위와 정의

무역과 투자작업반에서는 '투자'(Investment)와 '투자자'(Investor)의 정의 및 포괄범위에 대해 논의하였다. 많은 개도국들은 협의의 투자개념(enterprise-based)을 지지하며, 투자와 무역의 확대, 투자자유화가 갖는 시장의 불안정성 등을 강조하여 투자개념을 외국인직접투자(FDI)에 한정하자는 주장을 하고 있다.

하지만 미국 및 캐나다는 기업뿐만 아닌 자본, 포트폴리오까지를 포함하는 광의의 투자까지도 포함하자고 주장하였다. 이 밖에도 투자의 정의에 대한

---

the Relationship Between Trade and Investment will focus on the clarification of: scope and definition; transparency; non-discrimination; modalities for pre-establishment commitments based on a GATS-type, positive list approach; development provisions; exceptions and balance-of-payments safeguards; consultation and the settlement of disputes between members. Any framework should reflect in a balanced manner the interests of home and host countries, and take due account of the development policies and objectives of host governments as well as their right to regulate in the public interest. The special development, trade and financial needs of developing and least-developed countries should be taken into account as an integral part of any framework, which should enable members to undertake obligations and commitments commensurate with their individual needs and circumstances. Due regard should be paid to other relevant WTO provisions. Account should be taken, as appropriate, of existing bilateral and regional arrangements on investment.

논쟁에서는 FDI를 유형별로 다양하게 구분하자는 주장도 있으며, 무역확대에 기여하는 장기적 투자만 논의하자는 주장, 개도국들에게는 포트폴리오 투자에 대한 규제를 허용하자는 주장도 등장하였다.

일본과 EU, 대만 등의 국가들은 투자부문에서 투명성의 확보는 투자환경의 안정성 · 예측가능성 · 안전성 확보에 필수요인이라는데 동의하였다. 하지만 이러한 투명성의 적용범위, 규율수준에 대해서는 입장의 차이를 보이고 있는 상황이다. 선진국은 GATS 수준의 투명성 수준을 근거로 제시하고 있다. 하지만 개도국들은 기존 WTO협정 준수에 상당한 어려움이 있음을 감안할 때, 투자규범의 투명성조항에 대한 이행에 가중되는 부담과 인력부족을 집중 거론하였다.

2) 개발조항의 처리

WTO 회원국은 '개발조항'(Development Provisions)이 WTO 투자협정 모두에 적용되는 '수평적 이슈'(Horizontal Issues)라는 부분은 공감하지만, 구체적인 실현 방안에 대해서는 이견이 나오고 있다. 선진국의 경우 GATS 협정의 개발관련 조항을 준용하면 개발목적 달성이 충분하다는 입장이지만, 개도국은 GATS 수준으로는 개발목적(Development Dimension)을 충족하기에는 너무 선언적이기 때문에 개도국의 개발정책 수행을 지원하기 위한 실질적인 조항을 포함시키자는 주장을 하고 있다.

구체적으로 인도는 무역확대에 기여하는 투자형태를 각국이 국내여건에 따라 정하자는 '정책 융통성'(Policy Flexibility)의 개념을 주장하고 있고, 일부 개도국도 각국의 여건을 반영한 예외규정을 도입하자고 주장하고 있다. 또한 선언적인 예외조항 보다는 실체적인 조항으로서 별도 '개발규정'(Development Clause)을 제정하자는 개도국도 있다. 캐나다의 경우 투자분야에서는 Positive List방식(WTO 서비스협정 양허방식)의 양허방식이 Negative List 방식(원칙개방, 일부 보호예외) 보다도 더 신축적이고 개도국의 이해에도 부합된다고 주장하였다.

3) 분쟁해결절차

WTO 분쟁해결절차를 회원국간 투자분쟁에 대해서도 준용할 수 있는가 하는 부분에서도 쟁점이 되고 있다. 선진국은 대체로 준용을 지지하는 입장이지만 강조점은 약간씩 다르게 나타난다. 캐나다의 경우에는 WTO의 DSU(분쟁해결양해)가 투자분쟁에도 준용되어야 한다는 강경한 입장인 반면, EU는 투자국과 유치국간 '협의'의 단계를 강조하는 등 유연한 입장을 보이고 있다. 그리고 비위반제소(Non-Violation Complaints)의 적용범위에 대하여도 우려가 제기되고 있다.

WTO 무역투자작업반에서의 논의중 투자분쟁의 쟁점으로 투자분쟁의 승자가 갖는 '구제수단'(Remedies)에 대한 논쟁을 들 수 있다. 투자자와 국가간의 투자분쟁에 대한 중재를 허용하는 국제투자협정의 경우, 투자자에게 협정을 위반한 투자유치국 정부를 상대로 국제협정과 불일치하는 국내정책·조치를 수정하라는 중재결정을 내릴 수는 없지만, 손해배상청구와 자산환수를 허용하는 중재결정은 가능하다. 하지만 WTO 분쟁해결시스템은 패널이나 상소기구(Appellate Body) 어디에서도 손해배상을 명령할 수 있는 근거는 없다.

4) 기술이전

무역투자작업반에서는 다국적기업에 의한 기술이전의 다양한 방식이 갖는 개도국의 기술발전에 대한 기여도 부분에 주목하고 있다. WTO에서는 FDI가 개도국의 기술발전에 기여하기 위해서는 다국적기업의 형식적인 기술이전외에도 투자유치국의 '지식파급효과'(Knowledge Spill-Over Effect)에 의한 연관기업들에 대한 기술확산(Diffusion)과정이 더 중요하다고 보고 있다

WTO에서는 이러한 이유 때문에 현재 내부화된 기술이전(Internalized Transfer)[13]과 외부화된 이술이전(Externalized Transfer)[14] 등 다양한 형태

13) 다국적기업 본사가 외국소재 자기업에 대한 내부적인 기술이전을 의미한다.
14) 다국적기업이 관계가 없는 다른 기업에게 라이센싱·합작투자·기술협력계약 등의 방식으로 기술을 이전하는 메카니즘을 의미한다.

의 기술이전에 대해 모두 주목하고 있는 상황이다.

5) 기타

회원국들은 WTO협정상 일반예외 및 국가안보상 예외조항이 투자규범에도 준용되어야 한다는 부분에 대해서는 공감대를 형성하고 있다. 즉, 공공이익 · 안보 · 국제수지(BOP)를 근거로 한 신축성 부여는 다자규범의 핵심요소로 볼 수 있다는 입장이다.

하지만 이러한 예외조항들도 GATT나 GATS의 예외조항처럼 자의적인 차별을 야기하거나 위장된 제약이 되지 않도록 명료한 조건을 붙여야 한다. 그리고 개도국에게는 추가적인 융통성(Additional Flexibility)이 부여되어야 한다는 입장도 여전히 제기된다.

8.4 무역과 경쟁정책

1. 논의 배경

경쟁정책이란 공정경쟁을 저해하는 요인들을 규제하여 기업의 자유로운 경제활동을 보장하고 소비자의 권익을 보호하려는 정책을 의미한다. 경쟁정책은 기업이 공정한 경쟁 속에서 자유롭게 활동할 때 자원배분의 효율성이 달성되고 경제적 후생 또한 극대화 될 수 있기 때문에 중요한 것이다.

WTO체제의 궁극적인 목표는 무역을 제한하고 왜곡하는 국경에서의 무역장벽을 제거하여 국가간의 자유경쟁을 달성하는 것이다. 하지만 이러한 자유경쟁은 국경에서의 무역장벽 뿐 아니라 기업간 경쟁을 제한하는 국내기업들의 영업관행이나 시장구조에 의해서도 방해받기도 한다. 그리고 기업활동의 글로벌화로 인하여 다국적 기업의 경쟁제한 행위와 여러 국가에 소재하는 기업간의 카르텔 문제 등도 국제적 차원에서의 경쟁제한 요소이라고 볼 수 있다.

효과적인 경쟁정책이나 경쟁법의 집행을 위한 국제협력의 필요성이나 국제적 관심도는 이러한 측면에서 제기된 것이다. 즉, 반경쟁적 거래관행이나 독과점적 시장구조에 대해 모든 회원국이 똑같이 규제하지 않는다면 이러한 국내적 조건과 이들의 차이점은 시장과 무역을 왜곡하는 장벽으로 작용할 수 있기 때문이다.

미국을 비롯한 많은 선진국들은 다른 나라의 기업들에 의한 반경쟁적인 행위와 이를 자율적으로 규제하지 않는 외국 정부의 정책으로 인하여 피해를 보고 있다고 생각하고 있다. 이러한 이유 때문에 선진국을 포함한 많은 국가들은 경쟁정책에 관한 국제적이고 다자적인 규범이 필요하고, 무역과 경쟁정책의 조화를 위한 다자간 논의가 필요하다고 보고 있다.

2. WTO에서의 경쟁 관련 조항

경쟁정책에 관한 WTO에서의 논의는 1948년에 제정된 '국제무역기구를 위한 하바나헌장(Havana Charter for on International Trade Organization)'에서 시작되었다고 볼 수 있다. 글로벌 경쟁법에 대한 미국의 전폭적인 지지로 인해 하바나 헌장에서는 '경쟁제한적 영업관행(Restrictive Business Practices)'에 관한 9개의 실체법 및 절차법적 조항(제46조에서 제54조)이 포함되었다.

하바나 헌장에서는 ITO 회원국으로 하여금 "무역증진에 악영향을 미치거나 또는 경쟁을 억제는, 그리고 시장접근을 제한하거나 또는 독점을 조장하는 경쟁제한적 영업관행"을 규제하는 조치를 취하도록 요구하였다. 그리고 하바나 헌장에서는 이러한 요구에 더하여 ITO에 대한 경쟁제한적 영업관행에 대한 조사를 할 수 있는 권한을 부여하기도 하였다.

하바나 헌장에서는 규제대상이 되는 경쟁제한적 영업관행의 범위를 대단히 폭넓게 설정하였다. ITO 헌장의 이러한 측면 때문에 ITO 헌장을 '진정한 국제독점규제법(Ral International Antirtust)'으로 간주하는 사람들도 생겨났다. 그러나 ITO 설립을 위한 하바나 헌장은 미국 의회의 반대로 결국 채택되지 못했다. 따라서 하바나헌장 자체가 무산됨으로써 글로벌 경쟁법의 탄생도 무산되었다고 볼 수 있다. ITO와 1947년 GATT의 관계를 생각해볼 때 상품을 중심으로 한 1947년 GATT내에 경쟁제한적 영업관행을 제한하는 어떠한 조항도 포함되지 않은 것은 이해할 수 있는 부분이다.

한편, 1958년 GATT 체약국들은 경쟁제한적 영업관행에 대한 결의를 채택하고 "체약국이 국제무역의 맥락에서 경쟁제한적 영업관행을 다루어야 하는지, 그리고 그렇다면 어느 범위까지 어떤 방법으로 다루어야 하는지를 연구하고 권고하기 위한" 전문가 그룹을 지명했다. 하지만 이러한 시도에도 불구하고 1947년 GATT 체제에서는 글로벌 경쟁이슈에 대한 어떠한 진전도 이룩하지 못했다.

〈표 8-3〉 WTO 협정내에서 경쟁관련 조항

WTO 협정	경쟁 관련 조항
GATT 제17조 해석에 관한 양해각서	제1조
GATT 제6조 이행에 관한 협정	제3.5조
무역관련투자조치에 관한 협정	제9조
선적전검사에 관한 협정	제2조
무역관련기술장벽에 관한 협정	제3조, 제4조, 제8조
보조금 및 상계조치에 관한 협정	제6조, 제15:5조
긴급수입제한조치에 관한 협정	제11:1조
서비스무역에 관한 일반협정	제8조, 제9조
기본통신서비스협정	부속서 Reference Paper
무역관련 지적재산권에 관한 협정	제7조, 제8:2조, 제40조
금융서비스 약속에 관한 양해각서	제1조, 제10조

자료 : 주진열, "글로벌경쟁정책과 무역이슈의 최근 동향", 통상법률, 제101호, 2011, p.12.

그 후 1947년 GATT를 대체할 새로운 국제무역체제의 탄생을 위한 우루과이라운드 협상의 성공적 타결로 인해 WTO 체제가 탄생하였다. 하지만 WTO 협정에서는 무역과 경쟁에 관한 관련 조항들이 존재하기는 하지만, 하바나헌장의 경쟁조항과는 달리 경쟁제한적 영업관행을 직접적으로 규제한 것은 아니었다.15)

WTO 협정 내에 나타난 경쟁정책과 관련된 규정의 내용을 살펴보면 다음과 같다. WTO 세이프가드(Safeguard)협정에는 수출자율규제(Voluntary Export Restraints : VERs), 시장질서협정(Orderly Marketing Agreement : OMA) 등을 금지하고 있고, GATT와 GATS에는 독점과 배타적 서비스 공급자에 대한 규정을 가지고 있다.

TRIPs 협정에서는 불합리하게 통상을 제한하거나 국제 기술이전에 악영향을 주는 지적재산권의 남용을 금지하고 있으며, 정부조달협정은 경쟁입찰 및 제한입찰 문제를 다루고 있다. 그리고 TRIPs 협정과 GATS에는 반경쟁적 기업관행에 대해 조치를 취할 수 있는 정부의 권한을 인정하고 있다.

하지만 TBT협정, 세이프가드협정, TRIPs협정, 보조금 및 상계관세협정 등에 포함되어 있는 경쟁정책 관련 조항들은 경쟁정책적 관점에서 보면 여전히 미흡한 측면이 있다. 사실 반덤핑조치의 경우 우리나라와 일본, 홍콩 등은 반덤핑조치의 경쟁제한적 성격을 강조하면서 경쟁법으로의 대체 또는 조화를 강조하고 있다. 하지만 미국과 EU는 반덤핑법이 수출국과의 공정한 경쟁을 위한 입법으로서 경쟁법과는 다른 고유한 존재이유를 가지고 있다는 입장을 가지고 있다.

WTO 출범이후 무역과 경쟁정책에 관한 이슈는 1996년 12월에 개최된 싱가포르 각료회의에서 다시 등장하게 되었다. 싱가포르 각료회의에서는 반경쟁적 영업관행을 포함한 무역과 경쟁정책간의 상호작용에 관한 이슈를 연구하고, 이를 WTO의 틀안에서 적절하게 논의될 수 있는 분야로 확정하기 위한 무역경쟁정책작업반(Warking Group on the Interaction between Trade and Competition Policy : WGTCP)을 설치하기로 결정하였다.

---

15) 주진열, “글로벌경쟁정책과 무역이슈의 최근 동향”, 통상법률, 통권 제101호, 2011, pp.10-11.

2001년 도하(Doha) 각료회의에서는 무역경쟁정책작업반(WGTCP)에게 국제무역에 대한 경쟁정책의 기여를 촉진하기 위하여 2003년의 각료회의 때까지 다음의 4가지 문제 등을 포함한 주요문제에 대해 집중 연구하도록 지시하였다.

- 투명성, 비차별 및 절차적 공정성 등을 포함한 핵심원리
- 하드코어 카르텔에 관한 조항
- 자발적 협력방식
- 개발도상국의 능력배양(Capability Building)을 통한 경쟁제도의 점진적 강화 등

2003년 멕시코 캔튼에서 개최된 각료회의에서는 미국과 개도국의 반대로 무역과 경쟁정책에 대한 합의 도출이 무산되었다. 그 후 2004년 제네바에서 개최된 WTO 일반이사회에서는 경쟁이슈를 "도하선언에서 설정된 작업 프로그램에서 제외시켰다.

제네바 일반이사회에서는 "도하라운드 기간 동안은 더 이상 WTO에서는 경쟁 이슈에 관한 협상 및 작업을 진행하지 않는다"고 합의 하였던 것이다. 이로써 글로벌경쟁법에 관한 이슈에 관한 WTO내에서의 논의는 DDA 타결 이전까지는 공식적으로 폐기되었다. 그 후 경쟁정책에 관한 WTO 내에서의 공식적인 논의는 아직까지 진행되고 있지는 않다.[16)]

3. 미국과 EU의 입장

경쟁정책에 관한 WTO 내에서의 공식적인 논의는 한시적으로 중단되었다. 경쟁정책에 대한 한시적 논의의 중단 배경에는 세계경제의 양대 축이라고 할 수 있는 미국과 EU의 경쟁정책에 관한 입장차이도 중요한 역할을 했다. 경쟁정책에 관한 국제적 논의를 주도해 왔던 EU와 미국의 주장을 정리해 보면 다음과 같다.

16) 주진열, "글로벌경쟁정책과 무역이슈의 최근 동향", 통상법률, 통권 제101호, 2011, pp.10-11.

EU는 경쟁정책이 경제발전에 긍정적인 역할을 할 수 있다는 것을 공감하면서 지금과 같은 세계화시대에서 개도국들도 경제발전의 초기단계부터 경쟁요소를 도입함으로써 고용 및 사회 후생의 증대를 도모할 수 있다고 생각하였다. 따라서 EU는 경제발전의 모든 단계에서 경쟁정책의 도입이 필요하다고 주장하였다. 그러므로 경쟁의 준칙에 관한 국제적인 기본골격의 조정이 필요하다고 보았다.

하지만 미국은 경쟁정책이 각국의 경쟁문제에 대한 어느 정도의 해결책은 제공하지만, 경쟁정책의 점진적인 도입은 지금까지 많은 고비를 넘기며 도출해낸 WTO의 법적 규범력 형성을 약화시킬 가능성이 있다고 보고 있다. 그리고 경쟁정책은 정책도입 초기부터 정책주무당국의 강력한 리더십을 통해 이를 목표달성을 해나가야 하기 때문에 경쟁정책에 관한 논의를 다자간이나 국제적인 규범의 틀 속에서 논의하는 것보다 양자협상이나 지역간 협상을 통해 강력히 추진하는 것이 옳다고 보았다.

한편, EU는 많은 국가들이 무차별원칙과 투명성 등과 같은 WTO 기본원칙에 입각한 경쟁정책을 운영하고 있다고 보고 있다. 하지만 EU는 얼마나 많은 분야에서 무차별원칙의 적용이 제외되고 있는지, 또한 경쟁관련 규범의 집행과정에서 투명성이 과연 얼마나 지켜지고 있는가에 대한 의문이 존재한다고 보고 있다. 이러한 이유 때문에 EU는 경쟁정책에 관한 다자간 경쟁규범의 제정을 위한 논의를 바로 시작해야 한다고 보았던 것이다.

EU는 다자간 경쟁규범의 제정은 현존하는 양자 또는 지역차원에서의 협력활동을 대체하는 것이 아닌 상호 보완적인 차원에서 국제협력을 활성화시킬 것으로 보고 있다. 하지만 미국은 지금까지 무차별원칙과 투명성 원칙 등과 같은 WTO 기본원칙은 잘 지켜지고 있으며, 양자간의 협정체계 또한 잘 작동되고 있다고 보고 있다. 따라서 미국은 다자간 경쟁규범의 창설은 필요없다고 보고 있었다.

미국과 EU간에는 경재정책에 관해 많은 의견의 차이를 보이고 있지만 반덤핑과 관련해서는 어느 정도 의견일치를 보이고 있다. 미국과 EU는 WTO가 정부의 시장왜곡에 관한 규율장치를 가지고 있기 때문에 반덤핑이나 보조금 등의 개혁작업은 각 해당위원회에서 논의할 사항이라고 보고 있다. 따라

서 미국과 EU는 반덤핑조치를 경쟁정책적 차원에서 개선해야 한다는 주장을 봉쇄하고 있다.[17)]

이러한 논거에는 크게 세 가지가 있다. 첫째, 반덤핑제도는 수출국 기업의 불공정무역관행이나 효과를 상쇄시키는 것을 목표로 하나 경쟁정책은 국내시장에서의 공정경쟁 확보라는 상이한 목표를 추구하기 때문에 반덤핑제도를 경쟁정책적 측면에서 보면 안 된다는 것이다. 둘째, UR협상을 통해 어렵게 합의된 반덤핑협정의 타당성 여부를 현시점에서 거론하는 것은 바람직하지 않다. 셋째, 덤핑이라고 하는 불공정무역관행은 내국민대우의 적용대상이 아니며, 이로부터 국내시장을 보호하기 위해서는 반덤핑조치가 필요하다는 것이다.[18)]

지금까지의 경쟁정책에 관한 EU와 미국의 견해 차이를 정리하자면 EU는

---

17) 구체적으로 미국은 우선 경쟁정책과 무역정책의 상호충돌가능성을 제시하면서 이러한 양정책을 어느 하나로 대체하거나 조화시키려는 의도는 현실적으로 무리하는 입장을 제시하였다. 이러한 이유로 미국은 무역정책의 궁극적 목적을 국가 전체의 후생증진으로 보지만 현실적으로 무역정책은 주로 생산자의 이익을 보호하는 방향으로 입번되거나 운영되는 것이 일반적이라고 주장하였다. 하지만 경쟁법은 주된 목적이 생산자의 보호가 아니라 오히려 경쟁의 결과 소비자 이익을 보호하는 것이라고 보고 있다(여기서 경쟁정책의 보호개체인 소비자의 범위를 어디까지로 보느냐에 대해서는 많은 논란이 있을 수도 있지만 적어도 경쟁정책이 개별소비자의 이익을 희생시키기면서까지 생산자의 이익을 보호하려는 것은 아니라는 점은 일치를 보고 있다(장승화, “반덤핑조치와 경쟁정책”, 통상법률, 제7권, 법무부 1996. 2, pp.9-10). 그리고 경쟁정책의 목적은 ‘경쟁’을 보호하는 것이 아니다(Brown Shoe Co. v. United States, 370 U.S. 294, 320, 1962). 이러한 미국의 주장을 결론짓자면 무역법·정책은 개별소비자의 이익을 우선하여 고려하기 때문에 양 정책간에는 충돌과 부조화가 발생할 수 있다는 것이다.

18) 하지만 우리 나라와 일본, 홍콩 싱가폴 등은 현재의 반덤핑제도는 경쟁을 제한하는 효과가 크므로 경쟁정책적 차원에서 재검토되어야 함을 주장하고 있다. 이러한 논거로 첫째는 반덤핑제도는 외국사업자에 차별적으로 경쟁을 제한하고, 수입국에서의 소비자 후생을 저해하며, WTO기본원칙에도 위배된다는 것이다. 둘째로는 반덤핑조치의 보호주의적 남용은 국제무역질서의 혼란을 초래하고 각국의 보호주의 움직임을 강화시키고 있다는 것이다. 셋째는 기존 반덤핑제도는 덤핑마진의 산정과 피해발생 및 인과관계 판정 등에서 덤핑조사당국의 재량권을 과다하게 인정하고 있다는 것이다. 마지막으로는 반덤핑제도를 경쟁법의 약탈가격정책 관련규범으로 대체하거나, 이를 유지하는 경우에도 경쟁법에 부합되는 방향으로 수정할 필요가 있다는 것이다.

경쟁정책에 관한 논의를 반덤핑과 별개로 시작하여 다자간 경쟁규범의 제정을 시도하자는데 반하여, 미국은 지금 존재하고 있는 WTO 협정과 양자 및 다자간 협상을 통하여 경쟁정책에 관한 내용을 충분히 강제할 수 있다고 보고 있다.

4. 향후 주요 쟁점

ITO 설립을 위한 하바나 헌장에서 시작된 글로벌 경쟁법 제정을 위한 WTO 내에서의 논의는 미국과 개도국의 반대로 실패했다. 하지만 개별 국가를 중심으로 한 국내경쟁법의 독자적 집행으로 인한 부정적 효과는 여전히 글로벌 경쟁법의 필요성을 제기하고 있다.

비록 DDA 협상과정 중에 경쟁정책에 관한 논의가 중단되었지만 향후 다자간 무역환경의 변화가 발생한다면 경쟁정책은 다시 WTO의 논의 범위내로 돌아올 것이다. 이하에서는 경쟁정책 분야에서 향후 나타날 수 있는 주요 쟁점에 대해 살펴보려고 한다.[19)]

1) 국제규범화 범위

경쟁정책의 국제규범화를 위한 논의에서 핵심은 합의된 경쟁법과 경쟁정책에 관한 국제규범을 개별국가의 경쟁정책이나 경쟁법과 어떻게 조화를 이루게 할 것인가에 대한 문제이다. EU의 경우에는 초국가적 기관에 의해 경쟁법이 집행되고 있지만 이것은 EU와 같은 지역공동체에서나 가능한 방안이다. 따라서 경쟁법과 경쟁정책에 관련된 국제규범이 제정된다면 이는 국내규정과의 조화를 통한 방법이 가장 현실적인 방안이라고 볼 수 있다.

또한 국제규범과 국내 관련법 규정의 조화를 추구하더라도 과연 어느 수준까지 조화를 추구할 것인가의 문제는 여전히 남아 있다. 이러한 상황을 고려할 때 조화의 수준은 국가별 경쟁정책의 실정에 맞추어 조화를 시도하는 것이 가장 현실성 높은 방안이라고 볼 수 있다. 따라서 이를 위해 카르텔 금

19) 사업연수원, 『WTO통상법』, 1999, pp.419~436 적의 인용 및 요약.

지, 수출카르텔제도 폐지, 합병신고제한의 통일, 역외적용의 법리, 국가행위이론, 정부강제이론, 경쟁정책과 지적재산권 등의 분야에서 부분적 조화가 추구될 가능성이 높다.

2) 경쟁정책의 핵심원칙

경쟁정책의 핵심원칙으로 투명성, 무차별성, 절차적 공정성이 다자경쟁협정의 3대 핵심원칙이라는 점에서는 이견이 없다. 그러나 경쟁정책의 핵심원칙으로 무엇을 추가하고, 또한 개도국의 개발목적 및 융통성을 어떻게 반영할 지에 대해서는 다양한 의견이 개진되고 있다. 대표적으로는 뉴질랜드의 '포괄성'(Comprehensiveness) 주장과 태국의 '개도국 특별대우' 주장을 들 수 있다.

'개도국 특별대우'에 대해서도 대다수 개도국 및 일부 선진국들은 '융통성'(flexibility) 및 '차별성'(Differentiation)외에도 '기술지원과 적극적 조치'까지 포함시킬 것을 주장하고 있다. 하지만 인도와 태국은 국내기업을 거대다국적기업과 분리 · 대우할 것을 주장하고 있다.

개도국의 개발목적 및 융통성을 반영하는 문제에 대하여는 스위스는 내국민대우원칙을 '법의 지배' 및 '투명성'기준에 따라 다양하게 해석함으로써 각국의 산업정책 추진을 허용하자는 입장이다. 하지만 인도는 무조건적 · 무제한적 내국민대우 원칙에는 반대하고, '개발목적'을 근거로 국가별 차별적용을 주장하고 있다.

EU의 경우에는 각국의 경쟁법을 조화(Harmonization)시키도록 의무화할 필요는 없다고 보고 있다. 이를 위해 WTO는 국내 경쟁법의 구체적인 범위를 정해서는 안 되며(핵심원칙과 경성카르텔 금지는 제외), 최빈국이나 개도국은 WTO협정상 의무를 신축적이고 점진적으로 국내법에 수용하도록 허용되어야 한다고 주장하고 있다. 다만, 국내 특수상황을 고려한 특별한 조항을 별도로 규정함으로써 '무차별성' 원칙이 반영되어야 함을 강조하고 있다.

3) 수평적 제한

수평적 제한(Horizontal Restraints)은 계약, 협정, 결의 등 기타의 방법으로 다른 사업자와 공동으로 일정한 거래분야에서 경쟁을 실질적으로 제한하는 행위를 의미한다. 1998년 3월 OECD 이사회에서는 '경성카르텔금지권고안'을 통하여 경성카르텔[20)]을 가격고정, 입찰담합, 생산제한, 시장분할로 정의하여 이를 금지하도록 회원국들에 권고하고 있다.

그러나 수평적 제한 중에서 생산성의 증가나 또는 비용절감을 실현하기 위한 경우나 또는 각국 경쟁법에서 적용을 제외하고 있는 카르텔일 경우에는 제외하기로 하였다. 그리고 정부의 기능수행을 위한 경쟁제한 행위도 경쟁법의 적용을 받지 않는다고 규정하였다.

사실 경쟁에 대한 수평적 제한 중에는 국내외 기업 차원에서 볼 때 여러 가지 측면의 정당성도 존재하기 때문에 적용제외의 범위가 조정될 필요성이 있다. 따라서 향후 WTO에서 수평적 제한에 대한 논의가 이루어진다면 이러한 경성카르텔에 대한 적용제외의 범위에 대한 문제가 좀 더 집중적으로 논의될 것이다.

4) 수직적 제한

수직적 협정이란 수직적 거래관계에 있는 기업단의 통합을 포함한 모든 형태의 협력협정을 총칭하는 개념이다. 하지만 이중 논의대상으로 부각되고 있는 분야는 수직적 제한(Vertical Restraints)의 분야이다. 수직적 제한은 시장구조가 상이한 단계에 있는 기업들(예를 들어, 제조업자와 판매업자, 완성품생산업자와 부품조달업자)이 합의에 의하여 거래의 일방 또는 쌍방의 행위를 제한하는 것을 말한다.

수직적 제한에 관한 규제 중에서 재판매가격 유지행위와 같은 것은 OECD 국가들은 중심으로 당연히 위법으로 인정되어 금지되고 있다. 하지만 거래지

20) 이에 반해 공동해위기준설정, 공동연구개발, 합작투자, 공동구매 등과 같은 수평적 협정은 연성카르텔이라고 한다.

역 제한, 배타적 거래제한, 고객 제한 등을 내용으로 하는 비가격제한 경쟁에 대한 부문들은 그 규제의 효과를 일률적으로 논할 수가 없기 때문에 논란을 불러일으키고 있다.

그리고 수직협정에 관한 논란도 발생하고 있는 상황이다. 실제로도 수직협정은 수입국의 국내적 측면에서 볼 때 효율성 제고라는 효과를 발생시켜 경쟁촉진을 가져오지만, 외국상품과 기업의 국내시장접근에 대한 장애를 불러일으킬 수도 있기 때문이다.

5) 가격차별 또는 약탈적 가격설정

가격차별이란 지역이나 상대방에 따라 서로 상이한 가격을 부과하는 것을 의미한다. 대개의 경우 지역적 가격차별의 형태로 나타나는 약탈적 가격설정 행위는 경쟁자를 시장에서 축출하거나 신규기업의 진입을 막기 위해 시장지배력이 있는 사업자가 비용보다 낮은 가격으로 상품과 서비스를 판매하는 것을 의미한다.

하지만 가격차별에 대한 규제방식은 각국 마다 다르게 나타나고 있다. 먼저 미국은 가격차별에 대한 규제의 발동 요건으로 '가격차별과 경쟁침해'를 요건으로 하고 있는데 비하여, EU는 그것의 '지배적 남용'을 요건으로 하고 있어 상당한 차이가 있다.

미국과 EU사이에 가격차별에 대한 규제방식을 보는 입장 차이가 분명하기 때문에 이 분야에서 국제적으로 통일된 기준을 설정하는 것은 쉽지 않다. 그리고 이러한 가격차별과 약탈적 가격설정에 대한 규제는 그 자체에 대한 관심보다 선진국에 의하여 남용되고 있는 반덤핑조치를 대체하기 위한 수단으로서 중요한 의미를 가지고 있기도 하다.

8.5 무역과 노동기준

1. 무역과 노동권

WTO 내에서 노동기준(Labor Standard)에 대한 논의는 거의 없었다. 그리고 무역과 노동기준에 대한 논의가 WTO 체제 내에서 논의될 것이라는 판단도 내릴 수 없다. 하지만 무역과 노동시간의 연계는 선진국에 의해 오래 전부터 제기되어 오던 의제이다.

사실 미국은 1890년부터 죄수 노동력에 의해 생산된 제품의 수입을 금지시킨 국가이다. 국제적으로 공정한 노동기준의 필요성은 2차 대전 직후인 1948년에 국제무역기구(ITO) 설립을 위한 하바나 헌장이 채택되면서부터 제기되기 시작했다.

기준이란 노동자의 노동조건과 노사관계를 결정짓는 중요한 척도로서, 넓은 의미로는 최저임금, 근로시간, 작업환경, 미성년 노동과 강제노동의 사용, 노동조합을 결성하고 파업을 할 권리 등 노동시장의 모든 여건을 포함하고 있다. 사실 노동기준은 시대와 해당 국가의 경제발전단계를 반영하여 만들어지는 것으로 각국은 상이한 기준을 가질 수밖에 없는 것이다.

따라서 국제적인 노동기준을 제정하기 위해서는 먼저 노동권의 보호를 위해 핵심적이라고 할 수 있는 기준이 선별되어야만 한다. 국제노동기구(International Labor Organization : ILO)에서는 인권의 보호차원에서 결사의 자유, 단체권 및 단체교섭권, 강제노동금지, 아동노동금지를 중요한 기준으로 채택하고 있다. 물론 4가지 노동기준은 1995년 3월 덴마크 코펜하겐에서 열린 세계사회개발 정상회의에서 '핵심노동기준(Core Labor Standards)'으로 인정되기도 하였다.

무역과 노동기준의 연계문제는 매우 논쟁적인 문제이다. 1996년 싱가포르 각료회의에서 WTO 회원국들은 국제노동기구(ILO)를 노동기준을 다루는 적합한 단체로서 확인하면서, ILO의 역할을 더욱 명확하게 정의했다. 그리고 그 후 WTO에서는 무역과 노동권에 관한 어떤 연구 활동도 이루어지고 있지 않다.

WTO 밖에서 진행되고 있는 무역과 노동 기준의 연계와 관련된 문제는 다음과 같은 3가지의 문제를 제기하고 있다.

- 핵심 노동권을 심각하게 위반하고 있는 것으로 간주되는 국가들에게 압력을 가하는 수단으로서 무역조치가 허락되어져야 하는가?(법적인 측면의 문제)
- 일국이 노동권에 대해 상대적으로 낮은 기준을 가지고 있다면, 이러한 국가의 수출품은 불공정한 우위(Unfair Advantage)를 가지는가?(분석적인 측면의 문제)
- WTO가 노동을 논의할 적절한 기구인가?(제도적 측면의 문제)

위의 세 가지 문제는 모두 결국 ① 무역조치가 노동기준을 강제하는데 사용되어질 수 있는가의 문제와 ② 무역과 노동기준의 연계가 위장된 보호주의인가 하는 문제로 직결된다.

2. 주요 논의 내용

WTO 협정에서는 어떠한 핵심 노동기준도 다루지 않는다. 그러나 일부 선진국들은 WTO내로 핵심 노동기준의 문제를 불러들이기 위한 첫 번째 단계로서 WTO내에서 이 문제가 연구되어져야 한다고 믿고 있다. 또한 선진국들은 WTO 규범과 원칙이 회원국들로 하여금 작업장 환경을 개선하도록 강력한 유인(incentive)을 제공해야 한다고 주장하고 있다.

그러나 많은 개도국과 일부 선진국들은 무역과 노동의 연계문제가 WTO 내에서 다루어질 문제가 아니라고 믿고 있다. 이들 국가들은 노동기준을 다자간 무역협정의 범주 내로 가져오려는 일부 선진국들의 노력이 '보호주의를 위한 연막전술'에 지나지 않는다고 주장하고 있다. 즉, 개도국은 WTO내로 노동문제를 가져오려는 선진국의 시도가 상대적으로 낮은 임금을 가진 무역상대국의 비교우위를 손상시키기 위한 선진 산업국가의 계략이라고 믿고 있는 것이다.

WTO의 공식적인 입장

1996년 싱가포르 각료회의 선언 중 핵심노동기준에 관한 내용은 아래와 같다.

"우리는 국제적으로 인정된 핵심 노동기준을 준수할 것을 다시 한 번 약속한다. 국제노동기구(ILO)는 핵심 노동기준을 마련하고 다루는 가장 적절한 기구이며, 그리고 우리는 핵심 노동기준을 마련하고 다루는 ILO의 작업에 대해 확실한 지지를 보낸다. 우리는 무역의 증가와 무역자유화에 의해 달성되는 경제성장과 발전은 모두 관련국들의 노동기준의 향상에 기여할 것으로 믿고 있다.

우리는 보호주의적 목적을 위한 노동기준의 사용을 거부하며, 특히 저임금 개도국의 비교우위가 부정되지 않아야 한다는 부분에 대해 동의한다. 이런 관점에서 WTO와 ILO 사무처는 계속해서 기존의 협력을 유지해 나갈 것임을 분명히 한다."

1996년 싱가포르 각료회의가 개최되기 직전과 회의기간 동안의 가장 핵심 문제는 "노동문제가 WTO내에서 다루어 질 것인가" 라는 부분이었다. 싱가포르 각료회의에서는 이러한 분위기를 반영하여 "WTO회원국들은 국제적으로 인정된 핵심노동기준은 준수하여야 하고, 이들 기준이 보호주의적 목적으로 사용되어서는 안 된다"고 하는 내용을 선언문 안에 넣게 된 것이다. 이 밖에도 동 선언문에서는 핵심노동기준의 준수가 저임금 개도국이 가진 노동집약적 상품의 비교우위를 부정해서는 안 된다는 내용도 첨가함으로써 개발도상국에 대한 입장도 배려하였다.

선언문에도 ILO가 핵심노동기준의 보호문제를 다루기에 적절한 기구이고 WTO와 ILO 사무처가 지속적인 협력을 해나갈 것을 언급하고 있다. 제1차 WTO 각료회의가 종료될 때 당시의 각료회의 의장이자 싱가포르의 통상산업부 장관이었던 Yeo Cheow Tong은 선언문을 통해 "노동문제를 WTO 의제에 포함시키지 않는다"고 추가적으로 언급했다.

이는 앞으로 관련 국가들이 무역과 노동기준의 연계에 대한 더 많은 작업이 WTO내에서 행해지도록 계속해서 압력을 가할 수 있겠으나, 당분간은 이 문제를 다룰 위원회와 실무작업단은 구성하지 않겠다는 표현이다. 이러한 이유와 논의를 근거로 해서 WTO 내에서 무역과 노동에 대한 공식적인 논의는 아직까지 이루어지고 있지 않다.

부록

MARRAKESH AGREEMENT ESTABLISHING THE WORLD TRADE ORGANIZATION

The Parties to this Agreement,

Recognizing that their relations in the field of trade and economic endeavour should be conducted with a view to raising standards of living, ensuring full employment and a large and steadily growing volume of real income and effective demand, and expanding the production of and trade in goods and services, while allowing for the optimal use of the world's resources in accordance with the objective of sustainable development, seeking both to protect and preserve the environment and to enhance the means for doing so in a manner consistent with their respective needs and concerns at different levels of economic development,

Recognizing further that there is need for positive efforts designed to ensure that developing countries, and especially the least developed among them, secure a share in the growth in international trade commensurate with the needs of their economic development,

Being desirous of contributing to these objectives by entering into reciprocal and mutually advantageous arrangements directed to the substantial reduction of tariffs and other barriers to trade and to the elimination of discriminatory treatment in international trade relations,

Resolved, therefore, to develop an integrated, more viable and durable multilateral trading system encompassing the General Agreement on Tariffs and Trade, the results of past trade liberalization efforts, and all of the results of the Uruguay Round of Multilateral Trade Negotiations,

Determined to preserve the basic principles and to further the objectives underlying this multilateral trading system,

Agree as follows:

Article I
Establishment of the Organization

The World Trade Organization (hereinafter referred to as "the WTO") is hereby established.

Article II
Scope of the WTO

1. The WTO shall provide the common institutional framework for the conduct of trade relations among its Members in matters related to the agreements and associated legal instruments included in the Annexes to this Agreement.
2. The agreements and associated legal instruments included in Annexes 1, 2 and 3 (hereinafter referred to as "Multilateral Trade Agreements") are integral parts of this Agreement, binding on all Members.
3. The agreements and associated legal instruments included in Annex 4 (hereinafter referred to as "Plurilateral Trade Agreements") are also part of this Agreement for those Members that have Page 10 accepted them, and are binding on those Members. The Plurilateral Trade Agreements do not create either obligations or rights for Members that have not accepted them.
4. The General Agreement on Tariffs and Trade 1994 as specified in Annex 1A (hereinafter referred to as "GATT 1994") is legally distinct from the General Agreement on Tariffs and Trade, dated 30 October 1947, annexed to the Final Act Adopted at the Conclusion of the Second Session of the Preparatory Committee of the United Nations Conference on Trade and

Employment, as subsequently rectified, amended or modified (hereinafter referred to as "GATT 1947").

Article III
Functions of the WTO

1. The WTO shall facilitate the implementation, administration and operation, and further the objectives, of this Agreement and of the Multilateral Trade Agreements, and shall also provide the framework for the implementation, administration and operation of the Plurilateral Trade Agreements.
2. The WTO shall provide the forum for negotiations among its Members concerning their multilateral trade relations in matters dealt with under the agreements in the Annexes to this Agreement. The WTO may also provide a forum for further negotiations among its Members concerning their multilateral trade relations, and a framework for the implementation of the results of such negotiations, as may be decided by the Ministerial Conference.
3. The WTO shall administer the Understanding on Rules and Procedures Governing the Settlement of Disputes (hereinafter referred to as the "Dispute Settlement Understanding" or "DSU") in Annex 2 to this Agreement.
4. The WTO shall administer the Trade Policy Review Mechanism (hereinafter referred to as the "TPRM") provided for in Annex 3 to this Agreement.
5. With a view to achieving greater coherence in global economic policy-making, the WTO shall cooperate, as appropriate, with the International Monetary Fund and with the International Bank for Reconstruction and Development and its affiliated agencies.

Article IV
Structure of the WTO

1. There shall be a Ministerial Conference composed of representatives of all the Members, which shall meet at least once every two years. The Ministerial Conference shall carry out the functions of the WTO and take actions necessary to this effect. The Ministerial Conference shall have the authority to take decisions on all matters under any of the Multilateral Trade Agreements, if so requested by a Member, in accordance with the specific requirements for decision-making in this Agreement and in the relevant Multilateral Trade Agreement.
2. There shall be a General Council composed of representatives of all the Members, which shall meet as appropriate. In the intervals between meetings of the Ministerial Conference, its functions shall be conducted by the General Council. The General Council shall also carry out the functions assigned to it by this Agreement. The General Council shall establish its rules of procedure and approve the rules of procedure for the Committees provided for in paragraph 7.
3. The General Council shall convene as appropriate to discharge the responsibilities of the Dispute Settlement Body provided for in the Dispute Settlement Understanding. The Dispute Settlement Body may have its own chairman and shall establish such rules of procedure as it deems necessary for the fulfilment of those responsibilities.
4. The General Council shall convene as appropriate to discharge the responsibilities of the Trade Policy Review Body provided for in the TPRM. The Trade Policy Review Body may have its own chairman and shall establish such rules of procedure as it deems necessary for the fulfilment of those responsibilities.
5. There shall be a Council for Trade in Goods, a Council for Trade in Services and a Council for Trade-Related Aspects of Intellectual Property Rights (hereinafter referred to as the "Council for TRIPS"), which shall

operate under the general guidance of the General Council. The Council for Trade in Goods shall oversee the functioning of the Multilateral Trade Agreements in Annex 1A. The Council for Trade in Services shall oversee the functioning of the General Agreement on Trade in Services (hereinafter referred to as "GATS"). The Council for TRIPS shall oversee the functioning of the Agreement on Trade-Related Aspects of Intellectual Property Rights (hereinafter referred to as the "Agreement on TRIPS"). These Councils shall carry out the functions assigned to them by their respective agreements and by the General Council. They shall establish their respective rules of procedure subject to the approval of the General Council. Membership in these Councils shall be open to representatives of all Members. These Councils shall meet as necessary to carry out their functions.

6. The Council for Trade in Goods, the Council for Trade in Services and the Council for TRIPS shall establish subsidiary bodies as required. These subsidiary bodies shall establish their respective rules of procedure subject to the approval of their respective Councils.
7. The Ministerial Conference shall establish a Committee on Trade and Development, a Committee on Balance-of-Payments Restrictions and a Committee on Budget, Finance and Administration, which shall carry out the functions assigned to them by this Agreement and by the Multilateral Trade Agreements, and any additional functions assigned to them by the General Council, and may establish such additional Committees with such functions as it may deem appropriate. As part of its functions, the Committee on Trade and Development shall periodically review the special provisions in the Multilateral Trade Agreements in favour of the least-developed country Members and report to the General Council for appropriate action. Membership in these Committees shall be open to representatives of all Members.
8. The bodies provided for under the Plurilateral Trade Agreements shall carry out the functions assigned to them under those Agreements and shall

operate within the institutional framework of the WTO. These bodies shall keep the General Council informed of their activities on a regular basis.

Article V
Relations with Other Organizations

1. The General Council shall make appropriate arrangements for effective cooperation with other intergovernmental organizations that have responsibilities related to those of the WTO.
2. The General Council may make appropriate arrangements for consultation and cooperation with non-governmental organizations concerned with matters related to those of the WTO.

Article VI
The Secretariat

1. There shall be a Secretariat of the WTO (hereinafter referred to as "the Secretariat") headed by a Director-General.
2. The Ministerial Conference shall appoint the Director-General and adopt regulations setting out the powers, duties, conditions of service and term of office of the Director-General.
3. The Director-General shall appoint the members of the staff of the Secretariat and determine their duties and conditions of service in accordance with regulations adopted by the Ministerial Conference.
4. The responsibilities of the Director-General and of the staff of the Secretariat shall be exclusively international in character. In the discharge of their duties, the Director-General and the staff of the Secretariat shall not seek or accept instructions from any government or any other authority external to the WTO. They shall refrain from any action which might adversely reflect on their position as international officials. The

Members of the WTO shall respect the international character of the responsibilities of the Director-General and of the staff of the Secretariat and shall not seek to influence them in the discharge of their duties.

Article VII
Budget and Contributions

1. The Director-General shall present to the Committee on Budget, Finance and Administration the annual budget estimate and financial statement of the WTO. The Committee on Budget, Finance and Administration shall review the annual budget estimate and the financial statement presented by the Director-General and make recommendations thereon to the General Council. The annual budget estimate shall be subject to approval by the General Council.
2. The Committee on Budget, Finance and Administration shall propose to the General Council financial regulations which shall include provisions setting out:
   (a) the scale of contributions apportioning the expenses of the WTO among its Members; and
   (b) the measures to be taken in respect of Members in arrears. The financial regulations shall be based, as far as practicable, on the regulations and practices of GATT 1947.
3. The General Council shall adopt the financial regulations and the annual budget estimate by a two-thirds majority comprising more than half of the Members of the WTO.
4. Each Member shall promptly contribute to the WTO its share in the expenses of the WTO in accordance with the financial regulations adopted by the General Council.

Article VIII
Status of the WTO

1. The WTO shall have legal personality, and shall be accorded by each of its Members such legal capacity as may be necessary for the exercise of its functions.
2. The WTO shall be accorded by each of its Members such privileges and immunities as are necessary for the exercise of its functions.
3. The officials of the WTO and the representatives of the Members shall similarly be accorded by each of its Members such privileges and immunities as are necessary for the independent exercise of their functions in connection with the WTO.
4. The privileges and immunities to be accorded by a Member to the WTO, its officials, and the representatives of its Members shall be similar to the privileges and immunities stipulated in the Convention on the Privileges and Immunities of the Specialized Agencies, approved by the General Assembly of the United Nations on 21 November 1947.
5. The WTO may conclude a headquarters agreement.

Article IX
Decision-Making

1. The WTO shall continue the practice of decision-making by consensus followed under GATT 1947.1 Except as otherwise provided, where a decision cannot be arrived at by consensus, the matter at issue shall be decided by voting. At meetings of the Ministerial Conference and the General Council, each Member of the WTO shall have one vote. Where the European Communities exercise their right to vote, they shall have a number of votes equal to the number of their member States2 which are Members of the WTO. Decisions of the Ministerial Conference and the General Council shall be taken by a majority of the votes cast, unless

otherwise provided in this Agreement or in the relevant Multilateral Trade Agreement.3

2. The Ministerial Conference and the General Council shall have the exclusive authority to adopt interpretations of this Agreement and of the Multilateral Trade Agreements. In the case of an interpretation of a Multilateral Trade Agreement in Annex 1, they shall exercise their authority on the basis of a recommendation by the Council overseeing the functioning of that Agreement. The decision to adopt an interpretation shall be taken by a three-fourths majority of the Members. This paragraph shall not be used in a manner that would undermine the amendment provisions in Article X.
3. In exceptional circumstances, the Ministerial Conference may decide to waive an obligation imposed on a Member by this Agreement or any of the Multilateral Trade Agreements, provided that any such decision shall be taken by three fourths4 of the Members unless otherwise provided for in this paragraph.
   (a) A request for a waiver concerning this Agreement shall be submitted to the Ministerial Conference for consideration pursuant to the practice of decision-making by consensus. The Ministerial Conference shall establish a time-period, which shall not exceed 90 days, to consider the request. If consensus is not reached during the time-period, any decision to grant a waiver shall be taken by three fourths4 of the Members.
   (b) A request for a waiver concerning the Multilateral Trade Agreements in Annexes 1A or 1B or 1C and their annexes shall be submitted initially to the Council for Trade in Goods, the Council for Trade in Services or the Council for TRIPS, respectively, for consideration during a time-period which shall not exceed 90 days. At the end of the time-period, the relevant Council shall submit a report to the Ministerial Conference.
4. A decision by the Ministerial Conference granting a waiver shall state the

exceptional circumstances justifying the decision, the terms and conditions governing the application of the waiver, and the date on which the waiver shall terminate. Any waiver granted for a period of more than one year shall be reviewed by the Ministerial Conference not later than one year after it is granted, and thereafter annually until the waiver terminates. In each review, the Ministerial Conference shall examine whether the exceptional circumstances justifying the waiver still exist and whether the terms and conditions attached to the waiver have been met. The Ministerial Conference, on the basis of the annual review, may extend, modify or terminate the waiver.

5. Decisions under a Plurilateral Trade Agreement, including any decisions on interpretations and waivers, shall be governed by the provisions of that Agreement.

Article X
Amendments

1. Any Member of the WTO may initiate a proposal to amend the provisions of this Agreement or the Multilateral Trade Agreements in Annex 1 by submitting such proposal to the Ministerial Conference. The Councils listed in paragraph 5 of Article IV may also submit to the Ministerial Conference proposals to amend the provisions of the corresponding Multilateral Trade Agreements in Annex 1 the functioning of which they oversee. Unless the Ministerial Conference decides on a longer period, for a period of 90 days after the proposal has been tabled formally at the Ministerial Conference any decision by the Ministerial Conference to submit the proposed amendment to the Members for acceptance shall be taken by consensus. Unless the provisions of paragraphs 2, 5 or 6 apply, that decision shall specify whether the provisions of paragraphs 3 or 4 shall apply.

Article IX of this Agreement;
Articles I and II of GATT 1994;
Article II:1 of GATS;
Article 4 of the Agreement on TRIPS.

3. Amendments to provisions of this Agreement, or of the Multilateral Trade Agreements in Annexes 1A and 1C, other than those listed in paragraphs 2 and 6, of a nature that would alter the rights and obligations of the Members, shall take effect for the Members that have accepted them upon acceptance by two thirds of the Members and thereafter for each other Member upon acceptance by it. The Ministerial Conference may decide by a three-fourths majority of the Members that any amendment made effective under this paragraph is of such a nature that any Member which has not accepted it within a period specified by the Ministerial Conference in each case shall be free to withdraw from the WTO or to remain a Member with the consent of the Ministerial Conference.
4. Amendments to provisions of this Agreement or of the Multilateral Trade Agreements in Annexes 1A and 1C, other than those listed in paragraphs 2 and 6, of a nature that would not alter the rights and obligations of the Members, shall take effect for all Members upon acceptance by two thirds of the Members.
5. Except as provided in paragraph 2 above, amendments to Parts I, II and III of GATS and the respective annexes shall take effect for the Members that have accepted them upon acceptance by two thirds of the Members and thereafter for each Member upon acceptance by it. The Ministerial Conference may decide by a three-fourths majority of the Members that any amendment made effective under the preceding provision is of such a nature that any Member which has not accepted it within a period specified by the Ministerial Conference in each case shall be free to withdraw from the WTO or to remain a Member with the consent of the Ministerial Conference. Amendments to Parts IV, V and VI of GATS and the respective annexes shall take effect for all Members upon acceptance by

two thirds of the Members.

6. Notwithstanding the other provisions of this Article, amendments to the Agreement on TRIPS meeting the requirements of paragraph 2 of Article 71 thereof may be adopted by the Ministerial Conference without further formal acceptance process.
7. Any Member accepting an amendment to this Agreement or to a Multilateral Trade Agreement in Annex 1 shall deposit an instrument of acceptance with the Director-General of the WTO within the period of acceptance specified by the Ministerial Conference.
8. Any Member of the WTO may initiate a proposal to amend the provisions of the Multilateral Trade Agreements in Annexes 2 and 3 by submitting such proposal to the Ministerial Conference. The decision to approve amendments to the Multilateral Trade Agreement in Annex 2 shall be made by consensus and these amendments shall take effect for all Members upon approval by the Ministerial Conference. Decisions to approve amendments to the Multilateral Trade Agreement in Annex 3 shall take effect for all Members upon approval by the Ministerial Conference.
9. The Ministerial Conference, upon the request of the Members parties to a trade agreement, may decide exclusively by consensus to add that agreement to Annex 4. The Ministerial Conference, upon the request of the Members parties to a Plurilateral Trade Agreement, may decide to delete that Agreement from Annex 4.
10. Amendments to a Plurilateral Trade Agreement shall be governed by the provisions of that Agreement.

Article XI
Original Membership

1. The contracting parties to GATT 1947 as of the date of entry into force of this Agreement, and the European Communities, which accept this Agreement and the Multilateral Trade Agreements and for which Schedules

of Concessions and Commitments are annexed to GATT 1994 and for which Schedules of Specific Commitments are annexed to GATS shall become original Members of the WTO.

2. The least-developed countries recognized as such by the United Nations will only be required to undertake commitments and concessions to the extent consistent with their individual development, financial and trade needs or their administrative and institutional capabilities.

Article XII
Accession

1. Any State or separate customs territory possessing full autonomy in the conduct of its external commercial relations and of the other matters provided for in this Agreement and the Multilateral Trade Agreements may accede to this Agreement, on terms to be agreed between it and the WTO. Such accession shall apply to this Agreement and the Multilateral Trade Agreements annexed thereto.
2. Decisions on accession shall be taken by the Ministerial Conference. The Ministerial Conference shall approve the agreement on the terms of accession by a two-thirds majority of the Members of the WTO.
3. Accession to a Plurilateral Trade Agreement shall be governed by the provisions of that Agreement.

Article XIII
Non-Application of Multilateral Trade Agreements between Particular Members

1. This Agreement and the Multilateral Trade Agreements in Annexes 1 and 2 shall not apply as between any Member and any other Member if either of the Members, at the time either becomes a Member, does not consent to

such application.

2. Paragraph 1 may be invoked between original Members of the WTO which were contracting parties to GATT 1947 only where Article XXXV of that Agreement had been invoked earlier and was effective as between those contracting parties at the time of entry into force for them of this Agreement.
3. Paragraph 1 shall apply between a Member and another Member which has acceded under Article XII only if the Member not consenting to the application has so notified the Ministerial Conference before the approval of the agreement on the terms of accession by the Ministerial Conference.
4. The Ministerial Conference may review the operation of this Article in particular cases at the request of any Member and make appropriate recommendations.
5. Non-application of a Plurilateral Trade Agreement between parties to that Agreement shall be governed by the provisions of that Agreement.

Article XIV
Acceptance, Entry into Force and Deposit

1. This Agreement shall be open for acceptance, by signature or otherwise, by contracting parties to GATT 1947, and the European Communities, which are eligible to become original Members of the WTO in accordance with Article XI of this Agreement. Such acceptance shall apply to this Agreement and the Multilateral Trade Agreements annexed hereto. This Agreement and the Multilateral Trade Agreements annexed hereto shall enter into force on the date determined by Ministers in accordance with paragraph 3 of the Final Act Embodying the Results of the Uruguay Round of Multilateral Trade Negotiations and shall remain open for acceptance for a period of two years following that date unless the Ministers decide otherwise. An acceptance following the entry into force of this Agreement shall enter into force on the 30th day following the date of such acceptance.

2. A Member which accepts this Agreement after its entry into force shall implement those concessions and obligations in the Multilateral Trade Agreements that are to be implemented over a period of time starting with the entry into force of this Agreement as if it had accepted this Agreement on the date of its entry into force.
3. Until the entry into force of this Agreement, the text of this Agreement and the Multilateral Trade Agreements shall be deposited with the Director-General to the CONTRACTING PARTIES to GATT 1947. The Director-General shall promptly furnish a certified true copy of this Agreement and the Multilateral Trade Agreements, and a notification of each acceptance thereof, to each government and the European Communities having accepted this Agreement. This Agreement and the Multilateral Trade Agreements, and any amendments thereto, shall, upon the entry into force of this Agreement, be deposited with the Director-General of the WTO.
4. The acceptance and entry into force of a Plurilateral Trade Agreement shall be governed by the provisions of that Agreement. Such Agreements shall be deposited with the Director-General to the CONTRACTING PARTIES to GATT 1947. Upon the entry into force of this Agreement, such Agreements shall be deposited with the Director-General of the WTO.

Article XV
Withdrawal

1. Any Member may withdraw from this Agreement. Such withdrawal shall apply both to this Agreement and the Multilateral Trade Agreements and shall take effect upon the expiration of six months from the date on which written notice of withdrawal is received by the Director-General of the WTO.
2. Withdrawal from a Plurilateral Trade Agreement shall be governed by the provisions of that Agreement.

Article XVI
Miscellaneous Provisions

1. Except as otherwise provided under this Agreement or the Multilateral Trade Agreements, the WTO shall be guided by the decisions, procedures and customary practices followed by the CONTRACTING PARTIES to GATT 1947 and the bodies established in the framework of GATT 1947.
2. To the extent practicable, the Secretariat of GATT 1947 shall become the Secretariat of the WTO, and the Director-General to the CONTRACTING PARTIES to GATT 1947, until such time as the Ministerial Conference has appointed a Director-General in accordance with paragraph 2 of Article VI of this Agreement, shall serve as Director-General of the WTO.
3. In the event of a conflict between a provision of this Agreement and a provision of any of the Multilateral Trade Agreements, the provision of this Agreement shall prevail to the extent of the conflict.
4. Each Member shall ensure the conformity of its laws, regulations and administrative procedures with its obligations as provided in the annexed Agreements.
5. No reservations may be made in respect of any provision of this Agreement. Reservations in respect of any of the provisions of the Multilateral Trade Agreements may only be made to the extent provided for in those Agreements. Reservations in respect of a provision of a Plurilateral Trade Agreement shall be governed by the provisions of that Agreement.
6. This Agreement shall be registered in accordance with the provisions of Article 102 of the Charter of the United Nations.

DONE at Marrakesh this fifteenth day of April one thousand nine hundred and ninety-four, in a single copy, in the English, French and Spanish languages, each text being authentic.

Explanatory Notes:

The terms "country" or "countries" as used in this Agreement and the Multilateral Trade Agreements are to be understood to include any separate customs territory Member of the WTO.

In the case of a separate customs territory Member of the WTO, where an expression in this Agreement and the Multilateral Trade Agreements is qualified by the term "national", such expression shall be read as pertaining to that customs territory, unless otherwise specified.

LIST OF ANNEXES

ANNEX 1

ANNEX 1A: Multilateral Agreements on Trade in Goods

General Agreement on Tariffs and Trade 1994

Agreement on Agriculture

Agreement on the Application of Sanitary and Phytosanitary Measures

Agreement on Textiles and Clothing

Agreement on Technical Barriers to Trade

Agreement on Trade-Related Investment Measures

Agreement on Implementation of Article VI of the General Agreement on Tariffs and Trade 1994

Agreement on Implementation of Article VII of the General Agreement on Tariffs and Trade 1994

Agreement on Preshipment Inspection

Agreement on Rules of Origin

Agreement on Import Licensing Procedures

Agreement on Subsidies and Countervailing Measures

Agreement on Safeguards

ANNEX 1B: General Agreement on Trade in Services and Annexes

ANNEX 1C: Agreement on Trade-Related Aspects of Intellectual Property Rights

ANNEX 2

Understanding on Rules and Procedures Governing the Settlement of Disputes

ANNEX 3

Trade Policy Review Mechanism

ANNEX 4

Plurilateral Trade Agreements

- Agreement on Trade in Civil Aircraft
- Agreement on Government Procurement
- International Dairy Agreement
- International Bovine Meat Agreement

참고문헌

[국내문헌]

강인수 외, 「국제통상론」 개정판, 박영사, 2003.
김기수(편), 「WTO와 반덤핑관세」, 세종연구소, 1995.
김대순, 「국제경제법론」, 삼영사, 1998.
김성준, 「WTO 법의 형성과 전망 1~5」, 삼성출판사, 1996.
김용일, 「WTO 세계무역기구협정 해설」, 한국무역경제, 1995.
김형재, 박종훈, 「GATT와 WTO 세계로의 여행」, 법률출판사, 1999.
노택환, "무역학 · 국제통상학의 학문적 범위와 특성 및 교육체계에 대한 고찰", 2003년도 한국무역학회 춘계학술 발표대회 발표논문집, 2003. 5.
노택환, 「국제통상의 이해」, 박영사, 2004.
노택환, 「국제통상정책론」, 박영사, 2008,
대외경제정책연구원, 「WTO 출범과 신교역질서」, 대외경제정책연구원, 1994.
대한무역진흥공사, 「WTO 편람」, 대한무역진흥공사, 1995.
박노형, 「WTO 체제의 분쟁해결제도」, 박영사, 1996.
______, 「GATT의 분쟁해결사례연구」, 박영사, 1995.
박덕영, "WTO 분쟁해결제도에 관한 소고", 「연세법학연구」, 연세법학회, 10(1), 2003.
박형래, 「국제통상분쟁사례」, 청람, 2010.
사법연수원, 「WTO 통상법」, 사법연수원, 1999.
서민교, 「국제경제기구의 이해」, 삼영사, 2006.
서정두, 「국제통상법」, 삼영사, 1996.
서창현 · 장동식, "차기 WTO 농산물협상에 관한 연구", 「통상법률」, 제40호, 법무부, 2001.8.
서헌제, 「국제경제법」, 율곡출판사, 1996.
신유균, 「WTO 체제와 주요국의 반덤핑제도」, 한국무역경제, 1995.
윤기관 외, 「국제통상론」, 법문사, 1996.
윤영각, 「WTO 시대의 반덤핑제도」, 도서출판 한송, 1995.
이신규, 「국제통상론」, 두남, 2011.
이원근, 장동식, "한중간의 세이프가드 관련 분쟁과 대응에 관한 연구", 「통상법률」,

제46호, 법무부, 2002. 8.
이용기, 「국제농업통상론」, 도서출판 해남, 2001.
이장희(편), 「국제통상과 WTO 법」, 도서출판 아사연, 1996.
이재형, "세계무역기구 분쟁해결제도의 운용상 문제점에 대한 비판적 고찰", 「국제거래법연구」, 제12호, 국제거래법학회, 2004.
이춘삼, 「국제통상법」, 법문사, 1999.
여택동 외, 「국제통상과 WTO」, 율곡출판사, 2003.
장승화, "반덤핑조치와 경쟁정책", 「통상법률」, 제7권, 법무부, 1996. 2.
조영정, 「국제통상법의 이해」, 무역경영사, 1996.
주진열, "글로벌경쟁정책과 무역이슈의 최근 동향", 「통상법률」, 통권 제101호, 2011.
최태현, "WTO 신통상의제에 대한 논의 동향과 시사점", 산업통상자원부, 2003,

[외국문헌]

Anderson & Blackhurst(ed.), *The Greening of World Trade Issues*, N.Y/London, Harverster Wheatsheaf, 1992.
Bhagwati, J. and R. Hudec, *Fair Trade and Harmonization; Prerequisites for Free Trade?,* Vol. 1, The MIT Press; Cambridge, 1996.
Bhagwati, J. and R. Hudec, *Fair Trade and Harmonization; Prerequisites for Free Trade?,* Vol. 2, The MIT Press; Cambridge, 1996.
Croom, John, *Reshaping the World Trading System*, WTO, 1995.
GATT, Basic *Instruments and Selected Documents suppl. No 40*, Geneva, GATT, 1995.
______, Basic *Instruments and Selected Documents suppl. No 41, Vol. Ⅰ, Ⅱ*, Geneva, GATT, 1997.
Hautte, Hans van, *The Law of International Trade*, London, Sweet & Maxwell, 1995.
Jackson, Davey & Sykes, *Legal Problems of International Economic Relations*; Cases, Materials and Texts, 3rd ed., West Publishing, 1995.
Komuro, N., "The WTO Dispute Settlement Mechanism - Coverage and Procedures of the WTO Understanding," *Journal of International Arbitration*, 12(3), 1995.
Pescatore, P., W. J. Davey & Andreas F. "Lowenfeld, Drafting and Analyzing Decisions on Dispute Settlement," in *Handbook of WTO/GATT Dispute Settlement*, Transnational Publishers, Inc. 1991,
Perroni, C. and J. Whally, "How Severe is Global Relation Risk under Increasing

Regionalism?", *American Econominc Review,* 86.2, 1996.
Petersmann & Hilf, *The New GATT Round of Multilateral Trade Negotiations*, 2nd ed., Kluwer, 1991.
Qureshi, Asif H., *The World Trade Organization*, Manchester/N.Y, Manchester University, Press, 1996.
Schermers & Blockker, *International Institutional Law*, Martinus Nijhoff Pulblishers: London, 1995.
Trebilcock & Howse, *The Regulation of International Trade*, Routledge, 1995.
Trebilcock & Howse, *The Regulation of International Trade*, 2nd ed. Routledge, 1999.
Vermulst, E., "An Overview of the WTO Dispute Settlement System and its Relationaship with the Uruguay Round Agreement - Nice on Paper but Too Much Stress for the System?," *Journal of World Trade*, 29(2), 1995.
Vermulst, Waer and Bourgeois(ed.), *Rules of Origin in International Trade*, Ann Arbor, The University of Michigan Press, 1994
Voitovich, Sergei A., *International Economic Organization in the International Legal* Process, Nijhoff, 1994.
WTO, *The WTO Dispute Settlement Procedures -A Collection of the Legal Texts*, Geneva, WTO, 1995.
____, *Guide to GATT Law and Practice Vol. Ⅰ, Ⅱ*, Geneva, WTO, 1995.
____, *Regionalism and the World Trading System,* Geneva, WTO, 1995.
____, *The Result of the Uruguay Round of Multilateral Trade Negotiation - the Legal text*, Geneva, WTO, 1995.
____, *1995 International Trade - Trends and Statistics*, Geneva, WTO, 1995.
____, *Regionalism and the World Trading System*, Geneva, WTO, 1995.
____, *GATT Activities 1994-1995*, Geneva , WTO, 1996 ~ 2003.
____, *Annual Report*, Genva, WTO, 1996.

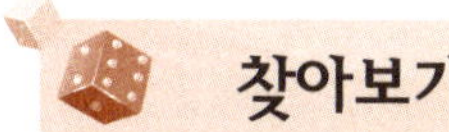

찾아보기

ㄱ

저자 약력

■ **여택동(呂澤東, YEO, TAEK DONG)**

미국 University of Washington, 경제학박사(Ph.D.)
미국 Yale University, Economic Growth Center, Visiting Professor
국가고시(행정, 외무 및 입법) 국제경제학 분야 출제위원
(현) 한국국제통상학회, 한국무역학회 부회장, 편집위원
(현) 영남대학교 국제통상학부 교수

■ **전정기(全正基, CHUN, CHEONG GHI)**

영국 University of Hull, Ph.D
영국 University of Hull, Visiting Professor
국제상학회 부회장
(현) 영남대학교 국제통상학부 교수

■ **장동식(蔣東植, CHANG, DONG SIK)**

영남대학교 대학원 무역학과, 경제학 박사
중국 河南大學, 南開大學, Visiting Scholar
중국 青華大學, 臺灣研究所, Visiting Professor
(현) 순천대학교 무역학과 교수

WTO 체제하의 **국제통상론**

초 판 1쇄 발행 —— 2014년 2월 27일
초 판 2쇄 발행 —— 2015년 9월 5일
지은이 —— 여 택 동 · 전 정 기 · 장 동 식
펴낸이 —— 전 두 표
펴낸곳 —— 도서출판 **두남**
서울시 강동구 성내로6길 34-16 두남빌딩
신 고 : 제25100-1988-9호
TEL : 02) 478-2065, 2066, 2067, 2311
FAX : 02) 478-2068
E-mail : dunam1@unitel.co.kr
http://www.dunam.co.kr

정가 26,000원

ISBN 978-89-6414-496-1 93320